Geldverkehr im Internet –
ein Praxisleitfaden

Schriftenreihe Kommunikation & Recht

Herausgegeben von
Professor Dr. Bernd Holznagel, LL.M., Münster
Professor Dr. Christian Koenig, LL.M., Bonn
Professor Dr. Joachim Scherer, LL.M., Frankfurt am Main
Dr. Thomas Tschentscher, LL.M., Frankfurt am Main
Dr. Thomas Wegerich, Heidelberg

Band 14

Geldverkehr im Internet – ein Praxisleitfaden

von

Dr. Stefan Werner

Rechtsanwalt in Frankfurt am Main

Verlag Recht und Wirtschaft GmbH
Heidelberg

Die Deutsche Bibliothek – CIP-Einheitsaufnahme

Werner, Stefan:
Geldverkehr im Internet : ein Praxisleitfaden / von Stefan Werner. – Heidelberg : Verl. Recht und Wirtschaft, 2002
  (Schriftenreihe Kommunikation & Recht ; Bd. 14)
  ISBN 3-8005-1308-0

ISBN 3-8005-1308-0

© 2002 Verlag Recht und Wirtschaft GmbH, Heidelberg

Das Werk einschließlich aller seiner Teile ist urheberrechtlich geschützt. Jede Verwertung außerhalb der engen Grenzen des Urheberrechtsgesetzes ist ohne Zustimmung des Verlages unzulässig und strafbar. Das gilt insbesondere für Vervielfältigungen, Bearbeitungen, Übersetzungen, Mikroverfilmungen und die Einspeicherung und Verarbeitung in elektronischen Systemen.

Satzkonvertierung: Lichtsatz Michael Glaese GmbH, 69502 Hemsbach

Druck und Verarbeitung: Wilhelm & Adam, Werbe- und Verlagsdruck GmbH, 63150 Heusenstamm

∞ Gedruckt auf säurefreiem, alterungsbeständigem Papier, hergestellt aus chlorfrei gebleichtem Zellstoff (TCF-Norm)

Printed in Germany

Für Natascha

Vorwort des Herausgebers

Das Internet ist nicht nur ein hervorragendes Kommunikationsmedium, es eignet sich auch bestens für die Distribution von Dienstleistungen aller Art. Einen Durchbruch hin zu einer spürbaren wirtschaftlichen Nutzung dieses Vertriebskanals kann es indes nur geben, wenn die in Anspruch genommenen Dienstleistungen nicht im Wege einer per Post versendeten Rechnung gezahlt werden müssen, sondern unmittelbar über das Netz. Verfahren dazu gibt es heute bereits – als Stichworte sind insoweit zu nennen „Cyber Coin" oder „e Cash".

Der Autor, der als versierter Bankjurist über langjährige Erfahrungen verfügt, stellt die einzelnen Verfahren detailliert und verständlich vor. Insbesondere geht er ausführlich auf das bei dem Thema Geldzahlungen im Internet wesentliche Problem ein – die damit verbundenen Missbrauchsgefahren. Die einzelnen Zahlungsmodelle untersucht er gesondert auf die jeweiligen Risiken, zudem werden die maßgeblichen Haftungs- und Beweislastfragen geklärt. Das Buch gibt damit einen kompakten Überblick zum aktuellen Entwicklungsstand in der Praxis, zudem zeigt es deutlich auf, dass zur Zeit viele Grundlagen noch nicht rechtlich „wasserdicht" geregelt sind.

Die Zeichen für die Zukunft indes sind positiv, denn die jüngsten legislativen Entwicklungen weisen in die richtige Richtung. Auch hier sollen die Stichworte Fernabsatzrecht, digitale Signatur und E-Commerce-Richtlinie genügen, um den Handlungsrahmen abzustecken, den die Anbieter von Zahlungsverfahren nutzen und von dem die Kunden – Private wie Unternehmen – profitieren können.

Die Prognose des Verfassers ist, dass sich im Ergebnis die Kreditkarte und das Lastschriftverfahren als Träger des Zahlungsverkehrs im Internet behaupten werden; elektronische Signaturen werden helfen, heute noch bestehende Sicherheitslücken zu schließen. Jedenfalls gilt: Daran, dass dem Geldverkehr im Internet eine positive Zukunft bevorsteht, gibt es keinen Zweifel. Auf dem Weg dahin ist das vorliegende Buch ein praxisorientierter und auf praktische Lösungen bedachter Begleiter.

Heidelberg, im April 2002

Thomas Wegerich

Vorwort des Verfassers

Die elektronischen Medien und insbesondere das Internet bekommen eine immer stärkere Bedeutung im täglichen Leben. Damit einher gehen neue Dienstleistungen, die über diese Medien angeboten und vertrieben werden. Gleichzeitig wächst damit das Bedürfnis, auch Zahlungsverkehrsdienstleistungen darüber zu erbringen.

Dies führt zu einer mehr oder minder systematischen Ausbildung elektronischer Zahlungsverfahren über das Netz, beginnend bei der Adaption konventioneller Verfahren bis hin zu ausgefeilten Internet-Zahlungsverfahren, die das Netz als Abwicklungsvoraussetzung benötigen.

Für die Kreditwirtschaft stellen diese Entwicklungen eine neue Herausforderung dar, der sie sich stellen muss, um sowohl dem Verbraucher als auch dem Handel Verfahren anzubieten, die es erlauben, elektronische Medien als neuen Vertriebskanal zu nutzen. Allerdings ist die Entwicklung bisher weder geradlinig noch systematisch verlaufen, zumal der Gesetzgeber zwar einzelne Rahmenbestimmungen des elektronischen Geschäftsverkehrs regelt, insgesamt jedoch die Entwicklung – wie nicht anders zu erwarten – dem Markt überlässt.

Die nachfolgenden Ausführungen sollen dazu dienen, die bisherige Entwicklung mit all ihren Vor- und Nachteilen aufzuzeigen und – soweit dies möglich ist – zu bewerten, welchen Entwicklungen die Zukunft gehören mag, auch wenn die anfängliche Euphorie zwischenzeitlich deutlicher Ernüchterung gewichen ist. Gleichwohl etablieren sich die elektronischen Medien in immer stärkerem Umfang als neue Kommunikationswege und Vertriebskanäle.

Die nachfolgenden Ausführungen erheben nicht den Anspruch auf Vollständigkeit. Sie können nur eine Momentaufnahme darstellen und sind möglicherweise durch die technischen Entwicklungen schon bald wieder überholt. Gleichwohl werden sie – hoffentlich – dem Bankpraktiker den einen oder anderen Hinweis liefern können, welche Probleme beim Geldverkehr im Internet auftreten können.

Das Manuskript wäre nicht ohne die Hilfe und das Verständnis meiner Ehefrau *Natascha* zustande gekommen, der ich für ihre Geduld und ihren Einsatz bei der Durchsicht des Manuskripts zu großem Dank verpflichtet bin. Ohne ihre Hilfe und Unterstützung wäre es nicht möglich gewesen, den Text neben der beruflichen Arbeit fertigzustellen.

Frankfurt am Main, im April 2002   *Stefan Werner*

Inhaltsverzeichnis

Abkürzungsverzeichnis 14

I. Einführung 17

II. Konventionelle Zahlungsverfahren und das Netz – Übersicht
und Bestandsaufnahme 21
   1. POS-Verfahren 21
      a) Verfahrensbeschreibungen 22
         aa) Das electronic-cash-Verfahren 23
         bb) Das POZ-Verfahren 24
      b) Die ELV-Verfahren 26
      c) Aktueller Einsatz der POS-Verfahren im Netz 27
         aa) electronic-cash-Verfahren 27
         bb) POZ-Verfahren 28
   2. GeldKarten-Verfahren 30
      a) Beschreibung des GeldKarten-Verfahrens 30
         aa) Rechtsgrundlagen 30
         bb) Vertragsbeziehungen 32
      b) Aktueller Einsatz im Netz 33
   3. Kreditkarten-Verfahren 34
      a) Beschreibung 34
         aa) Mail-Order-/Telephone-Order-Verfahren 35
         bb) SET-Verfahren 36
      b) Aktueller Einsatz im Netz 37
   4. Lastschriftverfahren im Internet 37
      a) Grundlagen 38
         aa) Rechtsgrundlagen 38
         bb) Zahlungsablauf 40
      b) Derzeitiger Einsatz im Internet 42
   5. Überweisungsverfahren 43
      a) Beschreibung 43
      b) Aktueller Einsatz im Netz 45
   6. Elektronische Schecks 47

III. Zahlungsverfahren im Internet – Bestandsaufnahme und
Ausblick 49
   1. Konventionelle Zahlungsverfahren im Internet 49

Inhaltsverzeichnis

     a) Kreditkartenverfahren.................................. 49
          aa) Mail-Order-Verfahren 49
          bb) SET-Verfahren 54
     b) Lastschriftverfahren im Internet 60
     c) GeldKarten-Verfahren 70
     d) POS-Verfahren im Internet............................ 91
     e) Scheckverkehr im Internet 93
2. Elektronische Verfahren – auch im Zahlungsverkehr 94
     a) Online-Banking 94
          aa) Rechtliche Grundlagen des Online-Banking........... 95
          bb) Regelungsgehalt der Online-Banking-Bedingungen 95
          cc) Voraussetzungen zur Teilnahme am Online-Banking. ... 97
          dd) Leistungsumfang im Online-Banking................. 101
          ee) Sicherungsverfahren und Legitimationsmedien 102
          ff) Online-Überweisungen 107
          gg) Übermittlung von Willenserklärungen 110
          hh) Bearbeitungszeitpunkt............................. 113
          ii) Sorgfaltspflichten................................. 115
          jj) Widerruf von Aufträgen 122
          kk) Zusammenfassung 126
     b) Homebanking.. 128
          aa) Rechtliche Grundlagen des Homebanking............. 129
          bb) Homebanking-Bedingungen 131
3. Spezielle Internet-Zahlungsmittel – Netzgeld 138
     a) eCash... 138
          aa) Teilnahmevoraussetzungen......................... 139
          bb) Vereinbarung mit den Akzeptanten 140
          cc) Zahlungsablauf................................... 140
          dd) Pflichten des eCash-Teilnehmers..................... 143
          ee) Haftung 143
          ff) Rechtliche Struktur und Erklärungsansätze............ 145
     b) CyberCash... 160
          aa) Verfahrensteilnehmer 160
          bb) Verfahrensvoraussetzungen 161
          cc) Zahlungsablauf................................... 162
          dd) Besondere Haftungsrisiken der Rechtsstruktur 163
          ee) Haftungsrisiken 166
          ff) Sorgfaltspflichten................................. 167
          gg) Erklärungsansätze für CyberCoin 168
     c) Die E-Geld-Richtlinie.................................. 170

IV. **Kernfragen der Zahlungen im Netz – Beweislast und Haftungsrisiken** 173
　1. Kreditkartenzahlungen 173
　　a) „Mail-Order-Verfahren" 173
　　b) SET-Kreditkartenverfahren im Internet 180
　2. Online-Banking 182
　3. POS-Vereinbarungen 188
　4. Lastschriftverfahren im Internet 189
　5. Die GeldKarte im Internet 196
　6. eMoney 202
　　a) eCash 202
　　b) CyberCoin 207
　7. Zusammenfassung 209

V. **Neuere Entwicklungen in der Gesetzgebung und ihre Bedeutung für Zahlungen im Netz** 217
　1. Die 6. Novelle zum Kreditwesengesetz 217
　2. Fernabsatzrichtlinie und Fernabsatzgesetz 217
　3. Die Finanzdienstleistungsrichtlinie 218
　4. Die E-commerce-Richtlinie 219
　5. Die Signaturrichtlinie und ihre Umsetzung in deutsches Recht 225
　6. Die E-Geld-Richtlinie 230

VI. **Schlussbetrachtung** 231

Literaturverzeichnis 233

Sachregister 241

Abkürzungsverzeichnis

a. A.	andere Ansicht
a. a. O.	am angegebenem Ort
Abl.EG	Amtsblatt der Europäischen Union
Abs.	Absatz
AcP	Archiv für die civilistische Praxis
a. E.	am Ende
a. F.	alte Fassung
AG	Amtsgericht
AGB	Allgemeine Geschäftsbedingungen
AGB-Gesetz	Gesetz zur Regelung des Rechts der Allgemeinen Geschäftsbedingungen
AGBG	Gesetz zur Regelung des Rechts der Allgemeinen Geschäftsbedingungen
a. M.	andere Meinung
amtl.	amtlich
Anh.	Anhang
Anl.	Anlage
Anm.	Anmerkung
BB	Betriebs-Berater
BdB	Bundesverband deutscher Banken
BDSG	Bundesdatenschutzgesetz
Beil.	Beilage
BGB	Bürgerliches Gesetzbuch
BGBl.	Bundesgesetzblatt
BGH	Bundesgerichtshof
BKR	Zeitschrift für Bank- und Kapitalmarktrecht
BSE	Belegloser Scheckeinzug
Btx	Bildschirmtext
BuB	Bankrecht und Bankpraxis
BVR	Bundesverband der Deutschen Volks- und Raiffeisenbanken
CR	Computer und Recht
DB	Der Betrieb
DDV	DES-DES-Verfahren
DES	Delta Encryption Standard
d. h.	das heißt
DSGV	Deutscher Sparkassen- und Giroverband
DStR	Deutsches Steuerrecht
DuD	Datenschutz und Datensicherheit

Abkürzungsverzeichnis

DVR	Bundesverband der Deutschen Volks- und Raiffeisenbanken
ec	eurocheque
EGBGB	Einführungsgesetz zum Bürgerlichen Gesetzbuch
E-Geld	Elektronisches Geld
EGG	Gesetz über rechtliche Rahmenbedingungen des elektronischen Geschäftsverkehrs
ELV	Elektronisches Lastschriftverfahren
EU	Europäische Union
f.	folgende
ff.	fortfolgende
Fn.	Fußnote
FS	Festschrift
GewArch	Gewerbearchiv
GWB	Gesetz gegen Wettbewerbsbeschränkungen
HBCI	Home Banking Computer Interface
HGB	Handelsgesetzbuch
Hrsg.	Herausgeber
IPR	Internationales Privatrecht
IuKDG	Informations- und Kommunikationsdienstegesetz
JuS	Juristische Schulung
KG	Kammergericht
KWG	Gesetz über das Kreditwesen
KuR	Kommunikation und Recht
LG	Landgericht
MAC	Message Authentication Code
MDR	Monatsschrift für Deutsches Recht
MDStV	Mediendienste Staatsvertrag
Mio.	Millionen
MK	Münchner Kommentar
MMR	MultiMedia und Recht
NJW	Neue Juristische Wochenschrift
NJW-RR	NJW-Rechtsprechungs-Report
Nr.	Nummer
OLG	Oberlandesgericht
PIN	Persönliche Identifikationsnummer
POS	Point of Sale
POZ	Point of Sale ohne Zahlungsgarantie
RIW	Recht der Internationalen Wirtschaft
Rn.	Randnummer
RSA	Rivest/Shamir/Adleman (Verschlüsselungsverfahren)
ScheckG	Scheckgesetz

15

Abkürzungsverzeichnis

SET	Secure Electronic Transaction
SiG	Gesetz zur digitalen Signatur
TAN	Transaktionsnummer
TDG	Teledienstegesetz
TDDSG	Teledienstedatenschutzgesetz
vgl.	vergleiche
WM	Wertpapier-Mitteilungen
WuB	Wirtschafts- und Bankrecht
ZBB	Zeitschrift für Bankrecht und Bankwirtschaft
ZKA	Zentraler Kreditausschuss
ZPO	Zivilprozessordnung
ZR	Zivilrecht

I. Einführung

Die Palette der über das Internet angebotenen und unmittelbar zur Verfügung gestellten Dienstleistungen und Produkte nimmt ständig zu.

Zunächst gibt es ein immer breiteres Angebot an „Informationen". Dazu gehören Nachrichten, Börsenberichte, wissenschaftliche Unterlagen, aber auch Musik, Bücher oder Landkarten. Darüber hinaus wächst das Angebot an individuellen, interaktiv dem Nutzer für seine persönlichen Bedürfnisse zur Verfügung gestellten Daten. Auf der Grundlage persönlicher Vorgaben können individuelle Datenpakete zusammengestellt werden, wie z. B. Fahrtrouten geplant, Anlagekonzepte erstellt, oder auch Produkte entsprechend den Wünschen des Nutzers zusammengestellt werden. Es ist möglich, über das Internet Reisen zu buchen, Hotelreservierungen vorzunehmen und Bestellungen aufzugeben.

Schließlich können über das Internet auch unmittelbar Produkte erworben und übermittelt werden. Beispiele dafür sind Musikstücke oder auch ganze Buchtexte, die heruntergeladen werden können. Das Internet ist damit nicht nur ein neuer Distributionskanal für konventionelle Produkte oder ein neues Medium zur Weiterleitung von Anfragen und Angeboten, sondern stellt auch internetspezifische Dienstleistungen zur Verfügung.

Mit Ausbreitung dieser Möglichkeiten wächst auch das Bedürfnis, entsprechende Leistungen unmittelbar über das Internet bezahlen zu können. Gerade für die direkt über das Internet zur Verfügung gestellten Leistungen, wie Informationen, Musik, Buchtexte oder ähnliche Produkte kann es von essentieller Bedeutung sein, diese unmittelbar über das Internet zu bezahlen. Die Möglichkeiten können für manche Unternehmen sogar von existentieller Wichtigkeit werden, denn gerade das Entgelt, das für die Zurverfügungstellung von Informationen berechnet wird, ist oft so niedrig, dass die Einziehung außerhalb des Internets durch Übersendung einer Rechnung an den Anbieter unwirtschaftlich ist, da das Einzugsverfahren höhere Kosten verursachen kann, als das Entgelt für die Dienstleistung beträgt. Darüber hinaus besteht bei der Inrechnungstellung auch das Risiko, dass der Dienstleistungsempfänger Rechnungen nicht zeitnah oder überhaupt nicht ausgleicht. Die Einleitung eines dazu erforderlichen Mahnverfahrens könnte den gesamten Ertrag, der durch die Dienstleistung erwirtschaftet wird, aufzehren oder sogar noch darüber hinausgehende Kosten verursachen.

Darüber hinaus sind bei Kleinst- und Kleinbetragszahlungen die Prozesskosten für die Abwicklung überproportional hoch. Es dürfte sich kaum rechnen, bei Beträgen über wenige EURO die Zahlung mittels Scheck

Einführung

oder Kreditkarte zu akzeptieren, da die Bearbeitungskosten bei Scheckzahlungen bzw. die Händlerentgelte bei der Kreditkartenzahlung eine solche Größenordnung erreichen, dass ein nicht unbeträchtlicher Teil der Marge aufgezehrt würde.

Im Überweisungsverkehr schließlich würde der Zahlungspflichtige, sofern er die Zahlung nicht innerhalb der ihm eventuell von seinem Kreditinstitut zur Verfügung gestellten Freiposten im Rahmen der Kontoführung abwickeln kann, mit zusätzlichen Kosten belastet, die bei geringen Beträgen leicht einen zweistelligen Prozentsatz des Gesamtentgeltes erreichen können.

Um das Ausfallrisiko des Händlers zu minimieren bzw. das Entstehen von Mahnkosten zu verringern, könnte der Internet-Dienstleister die Zurverfügungstellung seiner spezifischen Dienstleistung von der vorausgegangenen Zahlung abhängig machen. Allerdings würde dies bedeuten, dass zwischen dem Abfordern der Internet-Dienstleistung und ihrer Zurverfügungstellung ein Zeitraum von mehreren Tagen vergehen könnte, denn der Internet-Dienstleister müsste danach mit der Leistungserbringung abwarten, bis der Zahlungspflichtige das für die Dienstleistung zu zahlende Entgelt auf sein Konto überwiesen hätte. Damit ginge jedoch ein wesentlicher Anreiz für Internet-Dienstleistungen – die Schnelligkeit der Leistungserbringung – verloren. Auch würde manches Produkt, wie z. B. der Abruf von aktuellen Informationen, uninteressant, wenn der Dienstleistungsempfänger erst nach Ablauf eines Zeitraumes von mehreren Tagen das gewünschte Produkt erhielte.

Schließlich könnte bei einer Vorauszahlung auch nicht berücksichtigt werden, in welchem Umfange die gewünschte Dienstleistung in Anspruch genommen wird. Gerade bei Informationsdiensten kann das Entgelt von der Menge der zur Verfügung gestellten Daten abhängig gemacht werden, so dass es nicht möglich wäre, im Voraus festzulegen, welches Entgelt der Nutzer zu erbringen hätte.

Aufgrund dessen besteht insbesondere bei originär über das Internet zu erbringenden Dienstleistungen ein Bedürfnis, Zahlungen im unmittelbaren Zusammenhang mit der Leistungserbringung ausführen zu können.

Aber auch so weit das Internet lediglich als zusätzlicher Vertriebskanal in Erscheinung tritt, könnten Zahlungen über dieses Medium die Kosten der Anbieter reduzieren und das Handling gegenüber dem Einzug im konventionellen Verfahren vereinfachen.

Selbst im klassischen Versandhandel, der sich des Internets als neuen Distributionskanals bedient, könnte es zur Reduzierung der Kosten im Zusammenhang mit der Rechnungsstellung kommen, wenn die bestellte Ware unmittelbar bei Bestellung bereits im Internet bezahlt oder alle für den späteren Einzug erforderlichen Schritte mit der Bestellung abgewickelt werden könnten.

Schließlich ergibt sich ein Bedürfnis zur Zahlung über das Netz nicht nur im Zusammenhang mit über das Netz angebotenen oder sogar vertriebenen Dienstleistungen, sondern tendenziell möchte der Verbraucher auf möglichst einfache und bequeme Weise Zahlungen abwickeln, ohne sich zu seiner Bank begeben zu müssen.

Auf Grundlage der bestehenden bzw. noch zu entwickelnden Möglichkeiten, Zahlungen über das Netz zu leisten, kommt dem Internet als Zahlungsmedium eine immer größere Bedeutung zu, dem nicht nur die Kreditwirtschaft, sondern auch der Handel ggf. durch Adaption bestehender, konventioneller Verfahren Rechnung zu tragen versuchen.

II. Konventionelle Zahlungsverfahren und das Netz – Übersicht und Bestandsaufnahme

Bei den „konventionellen" Zahlungsverfahren könnte zunächst überlegt werden, ob nicht diejenigen, bei denen Zahlungen bereits elektronisch oder wenigstens elektronisch unterstützt abgewickelt werden, auch im Internet eingesetzt werden können.

Dabei ist zunächst an die „POS-Verfahren" zu denken, wobei „POS" für „Point of Sale" steht. Auch das „GeldKarten-Verfahren" der deutschen Kreditwirtschaft, das dadurch gekennzeichnet ist, dass elektronische Werteinheiten mittels Einsatzes einer Chipkarte übertragen werden, könnte Anknüpfungspunkt für den Einsatz als Zahlungsverfahren im Netz sein.

Weiterhin ist auch das Kreditkartenverfahren ein Verfahren, das im Internet eingesetzt wird und das in der vorliegenden oder ggf. in einer weiterentwickelten Form in Zukunft einen Einsatz im Internet erlaubt.

Das normale Überweisungsverfahren kann bereits über die von der Kreditwirtschaft angebotenen Online-Verfahren zu Zahlungen über das Netz eingesetzt werden. Hier ist zu überprüfen, ob nicht ein stärkerer Zuschnitt auf die Bedürfnisse des Dienstleistungsangebots über das Netz erfolgen sollte.

Schließlich wäre daran zu denken, die bisherigen konventionellen Zahlungsverfahren, wie das Lastschriftverfahren oder das Scheckverfahren, im Hinblick auf einen Einsatz im Netz zu überprüfen und ggf. dafür weiterzuentwickeln. Zunächst ist jedoch im Rahmen einer Bestandsaufnahme zu untersuchen, ob und inwieweit diese Verfahren bereits Ansätze zum Einsatz über das Netz aufzeigen.

1. POS-Verfahren

Zunächst wäre zu überlegen, ob nicht bereits eingeführte elektronische Zahlungsverfahren, wie die „POS-Verfahren", für Zahlungen über das Internet geeignet sind oder zumindest dafür tauglich gemacht werden können.

Innerhalb dieser sind drei verschiedene Zahlungsmöglichkeiten, das „electronic-cash-", das „POZ-" sowie das „ELV-Verfahren", zu unterscheiden, für die verschiedene technische Voraussetzungen sowie rechtliche Regelungen gelten.

II. Konventionelle Zahlungsverfahren und das Netz

a) Verfahrensbeschreibungen

Unter dem Oberbegriff „POS" (= Point of Sale) werden unterschiedliche Verfahren zur bargeldlosen Bezahlung von Waren und Dienstleistungen zusammengefasst. Die Deutsche Kreditwirtschaft bietet dabei das „electronic-cash-Verfahren" und das „POZ-Verfahren" (= Point of Sale ohne Zahlungsgarantie) – auch Online-Lastschriftverfahren genannt – an, die von ihr organisiert und einheitlich geregelt werden, während das ebenfalls unter diesem Oberbegriff zu subsumierende „Elektronische Lastschriftverfahren" keiner einheitlichen Regelung unterliegt, da es sich dabei lediglich um ein elektronisch unterstütztes Lastschriftverfahren handelt, das von verschiedenen Dienstleistern angeboten wird.

Am naheliegendsten wäre es, das electronic-cash-Verfahren, bei dem eine ec-Karte unter Verwendung der PIN zur Bezahlung an automatisierten Kassen eingesetzt werden kann[1], als Zahlungsverfahren über das Internet zu nutzen.

Das electronic-cash-Verfahren ist ein Verfahren, um bargeldlos Waren und Dienstleistungen an automatisierten Kassen mittels einer zum Verfahren zugelassenen Karte bezahlen zu können.[2]

Das electronic-cash-Verfahren ist dadurch geprägt, dass zum Bezahlen der Einsatz einer zugelassenen Karte sowie einer PIN erforderlich sind, während im POZ-Verfahren auf elektronischem Wege eine Einziehungsermächtigungs-Lastschrift generiert wird, deren Weiterleitung zum Einzug über ein Kreditinstitut erfolgt. Während im electronic-cash-Verfahren Zahlungen vom die Karte emittierenden Kreditinstitut, von dem die Kartendaten überprüft und die PIN autorisiert werden, gegenüber dem Zahlungsempfänger garantiert werden, hat der Zahlungsempfänger im POZ-Verfahren die normalen Risiken bei der Einlösung einer Lastschrift zu tragen.[3]

---

1 Vgl. zum POS-System Canaris, Bankvertragsrecht, 3. Auflage 1988, Rn. 527cc und dd; Baumbach/Hopt, HGB (7) Bankgeschäfte, Rn. F/6 ff.; Gößmann, in: Bankrechts-Handbuch I, 2. Auflage 2001, § 68 Rn. 1 ff.; Schwintowski/Schäfer, Bankrecht, 1997 § 5 Rn. 13; BuB – Werner, Rn. 6/1516 ff.; Langenbucher, Die Risikozuordnung im bargeldlosen Zahlungsverkehr, S. 198 ff.

2 Vgl. Reiser, Die Rechtsgrundlagen für das POS-System des deutschen Kreditgewerbes („electronic-cash"), WM-Sonderbeilage 3/1989; Schneider, „Point of Sale-Zahlungen mit der ec-Karte" 1999; Kümpel „Bank- und Kapitalmarktrecht" 2. Auflage 2000, Rn. 4. 811 ff.

3 Vgl. BuB – Werner, Rn. 6/1516; zum Lastschriftrisiko vgl. Bundschuh, Festschrift für Stimpel, 1985, S. 1039 ff.; BGH, WM 1989, S. 52; BGH, WM 1987, S. 895; BGH, WM 1985, S. 905; BGH, WM 1979, S. 831; BGH, WM 1979, S. 689; BGH, WM 1977, S. 1042; OLG Dresden, WM 2000, S. 566 = WuB I D 2.–2.0 Häuser; BGH, WM 2000, S. 1577 ff.; van Gelder, WM 2000, S. 101 ff.

aa) Das electronic-cash-Verfahren

Rechtsgrundlage für das electronic-cash-Verfahren ist die „Vereinbarung über ein institutsübergreifendes System zur bargeldlosen Zahlung an automatisierten Kassen (electronic-cash-System)", das die Spitzenverbände der deutschen Kreditwirtschaft in seiner Ursprungsfassung 1990 abgeschlossen hatten, das jedoch zwischenzeitlich durch die Vereinbarung vom 1. 9. 1994 ersetzt wurde.[4] Das electronic-cash-Verfahren ist auf eine Rahmenvereinbarung über die Abwicklung bargeldloser Zahlungen an automatisierten Kassen von Handels- und Dienstleistungsunternehmen mit institutsübergreifender Nutzung (bargeldlose Kassensysteme) aus den Jahren 1981 zurückzuführen. Mit diesem Verfahren sollte Handels- und Dienstleistungsunternehmen ein System angeboten werden, das es den Zahlungspflichtigen ermöglichte, Waren und Dienstleistungen mittels ec-Karte auf elektronischem Weg bargeldlos bezahlen zu können. Die Entwicklung und Ausgestaltung dieses Verfahrens erfolgte bewusst wettbewerbsneutral, wobei es Aufgabe der Handels- und Dienstleistungsunternehmen war, POS-Kassen aufzustellen und zu betreiben.[5]

Die nunmehr geltende „Vereinbarung über ein institutsübergreifendes System zur bargeldlosen Zahlung an automatisierten Kassen (electronic-cash-System)" enthält nicht nur die Verpflichtung der an diesem Verfahren beteiligten Institute, ein übergreifendes System zur bargeldlosen Zahlung an automatisierten Kassen aufzubauen und zu betreiben, sondern legt auch die dafür erforderlichen technischen und organisatorischen Voraussetzungen sowie die Verpflichtung, mit den am System Beteiligten bestimmte Regelwerke abzuschließen, fest.

Bestandteil des electronic-cash-Verfahrens sind die „Bedingungen für die Teilnahme am electronic-cash-System der deutschen Kreditwirtschaft", die die Rechtsbeziehungen zwischen den einzelnen Kassen betreibenden Unternehmen und der Kreditwirtschaft festlegen. Partner eines solchen Vertrages, dem die genannten Bedingungen zugrunde liegen, sind der einzelne Kassenbetreiber und alle am electronic-cash-System als Emittenten beteiligte Kreditinstitute[6]. Zwar werden diese Bedingungen zwischen dem Händler und dem das electronic-cash-Verfahren anbietenden Kreditinstitut oder Dienstleister vereinbart, doch nicht im Namen dieses Vertragspartners, sondern im Namen der deutschen Kreditwirtschaft, während die Institute, die als Netzbetreiber für das Unternehmen fungieren und in dieser Funktion die

---

4 Vgl. BuB – Werner, Rn. 6/1517.
5 Vgl. Reiser, WM-Sonderbeilage Nr. 3/1989, S. 6.
6 Reiser, WM-Sonderbeilage Nr. 3/1989, Seite 6; Harbeke, WM-Sonderbeilage Nr. 1/1994, S. 7.

II. Konventionelle Zahlungsverfahren und das Netz

Bedingungen vereinbaren, lediglich als Mittler zwischen dem angeschlossenen Händler und der deutschen Kreditwirtschaft tätig sind.[7] Darüber hinaus werden in einem technischen Anhang die zugelassenen Karten aufgeführt, die allgemeinen Anforderungen an die Terminals, der Ablauf von electronic-cash-Transaktionen, die Kundenschnittstelle, die Sicherheitsanforderungen und die Voraussetzungen an die Nutzung des electronic-cash-Piktogramms sowie des Maestro-Logos festgelegt.

Außerdem ist ein Netzbetreiber-Vertrag, der das Rechtsverhältnis zwischen den Kreditinstituten und den Netzbetreibern regelt, mit der deutschen Kreditwirtschaft abzuschließen. Der Netzbetreiber fungiert als Transporteur, der die an den Kassen der Unternehmen gewonnenen Daten zum kartenausgebenden Kreditinstitut oder zu dessen Autorisierungszentrale und die Autorisierungsantwort vom kartenemittierenden Kreditinstitut bzw. dessen Autorisierungszentrale zum Unternehmen überträgt. Auch ist der Netzbetreiber verpflichtet, das Inkasso der automatisierten Kassenumsätze zu unterstützen. Um sicherzustellen, dass die an das Netz zu stellenden Sicherheitsanforderungen eingehalten werden, muss der Netzbetreiber vor Zulassung auf seine Kosten ein Sachverständigengutachten erstellen lassen und vorlegen, das bestätigt, dass die von der deutschen Kreditwirtschaft vorgegebenen Sicherheitsanforderungen eingehalten werden.[8]

Schließlich gelten im Rechtsverhältnis zwischen den Emittenten von Bankkundenkarten und dem jeweiligen Karteninhaber die der Emission der einzelnen Karte zugrunde liegenden Kartenbedingungen. Sofern im electronic-cash-Verfahren mittels Bankkunden-Karte bezahlt wird, liegen folglich dem beschriebenen Rechtsverhältnis die Bedingungen für Bankkunden-Karten zugrunde, die Sonderregelungen für Zahlungen an automatisierten Kassen enthalten.

bb) Das POZ-Verfahren

Rechtsgrundlage des POZ-Verfahrens, bei dem es sich um ein nicht garantiertes kartengestütztes Zahlungsverfahren handelt, bildet die zum 1. 2. 1993 in Kraft getretene „Vereinbarung zum POZ-System", die zwischen den Spitzenverbänden der deutschen Kreditwirtschaft abgeschlossen wurde und deren Zweck es ist, eine preisgünstige Alternative zum electronic-cash-Verfahren anzubieten, auch wenn derartige Zahlungen aufgrund der fehlenden Garantie mit höheren Risiken verbunden sind.[9] Inhalt der bezeichneten Vereinbarung ist der Aufbau eines Systems zur Erstellung von Einziehungs-

---

7 BuB – Werner, Rn. 6/1562; Harbeke, WM-Sonderbeilage Nr. 1/1994, S. 7.
8 Vgl. Harbeke, WM-Sonderbeilage Nr. 1/1994, S. 10.
9 Häde, ZBB 1994, S. 41.

ermächtigungs-Lastschriften an automatisierten Kassen (POZ-Kassen) mittels der im Magnetstreifen einer Bankkunden-Karte enthaltenen Daten. Entsprechend erstellte Lastschriften werden nach Einholung einer schriftlichen Einziehungsermächtigung beim Karteninhaber unter Einschaltung des Händlerinstituts vom Kreditinstitut des Karteninhabers eingezogen. Aufgrund der fehlenden Garantie handelt es sich um das normale Einzugsermächtigungs-Lastschriftverfahren mit der Folge, dass den Lastschriften widersprochen werden kann, solange der Schuldner die Belastung auf seinem Konto nicht ausdrücklich genehmigt hat.[10]

Zu den Vertragswerken des POZ-Verfahrens gehören neben der oben beschriebenen POZ-Vereinbarung die Bedingungen für Bankkunden-Karten, der Konzentrator-Vertrag, der dem Netzbetreibervertrag entspricht, sowie die Vereinbarung über die Teilnahme am POZ-System, die zwischen dem Unternehmen und dem einzelnen Netzbetreiber abzuschließen und die nicht standardisiert ist.[11] Auch wenn es sich bei diesem Verfahren lediglich um ein elektronisch unterstütztes Lastschriftverfahren handelt, sind von der deutschen Kreditwirtschaft Mechanismen entwickelt worden, um das Risiko dieses Zahlungsverfahrens gegenüber dem normalen Lastschriftrisiko zu minimieren. Deshalb legen die Händlerbedingungen zwingend fest, dass bei Umsätzen ab EURO 30,- vor Entgegennahme der Zahlung eine Sperrdatei-Abfrage - wie sich aus Nr. 5 der Händlerbedingungen ergibt - zu erfolgen hat.[12] Die Sperrdatei, in der die Daten gesperrter Karten gespeichert werden, wird entweder beim kartenausgebenden Kreditinstitut oder einer von diesem beauftragten Stelle geführt. Die Sperrdatei-Abfrage erfolgt ausschließlich bei diesen Stellen. Die Pflege dieser Datei liegt damit in der Verantwortung der kartenemittierenden Institute, die auch verpflichtet sind, weder die eigenen Sperrdateien noch die Daten über Sperren von Karten anderer Kreditinstitute an Dritte weiterzugeben oder sie diesen in sonstiger Weise zur Verfügung zu stellen, wie dies im Einzelnen in Abschnitt 3 der Vereinbarung zum POZ-System geregelt ist.

Die Verpflichtung zur Abfrage der Sperrdatei führt aber nicht dazu, dass dem Händler die Einlösung garantiert wird, falls keine Kartensperre gemeldet wurde. Vielmehr ist sie erforderlich, um die Verpflichtung des kartenausgebenden Kreditinstituts zu begründen, im Falle der Nichteinlösung der Lastschrift dem Händler Namen und Adresse des Karteninhabers auf Anfra-

---

10 Vgl. zur Problematik der Genehmigung von Lastschriften AG Dresden, WM 2000, S. 566 = WuB I D2.-2.00 Häuser; BGH, WM 2000, S. 1577 ff.; van Gelder, WM 2000, S. 101; BuB - Reiser/Krepold, Rn. 6/473 ff.
11 Vgl. Werner, in: Hopt, Vertrags- und Formularbuch, 2. Auflage 2000, VI. F7, Anm. 2, S. 974.
12 Vgl. Harbeke, WM-Sonderbeilage Nr. 1/1999, S. 15; BuB - Werner, Rn. 6/1637 f.

II. Konventionelle Zahlungsverfahren und das Netz

ge und gegen Kostenerstattung mitzuteilen, sofern der Zahlungspflichtige eine den Anforderungen des § 4 BDSG genügende Ermächtigung zur Adress-Weitergabe, deren Text durch Anlage 2 zum POZ-Abkommen vorgegeben wird, unterzeichnet hat. Das kartenemittierende Institut wird dadurch für den Fall vom Bankgeheimnis entbunden, dass die Lastschrift nicht eingelöst wird oder der Zahlungspflichtige ihr widerspricht.[13] Ohne Sperrdatei-Abfrage mag zwar eine wirksame Entbindung des kartenemittierenden Instituts vom Bankgeheimnis vorliegen, jedoch würde es in diesem Falle nur vom Bankgeheimnis entpflichtet, nicht jedoch auch verpflichtet, Name und Adresse an den Händler im Falle der Uneinlöslichkeit der Lastschrift weiterzugeben.[14] Die Verpflichtung zur Adressweitergabe im Rahmen des POZ-Verfahrens folgt aus Nr. 8 der Händlerbedingungen, in denen sich die am Verfahren beteiligten kartenemittierenden Institute verpflichten, unter den darin im Einzelnen näher dargelegten Voraussetzungen Name und Anschrift ihres Kunden an den Händler weiterzugeben, sofern insbesondere eine wirksame Einwilligungserklärung vorliegt, die Sperrdatei abgefragt und die POZ-Lastschrift nicht eingelöst wurde. Die Einwilligungserklärung ist allerdings gem. § 183 BGB grundsätzlich widerruflich.

Darüber hinaus hat der Händler für jede Sperrdatei-Abfrage ein Entgelt von EURO 0,05 pro Transaktion zu bezahlen, obwohl durch die Sperrdatei-Abfrage im POZ-Verfahren nicht sichergestellt ist, dass die Lastschrift eingelöst wird.

b) Die ELV-Verfahren

Bei den „elektronischen Lastschriftverfahren (ELV)" handelt es sich um elektronisch unterstützte Lastschriftverfahren, die nicht durch gesonderte Interbanken-Abkommen geregelt sind. Rechtsgrundlage bildet bei ihnen allein das Abkommen über den Lastschriftverkehr, das auf die elektronische Erstellung von Einziehungsermächtigungs-Lastschriften allerdings nicht eingeht. Obwohl sich beim elektronischen Lastschriftverfahren der Verfahrensablauf nicht wesentlich vom POZ-Verfahren der deutschen Kreditwirtschaft unterscheidet, zumal in der Regel auch hier eine schriftliche Einwilligungserklärung des Zahlungspflichtigen eingeholt wird, durch die er sein Institut vom Bankgeheimnis befreit, ist aufgrund des Fehlens einer mit der Sperrdatei-Abfrage verbundenen Verpflichtung des kartenemittierenden Instituts, Name und Anschrift bekannt zu geben, dieses Verfahren nochmals mit höheren Risiken verbunden als das POZ-Verfahren, verursacht andere-

---

13 Vgl. Schröter, ZBB 1995, S. 396.
14 Vgl. LG Wuppertal, WM 1998, S. 122 ff.

seits aber auch niedrigere Kosten und stellt so eine günstige Alternative zu electronic-cash- und POZ-Verfahren dar.

c) Aktueller Einsatz der POS-Verfahren im Netz

aa) electronic-cash-Verfahren

Zunächst könnte daran gedacht werden, das electronic-cash-Verfahren für Zahlungen über das Internet nutzbar zu machen. Um die Karte einsetzen zu können, müsste ein Kartenlesegerät an den PC angeschlossen werden, der die im Magnetstreifen der Karte enthaltenen Daten herauslesen und – zusammen mit der PIN – weiterleitet. Allerdings setzen die technischen Beschreibungen zur electronic-cash-Vereinbarung den Einsatz spezieller electronic-cash-Terminals bei den Akzeptanzstellen – den Händlern – voraus. Für Zahlungen über das Netz müsste deshalb die gesamte technische Architektur geändert werden, denn es wäre erforderlich, zusätzlich dem Karteninhaber und nicht – wie zur Zeit – nur dem Händler, einen Teil der technischen Infrastruktur zur Verfügung zu stellen. Der Zahlungspflichtige müsste zu diesem Zweck ein Zusatzgerät erwerben, das den Anforderungen an die Eingabeeinheit eines electronic-cash-Terminals genügt und die erforderlichen Kartendaten an den Händler weiterleitet. Dadurch würde sich jedoch die Grundstruktur des Verfahrens ändern, denn während bisher mit dem Händler die technischen Anforderungen an das Terminal vereinbart wurden, wäre es bei einer solchen Struktur erforderlich, zumindest einen Teil davon mit dem Karteninhaber festzulegen, der ein Zusatzgerät benötigt, in das er die Karte einführen und die PIN eingeben könnte.

Solche Verfahren sind zwar nicht unmöglich, würden jedoch die gesamte technische Infrastruktur des electronic-cash-Verfahrens umwälzen. Während sich bisher aus Nr. 9 der electronic-cash-Vereinbarung als Voraussetzung für das Zahlungsversprechen gegenüber einem an das System angeschlossenen Handels- und Dienstleistungsunternehmen ergibt, dass nur zum electronic-cash-Verfahren zugelassene Terminals eingesetzt werden dürfen, wäre es im Verhältnis zum Karteninhaber schwieriger, dafür Sorge zu tragen, dass auch dieser nur Geräte einsetzt, die den ZKA-Anforderungen genügen. Während der Händler als Voraussetzung zur Teilnahme am electronic-cash-Verfahren mit einem zugelassenen Netzbetreiber kontrahieren muss, der wiederum aus dem Netzbetreibervertrag mit der deutschen Kreditwirtschaft zur Einhaltung der technischen Anforderungen verpflichtet wird, gibt es ähnlich weitreichende Verpflichtungen im Verhältnis zum Karteninhaber nicht. Aber selbst wenn dieser in den Kartenbedingungen zur Einhaltung bestimmter technischer Voraussetzungen angehalten würde, dürfte es nahezu unmöglich sein, deren Einhaltung zu kontrollieren, zumal

II. Konventionelle Zahlungsverfahren und das Netz

von einem Karteninhaber auch nicht erwartet werden kann, dass er beim Erwerb der technischen Geräte in der Lage ist zu erkennen, ob es sich tatsächlich um vom ZKA zugelassene Terminals handelt. Außerdem würde ein wesentlicher Teil der technischen Infrastruktur, die Voraussetzung für die gegenüber dem Händler abzugebende Garantie ist, aus dem Kontrollbereich des Händlers herausgelöst, so dass die Kreditwirtschaft gezwungen wäre, sollte sie ein solches Verfahren zulassen, die Einlösung selbst für den Fall zu garantieren, dass der Händler nicht überprüfen kann, ob die technischen Voraussetzungen nach der electronic-cash-Vereinbarung eingehalten wurden.

Aufgrund der damit einhergehenden Sicherheitsprobleme ist das electronic-cash-Verfahren in seiner gegenwärtigen Form nicht geeignet, Zahlungen über das Netz zu ermöglichen.

Gleichwohl sind technische Verfahren denkbar, die sich an das electronic-cash-Verfahren anlehnen und damit Zahlungen über das Netz erlauben. Zur Zeit kann es sich dabei jedoch nur um Insel-Lösungen handeln, da auf Verbandsebene ein solches Verfahren (bisher) noch nicht entwickelt wurde.

bb) POZ-Verfahren

Auch das POZ-Verfahren ist zur Zeit nicht für Zahlungen über das Internet geeignet.

Es wäre hier zwar denkbar, dass der Karteninhaber ein – gegenüber dem electronic-cash-Verfahren vereinfachtes – Kartenlesegerät verwendet, mittels dessen die für die Erstellung einer Lastschrift erforderlichen Daten aus dem Magnetstreifen der Karte herausgelesen werden können, jedoch scheitert ein solches Verfahren daran, dass gem. Abschnitt I Nr. 1a des Abkommens über den Lastschriftverkehr – einem Interbanken-Abkommen – die Einziehungsermächtigung der Schriftform bedarf, wobei diese gem. §§ 126 Abs. 1, 127 BGB nur gewahrt ist, sofern der die Ermächtigung erteilende eigenhändig seine Namensunterschrift oder – was jedoch fernliegend ist – ein notariell beglaubigtes Handzeichen anbringt. Das Schriftformerfordernis kann jedoch nicht eingehalten werden, wenn die Informationen allein über das Netz weitergeleitet werden sollen.

Allenfalls wäre denkbar, in das Internet ein Formular mit einer schriftlichen Einzugsermächtigung einzustellen, das sich der Zahlungspflichtige ausdrucken lassen kann, unterzeichnet und in papierhafter Form an den Akzeptanten weiterleitet. In einem solchen Fall würde es sich jedoch nicht um ein Zahlungsverfahren über das Netz handeln, sondern lediglich um ein durch das Internet unterstütztes Verfahren. Auch könnte dadurch nicht verhindert werden, dass derjenige, der eine Dienstleistung unmittelbar in Anspruch nimmt, die schriftliche Einziehungsermächtigung nicht an den Internet-Dienstleister weiterleitet und dieser dann versuchen muss, sein Geld auf konventionelle Weise beizutreiben. Bei Kleinbetragszahlungen, bei denen die Kosten zur Beitreibung in keinem angemessenen Verhältnis zur Forderung stehen, dürfte dies zur Folge haben, dass der Zahlungsempfänger aufgrund wirtschaftlicher Erwägungen notgedrungen auf die Beitreibung wird verzichten müssen. Darüber hinaus kann bei Dienstleistungen, die ausschließlich über das Internet erbracht werden, auch die Ermittlung von Namen und Anschrift des Zahlungspflichtigen problematisch sein. Unabhängig davon, dass die für die Einwilligungserklärung nach der POZ-Vereinbarung erforderliche Schriftform nicht eingehalten werden kann, hat der Zahlungsempfänger keine Sicherheit, dass der bei einer Bestellung angegebene Name und die angegebene Adresse richtig sind. Allerdings unterscheidet sich dieses Risiko kaum vom konventionellen Einsatz des POZ-Verfahrens, da auch hier der Händler nicht weiß, ob derjenige, der die Karte einsetzt, auch der berechtigte Karteninhaber ist. Gleichwohl ist es in diesem Verfahren zumindest einfacher, die Berechtigung zu überprüfen, da in Zweifelsfällen entweder die Vorlage eines Ausweises verlangt werden kann oder es zumindest möglich ist, die Unterschrift auf der Karte mit den Unterschriften auf der Einziehungsermächtigung und der Einwilligungserklärung zu vergleichen.

Allerdings könnte sich aus Anlage 3 zum Lastschriftabkommen – den „Bedingungen für die Zulassung nicht schriftlich erteilter Einziehungsermächtigungen" – zumindest für Kleinbetragszahlungen die Möglichkeit eröffnen, mittels Lastschriftverfahren und damit auch mittels POZ-Verfahren Zahlungen über das Internet vorzunehmen, da diese Anlage auch die Voraussetzungen regelt, unter denen ausnahmsweise auf die Einziehungsermächtigung verzichtet werden kann.

Unter Berücksichtigung jedoch, dass das POZ-Verfahren eine schriftliche Einwilligungserklärung zur Weitergabe von Namen und Anschrift des Karteninhabers erfordert, die über das Internet nicht erteilt werden kann und die Sonderregelungen des POZ-Verfahrens der deutschen Kreditwirtschaft erst bei Zahlungen ab EURO 30,– Anwendung finden, während die Ausnahmeregelung nach Anlage 3 nur bei Zahlungen bis EURO 50,– gilt, bleibt allenfalls ein schmaler Anwendungsbereich für die Befreiung von der Schriftform nach Anlage 3 zum Lastschriftabkommen innerhalb des POZ-Verfahrens. Dabei handelt es sich jedoch um das allgemeine Problem der Zulässigkeit nicht schriftlich erteilter Einziehungsermächtigungen und um kein Sonderproblem des POZ-Verfahrens. Aufgrund dessen erfolgt eine Behandlung dieses Problems an späterer Stelle im Zusammenhang mit dem Lastschriftverfahren.

Auch der Einsatz des elektronischen Lastschriftverfahrens mittels Karte im Internet scheitert daran, dass die Schriftform nicht gewahrt werden kann. Zwar wäre auch hier daran zu denken, dass sich – sofern die entsprechenden Voraussetzungen eingehalten werden – aus Anlage 3 zum Lastschriftabkommen Ausnahmen ergeben können, in denen Zahlungen über das Netz mittels Lastschrift ohne schriftliche Einziehungsermächtigung zulässig sind, doch handelt es sich dabei ebenfalls um ein Problem des allgemeinen Lastschriftverfahrens und nicht um eine Besonderheit des elektronischen Lastschriftverfahrens, weshalb bezüglich dessen auf die späteren Ausführungen zum Einsatz des Lastschriftverfahrens verwiesen wird.

2. GeldKarten-Verfahren

Es wäre daran zu denken, die 1997 eingeführte GeldKarte, bei der es sich um eine aus einem Chip bestehende elektronische Geldbörse handelt, die mit geldwerten Einheiten aufgeladen werden kann, für das Internet nutzbar zu machen, indem die darin gespeicherten elektronischen Werteinheiten über das Netz an den Zahlungsempfänger weitergeleitet werden. Die GeldKarte scheint dafür unter dem Gesichtspunkt besonders geeignet zu sein, dass sie für Kleinbetragszahlungen konzipiert ist und die Zahlung über speziell ausgerüstete Terminals grundsätzlich „offline", also ohne PIN oder Unterschrift, erfolgt. Auch ist die Akzeptanz-Stelle nicht verpflichtet zu überprüfen, ob der Karteninhaber berechtigt ist, die GeldKarte einzusetzen. Gleichwohl werden dem Akzeptanten die Zahlungen garantiert, sofern sich aus einer technischen Prüfung der Werteinheiten keine Auffälligkeiten ergeben. Ausgehend von dieser Konzeption erscheint die GeldKarte ein geeignetes Zahlungsmittel zu sein, um Zahlungen über das Internet zu vermitteln.

a) Beschreibung des GeldKarten-Verfahrens

aa) Rechtsgrundlagen

Das GeldKarten-System beruht auf einem umfangreichen Regelwerk, das aus der „Vereinbarung über das institutsübergreifende System GeldKarte", den „Bedingungen für die Teilnahme am System GeldKarte" sowie den GeldKarten-Bedingungen, die in der Regel in die Bankkunden-Bedingungen integriert sind, besteht. Bei der „Vereinbarung über das institutsübergreifende System GeldKarte" handelt es sich um ein Rahmenabkommen, das die Spitzenverbände der deutschen Kreditwirtschaft in Namen ihrer Mitglieder abgeschlossen haben und das die Grundlagen des GeldKarten-Systems regelt. In ihm verpflichten sich die Vertragspartner, ein institutsübergreifendes System zur bargeldlosen Zahlung von Waren und Dienstleistungen an dafür speziell eingerichteten Terminals zu schaffen. Neben den juristischen Regelungen enthält das Abkommen insbesondere die Festlegung der technischen Anforderungen an die Infrastruktur des Systems und legt die Standards für die Sicherheitstechnologie, den Aufbau einer institutsübergreifenden Infrastruktur, den Systemablauf sowie die Risiko-Verteilung fest.[15] Die „Bedingungen für die Teilnahme am System GeldKarte" sind an die Unternehmen, die Zahlungen mittels Geldkarte akzeptieren möchten, adressiert und legen neben den Teilnahmevoraussetzungen und den zu zahlenden Entgelten fest, dass der Zahlungsempfänger, sofern die Werteinheiten vom Terminal akzeptiert werden, eine Garantie für die eingereichten Zahlungen erhält.[16] Die in der Regel in die Bedingungen für Bankkunden-Karten integrierten Bedingungen für die GeldKarte regeln das Rechtsverhältnis der kartenemittierenden Banken zu den Karteninhabern. Aus ihnen ergeben sich in erster Linie Anforderungen an den Karteneinsatz, die Rechte und Pflichten des kartenemittierenden Institutes und des Kunden sowie die Haftungsverteilung. Alle drei Regelwerke zusammen bilden die Basis für die Schaffung eines geschlossenen Systems „GeldKarte", um eine möglichst einheitliche rechtliche Handhabung zu gewährleisten. Außerdem wird mit den Regelwerken der Zweck verfolgt, juristische Unsicherheiten im Zusammenhang mit der Geldkarte zu vermeiden, zumal dieses Verfahren nicht über einen einheitlichen juristischen Erklärungsansatz erfasst werden kann.

Bei der GeldKarte ist zwischen zwei Varianten zu unterscheiden: Der kontogebundenen, die auf eine Bankkundenkarte aufgebracht wird, und der kontoungebundenen, übertragbaren Karte. Da letztere nicht zu einem bestimmten Konto ausgegeben wird, kann sie auch nicht zu Lasten eines solchen aufgeladen werden. Bei ihr handelt es sich um ein anonymes, übertragbares Zahlungsinstrument. Aufgeladen werden kann die Geldkarte mit einem Betrag von derzeit maximal DM 400,– bzw. dem entsprechenden EURO-Gegenwert, wobei drei Lademethoden vorgegeben sind:

Auf Konten ausgestellte GeldKarten können unter Einsatz der PIN zu Lasten des Kontos des Karteninhabers, das im Chip gespeichert ist, aufgeladen werden.

---

15 Vgl. zu den rechtlichen Aspekten der GeldKarte Kümpel, WM 1997, S. 1037; Pfeiffer, NJW 1997, S. 1036 ff.
16 Werner, in: Hopt, Vertrags- und Formularbuch, 2. Auflage 2000, VI F 1 Anm. 14 S. 946.

II. Konventionelle Zahlungsverfahren und das Netz

Die kontoungebundene Karte kann dagegen nicht unmittelbar unter Einsatz einer PIN zu Lasten eines Kontos aufgeladen werden, da diese nicht auf ein Konto des Karteninhabers, sondern allenfalls auf das Börsenverrechnungskonto des emittierenden Kreditinstituts ausgestellt wird.

Dagegen können sowohl die kontogebundene als auch die kontoungebundene Karte an speziellen Terminals gegen Bargeld aufgeladen werden. In diese werden Scheine eingegeben und der Gegenwert der Werteinheiten auf der jeweiligen Karte verbucht.

Schließlich gibt es als drittes die Möglichkeit, unter Einsatz einer weiteren Karte – einer Kunden- oder Kreditkarte –, bei der es sich jedoch nicht um eine GeldKarte handelt, die Karte zu Lasten des Kontos des Inhabers dieser zweiten Karte aufzuladen. Beim Aufladevorgang wird das Konto des Karteninhabers der zur Auflading eingesetzten Karte belastet und dieser Betrag auf der GeldKarte verbucht. Bei einem solchen Ladevorgang kommt es zur Zwischenschaltung des Kontos des Inhabers der aufladenden Karte, da dieses belastet wird.

Beim Bezahlen mittels Karte wird das aufgespeicherte Chip-Geld jeweils um den Betrag reduziert, über den der Karteninhaber verfügt hat. Dies erfolgt über ein beim Zahlungsempfänger aufgestelltes Terminal, das mit der Kundenkarte kommuniziert. Das Händlerterminal ist mit einer Händlerkarte bzw. einer speziellen Software ausgestattet, die neben der Kontonummer des Händlers den Authentifikationsschlüssel enthält. Nach Kassenschluss werden die im Terminal gespeicherten Einzelumsätze an eine von der Händlerbank eingeschaltete Evidenz-Zentrale zur Einreichung der Umsätze weitergeleitet. Unter Einschaltung verschiedener Evidenz-Zentralen wird das Konto des Händlers erkannt und das Börsenverrechnungskonto, auf das alle Ladebeträge eines kartenemittierenden Instituts gebucht werden, mit dem entsprechenden Gegenwert belastet.

bb) Vertragsbeziehungen

Das GeldKarten-Verfahren beruht alleine auf vertraglichen Rechtsbeziehungen der Beteiligten untereinander.

Zunächst gibt es – wie bereits ausgeführt – die „Vereinbarung über das institutsübergreifende System ‚GeldKarte', bei der es sich um eine Rahmenvereinbarung zwischen den Verbänden der deutschen Kreditwirtschaft handelt, durch die die in diesen organisierten Kreditinstitute verpflichtet werden, das System GeldKarte aufzubauen. Dieser Vertrag bindet lediglich die beteiligten Kreditinstitute und stellt eine Organisationsbasis dar, regelt jedoch nicht die Beziehungen im Außenverhältnis zu den GeldKarten-Inhabern oder -akzeptanten.[17]

Daneben gibt es die „Bedingungen für die Teilnahme am System ‚GeldKarte', deren Inhalt durch die Geldkarten-Vereinbarung der deutschen Kreditwirtschaft vorgegeben wird. Diese – im Übrigen gemäß § 102 GWB freigestellten – Bedingungen gelten zwischen dem eine GeldKarten-Zahlung akzeptierenden Händler und der deutschen Kreditwirtschaft. Zwar werden diese Bedingungen durch einen Netzbetreiber oder ein Kreditinstitut vermittelt, Vertragspartner ist jedoch die deutsche Kreditwirtschaft und nicht ein einzelnes Institut oder ein Netzbetreiber.[18] Diese Bedingungen legen die Voraussetzungen für die Teilnahme eines Händlers am Geldkarten-Verfahren fest und enthalten die Zusage der deutschen Kreditwirtschaft, alle GeldKarten-Zahlungen dem Händler zu vergüten, sofern die GeldKarte von einem zugelassenen GeldKarten-Terminal akzeptiert wird.[19] Ohne diese Vereinbarung bestünde keine klare Rechtslage hinsichtlich des Anschlusses eines Händlers an das Zahlungssystem.

Als weiteres gelten besondere GeldKarten-Bedingungen – die in der Regel in die Bankkunden-Karten-Bedingungen integriert sind – im Verhältnis zwischen dem Kartenemittenten und dem Karteninhaber. In erster Linie findet sich darin eine Service-Beschreibung, der Hinweis darauf, dass mit Aufladen der Karte eine sofortige Kontobelastung erfolgt, die Beschreibung des Zahlungsvorgangs sowie die Bestimmungen zur Haftung beim Verlust einer aufgeladenen Karte und bei Schäden durch missbräuchliche Aufladevorgänge.[20]

b) Aktueller Einsatz im Netz

Zwar ist das GeldKarten-Verfahren für Zahlungen über das Netz bisher noch nicht geöffnet worden, gleichwohl wäre es denkbar, dieses zu Zahlungen über das Netz zu nutzen. Erforderlich wäre lediglich, dass der GeldKarten-Inhaber ein Chipkarten-Lesegerät hätte, mit dessen Hilfe er die im Chip gespeicherten GeldKarten-Daten an das beim Händler installierte Händler-Terminal weiterleiten kann, das die Authentizität der Daten überprüft, um die Zahlung zu „garantieren". Es wäre dazu nur erforderlich, das Kartenlesegerät von dem mit der Händlerkarte verbundenen Terminal zu trennen. Die technische Grundstruktur des Verfahrens würde sich dadurch nicht än-

---
17 Vgl. BuB – Werner Rn. 6/1691 ff.
18 Vgl. BuB – Werner Rn. 6/1726.
19 Vgl. BuB – Werner Rn. 6/1729.
20 Vgl. zum Inhalt der GeldKarten-Bedingungen: BuB – Werner, Rn. 6/1773 ff.

II. Konventionelle Zahlungsverfahren und das Netz

dern, zumal keine Autorisierung erfolgt, so dass auf dieser Grundlage das GeldKarten-Verfahren für Zahlungen über das Netz grundsätzlich nutzbar gemacht werden könnte. Einige Kreditinstitute experimentieren bereits mit einem solchen Verfahren.

Da es sich bei der GeldKarte um ein anonymes und leicht einsetzbares Zahlungsverkehrsinstrument handelt, scheint sie für Zahlungen über das Internet geeignet zu sein, zumal hier weder – wie bei den POZ- oder ELV-Verfahren – eine schriftliche Einziehungsermächtigung noch – wie im electronic-cash-Verfahren – ein Terminal mit erhöhten Sicherheitsanforderungen erforderlich sind, sondern ein Lesegerät genügt, mit dessen Hilfe die Daten aus einer Chipkarte herausgelesen werden können.

3. Kreditkarten-Verfahren

a) Beschreibung

Alle Kreditkartenbedingungen sehen – wie z.B. Nr. 3 der Bedingungen für die Eurocard – die Möglichkeit vor, mittels Karte dadurch zu bezahlen, dass die Kreditkartennummer sowie das Gültigkeitsdatum dem Zahlungsempfänger übermittelt und dadurch der Zahlungsvorgang angestoßen wird. Dieses Verfahren kann auch für Zahlungen im Internet mittels Kreditkarte eingesetzt werden. Es spielt bei dieser Art der Zahlung keine Rolle, ob die entsprechenden Kartendaten telefonisch, schriftlich, über das Internet oder ein anderes Medium übermittelt werden. Es ist deshalb ohne spezielle Infrastruktur möglich, mittels dieses „Mail-Order- bzw. Telephone-Order-Verfahrens" auch Zahlungen über das Internet zu leisten.[21]

Das Kreditkarten-Verfahren ist jedoch um ein spezielles „SET (= Secure Electronic Transaction)-Verfahren" erweitert worden, bei dem Zahlungen nicht durch den körperlichen Einsatz der Karte oder einer anderen Form der offenen Übermittlung der Kartendaten, sondern durch die elektronische Weiterleitung der unter Verwendung eines asymmetrischen, digitalen Signatur-Verfahrens verschlüsselten Daten durchgeführt werden. Es handelt sich dabei um ein speziell für den elektronischen Zahlungsverkehr entwickeltes Verfahren, das vor allen Dingen auch geeignet ist, Zahlungen über das Internet abzuwickeln.

Beide Kreditkarten-Verfahren erlauben es, mittels einer Kreditkarte Zahlungen über das Internet auszuführen, gleichwohl sind sie hinsichtlich ihrer

---

21 Zum Mail-Order/Telephone-Order-Verfahren, vgl. BuB – Haun, Rn. 6/1880; Etzkorn, WM 1991, S. 1904; Pfeiffer, in: von Westphalen, Kreditkartenvertrag, Rn. 21.

Struktur und der damit verbundenen Haftungsrisiken völlig unterschiedlich, so dass jedes Verfahren gesondert zu betrachten ist.

aa) Mail-Order-/Telephone-Order-Verfahren

Die Kreditkarte kann – wie ausgeführt – im „Mail-Order- bzw. Telephone-Order-Verfahren" auch zu Zahlungen über das Netz verwendet werden, indem mit Eingabe der auf die Kreditkarte aufgeprägten Kartendaten dem Kartenunternehmen die Weisung erteilt wird, eine Zahlung an den Zahlungsempfänger zu erbringen. Es ist dazu nur erforderlich, die Kreditkartennummer und das Gültigkeitsdatum der Karte an den Zahlungsempfänger weiterzuleiten. Die Unterschriftsleistung, die normalerweise Voraussetzung für eine wirksame Anweisung ist[22], entfällt in diesem Verfahren. Dies hat jedoch zur Folge, dass der Kartenakzeptant im Falle eines Bestreitens der Zahlung durch den Karteninhaber nicht den Nachweis wird führen können, dass dieser die Zahlung veranlasst hat. Da die Kreditkartendaten offen auf die Karte aufgeprägt sind, genügt die Übermittlung dieser an den Händler nicht, um den Beweis des ersten Anscheins dafür zu begründen, dass der berechtigte Karteninhaber verfügt hat[23]. Um deshalb den Karteninhaber mit dem Zahlungsbetrag belasten zu können, ist es im Streitfalle erforderlich, den vollen Beweis dafür zu führen, dass er entweder selbst die Karte eingesetzt oder schuldhaft zu ihrem Missbrauch beigetragen hat, wobei für letztere Konstellation nur wenige Fälle in Betracht kommen dürften. Es genügt für eine schuldhafte Mitwirkung nicht, wenn die offen auf die Karte geprägten Daten nicht sorgfältig vor der Kenntnisnahme durch Dritte geschützt werden, denn jeder, der die Karte in Händen hält oder sieht, kann sie zur Kenntnis nehmen. Schließlich kann auch durch die offene Übermittlung dieser Daten nicht ausgeschlossen werden, dass eine nicht eingrenzbare Zahl von Personen diese zur Kenntnis nehmen und damit auch missbrauchen kann. Sofern bei einem solchen Verfahren die Kartengesellschaften den Händlern die Zahlungen im Mail-Order- bzw. Telephone-Order-Verfahren nicht garantieren, was in Anbetracht der fehlenden Geheimhaltungsverpflichtung und des dadurch erhöhten Risikos der Regelfall sein dürfte, der Zahlungsempfänger, sollte er die wirksame Erteilung einer Weisung nicht beweisen können, das Zahlungsrisiko zu tragen hat.[24] Aber selbst wenn die Kartengesellschaft dem

---
22 Vgl. BuB – Haun, Rn. 6/1930 ff.; Langenbucher, Die Risikozuordnung im bargeldlosen Zahlungsverkehr, München 2001, S. 264; Kienholz, Die Zahlung mit Kreditkarte im Nah- und Fernabsatz, München 2000, S. 16 ff.
23 Zum Anscheinsbeweis bei Kartenzahlungsverfahren, insbesondere im ec-System, vgl. Pleyer, in: Festschrift für Baumgärtel, 1990, S. 453; Hadding, in: WuB I D 5-3.89, Anm. zu LG Düsseldorf, WM 1989, S. 181; Reiser, in: WuB I D 5-1.89, Anm. zu AG Bochum, WM 1988, S. 1629; BuB – Werner, Rn. 6/1509.
24 Vgl. Köhler, NJW 1998, S. 189; Meder, ZBB 2000, S. 98.

II. Konventionelle Zahlungsverfahren und das Netz

Händler bei Übermittlung der richtigen Kartendaten die Zahlung auch ohne Unterzeichnung des Belegs garantieren würde, wäre das Missbrauchsrisiko zumindest nicht vom Karteninhaber zu tragen, da ihm gegenüber der Aufwendungsersatzanspruch gemäß §§ 675 Abs. 1, 670 BGB nur dann geltend gemacht werden kann, wenn im Zweifelsfall der Vollbeweis geführt wird, dass er auch tatsächlich die Zahlung veranlasst hat.[25]

bb) SET-Verfahren

Um das Risiko der Kreditkartenzahlungen im Internet zu minimieren, wurde ein spezielles SET(= Secure Electronic Transaction)-Verfahren entwickelt, in dem es zur Erteilung von Weisungen nicht erforderlich ist, körperlich die Karte einzusetzen oder die Kartendaten lesbar zu übertragen, sondern letztere unter Verwendung eines asymmetrischen, digitalen Signaturverfahrens („Public-Key-Verfahren") verschlüsselt weiterzuleiten.

Beim Zahlen im SET-Verfahren handelt es sich um eine weitere technische Variante des Bezahlens mittels Kreditkarte, obwohl dafür die körperliche Verwendung einer Karte selbst nicht erforderlich ist, sondern der Einsatz eines SET-Zertifikates genügt. Mittels dessen kann ein Karteninhaber am SET-Verfahren teilnehmen, nachdem ihm ein entsprechendes Zertifikat persönlich zugeordnet wurde.

Zwar wäre es möglich, Zahlungen im SET-Verfahren auch ohne die Kreditkarte selbst vornehmen zu können, da es sich dabei jedoch um eine Ergänzung zum Kreditkartenverfahren handelt, sehen die Kreditkartenbedingungen vor, dass ein SET-Zertifikat nur zusammen mit einer Kreditkarte ausgegeben wird.

Bei dem SET-Kreditkarten-Zertifikat handelt es sich letztlich um eine digitale Signatur, die trotz des hohen Sicherheitsstandards einer handschriftlichen Unterschrift (rechtlich) nicht gleichgestellt ist. Ausgehend jedoch davon, dass das SET-Verfahren nicht oder nur mit einem unvertretbar hohen Aufwand überwunden werden kann, dürfte die Erteilung einer Weisung mittels eines SET-Zertifikates zumindest die Grundlagen für den Anscheinsbeweis begründen. Deshalb sind darauf die im ec-PIN-Verfahren entwickelten Grundsätze übertragbar[26].

---

25 Vgl. BuB – Haun, Rn. 6/1934; Palandt-Thomas, 61. Auflage 2002, § 670 Rn. 7; Baumbach-Hefermehl, Wechselgesetz und Scheckgesetz, 21. Auflage 1999, Art. 4 Scheckgesetz, Anhang 27; Kümpel, Bank- und Kapitalmarktrecht, 2. Auflage 2000, Rn. 4.729 ff.; Canaris, Bankvertragsrecht, 3. Auflage 1988, Rn. 527o und Rn. 847a; Schwintowski-Schäfer, Bankrecht 1997, § 5 Rn. 4 ff.; Werner, in: Schwarz, Recht im Internet, Kapitel 6-4.3, S. 33 f.
26 Pleyer, in: Festschrift für Baumgärtel, 1990, S. 453; Hadding, WuB I D5.–3.89, Anm. zu LG Duisburg, WM 1989, S. 180; Reiser, WuB I D 5.–1.89, Anm. zu AG Bochum, WM 1988, S. 1629; BuB – Werner, Rn. 6/1509 ff.; Werner, WM 1997, S. 1516 ff.

Zur Integration des SET-Verfahrens in das Kreditkartenverfahren ist eine Modifikation der Kreditkartenbedingungen erforderlich. Aufgrund dessen sind diese mit Einführung des SET-Verfahrens um Sonderregelungen zur Zahlung mittels SET-Zertifikat erweitert worden. Daraus folgt jedoch nicht zwingend die Notwendigkeit, jedem Kreditkarteninhaber ein SET-Zertifikat zur Verfügung zu stellen. Es bleibt der Kartengesellschaft überlassen, ob und wem sie ein solches überlassen möchte. Auch kann der Karteninhaber darauf verzichten und lediglich Zahlungen in den konventionellen Kreditkarten-Verfahren leisten. Letztlich handelt es sich um eine geschäftspolitische Entscheidung des Kartenemittenten, ob und in welchem Umfang das SET-Zertifikat den Kreditkarteninhabern überlassen wird[27].

b) Aktueller Einsatz im Netz

Da es sich beim Mail-Order- bzw. Telephone-Order-Verfahren um ein eingeführtes Kreditkartenverfahren handelt, mittels dessen es möglich ist, die Kreditkarte für Fernzahlungen einzusetzen, d.h. ohne dass sie den Zahlungsempfängern vorgelegt werden muss, hat dieses Verfahren einen relativ weiten Verbreitungsgrad erfahren. Dagegen ist das SET-Verfahren erst im Laufe des Jahres 2000 in das Kreditkartenverfahren integriert worden, so dass zu seinem Verbreitungsgrad derzeit noch keine Aussagen getroffen werden können.

Gleichwohl darf beim Kreditkartenverfahren nicht übersehen werden, dass dieses – unabhängig von der Sicherheit – nur eingeschränkt für Zahlungen über das Netz geeignet ist, da es aufgrund der damit verbundenen Kosten für Klein- und Kleinstbetragszahlungen zu teuer sein dürfte.

4. Lastschriftverfahren im Internet

Wie im Zusammenhang mit dem POZ-Verfahren ausgeführt, wäre das Lastschriftverfahren für Zahlungen über das Netz besonders geeignet, da auf diese Weise weder der Zahlungspflichtige noch der Zahlungsempfänger in Vorleistung treten und das Risiko tragen müssten, dass nach Erbringen der eigenen Leistung die Gegenleistung ausbliebe. Außerdem könnte der Zahlungsempfänger die Internet-Dienstleistung dem Zahlungspflichtigen unmittelbar zur Verfügung stellen und sich im Anschluss daran um den Forderungseinzug bemühen.

---

27 Zum SET-Verfahren vgl. BuB – Werner, Rn. 19/183 ff.

II. Konventionelle Zahlungsverfahren und das Netz

a) Grundlagen

Das Lastschriftverfahren ist dadurch gekennzeichnet, dass der Zahlungspflichtige dem Zahlungsempfänger eine Einziehungsermächtigung erteilt und Letzterer unter Einschaltung seines Kreditinstituts den Forderungseinzug veranlasst.[28]

Allerdings setzt die Einziehungsermächtigung, die es dem Gläubiger erlaubt, den Forderungseinzug zu veranlassen, die (gewillkürte) Schriftform gemäß §§ 126 Abs. 1, 127 BGB voraus.[29] Die in Abschnitt I Nr. 1 a) des Lastschriftabkommens bestimmte Schriftform setzt deshalb eine eigenhändige Namensunterschrift oder – was in der Regel jedoch die Ausnahme bleiben dürfte – ein notariell beglaubigtes Handzeichen voraus.

aa) Rechtsgrundlagen

Das Lastschriftverfahren kennt keine gesetzlichen Grundlagen. Rechtsgrundlage ist deshalb allein das zwischen den Spitzenverbänden der Kreditwirtschaft abgeschlossene „Abkommen über den Lastschriftverkehr (Lastschriftabkommen)", das zum 1. Januar 1964 in Kraft getreten ist und zum 12. 12. 1995 aktualisiert wurde. Allerdings wurde dieses Verfahren auch schon vor Erlass des Lastschriftabkommens praktiziert, ohne dass es dafür eine rechtliche Basis gab[30]. Darüber hinaus ist das Lastschriftverfahren durch die Judikatur ausgeformt und fortgebildet worden.

Zahlungen im Internet stand bisher Abschnitt I Nr. 1 a) des Lastschriftabkommens zwingend entgegen, da danach die den Gläubigern erteilte Einziehungsermächtigung schriftlich zu sein hat[31], obwohl auch die Schriftform der Einziehungsermächtigung nicht genügt, um die Unwiderruflichkeit der nachfolgenden Belastungsbuchung auf dem Konto des Lastschriftschuldners zu begründen.[32] Die fehlende Möglichkeit, über das Internet schriftliche Einziehungsermächtigungen zu erteilen, war bisher lediglich über die in Anlage 3 zum Lastschriftabkommen enthaltenen „Bedingungen für die Zulassung nicht schriftlich erteilter Einziehungsermächtigungen"

---

28 Zum Lastschriftverfahren vgl. BuB – Reiser/Krepold, Rn. 6/300 ff.; Canaris, Bankvertragsrecht, 3. Auflage 1988, Rn. 528 ff.; Denck, ZHR 144 (1980) S. 174 ff.; Kümpel, Bank- und Kapitalmarktrecht, 2. Auflage 2000, Rn. 4.350 ff.
29 Vgl. Werner, in: Hopt, Vertrags- und Formularbuch zum Handels-, Gesellschafts-, Bank- und Transportrecht, 2. Auflage 2000, VI. D.2 Anm. 5, S. 916.
30 Zur historischen Entwicklung des Lastschriftverfahrens vgl. BuB – Reiser/Krepold, Rn. 6/300 f.
31 Vgl. Kümpel, Bank- und Kapitalmarktrecht, 2. Auflage 2000, Rn. 4.354.
32 Zur Widerspruchsmöglichkeit im Lastschriftverfahren vgl. Kümpel, Bank- und Kapitalmarktrecht, 2. Auflage 2000, Rn. 4.361.

eingeschränkt lösbar. Danach kann ausnahmsweise auf die Schriftform der Einziehungsermächtigung verzichtet werden,

- wenn es sich um Einmaleinzüge bis maximal DM 100,– oder den entsprechenden EURO-Gegenwert handelt,
- der Zahlungsempfänger den Zahlungspflichtigen darüber informiert, dass der Rechnungsbetrag ohne schriftliche Einziehungsermächtigung eingezogen wird und das nichtschriftliche Einverständnis dokumentiert,
- der Zahlungsempfänger die erste Inkassostelle von jeder Haftung freistellt, die sich aus dem Verzicht auf das Schriftformerfordernis nach dem Lastschriftabkommen ergibt,
- der Zahlungsempfänger ausdrücklich akzeptiert, dass er nach der Vereinbarung über den Einzug von Forderungen durch Lastschriften im Einzugsermächtigungsverfahren (Inkassovereinbarung) verpflichtet ist, zurückgegebene Lastschriften wieder aufzunehmen,
- der Zahlungsempfänger auf jegliche Art von Werbung für das nichtschriftliche Verfahren verzichtet,
- die Möglichkeit der nichtschriftlichen Erteilung von Einzugsermächtigungen nicht mit der Benachteiligung anderer Zahlungsverfahren verbunden wird und der Zahlungsempfänger dem Zahlungspflichtigen mindestens ein gleichwertiges Alternativverfahren zu preislich identischen Bedingungen anbietet, und darüber hinaus
- die erste Inkassostelle befugt wird, die Zusatzvereinbarung jederzeit fristlos zu widerrufen, wenn der Zahlungsempfänger die sich daraus ergebenden Pflichten nicht einhält oder das Verfahren aufgrund eines zu häufigen Missbrauchs nicht mehr vertretbar ist.

Auf dieser Grundlage dürfte es in einer Vielzahl von Fällen auch unter Beachtung der vorstehenden Regelungen kaum möglich sein, ein nichtschriftliches Einzugsermächtigungsverfahren über das Internet anzubieten.

Dienstleister, die regelmäßig Leistungen über das Internet erbringen möchten, können Probleme mit der ersten Bedingung bekommen, da das Verfahren ausdrücklich nur bei Einmaleinzügen eingesetzt werden soll. Wird es jedoch darauf ausgelegt, wiederholt von einem Konsumenten Rechnungen einzuziehen, ist die Voraussetzung des Einmaleinzugs schon problematisch.

Die sich aus der Anlage ergebende Verpflichtung, auf jegliche Art von Werbung für das nicht-schriftliche Verfahren zu verzichten, dürfte in einer Vielzahl von Fällen ebenfalls der Verbreitung dieses Verfahrens entgegenstehen, da die Anbieter von Internet-Dienstleistungen in der Regel die potenziellen Kunden darauf hinweisen möchten, dass diese auf einfache Art und Weise, wie dies durch das Lastschriftverfahren möglich ist, zahlen können.

II. Konventionelle Zahlungsverfahren und das Netz

Schließlich führt das nichtschriftliche Lastschriftverfahren auch nicht zum ersatzlosen Verzicht auf andere Zahlungsverfahren, denn der Akzeptant wird verpflichtet, mindestens ein Alternativverfahren zu preislich gleichen Bedingungen anzubieten. Gibt es ein solches Verfahren jedoch, stellt sich die Frage, ob es überhaupt sinnvoll ist, daneben noch auf das nichtschriftliche Lastschriftverfahren zurückzugreifen. Außerdem hat auf diese Art und Weise der Händler keine Möglichkeit, darauf hinzuwirken, dass das Einzugsermächtigungslastschriftverfahren als vorrangiges Zahlverfahren gewählt wird.

bb) Zahlungsablauf

Das Einzugsermächtigungslastschriftverfahren ist dadurch gekennzeichnet, dass die Initiative zur Zahlung nicht vom Zahlungspflichtigen, sondern vom Zahlungsempfänger ausgeht. Es handelt sich praktisch um eine „rückläufige" Überweisung[33]. Bei diesem Verfahren ist die Geldschuld ausnahmsweise keine Schickschuld, sondern eine Holschuld[34]. Deshalb reicht der Gläubiger, nachdem er von seinem Schuldner eine schriftliche Einziehungsermächtigung erhalten hat, die ihn berechtigt, seine Forderung gegen diesen zu Lasten dessen Kontos einzuziehen, bei seiner Bank die Lastschrift zum Einzug ein. Diese wird danach entweder unter Zwischenschaltung anderer Banken oder unmittelbar beim Institut des Zahlungspflichtigen, der Zahlstelle, zur Einlösung vorgelegt. Sofern das Konto des Zahlungspflichtigen die für die Einlösung erforderliche Deckung aufweist oder der eingeräumte Kreditrahmen durch den Lastschriftbetrag nicht überschritten wird, wird dem Konto des Zahlungspflichtigen der Lastschriftbetrag belastet[35]. Geregelt ist das Lastschriftverfahren im Abkommen über den Lastschriftverkehr[36], während gesetzliche Regelungen über seinen Ablauf fehlen.

Da die Initiative zur Kontobelastung vom Zahlungsempfänger und nicht vom Zahlungspflichtigen ausgeht, betrachtet der Bundesgerichtshof in seiner ständigen Rechtsprechung auf der Basis der „Genehmigungstheorie"[37] die Kontobelastung bis zur Genehmigung durch den Kontoinhaber als

---

33 Vgl. Kümpel, Bank- und Kapitalmarktrecht, 2. Auflage 2000, Rn. 4.336.
34 Vgl. BGH, WM 1985, S. 462; van Gelder, in: Bankrechts-Handbuch I, 2. Aufl. 2001, § 58, Rn. 154.
35 Vgl. zum Zahlungsablauf BuB – Reiser/Krepold, Rn. 6/343 ff.
36 Abgedruckt in: BuB – Reiser/Krepold, Rn. 6/311 ff.
37 BGH, WM 1989, S. 520 = WuB I D2.–3.89 Hadding/Häuser; BGH, WM 1975, S. 1042 = BGHZ 69, S. 82; BGH, WM 1977, S. 1196 = BGHZ 69, S. 186; BGH, WM 1978, S. 819 = DB 1978, S. 1826; BGH, WM 1979, S. 194 = BGHZ 72, S. 346; BGH, WM 1979, S. 689 = BGHZ 74, S. 304; BGH, WM 1979, S. 828 = BGHZ 74, S. 312; BGH, WM 1979, S. 830; BGH, WM 1979, S. 831; BGH, WM 1985, S. 905; BGH, NJW 1985, S. 2326 = BB 1985, S. 1489; BGH, WM 1987, S. 396; Bundschuh, in: FS-Stimpel, 1985, S. 1040 ff.

grundsätzlich unberechtigt. Begründet wird dies damit, dass die Zahlstelle als Schuldnerbank letztlich die Kontobelastung auf Weisung des Zahlungsempfängers oder einer von ihm zwischengeschalteten Bank, nicht jedoch aufgrund einer Weisung oder Genehmigung des Zahlungspflichtigen ausführt. Folglich bedarf danach die Kontobelastung der Genehmigung durch den Schuldner.[38] Damit besteht bis zur endgültigen Genehmigung durch den Schuldner ein zeitlich unbefristetes Widerspruchsrecht des Schuldners.[39] Es erscheint zwar widersinnig, dass im Einziehungsermächtigungslastschriftverfahren einerseits die Einziehungsermächtigung zwingend der Schriftform bedarf, andererseits aber auch diese nicht genügt, um der Einziehungsermächtigung eine irgendwie geartete Rechtsverbindlichkeit zukommen zu lassen. Gleichwohl ist, wie bereits weiter oben ausgeführt, die Schriftform für die Einziehungsermächtigung nach dem Lastschriftabkommen unverzichtbar.

Aufgrund der im Einziehungsermächtigungslastschriftverfahren dem Gläubiger eingeräumten Möglichkeit, die Zahlung anzustoßen, handelt es sich dabei um ein weit verbreitetes und beliebtes Zahlungsverfahren, da der Lieferant einer Leistung einerseits mit der Lieferung seiner Ware oder Dienstleistung nicht abzuwarten braucht, bis die Zahlung eingegangen ist, er andererseits bei einer Vorauslieferung jedoch dem Risiko enthoben wird, dass der Zahlungspflichtige seiner Verpflichtung zur Zahlung nicht nachkommt. Bei regelmäßigen Zahlungen in unterschiedlicher Höhe wird durch das Einziehungsermächtigungsverfahren darüber hinaus der Geldeinzug bequemer, als bei anderen Verfahren, denn der Zahlungsempfänger kann zu festgelegten Zeitpunkten die Beträge einziehen und muss nicht zunächst Rechnungen erstellen und danach den Zahlungseingang abwarten. Das Einziehungsermächtigungslastschriftverfahren ist deshalb insbesondere auch für Zahlungen von Telefon-, Strom- oder Gaslieferungen etc. geeignet. Es erlaubt aber auch Versandhäusern, die Rechnungsbeträge einzuziehen, was sowohl gegenüber der Vorauszahlung als auch der nachträglichen Zahlung nach Lieferung Vorteile bietet. Trotz des Problems der dogmatischen Erfassbarkeit ist deshalb das Einziehungsermächtigungslastschriftverfahren ein weit verbreitetes und beliebtes Zahlungsverfahren.

---

38 Vgl. BuB – Reiser/Krepold, Rn. 6/322; BGH, WM 1977, S. 1042 = BGHZ 69, S. 84 f.; BGH, WM 1977, S. 1196 = BGHZ 69, S. 186.
39 Vgl. Kümpel, Bank- und Kapitalmarktrecht, 2. Auflage 2000, Rn. 4.362; van Gelder, in: Bankrechts-Handbuch I, 2. Aufl. 2001, § 58 Rn. 17; Canaris, Bankvertragsrecht, 3. Auflage 1988, Rn. 578; BuB – Reiser/Krepold, Rn. 397.

II. Konventionelle Zahlungsverfahren und das Netz

b) Derzeitiger Einsatz im Internet

Aufgrund der beschränkten Möglichkeiten, unter Bezugnahme auf die weiter oben dargestellte Anlage 3, die Ausnahmen von der schriftlichen Einziehungsermächtigung erlaubt, Einziehungsermächtigungen in nichtschriftlicher Form zu erteilen, ist der Einsatz des Einziehungsermächtigungslastschriftverfahrens als Zahlungsverfahren im Internet begrenzt. Nur dann, wenn die Voraussetzungen dafür vorliegen, dass ausnahmsweise auf die Schriftform verzichtet werden kann, ist die Zahlung mittels Einziehungsermächtigungslastschriftverfahren im Netz möglich. Allerdings sind diese Voraussetzungen – wie aufgezeigt – so restriktiv, dass das Einziehungsermächtigungslastschriftverfahren unter Bezugnahme auf diese Ausnahmen kaum geeignet sein dürfte, Zahlungen in breitem Umfang über das Internet vornehmen zu können. Außerdem ist – wie dargestellt – bei der Akzeptanz nichtschriftlicher Einziehungsermächtigungen der Anbieter verpflichtet, gleichzeitig mindestens ein anderes Zahlungsverfahren anzubieten.

Auf dieser Basis war bisher die Möglichkeit, das Einziehungsermächtigungslastschriftverfahren für Zahlungen im Netz nutzbar zu machen, unter rechtlichen Aspekten auf Ausnahmen beschränkt. Allerdings dürfte dies nichts daran ändern, dass sich eine Praxis herausgebildet hat, in nicht unerheblichem Umfange nicht der Schriftform gemäß §§ 126 Abs. 1, 127 BGB genügende Einziehungsermächtigungen einzuholen, obwohl damit ein Verstoß gegen Abschnitt I Nr. 1 a) des Lastschriftabkommens verwirklicht wird. Zwar bindet das Lastschriftabkommen nur Kreditinstitute, gleichwohl sind diese daraus jedoch verpflichtet, nur solche Lastschriften zum Einzug entgegenzunehmen, denen eine schriftliche Einziehungsermächtigung zugrunde liegt. Um dem Sorge zu tragen, sind die Kreditinstitute gehalten, im Rahmen der Inkasso-Vereinbarung die Lastschriftgläubiger zu verpflichten, nur solche Lastschriften zum Inkasso einzureichen, denen eine schriftliche Einziehungsermächtigung zugrunde liegt.[40] Allerdings ist das Inkassoinstitut nicht verpflichtet, regelmäßig zu prüfen, ob dem Lastschrifteinreicher eine schriftliche Einziehungsermächtigung vorliegt.[41] Es kann aber verlangen, dass ihr ihr Kunde die erforderliche Einziehungsermächtigung vorlegt. Sollte sich zeigen, dass ein Lastschrifteinreicher regelmäßig Lastschriften einreicht, ohne zuvor eine schriftliche Einziehungsermächtigung einzuholen, verstößt er gegen die mit seiner Bank getroffene Inkasso-Vereinbarung. Erhält die Bank hiervon Kenntnis, muss sie den Lastschriftgläubiger dazu anhalten, seine rechtswidrige Praxis einzustellen. Kommt er dem nicht nach, hat sie, um den Anforderungen des Lastschriftabkommens Genüge zu

---

40 Kümpel, Bank- und Kapitalmarktrecht, 2. Auflage 2000, Rn. 4.353.
41 Vgl. BGH, WM 1977, S. 1199.

tun, nur die Möglichkeit, die Inkasso-Vereinbarung mit ihm zu beenden und ihn vom Lastschriftverfahren auszuschließen. Folglich ist die mittlerweile nicht ganz unübliche Praxis, im Internet nichtschriftliche Einziehungsermächtigungen zu akzeptieren, nicht frei von Risiken für die Firmen, die diese Verfahren anbieten.

5. Überweisungsverfahren

a) Beschreibung

Die Banküberweisung ist eines der wesentlichen Instrumente des bargeldlosen Zahlungsverkehrs. Sie gehört gemäß § 1 Abs. 1 Satz 2 Nr. 9 KWG zu den Bankgeschäften und hat ihre rechtliche Grundlage im Girovertrag, durch den die Bank berechtigt und verpflichtet wird, Einzahlungen für ihren Kunden entgegenzunehmen und diese seinem Konto gutzuschreiben.[42] Sofern die für die Auftragsausführung erforderlichen Voraussetzungen vorliegen – wie insbesondere die Kontodeckung oder die Einräumung eines ausreichenden Dispositionskredits –, ist die Bank auch verpflichtet, einen entsprechenden Auftrag auszuführen. Im Gegensatz jedoch zur Scheck- und Lastschriftzahlung erfolgt im Überweisungsverkehr die Zahlung ohne Mitwirkung des Zahlungsempfängers, da allein der Überweisende alle erforderlichen Schritte zur Ausführung veranlassen muss. Mit Erteilung eines Zahlungsauftrags erteilt der Auftraggeber seiner Bank den Auftrag, Buchgeld von seinem Konto auf das Konto des Zahlungsempfängers zu übertragen.

Der eigentliche Zweck der Überweisung besteht jedoch darin, die Geldschuld des Auftraggebers gegenüber dem Überweisungsempfänger zu tilgen. Allerdings setzt die Zahlung mittels Überweisung voraus, dass der Zahlungsempfänger über ein Girokonto verfügt und mit der Zahlung mittels Überweisung einverstanden ist.[43]

Der Zahlungsablauf bei der Banküberweisung ist dadurch geprägt, dass der Zahlungspflichtige sein Kreditinstitut beauftragt, einen bestimmten Betrag zu Lasten seines Girokontos an den Empfänger zu übertragen, so dass die damit betrauten Kreditinstitute als Transporteur von Buchgeld agieren.[44] Neben dem Girovertragsverhältnis zwischen dem Auftraggeber und seiner Bank bestehen selbständige Vertragsverhältnisse zwischen den beteiligten Kreditin-

---
42 BGH, WM 1995, S. 150.
43 Vgl. BuB – Hellner, Rn. 6/8.
44 Vgl. Kümpel, Bank- und Kapitalmarktrecht, 2. Auflage 2000, Rn. 4.99.

II. Konventionelle Zahlungsverfahren und das Netz

stituten, sofern es sich nicht um eine „Hausüberweisung" handelt, d. h. falls das Auftraggeberinstitut nicht auch gleichzeitig Empfängerinstitut ist.

Die Girokette besteht aus jeweils selbständigen, hintereinander geschalteten Geschäftsbesorgungsverhältnissen gemäß § 675 BGB zwischen den jeweils in unmittelbarem geschäftlichen Kontakt stehenden Beteiligten.[45] Die hintereinander geschalteten Banken sind jeweils selbständige Vertragspartner und handeln weder als Stellvertreter noch als Bote eines vorher beauftragten Instituts bei der Übermittlung der rechtsgeschäftlichen Erklärungen der Bank des Buchgeldempfängers. Allerdings ist diese Rechtslage bei Zahlungen innerhalb der EU/EWR-Staaten durch das Überweisungsgesetz, durch das die EG-Überweisungsrichtlinie 97/5 vom 27. 1. 1997 umgesetzt worden ist, modifiziert worden. Dieses Gesetz vom 21. 7. 1999[46] unterwarf Überweisungen innerhalb der EU/EWR-Staaten zunächst Sonderregelungen, die in nicht unerheblichem Umfange sowohl das Vertragsverhältnis zwischen den zwischengeschalteten Kreditinstituten als auch das zum erstbeauftragten Institut modifizieren. Seit 1. 1. 2002 gilt das Überweisungsgesetz für Inlandsüberweisungen sowie Überweisungen in Drittstaaten. An die Stelle des Girovertragsverhältnisses ist im Anwendungsbereich des Überweisungsgesetzes der „Zahlungsvertrag" gemäß § 676 d BGB getreten, durch den ein zwischengeschaltetes Kreditinstitut gegenüber einem anderen Kreditinstitut verpflichtet wird, im Rahmen des Überweisungsverkehrs einen Überweisungsbetrag an ein weiteres Kreditinstitut oder das Kreditinstitut des Begünstigten weiterzuleiten. Auch wenn sich dies nicht vom bisherigen Girovertragsverhältnis unterscheidet, ergibt sich die Modifikation gegenüber der bisherigen Rechtslage insbesondere aus § 676 e BGB, wonach das zwischengeschaltete Institut gegenüber dem erstbeauftragten Institut zum Ausgleich der in seinem Verantwortungsbereich entstandenen Schäden verpflichtet ist, und das erstbeauftragte Institut nicht nur für die ordnungsgemäße Weiterleitung sondern auch für die ordnungsgemäße Durchführung der Zahlung verantwortlich ist und folglich auch für Schäden einzustehen hat, die ohne sein Verschulden durch ein zwischengeschaltetes Kreditinstitut verursacht werden. Insoweit schuldet im Anwendungsbereich des Überweisungsgesetzes das erstbeauftragte Institut nicht nur die ordnungsgemäße Weiterleitung, sondern auch die Gutschrift des Überweisungsbetrags auf dem Konto des endbegünstigten Instituts.[47]

---

45 Vgl. BGH, WM 1988, S. 322; BGH, WM 1989, S. 1755.
46 BGBl. I 1999 S. 1642.
47 Zu den Einzelheiten vgl. Kümpel, Bank- und Kapitalmarktrecht, 2. Auflage 2000, Rn. 4.167 f.

b) Aktueller Einsatz im Netz

Während andere Zahlungsverfahren noch keinen allzu hohen Verbreitungsgrad auch aufgrund der damit verbundenen technischen und organisatorischen Schwierigkeiten im Netz gefunden haben, kann der Überweisungsverkehr über das Internet durch verschiedene technische Verfahren abgewickelt werden.

Anknüpfungspunkt für das aktuelle Online-Banking ist das frühere „BTX-Verfahren", wobei „BTX" für „Bildschirmtext" steht.[48] Grundlage dieses „Btx-Banking" bildete ein Staatsvertrag zwischen den Ländern vom 18. März 1983. Auf der Grundlage dieses, am 1. September 1984 in Kraft getretenen Vertrages haben die Spitzenverbände der deutschen Kreditwirtschaft zusammen mit der Bundespost das „Abkommen über den Bildschirmtext" abgeschlossen.[49] Zweck dieses Abkommens war es, einen einheitlichen Verfahrensablauf und einen institutsübergreifenden Sicherheitsstandard festzulegen, um die Handhabung des Verfahrens so einfach wie möglich zu machen. Die BTX-Verfahren der einzelnen Banken waren deshalb identisch. Dieses Verfahren wurde weiterentwickelt zum Online-Banking-System, das auf einem Sicherungskonzept mit zwei Medien beruht. Der Kunde benötigt, um Online-Dienstleistungen nutzen zu können, sowohl eine persönliche Identifikationsnummer (PIN) als auch eine nur einmal nutzbare Transaktionsnummer (TAN).[50] Folglich kann er mittels Online-Banking auch Überweisungsaufträge erteilen, sofern er über PIN und TAN und – soweit ein Bankverfahren dies vorsieht – über ein erforderliches Geheimwort verfügt.

Mit dem Online-Banking eng verwandt ist das „Homebanking", das es ebenfalls unter Einsatz verschiedener Medien erlaubt, Bankdienstleistungen in Anspruch zu nehmen und damit auch Überweisungsaufträge zu erteilen. Die Grundlage für das „Homebanking" ist das „Homebanking-Abkommen", das zwischen den Spitzenverbänden der deutschen Kreditwirtschaft abgeschlossen wurde und am 1. Oktober 1997 in Kraft getreten ist. Das Abkommen legt insbesondere für den Bereich des Homebanking einen neuen technischen Standard für ein multibankfähiges Dialog-Verfahren fest. Dieser „Homebanking-Computer-Interface" genannte Dialog (HBCI-Dialog) ermöglicht es Homebanking-Kunden der einzelnen Kreditinstitute die Abwicklung von Bankgeschäften multibankfähig abzuwickeln. Dabei besteht der hauptsächliche Unterschied zwischen dem HBCI-Dialog und dem Btx-

---

48 Vgl. Schwintowski/Schäfer, Bankrecht, § 5 Rn. 28.
49 Abgedruckt in WM 1984, S. 1070 ff.
50 Vgl. Schwintowski/Schäfer, Bankrecht, § 5 Rn. 29; Gößmann, in: Bankrechts-Handbuch I, 2. Aufl. 2001, § 55 Rn. 5 ff.; Kümpel, Bank- und Kapitalmarktrecht, 2. Auflage 2000, Rn. 4.657 ff.; von Rottenburg, WM 1997, S. 2389.

II. Konventionelle Zahlungsverfahren und das Netz

Dialog darin, dass der erstere vom Standard eines Online-Dienstleisters unabhängig ist und eine sichere Abwicklung zwischen dem Bankkunden und seiner Bank auch über offene Netze aufgrund des hohen Sicherheitsstandards sichergestellt werden kann.

Zum Einsatz kommen im HBCI-Verfahren als Legitimationsmedien nicht PIN und TAN, sondern elektronische Signaturen nach national etablierten Standards auf der Grundlage von Chipkarten. Mit Hilfe dieser elektronischen Signaturen ist es möglich, die Nachrichteninhalte so zu verschlüsseln, dass sie während der Übertragung nicht gelesen werden können. Auch wenn das HBCI-Dialog-Verfahren entwickelt wurde, um mittelfristig das aus dem Btx-Banking entwickelte Online-Banking zu ersetzen, werden beide Verfahren über einen längeren Zeitraum hinweg nebeneinander existieren.

Rechtliche Grundlage des Homebanking bildet das bereits erwähnte Homebanking-Abkommen, das die Spitzenverbände der deutschen Kreditwirtschaft vereinbart haben sowie die dazu gehörigen Schnittstellenspezifikation Homebanking-Computer-Interface. Durch das Homebanking-Abkommen werden die Kreditinstitute verpflichtet, ihren Kunden eine Kommunikationsmöglichkeit zur Durchführung von Bankgeschäften auf der Grundlage des HBCI-Dialogs anzubieten. Allerdings kann jedes Kreditinstitut auch andere Kommunikations-Standards zur Verfügung stellen. Sie sind nicht gezwungen, sich ausschließlich am HBCI-Standard zu orientieren. Weiterhin beruht die Schnittstellenspezifikation auf einem offenen Standard, der Softwareentwicklern zur Verfügung gestellt werden kann.

Mit dem Homebanking-Abkommen wird jedoch der Zweck verfolgt, die Multibankfähigkeit des Homebanking-Verfahrens sicherzustellen. Außerdem soll es nicht nur der Festschreibung eines einmal erreichten Standards dienen, sondern deren Weiterentwicklung ermöglichen. Die Kreditinstitute sind deshalb aufgrund des Abkommens gehalten, den zentralen Kreditausschuss bereits in der Planungsphase darüber zu unterrichten, wenn sie den bisherigen Standard mit dem Ziel weiterentwickeln wollen, diesen zukünftig nicht mehr einzusetzen. Mit dieser Informationsverpflichtung soll den anderen, dem Abkommen angeschlossenen Kreditinstituten eine Beteiligung an den Entwicklungen ermöglicht werden, um auf diesem Weg den bisherigen Standard zu verbessern. Auch ist die jeweils aktuelle Schnittstellenspezifikation um solche Geschäftsvorfälle zu erweitern, die alle Kreditinstitute auf einer einheitlichen technischen Grundlage anbieten. Sofern dafür Änderungen des Abkommens erforderlich sind, werden diese in einem Arbeitskreis der Vertragspartner des Abkommens beschlossen.

Sollte ein Kreditinstitut den im Rahmen des Homebanking vereinbarten Standard nicht mehr anbieten, scheidet es aus dem Abkommen aus. Außerdem kann jedes Kreditinstitut seine Beteiligung am Abkommen kündigen. Das Homebanking-Abkommen ist gemäß § 102 GWB beim Bundeskartellamt angemeldet und freigestellt worden.[51]

Sowohl über das Online-Banking als auch das HBCI-Banking ist es derzeit möglich, Aufträge über das Internet zu erteilen. In beiden Fällen handelt es sich also um Verfahren, die auch für Zahlungen über das Netz geeignet sind.

6. Elektronische Schecks

Zwar bieten im US-amerikanischen Raum verschiedene Firmen scheckähnliche elektronische Zahlungssysteme an[52], die jedoch im deutschen Rechtskreis bisher keine Verbreitung gefunden haben. Dies mag auch damit zusammenhängen, dass derartige „elektronische Schecks" aufgrund der fehlenden Urkundenform weder Schecks gem. Art. 1 ScheckG noch Anweisungen gemäß § 783 BGB sind.[53] In Deutschland gibt es lediglich ein „beleglloses Scheckeinzugsverfahren (BSE-Verfahren)", das in das zwischen den Spitzenverbänden der deutschen Kreditwirtschaft abgeschlossene Scheckabkommen integriert wurde.[54] Das BSE-Verfahren sieht vor, dass körperliche Schecks in Datensätze umgewandelt und in dieser Form beim bezogenen Institut zur Einlösung eingereicht werden. Das die Daten überleitende Institut – es handelt sich dabei um das Inkassoinstitut – ist in diesem Zusammenhang berechtigt, die Scheckgegenwerte von den bezogenen Kreditinstituten beleglos einzuziehen.

Auch wenn dieses Verfahren eine beleglose Bearbeitung von beleghaft eingereichten Schecks erlaubt, handelt es sich dabei doch nicht um die Einführung eines elektronischen Schecks, da das bezeichnete Verfahren lediglich den Zweck verfolgt, im Interbankenverkehr die Scheckbearbeitung zu vereinfachen. Darin ist jedoch nicht die Einführung eines speziellen Zahlungsverfahrens zu sehen, das als Scheckzahlung über das Netz bezeichnet werden könnte. Folglich gibt es im deutschen Rechtskreis zZt keine Scheckzahlung über das Netz.

---

51 Vgl. Kümpel, Bank- und Kapitalmarktrecht, 2. Aufl. 2000, Rn. 4. 670 ff.; von Rottenburg, WM 1997, S. 2389 f.; Stockhausen, WM 2001, S. 605 ff.
52 Escher, WM 1997, S. 1175.
53 Vgl. Escher, WM 1997, S. 1175; Werner, in: Hoeren/Sieber, Handbuch Multimediarecht, Teil 13.5 Rn. 81.
54 Vgl. dazu Kümpel, Bank- und Kapitalmarktrecht, 2. Aufl. 2000, Rn. 4.589.

III. Zahlungsverfahren im Internet – Bestandsaufnahme und Ausblick

1. Konventionelle Zahlungsverfahren im Internet

Wie bereits weiter oben ausgeführt, gibt es bei einigen konventionellen Zahlungsverfahren bereits erste Ansätze für ihren Einsatz im Netz.

a) Kreditkartenverfahren

aa) Mail-Order-Verfahren

Auch ohne Änderung des Verfahrens ist es möglich, die Kreditkarte für Zahlungen im Internet im „Mail-Order- bzw. Telephone-Order-Verfahren" einzusetzen. Dabei werden die auf die Kreditkarte aufgeprägten Kartendaten an den Händler übermittelt, wodurch dem Kartenunternehmen die Weisung erteilt wird, die Zahlung an diesen zu erbringen. In einem solchen Verfahren werden die für die Zahlungspflicht normalerweise einzuhaltenden Voraussetzungen, wie die Unterzeichnung eines Belegs, nicht eingehalten. Dies begründet jedoch keinen Verstoß gegen die Kartenbedingungen, sofern die Kreditkartengesellschaften bzw. die die Kreditkarte emittierenden Banken ein solches Verfahren zur Zahlung erlauben.[55] Es ist auch für Zahlungen mittels Kreditkarte im Internet geeignet, denn es spielt keine Rolle, ob die Kartendaten telefonisch, mittels Fax, schriftlich oder über das Internet übermittelt werden.

Allerdings ist bei einem derartigen Ferneinsatz der Kreditkarte das Missbrauchsrisiko erhöht, denn die auf die Karte aufgeprägten Kartendaten sind jedermann, der die Karte visuell wahrnehmen kann, zugänglich und können deshalb nicht in gleicher Weise geheimgehalten werden, wie eine PIN. Auch führt die Einleitung eines Zahlungsvorgangs im Mail-Order- bzw. Telephone-Order-Verfahren dazu, dass eine nicht überschaubare Zahl von Personen Kenntnis von den Daten erhalten kann, denn werden diese per Brief oder Telefax übermittelt, weiß der Absender nicht, durch wessen Hände die Unterlagen gehen, ehe der Empfänger sie erhält, um den Zahlungsvorgang einzuleiten. Gleiches gilt auch für das telefonische Verfahren, denn auch hier kann der Absender nicht sicher sein, dass lediglich eine berechtigte Per-

---

55 Zum Mail-Order-Verfahren vgl. BuB – Haun, Rn. 6/1880 ff.; Kienholz, die Zahlung mit Kreditkarte im Nah- und Fernabsatz, München 2000, S. 16, S. 63, S. 65 ff.

III. Zahlungsverfahren im Internet

son die Kartendaten erhält. Schließlich ist es ihm nicht einmal möglich zu überprüfen, wer überhaupt berechtigt ist, entsprechende Daten entgegen zu nehmen. Aufgrund dessen kann die Verwendung einer Kreditkartennummer nicht den Beweis des ersten Anscheins dafür begründen, dass der Karteninhaber entweder selbst verfügt oder mit den ihm zur Verfügung gestellten Legitimationsmedien unsorgfältig umgegangen ist. Sollte folglich im Mail-Order- bzw. Telephone-Order-Verfahren der Karteninhaber den Einsatz seiner Karte bestreiten, muss das Kreditinstitut bzw. die Kartengesellschaft, will es den Karteninhaber mit dem Kartenbetrag belasten, den Vollbeweis dafür erbringen, dass er entweder selbst verfügt oder durch eine schuldhafte Sorgfaltspflichtverletzung dazu beigetragen hat, das es zu einem missbräuchlichen Einsatz seiner Kartendaten kommen konnte.[56]

Ist folglich eine Zahlung im Fernabsatz veranlasst worden und bestreitet der Karteninhaber die Einleitung eines Zahlungsvorgangs, muss der Kartenemittent, will er den Kartenbetrag im Wege des Aufwendungsersatzanspruchs gemäß § 670 BGB geltend machen, den Vollbeweis dafür führen, dass der Karteninhaber selbst verfügt hat. In der Regel wird dies jedoch nur schwer möglich sein, es sei denn, äußere Umstände – wie zum Beispiel die Identität der Lieferanschrift einer mittels dieses Verfahrens bestellten Ware und die des Karteninhabers – stellen ein so starkes Indiz dafür dar, dass auch tatsächlich der Karteninhaber verfügt hat. Sollte jedoch der Vollbeweis nicht geführt werden können, kann der Karteninhaber nicht mit dem Transaktionsbetrag belastet werden, so dass die Kartengesellschaft bzw. die kartenemittierende Bank keine Möglichkeit hat, ihn zu belasten. Das daraus resultierende Risiko bleibt in der Regel beim Kartenakzeptanten, d.h. dem Händler, der die Zahlung in diesem Verfahren akzeptiert hat, da die Kreditkartengesellschaften üblicherweise Rückforderungsklauseln für den Fall vorsehen, dass eine Kreditkartenzahlung im Fernabsatz angenommen wurde.[57] Die in den Kreditkartenbedingungen regelmäßig enthaltene Regelung, wonach der Karteninhaber dafür Sorge zu tragen hat, dass keine andere Person Kenntnis von seiner Geheimzahl erlangt, bezieht sich ausschließlich auf die ggf. im Zusammenhang mit der Kreditkarte übermittelte PIN für Abhebungen an Geldautomaten oder Zahlungen an automatisierten Kassen, sie erfasst jedoch nicht die auf die Karte aufgeprägten Daten.

Vielfach enthalten die Kreditkartenbedingungen eine Regelung, wonach der Karteninhaber für missbräuchliche Verfügungen unabhängig von seinem Verschulden bis zu einem Betrag von EURO 50,– (früher DM 100,–)

---

[56] Kienholz, die Zahlung mit Kreditkarte im Nah- und Fernabsatz, München 2000, S. 76 ff.; BuB – Haun, Rn. 6/1880 ff.
[57] Vgl. BuB – Haun, Rn. 6/1893; Kienholz, die Zahlung mit Kreditkarte im Nah- und Fernabsatz, München 2000, S. 76.

haftet, so dass auf dieser Grundlage daran zu denken wäre, dass der Karteninhaber zumindest bis zur Höhe dieses Betrags auch für missbräuchliche Verfügungen im Mail-Order- bzw. Telephone-Order-Verfahren einzustehen hat. Von einer missbräuchlichen Verfügung kann jedoch nur dann ausgegangen werden, wenn die Karte von einem Unberechtigten eingesetzt wurde. Als missbräuchliche Verfügung ist nicht anzusehen, wenn der Karteninhaber im Besitz der Karte ist und ein Dritter aufgrund seiner Kenntnis von den Kartendaten diese zu missbräuchlichen Verfügungen einsetzt, denn hier kommt es nicht zu einem Missbrauch der Karte, sondern lediglich der Kartendaten, die der Karteninhaber nicht einmal geheim halten kann. Es könnte allenfalls dann die Haftung des Karteninhabers in Betracht kommen, wenn seine Kreditkarte abhanden gekommen und es danach zu Verfügungen im Mail-Order-Verfahren gekommen ist. In diesem Fall läge es zumindest nahe, dass die entsprechenden Verfügungen mit der Karte vorgenommen wurden, so dass ein Kartenmissbrauch zu bejahen wäre. Dagegen ist es nicht vertretbar, den Karteninhaber mit EURO 50,– am eingetretenen Schaden zu beteiligen, wenn nicht einmal feststeht, dass es zu einer Verfügung aufgrund eines missbräuchlichen Karteneinsatzes gekommen ist.

Eine entsprechende verschuldens- und praktisch auch kausalitätsunabhängige Haftung lässt sich bei Missbrauch der Kartendaten nicht einmal damit begründen, dass durch die Regelung in den Kreditkartenbedingungen die Haftung insgesamt auf EURO 50,– begrenzt wird. Eine entsprechende Sphärenhaftung hat der BGH ausnahmsweise als zulässig erachtet, sofern das wirtschaftliche Haftungsrisiko gering ist und die Vorteile, die der Karteninhaber aufgrund einer entsprechenden Haftungsregelung hat, die Nachteile überwiegen.[58] Hat folglich die bezeichnete Haftungsregelung zur Folge, dass der Karteninhaber in keinem Fall über einen Betrag von EURO 50,– hinaus haftet, selbst wenn er einen Schaden schuldhaft verursacht hat, kann die Sphärenhaftung ausnahmsweise zulässig sein. In Anbetracht des Haftungsrisikos von EURO 50,– ist auch nicht von einer unangemessen hohen Haftungsbeteiligung auszugehen.

Wird jedoch berücksichtigt, dass die Sphärenhaftung nur dort Anwendung finden kann, wo die Gefahr aus der Sphäre des Verpflichteten resultiert, dürfte für eine Haftung für den missbräuchlichen Einsatz der Kartendaten im Mail-Order-Verfahren kaum Raum bleiben, denn in Anbetracht der sowohl fehlenden Verpflichtung als auch der Möglichkeit, die auf die Karte aufgeprägten Daten geheim zu halten, kann die vorstehend bezeichnete Sphärenhaftung beim Missbrauch der Kartendaten keine Anwendung fin-

---

58 Vgl. dazu BGH, WM 1991, S. 1110 = WuB I D 5.–7.91 Fervers.

III. Zahlungsverfahren im Internet

den, da es nicht möglich ist, sicherzustellen, dass derartige Kartenmissbräuche nur aus der Sphäre des Karteninhabers möglich werden können. Eine Sphärenhaftung, die allein an den Missbrauch der Kartendaten anknüpft, ist deshalb kaum begründbar.[59]

Ist die Kreditkarte dagegen abhanden gekommen und danach missbräuchlich unter Einsatz der Kartendaten verfügt worden, liegt ein Haftungstatbestand vor, an dem die Sphärenhaftung anknüpfen kann. In diesem Fall dürfte eine Schadensbeteiligung des Karteninhabers in Höhe eines Betrages von maximal EURO 50,– begründet sein.[60] Allerdings setzt dies voraus, dass es zu einem Missbrauch der Kartendaten nach dem Verlust der Karte gekommen ist.

Soweit einzelne Kartenbedingungen vorsehen, dass bei grober Fahrlässigkeit die Haftungsbegrenzung keine Anwendung findet, ist eine solche Regelung im vorliegenden Fall kaum von Relevanz, denn durch die fehlende Möglichkeit, die Kartennummer vor der Kenntnisnahme durch Dritte zu schützen, bleibt für grobe Fahrlässigkeit im Zusammenhang mit der Bekanntgabe der Kartendaten kein Raum. Von einer grob fahrlässigen Schadensverursachung mit der Folge einer Haftung des Karteninhabers kann nur dann auszugehen sein, wenn der Karteninhaber grob fahrlässig zum Verlust seiner Karte beigetragen hat. Dagegen sind bei der Bekanntgabe der Kartennummer allein kaum Fallkonstellationen denkbar, in denen die grobe Fahrlässigkeit begründet werden könnte, denn die Nummer kann – wie bereits ausgeführt – kaum geheimgehalten werden. Allerdings dürfte auch bei einem grob fahrlässigen Abhandenkommen der Karte nur wenig Raum für die grobe Fahrlässigkeit im Zusammenhang mit dem mißbräuchlichen Einsatz der Kartendaten sein, denn wenn es demjenigen, der die Karte missbräuchlich einsetzt, möglich gewesen wäre, von den Kartendaten auch ohne grob fahrlässiges Verhalten des Karteninhabers Kenntnis zu nehmen, kann nicht von einem grob fahrlässigen Einsatz der Kartendaten mit der Folge einer weitergehenden Haftung des Karteninhabers ausgegangen werden.

Die Haftung für den missbräuchlichen Einsatz einer Kreditkarte endet jedoch, nachdem der Karteninhaber den Verlust angezeigt hat. Mit dieser wird die Kartengesellschaft bzw. das kartenemittierende Institut in die Lage versetzt, eine selbst bei vorausgegangener grober Fahrlässigkeit des Karteninhabers verursachte Gefahr auszuschalten, denn es liegt dann in ihrer Hand, für eine unverzügliche Sperrung der Karte Sorge zu tragen.[61]

---

59 Vgl. dazu BuB – Haun, Rn. 6/1961 und 6/1965.
60 Vgl. BuB – Haun, Rn. 6/1965.
61 Vgl. BGH, WM 1991, S. 1113 = WuB I D 5. 7. 91 Fervers; OLG Bamberg, WM 1994, S. 195 = WuB I D 5.–8.94 Salje.

Unter Berücksichtigung, dass damit kaum Raum für die Haftung des Karteninhabers beim missbräuchlichen Einsatz seiner Kartendaten im Internet bleibt, kann dieses Risiko nur beim Kartenakzeptanten oder der Kartengesellschaft liegen.

In der Regel sehen, wie bereits dargelegt, die Vereinbarungen zwischen den Kartengesellschaften und den Kartenakzeptanten ein Rückbelastungsrecht der Kartengesellschaft für den Fall vor, dass eine Zahlung im Ferneinsatz der Kreditkarte erfolgt ist und der Karteninhaber danach der Belastung widerspricht.[62]

Aber auch ohne eine solche ausdrückliche Regelung dürfte das Risiko vom Kartenakzeptanten zu tragen sein, denn dieser muss den Nachweis führen, dass auch tatsächlich der Karteninhaber verfügt hat. Sollte deshalb in der Vereinbarung zwischen ihm und der Kartengesellschaft ein entsprechendes Rückbelastungsrecht nicht enthalten sein, dürfte das Risiko dennoch bei ihm anzusiedeln sein, denn wenn ein Unberechtigter handelt, liegt keine wirksame Weisung vor, aufgrund deren das kartenemittierende Institut oder die Kartengesellschaft verpflichtet sein könnte, eine Zahlung zu leisten. Auch entsteht in diesem Fall keine abtretbare Forderung aus dem Grundgeschäft gegen den Karteninhaber, aus dem die Kartengesellschaft nach Abtretung vorgehen könnte. Zwar kommt es auch beim missbräuchlichem Einsatz zum Abschluss eines Grundgeschäfts zwischen dem Kartenakzeptanten und dem (unberechtigten) Karteninhaber, die daraus begründete Forderung ist jedoch nicht durchsetzbar, solange die Identität des Handelnden nicht feststeht. Da die Kartengesellschaft selbst diese Forderung nicht durchsetzen kann, fehlen auch alle Voraussetzungen für ihren Ankauf[63], zumal sie nur zum Forderungsankauf verpflichtet ist, wenn der berechtigte Karteninhaber selbst verfügt hat.

Dem steht auch nicht entgegen, dass in den Rahmenverträgen zwischen den Kartenunternehmen und den Kartenakzeptanten das von den Kartengesellschaften abgegebene Zahlungsversprechen sowie ihre Verpflichtung zum Forderungsankauf an die Einhaltung formaler Prüfkriterien anknüpft, denn beim Mail-Order-Verfahren gelten diese besonderen Anforderungen gerade nicht, da es bewusst außerhalb des normalen Verfahrens angeboten wird. Damit jedoch fehlen auch die Voraussetzungen für ein durch die Kartengesellschaft abzugebendes Zahlungsversprechen oder ihre Verpflichtung zum Forderungsankauf.[64]

---

62 Zu den Rückforderungsklauseln vgl. BuB – Haun, Rn. 6/1893 ff.
63 Zum Forderungsankauf vgl. BuB – Haun, Rn. 6/1884 ff.
64 Vgl. dazu BuB – Haun, Rn. 6/1880 ff.; Etzkorn, WM 1991, S. 19901 ff.

III. Zahlungsverfahren im Internet

b) SET-Verfahren

Um das sich aus dem Kreditkarteneinsatz im Internet ergebende Missbrauchsrisiko zu minimieren, ist ein spezielles SET (= Secure Electronic Transaction)-Verfahren entwickelt worden, in dem zur Erteilung von Weisungen der Karteneinsatz nicht erforderlich ist, sondern es genügt, die Kartendaten unter Verwendung eines asymmetrischen, digitalen Signaturverfahrens („Public-Key-Verfahren") zu verschlüsseln und zu übermitteln.

Die Kreditkarten-Bedingungen enthalten deshalb für das SET-Verfahren besondere Sorgfalts- und Mitwirkungspflichten. Insbesondere regeln sie, dass das Einmalpasswort, das zum Erstellen des SET-Zertifikats benötigt wird, vom Karteninhaber vor einer unberechtigten Kenntnisnahme durch Dritte gesichert werden muss. Gleiche Pflichten treffen den Karteninhaber hinsichtlich des SET-Nutzungspasswortes. Er wird deshalb angehalten, die Passwörter weder zu notieren noch elektronisch zu speichern, da mit ihrer Hilfe Verfügungen getätigt werden können.

Die Sorgfaltspflichten an die Geheimhaltung des Einmal- bzw. des Nutzungspasswortes entsprechen denen an die Geheimhaltung der PIN im ec-Karten-Verfahren. Sie müssen deshalb in gleicher Weise wie diese vor jedem unberechtigten Zugriff Dritter geschützt werden.

Aufgrund des Sicherheitsniveaus des SET-Standards begründet der Einsatz des SET-Zertifikats den Beweis des ersten Anscheins dafür, dass entweder der Inhaber selbst verfügt oder schuldhaft zu einem Missbrauch beigetragen hat.[65] Sollte der Inhaber des SET-Zertifikats dennoch einen Missbrauch behaupten, muss er den Anscheinsbeweis erschüttern, indem er Tatsachen darlegt und ggf. beweist, aus denen sich ergibt, dass er die Zahlung weder selbst veranlasst noch schuldhaft zu einem missbräuchlichen Einsatz des Zertifikats beigetragen hat.[66] Aufgrund dessen haftet im SET-Verfahren der Inhaber des SET-Zertifikats für alle Verfügungen, die mit diesem durchgeführt werden, es sei denn, er kann darlegen und beweisen, dass er weder verfügt noch schuldhaft zum Missbrauch seines Zertifikats beigetragen hat.

Allerdings gilt auch hier die Haftungsbegrenzung des Karteninhabers auf einen Höchstbetrag von EURO 50,–, sofern – wie einzelne Kartenbedingungen dies vorsehen – kein grob fahrlässiges Verhalten vorliegt.

Sollte der Karteninhaber des SET-Zertifikats für eine missbräuchliche Verfügung nicht verantwortlich bzw. eine Haftungsbegrenzung auf einen Haftungshöchstbetrag von EURO 50,– vereinbart worden sein, liegt das Haf-

---
65 Vgl. Pichler, NJW 1998, S. 3238.
66 Vgl. Pichler, NJW 1998, S. 3238.

tungsrisiko im Übrigen beim Kreditkartenunternehmen bzw. dem die Kreditkarte emittierenden Institut, sofern der Kartenakzeptant die erforderlichen Prüfungen ordnungsgemäß vorgenommen hat. Ihm kommt dabei zugute, dass in der Regel in der Vereinbarung zwischen dem Kartenemittenten und ihm die Leistungspflicht an die Durchführung formaler und nicht materieller Prüfkriterien anknüpft. Gerade im Bereich des Zahlens mittels SET hat der Kartenakzeptant keine Möglichkeit, auch die materielle Berechtigung des Karteninhabers zu überprüfen, so dass ihm aus dem Rahmenvertrag ein Anspruch gegen den Kartenemittenten auf Zahlung des Transaktionsbetrages zusteht, sofern sich aus den unter Einhaltung des SET-Standards verschlüsselten Daten oder sonstigen äußeren Umständen Hinweise auf einen Missbrauch ergeben.

Ohne eine solche Vereinbarung, in der sich die Kartengesellschaft bzw. das kartenemittierende Institut zum Forderungsausgleich aufgrund festgelegter formaler Prüfkriterien verpflichtet, läge das Missbrauchsrisiko beim Kartenakzeptanten. Kommt es zu einem Missbrauch des SET-Zertifikats durch einen Unberechtigten, liegt weder eine wirksame Weisung an das Kreditkartenunternehmen vor, noch wurde eine Forderung des Kartenakzeptanten gegen den Karteninhaber begründet, woraus die Kartengesellschaft verpflichtet sein könnte.

Stellt der Karteninhaber den Verlust seiner Karte oder missbräuchliche Verfügungen fest oder hat er zumindest einen Verdacht, dass seine SET-Passwörter ausgespäht oder auf andere Weise einem Dritten bekannt geworden sein könnten, ist er aufgrund des Vertrages mit dem Kartenemittenten verpflichtet, unverzüglich eine Kontosperre zu veranlassen. Danach hat er für missbräuchliche Verfügungen nicht mehr einzustehen. Sollte er dies unterlassen, läge ein grob fahrlässiges Verhalten mit der Folge vor, dass der Karteninhaber für den nach der Kenntnisnahme oder dem Verdacht entstandenen Schaden einzustehen hätte, sofern die Haftungsbegrenzung auf EURO 50,– in den Bedingungen unter dem Vorbehalt steht, dass er nicht vorsätzlich oder grob fahrlässig gehandelt hat.

Obwohl das Sicherheitsverfahren für die digitale Signatur nach SET-Standard aufwendig ist, kann demnach nicht von einer Gleichstellung mit der handschriftlichen Unterschrift ausgegangen werden. Gemäß des 1997 in Kraft getretenen Signaturgesetzes[67] hat der Gesetzgeber die elektronische Signatur zwar geregelt, sie der Schriftform jedoch nicht gleichgestellt.[68] Deshalb hätte auf dieser Grundlage allenfalls daran gedacht werden können,

---
67 BGBl. I 1997, S. 1879.
68 Vgl. Hoeren, WM 1996, S. 2006; Geis, NJW 1997, S. 3002; Deville/Kalthegener, NJW-CoR 1997, S. 172.

einem mittels elektronischer Unterschrift unterzeichnetem elektronischen Dokument unter analoger Anwendung der § 416 ZPO die gleiche Beweiskraft zu zugestehen wie einer Privaturkunde. Es wäre dann geeignet, den Nachweis dafür zu begründen, dass die darin enthaltenen Erklärungen auch tatsächlich vom Aussteller abgegeben wurden.[69]

Auch mit der Novellierung des Signaturgesetzes[70] ist die elektronische Unterschrift nicht der handschriftlichen gleichgestellt worden, so dass sich auch aus der neuen Fassung des Signaturgesetzes hinsichtlich der Beweiskraft keine Gleichstellung der elektronischen Unterschrift mit der handschriftlichen ergibt.

Allerdings sieht das „Gesetz zur Anpassung der Formvorschriften des Privatrechts und anderer Vorschriften an den modernen Rechtsverkehr" eine rechtliche Angleichung der elektronischen Signatur, die als qualifizierte elektronische Signatur nach dem Signaturgesetz anzusehen ist, an die handschriftliche vor. Es ist jedoch nicht zu einer vollständigen Gleichstellung gekommen. Vielmehr ist die Zivilprozessordnung um einen § 292 a ZPO erweitert werden, der vorsieht, dass der Anschein der Echtheit einer in einer elektronischen Form abgegebenen Willenserklärung, soweit diese den Anforderungen an eine qualifizierte Signatur nach dem Signaturgesetz genügt, nur durch Tatsachen erschüttert werden kann, die es ernsthaft als möglich erscheinen lassen, dass die Erklärung nicht mit dem Willen des Signaturschlüsselinhabers abgegeben worden ist. Eine solche Regelung stellt allenfalls eine gesetzliche Normierung der bisherigen Regeln zum Anscheinsbeweis dar, führt jedoch nicht dazu, dass die elektronische Form der handschriftlichen Unterschrift beweisrechtlich gleichgestellt worden ist. Darüber hinaus setzt die Anwendung von § 292a ZPO voraus, dass die digitale Signatur nach SET-Standard den Anforderungen an die qualifizierte elektronische Unterschrift nach dem Signaturgesetz genügt. Ohne Zertifizierung ist dies jedoch nicht möglich.

Unabhängig jedoch von den gesetzlichen Regelungen muss aufgrund des hohen Sicherheitsniveaus die Abgabe einer Erklärung unter Einsatz der elektronischen Signatur nach SET-Standard zumindest geeignet sein, die Grundlagen für den Anscheinsbeweis unter Anwendung der zum (früheren) ec-PIN-Verfahren entwickelten Grundsätze zu begründen.[71] Voraussetzung dafür ist jedoch, dass das Sicherheitsniveau der digitalen Signatur nach SET-Standard so hoch ist, dass nach aktuellem wissenschaftlichem Kennt-

---

69 Vgl. Hohenegg/Tauscheck, BB 1997, S. 1547.
70 BGBl. I 2001, S. 876 ff.
71 Vgl. BuB – Werner, Rn. 6/1509 f.

Konventionelle Zahlungsverfahren im Internet

nisstand eine Überwindung mit einem vertretbaren technischen oder ökonomischen Aufwand ausgeschlossen ist.

Die Erweiterung des Kreditkarten-Zahlungsverfahrens um das SET-Verfahren setzt darüber hinaus auch eine Ergänzung und Modifikation der Kreditkarten-Bedingungen voraus, da es nicht nur erforderlich ist, die Beschreibung zusätzlicher Verfahrens- und Leistungsmerkmale darin zu integrieren, sondern auch ergänzende zusätzliche Rechte und Pflichten der Beteiligten festzulegen. Aufgrund dessen sind die Kreditkarten-Bedingungen, soweit die Kreditkartengesellschaften auch das SET-Verfahren anbieten, um spezielle SET-Regelungen erweitert worden.

Zunächst wurde der Abschnitt über den Einsatz der persönlichen Geheimzahl (PIN) durch einen zweiten Absatz ergänzt, der Regelungen zum SET-Verfahren enthält. Darin wird erläutert, wie Zahlungen über das Internet mittels SET-Verfahren ausgeführt werden können. Zwar wird in den Formulierungen auf den Einsatz der Kreditkarte Bezug genommen, doch ist diese Darstellung für das SET-Verfahren nur bedingt richtig, da für diese der körperliche Einsatz der Karte gerade nicht erforderlich ist. Die Verbindung zur Kreditkarte wird jedoch dadurch hergestellt, dass ein SET-Zertifikat nur demjenigen zur Verfügung gestellt wird, der auch Inhaber einer Kreditkarte ist.

Darüber hinaus wird in den Bedingungen die Nutzung des SET-Zertifikats im Einzelnen erläutert. Aufgrund dessen finden sich in den um das SET-Verfahren erweiterten Kreditkartenbedingungen neben den Erläuterungen zum Zahlungsverfahren mittels Unterzeichnung eines Belegs, auf den die Kartendaten übertragen werden, zur Bezahlung mittels PIN an Geldautomaten und automatisierten Kassen, auch Erläuterungen, wie im Internet nach SET-Standard unter Einsatz des SET-Zertifikats Zahlungen generiert werden können.

Aufgrund des neuen Verfahrens ist es auch erforderlich, die Sorgfalts- und Mitwirkungspflichten des Karteninhabers dem Einsatz eines SET-Zertifikats anzupassen. Wie bereits an anderer Stelle ausgeführt, erhält der Karteninhaber ein Einmalpasswort, mit dessen Hilfe er das SET-Zertifikat erstellen kann. Um zu verhindern, dass ein Unberechtigter dieses Passwort erhält und damit ein SET-Zertifikat erstellen kann, wird der Karteninhaber ausdrücklich verpflichtet, dieses Einmalpasswort vor der unberechtigten Kenntnisnahme durch Dritte zu schützen. Gleiches gilt hinsichtlich des SET-Nutzungspasswortes, das erforderlich ist, um unter Einsatz des SET-Zertifikats zahlen zu können. Der Karteninhaber wird ausdrücklich verpflichtet, beide Passwörter weder zu notieren noch elektronisch zu speichern und deutlich darauf hingewiesen, dass derjenige, der im Besitz auch

III. Zahlungsverfahren im Internet

nur eines der beiden Passwörter ist, die Möglichkeit hat, im Internet Kreditkartenverfügungen zu Lasten des SET-Zertifikat-Inhabers vorzunehmen. Diese Sorgfaltsanforderungen sind vergleichbar mit denen, die der Inhaber einer ec-Karte einzuhalten hat, der in den ec-Bedingungen ebenfalls verpflichtet wird, die PIN, mit deren Einsatz die Karte zu Abhebungen an Geldautomaten oder zum Bezahlen an automatisierten Kassen verwendet werden kann, vor einer Kenntnisnahme durch Unberechtigte zu schützen.[72]

Aufgrund des hohen Sicherheitsniveaus des SET-Standards begründet der Einsatz des SET-Zertifikats den Beweis des ersten Anscheins dafür, dass entweder der berechtigte Inhaber des Zertifikats selbst verfügt oder durch sein Verhalten schuldhaft zum Missbrauch beigetragen hat.[73] Behauptet der Kreditkarteninhaber einen Missbrauch seines SET-Zertifikates, hat die Anwendung der Grundsätze zum Anscheinsbeweis zur Folge, dass der Kreditkarteninhaber dessen Grundlagen erschüttern muss, indem er Tatsachen vorträgt und ggf. beweist, aus denen die Schlussfolgerung gezogen werden kann, dass er die Zahlung weder selbst veranlasst noch schuldhaft zum Missbrauch des SET-Zertifikats beigetragen hat.[74]

Der Kreditkarteninhaber erhält das SET-Zahlungsverfahren jedoch nicht nur in den Kreditkartenbedingungen, sondern auch in einer Verfahrensanleitung erläutert, die auch eine Festlegung der technischen Voraussetzungen enthalten, die einzuhalten sind, damit das Bezahlen mittels SET-Zertifikat möglich ist. Beschrieben werden darin nicht nur Verfahrensabläufe, sondern es werden auch die Sorgfaltspflichten des Inhabers des SET-Zertifikates, und die des emittierenden Kreditinstitutes oder des Karten-Emittenten näher festgelegt.[75]

Um ein SET-Zertifikat zu erhalten, muss der Karteninhaber bei seinem Kreditinstitut, falls dieses als Emittent fungiert, oder der Kreditkartengesellschaft, falls er von dieser direkt die Karte erhält, die Zuteilung eines SET-Zertifikates beantragen. In dieses Zertifikat werden alle Daten aufgenommen, die sich auf der Kreditkarte befinden, d.h. die Kreditkartennummer, das Gültigkeitsdatum sowie der Name des Kreditkarteninhabers. Um sicherzustellen, dass der Antrag auch vom berechtigten Karteninhaber gestellt wird, hat das Kreditinstitut bzw. die Kreditkartengesellschaft, d.h. die Stelle, die den Kartenantrag entgegennimmt, den Karteninhaber anhand eines amtlichen Lichtbildausweises zu identifizieren. Dadurch soll sicher-

---

72 Vgl. zu den Sorgfaltspflichten bei der ec-Karte BuB – Werner, Rn. 6/1467 ff.; zur Kreditkarte vgl. BuB – Haun, Rn. 6/1975.
73 Vgl. Pichler, NJW 1998, S. 3238.
74 Vgl. Pichler, NJW 1998, S. 3238.
75 Zum Procedere vgl. Zwißler, DuD 1998, S. 711 ff.

gestellt werden, dass eine digitale Signatur nach SET-Standard nur solchen Personen zur Verfügung gestellt wird, die auch tatsächlich über eine (körperliche) Kreditkarte verfügen. Dieses Verfahren entspricht dem zum Erhalt einer Kreditkarte. Auch in diesem Fall ist eine Identifizierung des Karteninhabers erforderlich.

Dem Karteninhaber wird außerhalb des Internets ein Einmal-Passwort übermittelt, unter dessen Zuhilfenahme er die Initialisierung der digitalen Signatur nach SET-Standard einleiten kann. Nachdem der Karteninhaber das Einmal-Passwort zusammen mit seinen Kartendaten eingegeben hat, werden diese durch den Karten-Emittenten oder eine eingeschaltete Zertifizierungsinstanz mit den Kartendaten im Kartenantrag abgeglichen und das Einmal-Passwort auf seine Richtigkeit überprüft. Sind die Daten identisch, wird das SET-Zertifikat erzeugt, signiert und dem Karteninhaber über das Internet verschlüsselt zugestellt. Diese digitale Signatur ist auf dem PC des Karteninhabers in einer speziell dafür vorgesehenen Benutzerumgebung („Wallet") abzulegen. Sollen Zahlungen mittels dieser digitalen Signatur ausgeführt werden, muss der Karteninhaber seine Wallet öffnen, um das SET-Zertifikat zum Zahlen verwenden zu können. Zur Aktivierung des Zertifikats ist die Eingabe der persönlichen Benutzer-Identifikation erforderlich, die der Karteninhaber – im Gegensatz zum Einmal-Passwort – selbst festlegen kann.

Auch wenn Zahlungen über das Internet mittels SET-Zertifikat nicht das Problem lösen, ob und inwieweit Vertragsabschlüsse über das Internet nachweisbar sind[76], bei dem der Kreditkartenzahlung zugrunde liegenden Rechtsgeschäft der Einsatz eines SET-Zertifikats als Indiz dafür angesehen werden, dass der Karteninhaber gehandelt hat. Zwar sind Zahlverfahren und Vertragsabschluss streng voneinander zu trennen, erfolgt die Zahlung jedoch im Rahmen eines bestimmten Rechtsgeschäft unter Einsatz des SET-Zertifikats und begründet dieses, aufgrund seines hohen Sicherheitsniveaus den Beweis des ersten Anscheins dafür, dass der Kreditkarteninhaber bezahlt hat, begründet die auf dieses Geschäft bezogene Zahlung nicht nur ein Indiz, sondern zumindest den Beweis des ersten Anscheins dafür, dass der Inhaber des SET-Zertifikats bei Vertragsabschluss gehandelt hat. Voraussetzung dafür ist allerdings, dass sich aus dem Zahlungsvorgang ergibt, worauf er sich bezieht.

Im Übrigen bestehen jedoch in rechtlicher Hinsicht zwischen dem Kreditkartenverfahren mittels SET-Zertifikat und dem Zahlen mittels körperlicher Kreditkarte keine signifikanten Unterschiede, so dass die sonstigen recht-

---

76 Zur Problematik der Wirksamkeit von Verträgen über das Internet vgl. Gruber, DB 1999, S. 1437 ff.

III. Zahlungsverfahren im Internet

lichen Probleme im Zusammenhang mit der Kreditkartenzahlung mit denjenigen des SET-Verfahrens identisch sind.[77]

c) Lastschriftverfahren im Internet

Wie an anderer Stelle bereits ausgeführt, würde es sich, um Waren und Dienstleistungen, die über das Internet angeboten werden, bezahlen zu können, anbieten, diese Zahlungen unter Nutzung des Einziehungsermächtigungs-Lastschriftverfahrens auszuführen. Für Dienstleistungen, die unmittelbar über das Internet zur Verfügung gestellt werden, könnte gleichzeitig das Entgelt mittels Lastschrift eingezogen werden. Keine der beiden Vertragsparteien hätte das Vorleistungsrisiko zu tragen. Gerade bei Internet-Dienstleistungen kann es unter wirtschaftlichen Gesichtspunkten für den Zahlungsempfänger uninteressant sein, seine Zahlungsansprüche außerhalb dieses Verfahrens geltend zu machen, da in diesem Bereich nicht selten Klein- und Kleinstbeträge zu zahlen sind, deren Beitreibung außerhalb des Internets in keinem angemessenen Verhältnis zur Höhe des geschuldeten Betrages stehen würde. Umgekehrt ist es für den Nutzer des Internets oft uninteressant, die Inanspruchnahme der Dienstleistung abwarten zu müssen, bis die Zahlung eingeht. Nicht selten dürfte er das Interesse an einer Internet-Dienstleistung, bei der es sich z.B. um Informationen oder Musik handelt, auf die er spontan gestoßen ist, verlieren, wenn er mit dem Abruf warten muss, bis eine von ihm veranlasste Zahlung beim Empfänger eingeht. Ein solcher Nachteil für den Internet-Nutzer schlägt auf den Internet-Dienstleister durch, da dieser bei Zurverfügungstellung der Dienstleistung erst nach Zahlung durch den Internet-Nutzer sich in einem äußerst engen Markt bewegen wird, der ihm ein Gewinn bringendes Wirtschaften kaum erlauben dürfte, denn sollte die Leistung erst gegen Vorkasse erbracht werden, besteht das Risiko, dass das Interesse an der Internetleistung verloren geht. Aufgrund dessen dürfte gerade ein nicht zu unterschätzendes Interesse an einem Internet-Lastschriftverfahren bestehen. Zwar kommt als alternative Zahlungsmöglichkeit die Kreditkartenzahlung – wie vorstehend aufgezeigt insbesondere im SET-Verfahren auch als relativ sicheres Zahlungsverfahren – in Betracht, jedoch können dem in erheblichem Umfange wirt-

---

77 Zur Zahlung mittels Kreditkarte vgl. BuB – Haun, Rn. 6/1850 ff.; Häde, Die Zahlung mit Kredit- und Scheckkarten, ZBB 1994, S. 33 ff.; Schwintowski/Schäfer, Bankrecht 1997, § 6; Wand, Die Zulässigkeit der Erhebung eines isolierten Entgelts für den Auslandseinsatz einer Kreditkarte, WM 1996, S. 289 ff.; Fischer, EG-Empfehlungen zum kartengesteuerten Zahlungsverkehr, WM 1989, S. 397; Meder, Die Zulässigkeit einer isolierten Bepreisung des Auslandseinsatzes von Kreditkarten, NJW 1996, S. 1849; ders., Zur Unwiderruflichkeit der Zahlungsanweisung des Kreditkarteninhabers gem. § 790 BGB, NJW 1993, S. 3245 ff.

schaftliche Gesichtspunkte entgegenstehen, da insbesondere bei niedrigen Zahlungen die Transaktionskosten entweder zu überproportional hohen Preisen führen müssen, falls diese Kosten umgelegt werden oder einen nicht unerheblichen Teil des Ertrages aufzehren.

Allerdings sieht Abschnitt I Nr. 1a des Lastschriftabkommens die Schriftform der Einziehungsermächtigung vor.[78] Sie setzt, da im Lastschriftabkommen nichts Gegenteiliges bestimmt ist, gem. §§ 126 Abs. 1, 127 BGB eine eigenhändige Unterzeichnung durch den Aussteller voraus.[79] Eine solche ist jedoch bei der Erteilung einer Einziehungsermächtigung über das Internet nicht möglich. Es wäre denkbar, besondere Sicherheitsverfahren zu entwickeln, deren Niveau mit der handschriftlichen Unterschrift vergleichbar ist. Insbesondere wäre in diesem Zusammenhang an eine PIN-/TAN-Lösung zu denken. Das Lastschriftabkommen ist jedoch in dieser Hinsicht eindeutig und lässt in der aktuellen Fassung keine andere Form als die Schriftform für die Erteilung einer Einziehungsermächtigung zu. Deshalb sind keine Sicherheitsverfahren als Substitut zur handschriftlichen Unterschrift geeignet, auch wenn sie ein noch so hohes Sicherheitsniveau erreichen sollten. Auch das Signaturgesetz in seiner ursprünglichen Fassung[80] enthielt zwar Regelungen über die „elektronische Signatur", hatte sie der Schriftform jedoch nicht gleichgestellt.[81] Aufgrund dessen war es nach dem überkommenen Recht nicht möglich, Einziehungsermächtigungen über das Internet zu erteilen, da die nach dem Lastschriftabkommen erforderliche Schriftform nicht gewahrt werden konnte und die elektronische Signatur der handschriftlichen Unterschrift nicht gleichgestellt war.

Auch unter Bezugnahme auf Anlage 3 zum Lastschriftabkommen, das, wie bereits weiter oben ausgeführt, in Ausnahmefällen die nicht schriftlich erteilte Einziehungsermächtigung erlaubt[82], sieht nur für eng begrenzte Sonderfälle den Verzicht auf die Schriftform vor. Zwar ist der Wortlaut der Ausnahmeregelung in Anlage 3 nicht ganz eindeutig, jedoch genügt es unter Berücksichtigung ihres Zweckes allein nicht, dass die darin festgelegten Voraussetzungen für die Zulässigkeit nicht schriftlich erteilter Einziehungsermächtigungen vorliegen, vielmehr ist der Text dahingehend auszulegen, dass ein nicht näher definierter Ausnahmefall vorliegen muss, neben dem

---

78 Vgl. BuB – Reiser/Krepold.
79 Zur Schriftform im Einziehungsermächtigungslastschriftverfahren vgl. Werner: in Hopt, Vertrags- und Formularbuch zum Handels-, Gesellschafts-, Bank- und Transportrecht, 2. Auflage 2000, IV O, Nr. 2 Anm. 5, S. 916.
80 BGBl. I 1997, S. 1870.
81 Vgl. Hoeren, WM 1996, S. 2006; Geis, NJW 1997, S. 3002; Deville/Kalthegener, NJW-CoR 1997, S. 172.
82 Vgl. dazu auch BuB – Reiser/Krepold, Rn. 6/314.

III. Zahlungsverfahren im Internet

zusätzlich die einzelnen, in der Anlage aufgeführten Voraussetzungen für den Verzicht auf die Schriftform vorliegen müssen. Ein „begründeter Ausnahmefall" ist jedoch bereits dann zu verneinen, wenn die Zahlungsmöglichkeit mittels nicht schriftlicher Einziehungsermächtigung nicht nur einmalig, sondern als regelmäßige Zahlungsmöglichkeit angeboten wird. Sollte jedoch eine Dienstleistung aufgrund einer Rahmenvereinbarung einem Nutzer wiederholt angeboten werden, liegt das Merkmal des Einmaleinzugs nicht vor.

Schließlich besteht auch eine Betragsbegrenzung auf maximal EURO 50,– oder einem entsprechenden Euro-Gegenwert, wobei diese Grenze jedoch bei Internet-Dienstleistungen selten überschritten werden dürfte.

Auf dieser Grundlage ist auf der Basis des überkommenen Rechts die Erteilung einer nicht-schriftlichen Einziehungsermächtigung kaum möglich.

Allerdings ist in Deutschland aufgrund der zum 19. 1. 2000 in Kraft getretenen EG-Signaturrichtlinie, die einen europaweiten Mindeststandard für elektronische Signaturen gemäß Artikel 5 Absatz 1 dieser Richtlinie vorgibt, das Signaturgesetz entsprechend den in dieser Richtlinie enthaltenen Vorgaben angepasst worden.[83] Damit ist das zum 1. 8. 1997 in Kraft getretene Signaturgesetz umfassend novelliert worden.[84] Allerdings enthält auch das überarbeitete Signaturgesetz[85] keine ausdrückliche Gleichstellung einer elektronischen Signatur, mit einer handschriftlichen Unterschrift. Eine solche Gleichstellung, die Artikel 5 Abs. 1 der EU-Signaturrichtlinie ausdrücklich verlangt[86], ist durch die Einführung eines § 126a BGB über das „Gesetz zur Anpassung der Formvorschriften des Privatrechts und anderer Vorschriften an den modernen Rechtsgeschäftsverkehr"[87] in das BGB eingeführt worden.[88] Allerdings löst diese materiell-rechtliche Gleichstellung nicht die im Zusammenhang damit ebenfalls auftretenden Beweisprobleme.

Nach bisheriger Rechtslage trägt im Zahlungsverkehr der Erklärungsempfänger – d.h. in der Regel die erstbeauftragte Bank – das Missbrauchsrisiko.[89] Allerdings ist es im beleghaften Zahlungsverkehr, ggf. durch eine graphologische Begutachtung der Unterschrift des jeweiligen Erklärenden

---
[83] Vgl. Bieser, DStR 2001, S. 27.
[84] Zu den Einzelheiten des bearbeiteten Signaturgesetzes vgl. Bieser, DStR 2001, S. 27 ff.
[85] Gesetz über Rahmenbedingungen für elektronische Signaturen und zur Änderung weiterer Vorschriften, BGBl. I 2001, S. 876 ff.
[86] Vgl. dazu Kilian, BB 2000, S. 734.
[87] Gesetz über Rahmenbedingungen für elektronische Signaturen und zur Änderung weiterer Vorschriften, BGBl. I 2001, S. 876 ff.
[88] Vgl. dazu Schroeter, WM 2000, S. 2134 f.
[89] Vgl. zum Überweisungsverkehr BGH, WM 1997, S. 910 und 1250; zum Missbrauch der ec-Karte OLG Hamm, WM 1997, S. 1203.

möglich nachzuprüfen, ob ein Auftrag von diesem erteilt wurde. Dagegen besteht bei elektronisch signierten Willenserklärungen keine Möglichkeit, den eindeutigen Nachweis zu führen, dass auch tatsächlich der vermeintlich Erklärende die Erklärung abgegeben hat. Lediglich auf der Grundlage der Grundsätze zum „Beweis des ersten Anscheins"[90] kommen dem Erklärungsempfänger Beweiserleichterungen zugute. Diese setzen jedoch voraus, dass das Sicherheitsniveau des jeweiligen Legitimationsverfahrens so hoch ist, dass nach menschlichem Ermessen unter Berücksichtigung des damit verbundenen wirtschaftlichen und technischen Aufwands eine Überwindung der Sicherungssysteme als unwahrscheinlich anzusehen ist. Zweifel am Sicherungssystem gehen danach jedoch zu Lasten des Erklärungsempfängers, der zwar nicht den Vollbeweis führen muss, dass eine Willenserklärung vom vermeintlich Erklärenden abgegeben wurde, ggf. jedoch den Nachweis zu erbringen, dass das Sicherungssystem funktionierte und ein so hohes Niveau hat, dass eine Überwindung unwahrscheinlich ist. Zweifel am Sicherheitssystem gehen bei dieser Konstruktion zu Lasten des Erklärungsempfängers.

Demgegenüber sollte eine Gleichstellung der digitalen Signatur mit der handschriftlichen Unterschrift beweisrechtlich zur Folge haben, dass der Einsatz der dem Auftraggeber zugeordneten elektronischen Signatur auch den Vollbeweis dafür zu erbringen geeignet ist, dass dieser verfügt hat. Insbesondere wäre eine solche Gleichstellung dann zu erwarten, wenn die elektronische Signatur den Anforderungen des überarbeiteten Signaturgesetzes an eine qualifizierte elektronische Unterschrift genügt. Es hätte deshalb nahe gelegen, die Gleichstellung der elektronischen Signatur mit der handschriftlichen zumindest für die Fälle vorzusehen, in denen die elektronische Signatur diesen Voraussetzungen genügt, denn der Gesetzgeber hat darin das einzuhaltende Sicherheitsniveau definiert. Gleichwohl hat er die elektronische Signatur der handschriftlichen beweisrechtlich nicht gleichgestellt. Vielmehr werden in einem § 292 a ZPO lediglich die bisherigen Grundsätze zum „Beweis des ersten Anscheins" dahingehend normiert, dass die mit einer elektronischen Signatur nach Maßgabe des Signaturgesetzes elektronisch signierten Willenserklärungen als von der Person abgegeben gelten, der die entsprechende elektronische Signatur von einer Zertifizierungsstelle zugeteilt wurde. Sofern nicht die ernstliche Möglichkeit eines abweichenden Verlaufs besteht, gilt der Einsatz dieser Signatur nicht als Vollbeweis dafür, dass der Signaturinhaber verfügt hat.

---

90 Vgl. dazu zusammenfassend Werner, WM 1997, S. 1516 ff.; OLG Hamm, WuB I D 5.c-3.97 Aepfelbach/Cimiotti m.w. N.

III. Zahlungsverfahren im Internet

Letztendlich besteht damit kein wirklicher Unterschied zur bisherigen Rechtslage. Eine Verbesserung findet sich allenfalls in den tatsächlichen Voraussetzungen dieses Anscheinsbeweises, denn während bisher derjenige, der sich auf ihn berufen hat, den Nachweis führen musste, dass das von ihm eingesetzte Sicherheitssystem mit vertretbarem Aufwand nicht überwunden werden konnte, ergibt sich aus § 292 a ZPO, dass eine elektronische Signatur nach Maßgabe des Signaturgesetzes, die dem vermeintlich Unterzeichnenden von der Zertifizierungsinstanz zugeordnet wurde, als so sicher anzusehen ist, dass eine Überwindung nicht in Betracht kommt. Demjenigen, der sich folglich auf die Beweisregelung in § 292 a ZPO beruft, muss nur noch den Nachweis führen, dass die eingesetzte elektronische Signatur den Anforderungen an eine qualifizierte elektronische Signatur nach dem Signaturgesetz genügt. Er muss jedoch im Zweifelsfall nicht mehr belegen, dass dieses Sicherheitsniveau unüberwindbar ist.

Gleichwohl ist ein solcher – wenn auch gesetzlich normierter – Anscheinsbeweis ein relativ schwaches Instrument und gewährt dem Erklärungsempfänger nur ein geringfügig höheres Maß an Rechtssicherheit als bisher.[91] Darüber hinaus sieht § 292a ZPO vor, dass der Anscheinsbeweis bereits durch Darlegung einer „ernstlichen Möglichkeit eines abweichenden Verlaufes" entkräftet werden kann. Folglich muss die durch eine elektronische Signatur ausgewiesene Person lediglich plausibel darlegen, wie ihr ihre Signatur-Chipkarte abhanden kommen konnte. Die Anforderungen an die Plausibilität eines solchen Vortrags dürften nicht allzu hoch sein.[92] Darüber hinaus ergibt sich aus § 292 a ZPO nicht einmal, dass sorgfaltspflichtwidriger Umgang mit der elektronischen Signatur, die zu einem Missbrauch geführt hat, dem Signatur-Chipkarten-Inhaber zugerechnet werden kann. Während z. B. im Bankkunden-Karten-System der PIN- und Karten-Inhaber aufgrund des Bankkunden-Karten-Servicevertrags verpflichtet wird, mit seinen Legitimationsmedien sorgfältig umzugehen[93], fehlt in der Regel ein solches Rechtsverhältnis zwischen dem Inhaber einer elektronischen Signatur und dem Erklärungsempfänger, da die elektronische Signatur nicht aufgrund eines Rahmenvertrags zwischen zwei Vertragspartnern, sondern davon unabhängig von einer Zertifizierungsinstanz zugeteilt wird. Unter Berücksichtigung, dass die elektronische Signatur gerade für Fälle konzipiert ist, in denen vertragliche Beziehungen nicht bestehen, sondern erst unter Einsatz der elektronischen Signatur begründet werden sollen, bestehen keine vertraglichen Sorgfaltspflichten zwischen dem Inhaber einer elektronischen Signatur und dem Empfänger einer auf elektronischem

---

91 Vgl. Schroeter, WM 2000, S. 2134.
92 Vgl. Schroeter, WM 2000, S. 2134.
93 Vgl. BuB – Werner, Rn. 6/1998 ff.

Wege erteilten Willenserklärung. Sollte der Inhaber einer elektronischen Signatur mit dieser nicht sorgfältig umgehen und wird diese von einem Unberechtigten gegenüber dem Erklärungsempfänger eingesetzt, kommt zwischen dem Inhaber der elektronischen Signatur und dem Erklärungsempfänger kein Vertrag zustande. Aufgrund dessen kann im nachlässigen Umgang mit einer elektronischen Signatur keine (vertragliche) Sorgfaltspflichtverletzung im Verhältnis zum Erklärungsempfänger gesehen werden, die diesem einen Schadensersatzanspruch gegen den Inhaber der elektronischen Signatur geben könnte. Auf der Grundlage, dass der Anscheinsbeweis bereits durch die Darlegung einer „ernstlichen Möglichkeit eines abweichenden Verlaufes" erschüttert werden kann, wäre es deshalb denkbar, dass der Inhaber einer Signaturkarte darlegt, dass es aufgrund eines unsorgfältigen Umgangs mit der Chipkarte zu einem Missbrauch kommen konnte. Ein solches Vorbringen könnte die Voraussetzungen des Anscheinsbeweises erschüttern. Eine einen Schadenersatzanspruch begründende Sorgfaltspflichtverletzung wäre, da zwischen dem Erklärungsempfänger und dem Signaturkarten-Inhaber kein Rechtsverhältnis besteht, nicht gegeben, so dass auch ein nachlässiger Umgang mit einer Chipkarte nicht geeignet wäre, eventuelle Schadensersatzansprüche des Erklärungsempfängers zu begründen. Aufgrund der fehlenden vertraglichen Beziehungen zwischen Erklärendem und Erklärungsempfänger kann es keine Sorgfaltspflichten geben, gegen die der Signaturkarten-Inhaber verstoßen haben könnte. Allenfalls dann, wenn er wissentlich seine Signaturkarte einem Unberechtigten zur Verfügung stellt, könnte eine Haftung unter Rechtsscheingesichtspunkten in Betracht kommen. Selbst Schadensersatzansprüche unter dem Gesichtspunkt des Verschuldens vor Vertragabschluss dürften fern liegend sein, wenn der Chipkarteninhaber in keiner Verbindung zum Erklärungsempfänger stand. Ein solcher Anspruch setzt immerhin quasi- oder vorvertragliche Rechtsbeziehungen voraus.[94] Aufgrund des Fehlens solcher Beziehungen genügt selbst ein Umgang mit einer digitalen Signatur, der innerhalb eines Vertragsverhältnisses als sorgfaltspflichtwidriges Verhalten anzusehen wäre, nicht, Ansprüche des Erklärungsempfängers gegen den Inhaber der elektronischen Signatur zu begründen.[95]

Inwieweit deshalb ein ggf. nachlässiger Umgang mit einer elektronischen Signatur zur Begründung eventueller Ansprüche des Erklärungsempfängers geeignet ist, bleibt offen. Es wird deshalb zu den Aufgaben der Rechtsprechung gehören, ggf. die Voraussetzungen solcher Ansprüche zu begründen. Damit wird jedoch beweisrechtlich die Zielsetzung, die elektronische Sig-

---

[94] Zur früheren culpa in contrahendo vgl. Larenz, in FS-Ballerstedt 1976, S. 397 ff.
[95] Vgl. Schroeter, WM 2000, S. 2134 f.

III. Zahlungsverfahren im Internet

natur der handschriftlichen gleichzustellen, nicht erreicht. Erforderlich wäre deshalb eine Zurechnungsregel, wonach das Missbrauchsrisiko einer elektronischen Signatur grundsätzlich von der Person zu tragen ist, der sie zugeteilt wurde, denn nur der berechtigte Signaturinhaber kann das Risiko einer missbräuchlichen Nutzung durch sorgfältige Aufbewahrung oder Veranlassung einer Sperre nach Verlust der Signatur oder eines denkbaren Missbrauchs minimieren. Allenfalls könnte daran gedacht werden, dem Signaturkarten-Inhaber das Missbrauchsrisiko nur für die Fälle abzunehmen, in denen er nachweisen kann, dass er die erforderlichen Sorgfaltspflichten eingehalten hat.

Neben dem Problem, inwieweit eine elektronische Signatur überhaupt als Beweismittel dafür geeignet ist, dass auch tatsächlich der Inhaber einer solchen gehandelt hat, ist das Lastschriftverfahren nicht frei von systemimmanenten Risiken, die beim Einsatz dieses Zahlungsverfahrens im Internet nicht unberücksichtigt bleiben sollten.

Auch wenn es mit Einführung der elektronischen Signatur möglich sein wird, Einziehungsermächtigungen über das Internet zu erteilen, treten mit seiner Ausweitung die dem Lastschriftverfahren immanenten Risiken stärker in den Vordergrund.

Einem Urteil des OLG Dresden[96] folgend, hat der BGH in einer Entscheidung vom 6. Juni 2000[97] ausdrücklich erneut klargestellt, dass der Lastschriftschuldner im Einziehungsermächtigungslastschriftverfahren berechtigt ist, seiner Kontobelastung jederzeit zu widersprechen, da die Belastung aufgrund einer dem Lastschriftschuldner erteilten Einziehungsermächtigung im Verhältnis zum Lastschriftgläubiger immer unberechtigt ist.[98] Erst durch die ausdrückliche Genehmigung der Belastungsbuchung gemäß § 684 Satz 2 BGB verliert der Lastschriftschuldner sein Widerrufsrecht.[99] Dies hat zur Folge, dass ein Lastschriftschuldner einer Belastung auf seinem Konto auch dann noch widersprechen kann, wenn dieser Widerspruch im Verhältnis zum Lastschriftgläubiger unberechtigt ist, d.h. selbst für den Fall, dass er diesem gegenüber eine wirksame Einziehungsermächtigung erteilt hat und zur Zahlung verpflichtet ist. Widerspricht der Lastschriftschuldner einer Belastung auf seinem Konto, ist die Zahlstelle – es handelt sich dabei um das kontoführende Institut des Lastschriftschuldners – verpflichtet, die Lastschrift wieder aufzunehmen. Innerhalb eines Zeitraums von sechs Wochen ist die Inkassostelle – dabei handelt es sich um das Kre-

---

96 OLG Dresden, WM 2000, S. 566 = WuB I D 2.2-00 Häuser.
97 Vgl. BGH, WM 2000, S. 1577 ff.
98 Vgl. van Gelder, WM 2000, S. 101.
99 Vgl. van Gelder, WM 2000, S. 101.

ditinstitut des Lastschriftgläubigers, d. h. des Lastschrifteinreichers – gemäß Abschnitt III Nr. 1 des Lastschriftabkommens verpflichtet, die Lastschrift wieder aufzunehmen und der Zahlstelle den Lastschriftbetrag zu vergüten. Die Inkassostelle wiederum ist gegenüber dem Lastschriftgläubiger aufgrund einer üblicherweise in die „Vereinbarung über den Einzug von Forderungen durch Lastschriften", die zwischen dem Lastschriftgläubiger und seinem Kreditinstitut abgeschlossen wird, aufgenommene Regelung, wonach der Lastschrifteinreicher mit einer jederzeitigen Rückbelastung der Lastschrift einverstanden ist, berechtigt, das Konto des Lastschriftgläubigers mit dem Lastschriftbetrag jederzeit zu belasten. Der Lastschriftgläubiger muss dann versuchen, den ihm zustehenden Betrag vom Lastschriftschuldner außerhalb des Lastschriftverfahrens zu erhalten. Welche Anspruchsgrundlage dafür in Betracht kommt, hängt von den Umständen des Einzelfalles ab. Wird davon ausgegangen, dass bei Zahlung mittels Lastschrift der Anspruch aus dem Grundverhältnis erlischt, dürfte ein Schadensersatzanspruch aus einer Pflichtverletzung des Grundverhältnisses in Betracht kommen, denn im Verhältnis zum Lastschriftgläubiger ist der Lastschriftschuldner nicht berechtigt, ohne ein berechtigtes Interesse dem Forderungseinzug zu widersprechen. Darüber hinaus ist aufgrund dessen der Lastschriftschuldner auch verpflichtet, dem Lastschriftgläubiger die mit der Rückgabe der Lastschrift verbundenen Kosten und Aufwendungen zu erstatten.

Sollte der Lastschriftgläubiger innerhalb der ersten sechs Wochen ausfallen, weil er z. B. zahlungsunfähig geworden ist, trägt die Inkasso-Stelle das Lastschriftrisiko, denn diese ist – wie ausgeführt – aufgrund des Lastschriftabkommens verpflichtet, innerhalb von sechs Wochen die Lastschrift wieder aufzunehmen. Nach Ablauf der Sechswochenfrist muss die Inkassostelle jedoch, die Lastschrift nicht wieder aufnehmen. Tritt jedoch die Zahlstelle an die Inkassostelle auch nach Ablauf dieser Frist heran, ist darin ein Auftrag an die Inkassostelle zu sehen, den Lastschriftbetrag wieder einzuziehen. Die Inkassostelle ist aufgrund des Lastschriftabkommens und des zwischen den Kreditinstituten begründeten Vertrauensverhältnisses nebenvertraglich verpflichtet, sich um die Rückführung des eingezogenen Lastschriftbetrags zu bemühen. In der Regel wird sie auch in der Lage sein, den Einreicher mit dem Betrag wieder zu belasten, da – wie bereits ausgeführt – die Vereinbarungen über den Einzug von Forderungen durch Lastschriften im Einzugsermächtigungsverfahren meist eine Regelung enthalten, wonach der Zahlungsempfänger sich mit einer jederzeitigen Rückbelastung einverstanden erklärt.[100] Eine solche vertragliche Gestaltung ist als Konsequenz aus der

---
100 Vgl. BuB – Reiser/Krepold, Rn. 6/478.

III. Zahlungsverfahren im Internet

derzeitigen Rechtsprechung gezogen worden, wonach einer Einziehungsermächtigungslastschrift zeitlich unbefristet widersprochen werden kann, denn nur so ist es möglich, das Risiko der Lastschriftrückgabe auf der Ebene des Vertragsverhältnisses zwischen Lastschriftschuldner und Lastschriftgläubiger zu belassen, innerhalb dessen die Zahlung im Lastschriftverfahren erfolgt. Sollte der Lastschrifteinreicher ausfallen, ist das Lastschriftrisiko innerhalb der ersten sechs Wochen von der Inkassostelle und nach Ablauf dieser Frist von der Zahlstelle zu tragen, obwohl beide Kreditinstitute keinen Einfluss auf das Grundverhältnis haben, aufgrund dessen die Zahlung mittels Lastschriftverfahren vereinbart und die gegenseitigen Leistungspflichten begründet wurden. Ist der Lastschrifteinreicher noch existent und zahlungsfähig und wurde eine entsprechende Mustervereinbarung getroffen, spielt die Sechswochenfrist für die Rückgabe keine Rolle.[101] Nur wenn die erste Inkassostelle nicht in der Lage sein sollte, den Lastschrifteinreicher zurückzubelasten, kommt eine Wiederaufnahme der Lastschrift nach Ablauf von sechs Wochen nicht in Betracht. Das daraus resultierende Risiko ist von der Zahlstelle zu tragen. Allerdings können in diesem Fall Gegenansprüche der Zahlstelle gegen den Lastschriftschuldner bestehen. Aus Nr. 11 Abs. 4 der Allgemeinen Geschäftsbedingungen der Privatbanken bzw. Nr. 20 Abs. 1g der Allgemeinen Geschäftsbedingungen der Sparkassen folgt, dass der Kontoinhaber verpflichtet ist, Rechnungsabschlüsse, Kontoauszüge, Wertpapieraufstellungen und ähnliche Mitteilungen eines Kreditinstituts unverzüglich zu überprüfen und etwaige Einwendungen unverzüglich geltend zu machen.[102]

Wäre es dem Kontoinhaber möglich gewesen, innerhalb der Sechswochenfrist den Kontoauszug zu überprüfen, eine unberechtigte Lastschrift festzustellen und innerhalb dieser Frist Widerspruch einzulegen, läge eine Sorgfaltspflichtverletzung des zwischen dem Lastschriftschuldner und der Zahlstelle bestehenden Girovertragsverhältnisses vor, aufgrund dessen die Zahlstelle berechtigt wäre, Schadensersatzansprüche gegen ihren Kunden geltend zu machen. Hätte folglich die Zahlstelle innerhalb von sechs Wochen aufgrund des unverzüglichen Widerspruchs ihres Kunden den Lastschriftbetrag zurückerhalten, hat der Lastschriftschuldner für den durch seinen schuldhaft verspäteten Widerspruch entstandenen Schaden einzustehen. In

---

101 Vgl. BuB – Reiser/Krepold, Rn. 6/478; Denck, ZHR 147 (1983), S. 560; a. A. Canaris, Bankvertragsrecht, 3. Auflage 1988, Rn. 578, der davon ausgeht, dass nach Ablauf der Sechswochenfrist des Lastschriftabkommens weder der Lastschrifteinreicher noch die Inkassostelle gehalten sind, den Lastschriftbetrag zurückzugeben bzw. sich um den Wiedereinzug zu bemühen.
102 Vgl. aber Langenbucher, Die Risikozuordnung im bargeldlosen Zahlungsverkehr, München 2001, S. 205, wonach das Schweigen auf einen Rechnungsabschluß konstitutive Wirkungen haben soll.

der hier geschilderten Fallkonstellation würde dies bedeuten, dass die Zahlstelle durch den verspäteten Widerspruch ihren Anspruch gegen die Inkassostelle verlöre und folglich gegen den Lastschriftschuldner Schadensersatzansprüche in Höhe des Lastschriftbetrags sowie der ihr eventuell entstandenen zusätzlichen Aufwendungen hätte. Aufgrund dessen kann in den Fällen, in denen nach Ablauf von sechs Wochen eine Rückführung des Lastschriftbetrags nicht mehr möglich ist, die Zahlstelle Ersatzansprüche in Höhe des Lastschriftbetrages haben, die Sie mit dem Anspruch ihres Kunden verrechnen kann. Allerdings setzt dies voraus, dass die Inkassostelle nach Ablauf von sechs Wochen nicht mehr in der Lage ist, ihren Kunden, den Lastschrifteinreicher, mit dem Lastschriftbetrag zurückzubelasten. Zwar könnte auch daran gedacht werden, einen solchen Schadensersatzanspruch bereits dann als begründet anzusehen, wenn die Sechswochenfrist abgelaufen ist, da nach Ablauf dieser Frist die Inkassostelle nicht mehr gehalten ist, die Lastschrift wieder aufzunehmen, jedoch bliebe dann unberücksichtigt, dass sich aus dem Lastschriftabkommen die Verpflichtung der Inkassostelle, sich um die Rückholung des Lastschriftbetrags zu bemühen, begründen lässt.[103] Sofern der Lastschrifteinreicher nicht zahlungsunfähig geworden ist, stellt eine solche Rückholung auch kein Problem dar, sofern mit dem Lastschrifteinreicher ein jederzeitiges Rückzahlungsrecht vereinbart wurde, wie dies die Musterinkassovereinbarungen der Bankverbände vorsehen.[104] Es könnte dann lediglich in den Fällen die Verpflichtung, sich um die Rückholung zu bemühen, verneint werden, in denen die Inkassostelle im Verhältnis zum Lastschrifteinreicher auf die Rückbelastung verzichtet oder zumindest eine zeitliche Befristung für die Rückbelastung vereinbart wurde. Ein solches Verhalten könnte jedoch im Verhältnis zur Zahlstelle als sorgfaltspflichtwidriges Verhalten angesehen werden, denn immerhin sieht Nr. 7 der vom Bundesverband deutscher Banken empfohlenen Mustervereinbarung über den Einzug von Forderungen durch Lastschriften einen zeitlich unbefristeten Vorbehalt der Gutschrift vor, während in Ergänzung dazu Nr. 8 die jederzeitige Rückbelastung erlaubt.[105] Auch könnte in einem eventuellen Verzicht der Inkassostelle auf das jederzeitige Rückbelastungsrecht gegenüber dem Lastschrifteinreicher eine Verletzung ihrer nebenvertraglichen Pflichten des durch das Lastschriftverfahren geprägten Rechtsverhältnisses zu den vorgeschalteten Instituten gesehen werden, da die Spitzenorganisationen der deutschen Kreditwirtschaft den dem Lastschriftabkommen

---

103 Vgl. BuB – Reiser/Krepold, Rn. 6/478; nicht ganz eindeutig van Gelder, in: Bankrechts-Handbuch I, 2. Aufl. 2001, § 58 Rn. 71.
104 Vgl. Werner, in: Hopt, Vertrags- und Formularbuch, 2. Aufl. 2000, VI. D.2 S. 914 ff.; dazu van Gelder, in: Bankrechts-Handbuch I, 2. Aufl. 2001, § 58 Rn. 71.
105 Abgedruckt in BuB – Reiser/Krepold, Rn. 6/379a.

III. Zahlungsverfahren im Internet

unterworfenen Kreditinstituten empfehlen, eine Inkassovereinbarung abzuschließen, die ihnen ein jederzeitiges Rückbelastungsrecht gegenüber dem Lastschrifteinreicher einräumt.

Teilweise wird auch die Ansicht vertreten, nach Ablauf der Sechswochenfrist sei die Inkassostelle grundsätzlich berechtigt, die Wiederaufnahme der Lastschrift zu verweigern. Ein besonders durch das Lastschriftverfahren geprägtes Rechtsverhältnis zwischen dem am Einzug einer Lastschrift beteiligten Kreditinstitut wird danach abgelehnt. Auf dieser Grundlage könnte die Zahlstelle unmittelbar nach Ablauf der Sechswochenfrist gegenüber dem Lastschriftschuldner, der seiner Kontobelastung aufgrund einer Lastschrift widerspricht und Wiedergutschrift verlangt, Schadensersatzansprüche wegen verspäteten Widerspruchs geltend machen, sofern der Lastschriftschuldner die Sechswochenfrist hat verstreichen lassen, indem er seinen girovertraglichen Pflichten zur unverzüglichen Prüfung seines Kontoauszugs gemäß Nr. 11 Abs. 4 der AGB-Banken oder zum unverzüglichen Widerspruch verletzt hat. Allerdings wird bei derartigen Überlegungen übersehen, dass das Lastschriftabkommen das Vertragsverhältnis zwischen den daran beteiligten Kreditinstituten überlagert und daraus besondere Pflichten der Beteiligten untereinander entstehen.

Aber selbst dann, wenn nach Ablauf der Sechswochenfrist die Inkassostelle nicht verpflichtet sein sollte, sich um die Rückholung des Lastschriftbetrags zu bemühen, muss die Zahlstelle versuchen, den Lastschriftbetrag vom Lastschriftgläubiger wiederzuerlangen. Die Rechtsgrundlage dafür ist jedoch umstritten. Zum einen könnte die Zahlstelle einen unmittelbaren Bereicherungsanspruch gegen den Zahlungsempfänger haben, zum anderen kommt jedoch auch ein solcher gegen die Inkassostelle in Betracht, der jedoch allenfalls auf das durch die Inkassostelle Erlangte gehen kann. Dabei würde es sich um den Anspruch der Inkassostelle gegen den Zahlungsempfänger handeln.[106] Letztlich laufen jedoch beide Ansätze darauf hinaus, dass im Falle der Uneinbringlichkeit einer Lastschrift die Zahlstelle das Risiko zu tragen hat.[107]

d) GeldKarten-Verfahren

Anfang 1997 wurde das GeldKarten-Verfahren durch die deutsche Kreditwirtschaft eingeführt. Grundlage dafür bildet die „Vereinbarung über das institutsübergreifende System „GeldKarte", das zwischen den Spitzenver-

---
106 Vgl. zum Bereicherungsausgleich zwischen Zahlstelle und Zahlungsempfänger BuB – Reiser/Krepold, Rn. 6/371 ff.
107 Vgl. BuB – Reiser/Krepold, Rn. 6/497.

bänden der deutschen Kreditwirtschaft, d. h. dem Bundesverband der Deutschen Volksbanken und Raiffeisenbanken, dem Bundesverband deutscher Banken, dem Deutschen Sparkassen- und Giroverband, sowie dem Verband öffentlicher Banken abgeschlossen wurde.[108] Im Mittelpunkt dieses Systems steht eine elektronische Geldbörse, durch die das Angebot kartengestützter Zahlungsverfahren erweitert werden soll. Die elektronische Geldbörse besteht aus einem Chip, der mit Werteinheiten aufgeladen wird. Sie ist vorwiegend für Kleinbetragszahlungen konzipiert und soll eine einfache, rationelle und kostengünstige Zahlungsmöglichkeit darstellen.

Das Zahlungsmedium GeldKarte unterscheidet sich von anderen Kartenverfahren, wie z. B. der ec-Karte aber auch der Kreditkarte dadurch, dass in diesen Systemen die Kontobelastung nach dem Einsatz der Karte nach dem eigentlichen Zahlungsvorgang erfolgt, während im System GeldKarte die Karte an speziellen Terminals vom Kunden mit dem gewünschten Betrag aufgeladen und das Konto danach unmittelbar belastet wird. Die Belastung des Kontos erfolgt vor dem eigentlichen Zahlungsvorgang. Der belastete Betrag wird einem Börsenverrechnungskonto des karten-emittierenden Instituts gutgeschrieben. Das GeldKarten-System basiert deshalb auf einer Vorauszahlung an die kartenemittierende Bank. Der Betrag, mit dem die Karte aufgeladen wird, kann bei nachfolgenden Transaktionen zum Bezahlen eingesetzt werden, wobei mit jedem Zahlvorgang der in die Karte eingeladene Betrag entsprechend reduziert wird. Um die Zahlungen abwickeln zu können, sind spezielle Händlerterminals erforderlich, die allerdings „offline", d. h. ohne Eingabe einer PIN oder einer Unterschrift, arbeiten. Ist die GeldKarte nicht auf das Konto des Karteninhabers gezogen, handelt es sich um eine „weiße Karte". In diesem Fall ist der Zahlungsvorgang völlig anonym, da der Händler auch anhand der Karte nicht erkennen kann, wer ihr Inhaber ist.

Auf die kontogebundene Karte ist zwar der Name des Kontoinhabers aufgeprägt, jedoch ist diese Angabe für den Zahlungsvorgang ohne Belang, denn für den Zahlungsempfänger ist die Identität des Karteninhabers irrelevant. Er ist nicht gehalten zu überprüfen, ob der Karteninhaber auch tatsächlich berechtigt ist, die GeldKarte einzusetzen. Er erhält den zu zahlenden Betrag garantiert, sofern der technische Bezahlvorgang reibungslos verläuft.[109] Grundlage dafür ist die „Garantieregelung" in Nr. 5 der „Bedingungen für die Teilnahme am System GeldKarte", die mit dem Kartenakzeptanten vereinbart werden. Darin heißt es:

---
108 Abgedruckt in BuB – Werner, Rn. 6/1694 ff.
109 Vgl. BuB – Werner, Rn. 6, 1686.

III. Zahlungsverfahren im Internet

„Mit Abschluss eines ordnungsgemäßen Zahlvorgangs mittels GeldKarte am zugelassenen GeldKarten-Terminal erwirbt das Unternehmen eine Garantie gegen das kartenausgebende Kreditinstitut in Höhe des getätigten Umsatzes."

Wie aus dem Wortlaut dieser Regelung hervorgeht, ist einzige Voraussetzung für die Garantie des Zahlungsbetrages, dass ein ordnungsgemäßer Bezahlvorgang an einem zum GeldKarten-System zugelassenen GeldKarten-Terminal erfolgt. Weitere Voraussetzungen sind nicht einzuhalten.

Der Akzeptant einer GeldKarten-Zahlung reicht die aus den einzelnen Transaktionen resultierenden Umsätze bei seinem Kreditinstitut oder einer von diesem eingeschalteten Evidenzzentrale zum Einzug ein. Dort werden die erforderlichen Daten für die Einleitung des Zahlungsvorgangs aufbereitet und die Umsätze zur Belastung der Börsenverrechnungskonten an das jeweils kartenemittierende Institut weitergeleitet. Verrechnet werden ausschließlich aggregierte Summen je Händler- und Börsenverrechnungskonto, so dass der Kartenakzeptant seine Kartenumsätze in einer Summe erhält, während die einzelnen Börsenverrechnungskonten jeweils auch nur mit einer Summe belastet werden. Es findet keine Buchung von Einzelumsätzen statt.

Sollte es zu dem (praktisch auszuschließenden) Fall einer Fälschung einer GeldKarte kommen, trägt nicht der Händler das daraus resultierende Risiko, sofern ein technisch einwandfreier Zahlungsvorgang erfolgt, denn, wie bereits weiter oben ausgeführt, die „Garantie" knüpft ausschließlich an einem technisch einwandfreien Bezahlvorgang an.

Hinsichtlich des Auflade Vorgangs ist zwischen kontogebundenen und kontoungebundenen Karten zu unterscheiden.

Eine kontogebundene GeldKarte ist entweder in eine ec-Karte oder eine Kundenkarte integriert, denkbar ist jedoch auch eine ausschließlich mit der GeldKarten-Funktion versehene Karte, die über das Konto des Karteninhabers aufgeladen werden kann. Bei derartigen Karten werden im Mikroprozessor des Chips die Daten des Kontos des Karteninhabers und des Börsenverrechnungskontos der kartenausgebenden Bank gespeichert. Um eine solche Karte an einem GeldKarten-Terminal aufladen zu können, ist die Eingabe der PIN – wie bei Abhebevorgängen an Geldautomaten – erforderlich. Im Gegensatz jedoch zum Geldautomaten erfolgt keine Abhebung körperlichen Geldes, sondern es kommt lediglich zur Übertragung von Werteinheiten auf den Chip der Karte.

Die Kreditinstitute haben die Möglichkeiten, neben kontogebundenen auch kontoungebundene Karten mit GeldKarten-Funktion auszugeben. Derartige Karten können insbesondere dann von Bedeutung sein, wenn mit ihnen

Konventionelle Zahlungsverfahren im Internet

noch weitere Funktionen, wie z. B. Fahrausweise für den öffentlichen Nahverkehr, Studentenausweise, Zugangsberechtigungen etc. verbunden werden sollen. Die nicht auf ein Konto gezogenen Karten unterscheiden sich von den auf Konten gezogenen dadurch, dass im Chip nicht die Kontoverbindung des Karteninhabers gespeichert wird, sondern dass darin nur die Daten für das Börsenverrechnungskonto des kartenausgebenden Instituts zur Verbuchung der Ladebeträge enthalten sind. Da derartige Karten keinem bestimmten Konto zugeordnet werden, können sie auch nicht ohne Einsatz eines anderen Mediums zu Lasten des Kontos aufgeladen werden. Die kontoungebundenen Karten haben den Vorteil, dass sie auch von Personen genutzt werden können, die bei der emittierenden Bank kein Konto unterhalten bzw. die überhaupt keine Kontoverbindung haben. Sie können, sofern die entsprechende technische Infrastruktur vorhanden ist, gegen Bargeld an speziellen Automaten oder unter Einsatz einer anderen Karte zu Lasten des Kontos aufgeladen werden, auf das diese andere Karte bezogen ist. Kommt es zum Aufladen unter Einsatz einer zweiten Karte, wird der Ladebetrag vom Konto, auf das diese Karte gezogen ist, abgehoben, auf das Börsenverrechnungskonto des GeldKarten emittierenden Instituts eingestellt und die entsprechenden Werteinheiten in die Karte des GeldKarten-Inhabers eingeladen.

Sowohl die kontoungebundene als auch die kontogebundene GeldKarte kann nur mit einem Maximalbetrag aufgeladen werden, der von einem Arbeitsstab, der aus Mitgliedern der dem System angeschlossenen Kreditinstituten besteht, festgelegt wird. Er beträgt z.Z. maximal der EURO-Gegenwert von DM 400,– pro Karte.

Für die GeldKarte gibt es drei verschiedene Auflademöglichkeiten:

Die nahe liegendste Möglichkeit ist das Aufladen zu Lasten des Kontos, auf das die Karte ausgestellt wurde. In diesem Fall werden unter Einsatz der PIN zu Lasten des Kontos des Karteninhabers innerhalb des dem Kontoinhaber eingeräumten Verfügungsrahmens Aufladungen der Karte vorgenommen. Diese Ladetransaktionen setzen eine Autorisierung der zuständigen Autorisierungszentrale voraus.

Daneben kann sowohl die kontogebundene als auch die kontoungebundene Karte gegen Bargeld aufgeladen werden. Dazu sind an speziellen Terminals Geldscheine einzuschieben, deren Gegenwert dem Börsenverrechnungskonto des kartenemittierenden Instituts gutgeschrieben wird. In die Karten werden dann entsprechende Werteinheiten eingestellt.

Außerdem gibt es für alle Karten die bereits geschilderte Möglichkeit, sie zu Lasten einer zweiten Karte aufzuladen. In diesem Fall wird das Konto des Inhabers dieser zweiten Karte mit dem Aufladebetrag belastet, dieser

III. Zahlungsverfahren im Internet

Betrag dem Börsenverrechnungskonto des kartenemittierenden Instituts gutgeschrieben und ein entsprechender Gegenwert in die Karte eingebucht. Wird eine GeldKarte unter Einsatz einer anderen Karte aufgeladen, ist immer die Zwischenschaltung eines Kontos erforderlich. Es ist deshalb nicht möglich, Geld von einer GeldKarte unmittelbar auf eine andere GeldKarte zu übertragen.

Um eine Karte aufladen zu können, sind spezielle Ladeterminals, Banksonderfunktionsterminals oder entsprechend umgerüstete Geldautomaten erforderlich. Zwar dürfen Ladestationen und Geldautomaten nur von Kreditinstituten betrieben werden, analog zum Geldautomaten-System ist jedoch auch eine Aufstellung außerhalb der Räumlichkeiten einer Bank zulässig. Geregelt wird dies in der bereits erwähnten „Vereinbarung über das institutsübergreifende System GeldKarte", in der es unter Nr. 5 heißt:

„Ladeterminals dürfen nur von Kreditinstituten aufgestellt und betrieben werden. Kreditinstitute, die Ladeterminals betreiben, sind verpflichtet, diese gegenüber den Inhabern von GeldKarten institutsübergreifend und ohne Differenzierung in den zeitlichen Nutzungsmöglichkeiten zur Verfügung zu stellen."

Mit einer solchen Regelung wird das Ziel verfolgt, den Geldkreislauf durch die Schaffung entsprechenden elektronischen Geldes nicht außer Kontrolle geraten zu lassen.[110] Im Übrigen ergibt sich aus der zitierten Regelung auch die Verpflichtung der dem System angeschlossenen Institute, ihre Ladeterminals allen GeldKarten-Inhabern zur Verfügung zu stellen. Es soll dadurch sichergestellt werden, dass sich die Serviceleistungen der am System beteiligten Kreditinstitute nicht unterscheiden. Folglich kann auch der GeldKarten-Inhaber nicht verpflichtet werden, seine GeldKarte nur an einem Ladeterminal seines Instituts aufzuladen, sondern er kann alle Terminals der an das Verfahren angeschlossenen Institute nutzen. Allerdings erlaubt Nr. 10 der „Vereinbarung über das institutsübergreifende System „GeldKarte", dass ein Kreditinstitut, das ein Ladeterminal betreibt, einem anderen Kreditinstitut, das den Ladevorgang autorisiert, ein Entgelt für die Zurverfügungstellung dieser Serviceleistung berechnen darf. Lädt folglich der GeldKarten-Inhaber seine GeldKarte an einem Terminal auf, das nicht vom kartenemittierenden Institut aufgestellt wurde, ist das automatenbetreibende Institut berechtigt, dem kartenemittierenden dafür ein Entgelt zu berechnen. Das Kreditinstitut des Karteninhabers wiederum kann in einem solchen Fall entsprechend entrichtete Beträge als Aufwendungsersatzanspruch gem. § 670 BGB geltend machen. Da es sich um einen Aufwendungsersatzanspruch handelt, ist es schwierig, diesen im Preisverzeichnis des die Geld-Karte ausgebenden Instituts anzugeben, denn nicht dieses berechnet dem

---

110 Vgl. Gramlich, CR 1997, S. 11 ff.

Karteninhaber für die Abhebung an seinem Terminal ein Entgelt, sondern ein solches wird vielmehr vom terminalbetreibenden Institut dem kartenemittierenden in Rechnung gestellt, das seinerseits dafür seinem Kunden einen Aufwendungsersatzanspruch – jedoch kein entsprechendes Entgelt – in Rechnung stellen kann. Unter Berücksichtigung, dass der Betrag, den das Kreditinstitut, das ein Ladeterminal betreibt, dem kartenausgebenden in Rechnung stellen darf, der Höhe nach durch die GeldKarten-Vereinbarung begrenzt wird, ist das kartenemittierende Institut gegenüber seinen Kunden als verpflichtet anzusehen, im Preisaushang oder Preisverzeichnis zumindest auf den maximal zulässigen Aufwendungsersatzanspruch hinzuweisen.[111]

Beim Bezahlvorgang mittels GeldKarte wird das Chipgeld um den Betrag reduziert, über den der Karteninhaber bei einer Transaktion verfügt hat. Technische Voraussetzung für die Durchführung eines Zahlungsvorgangs ist ein Terminal des Kartenakzeptanten, das die Kommunikation mit der Kundenkarte sicherstellt. Die Akzeptanzstelle, die das Händlerterminal betreibt, benötigt eine spezielle Software, die den Authentifikationsschlüssel sowie die Angaben zur Kontoverbindung des Händlers enthält, auf die die GeldKarten-Umsätze gutgeschrieben werden sollen. Nach Kassenschluss werden die im Terminal gespeicherten Einzelumsätze an eine von der Bank des Händlers zwischengeschaltete Evidenzzentrale weitergeleitet, die die erforderlichen Daten für die Einleitung des Zahlungsvorgangs aufbereitet und die einzelnen Beträge – zugeordnet nach Bankleitzahlen und Kontonummern – unter Einschaltung eines Kreditinstituts mittels Lastschrift von den Börsenverrechnungskonten der kartenemittierenden Institute einzieht. Der Kartenakzeptant erhält auf seinem Konto eine Gutschrift über die Gesamtsumme aller von ihm innerhalb des Abrechnungszeitraums eingereichten GeldKarten-Transaktionen.

Grund für die Verrechnung der GeldKarten-Umsätze als aggregierte Gesamtumsätze und nicht als Einzelumsätze ist die große Zahl an Transaktionen mit jeweils geringen Einzelumsätzen. Würde jeder Umsatz einzeln gebucht, wäre dies mit einem nicht vertretbaren Arbeits- und Kostenaufwand verbunden. Die Evidenzzentralen fassen deshalb die Einzelzahlungen in einem mehrstufigen Verfahren zusammen, um die zwischenbetrieblichen Zahlungsströme auf ein Minimum zu reduzieren. Über die Börsenverrechnungskonten werden keine Einzelumsätze, sondern nur Gesamtumsätze gebucht.

---

111 Vgl. zur Problematik Gelberg, GewArch 1994, S. 54; LG Darmstadt, WM 1997, S. 63 = WuB V D.§ 3 PAngVO 1.97 Münstermann; BuB – Werner, Rn. 6/1496.

III. Zahlungsverfahren im Internet

Bei den Evidenzzentralen ist zwischen den Karten-Evidenzzentralen für die kartenausgebenden Banken und den Händler-Evidenzzentralen zu unterscheiden. Die Händler-Evidenzzentralen sind für die Gutschriften auf den Händlerkonten verantwortlich, während die Karten-Evidenzzentralen für die Belastung der Umsätze auf den Börsenverrechnungskonten der kartenausgebenden Institute zuständig sind. Durch diese Konstruktion wird sichergestellt, dass die Börsenverrechnungskonten immer von einer Verrechnungsbank des kreditwirtschaftlichen Bereichs belastet werden, dem das kartenemittierende Institut angehört. Die verschiedenen kreditwirtschaftlichen Bereiche, gemeint sind damit die Institute des Deutschen Sparkassen- und Giroverbands, des Bundesverbandes der Volksbanken und Raiffeisenbanken, des Bundesverbandes deutscher Banken und des Verbands öffentlicher Banken, bestimmen für die ihnen angeschlossenen Kreditinstitute die Rechenzentren, die die Funktion der Evidenzzentralen wahrnehmen, sofern die einzelnen Banken solche nicht selbst betreiben.

Der Einzug der GeldKarten-Umsätze von den Börsenverrechnungskonten der kartenemittierenden Banken durch die Händlerbanken erfolgt (technisch) im Lastschriftverfahren unter Einschaltung von Verrechnungsbanken. Jeder Evidenzzentrale ist eine Verrechnungsbank zugeordnet. Es handelt sich dabei jedoch lediglich um ein „technisches Lastschriftverfahren", da es nicht möglich ist, wie dies beim Einziehungsermächtigungslastschriftverfahren der Fall ist, solche Lastschriften wegen Widerspruchs zurück zu geben.

Die Händler-Evidenzzentrale führt verschiedene Eingangsprüfungen durch, nachdem sie von den Händlern die Umsatzdateien erhalten hat. Die Prüfungen beziehen sich auf Plausibilität, Summen, Zahl der Transaktionen, Konsistenz, Echtheit und eventuelle Mehrfacheinreichungen. Nach Abschluss dieses Prüfungsvorgangs, werden die auf den Händlerkonten eingereichten Umsätze und Gutschriften gesammelt und für die Händlerbanken aufbereitet. Dabei wird für jede Händlerbank kalendertäglich eine Gutschriftsdatei erstellt, die alle Umsatzdaten enthält, die die einzelnen Händler betreffen. Die Händlerbank ist dann für die Gutschrift der Geld-Karten-Umsätze auf den jeweiligen Händlerkonten zuständig. Sie erfolgen zu Lasten interner Umsatz-Verrechnungskonten der Händlerbanken, denen die aggregierten Gesamtbeträge von der jeweiligen Verrechnungsbank zunächst gutgeschrieben worden sind. Parallel zu der Händler-Gutschriftendatei erhält die Händlerbank von der Händler-Evidenzzentrale eine Lastschriftdatei über die Gesamtsumme der Händlergutschriften. Diese reicht sie zum Ausgleich ihres internen Verrechnungskontos bei der Verrechnungsbank der Evidenzzentrale ein. Durch die Belastung des Kontos dieser Verrechnungsbank wird das interne Umsatzverrechnungskonto der Händlerbank wieder glattgestellt.[112] Die Evidenzzentralen sind für die Entgegennahme der Daten der einzelnen GeldKarten-Zahlungen von den Händlereinzugszentralen zuständig.

Nachdem sie die Einzel- und Summentransaktionen erhalten hat, führt die als Händler-Einzugszentrale agierende Evidenzzentrale Eingangsprüfungen durch und aktualisiert die für die einzelnen GeldKarten geführten Schattensalden. Aufgrund dieser Informationen über die einzelnen Verfügungen über die jeweilige GeldKarte ist es der Kartenevidenzzentrale möglich, für alle GeldKarten ihres Bereiches einen Abgleich der geladenen Beträge mit den von den Karteninhabern bei den angeschlossenen Handels- und Dienstleistungsunternehmen getätigten summierten Umsätzen durchzuführen. Die kartenemittierenden Institute werden dadurch in die Lage versetzt, die Belastung ihrer Börsenverrechnungskonten nachzuvollziehen und auf Unregelmäßigkeiten zu überprüfen. Zwischenbetrieblich erfolgt die Verrechnung der einzelnen GeldKarten-Zahlungen zwischen der Verrechnungsbank der Karten-Evidenzzentrale und der kartenemittierenden Bank. Dazu erstellt die Verrechnungsbank der Karten-Evidenzzentrale für jedes kartenemittierende Institut einmal kalendertäglich eine Lastschrift über die Gesamtsumme der bei ihr von den verschiedenen Händler-Einzugszentralen eingereichten Transaktionen und übergibt die daraus erstellten Lastschriften ihrer Verrechnungsbank zum Einzug. Da jede GeldKarte immer einer einzelnen Einzugszentrale zugeordnet ist, kann auch nur diese über ihre Verrechnungsbank Lastschriften zu Lasten des entsprechenden Börsenverrechnungskontos veranlassen.

Sofern der einzelne Karteninhaber über die in seine Karte eingebuchten Beträge nicht mehr verfügen möchte, besteht bei der kontogebundenen Karte die Möglichkeit, den gesamten, noch in die Karte eingebuchten Betrag dem Konto des Inhabers der GeldKarte gutzuschreiben. Dies ist auch möglich, wenn die Abbuchung unter Einsatz einer Karte von einem anderen Konto erfolgte. Ausgeschlossen ist jedoch die Rückbuchung von Teilbeträgen.

Bei der kontoungebundenen Karte hat der Karteninhaber nur die Möglichkeit, diese bei der kartenausgebenden Stelle einzureichen. Er erhält von dieser den noch in die Karte eingebuchten Restbetrag erstattet. Es ist jedoch nicht möglich, Umsätze von einer Karte auf eine andere zu übertragen. Da jede Karte ein Verfalldatum enthält, können kontogebundene Karten online bis zu 3 Monaten nach Verfall entladen werden, über manuelle Belege auch

---

112 Vgl. Zur Rolle der Evidenzzentralen Wand, in: Hadding, Kartengesteuerter Zahlungsverkehr, Schriftenreihe der bankrechtlichen Vereinigung Band 14, Berlin 1999, S. 103; Gößmann, in: Horn/Schimansky, Bankrecht, Köln 1998, S. 77; Gößmann, in: Bankrechts-Handbuch, Band I, 2. Auflage 2001, § 68 Rn. 21.

III. Zahlungsverfahren im Internet

noch zu einem späteren Zeitpunkt. Dadurch soll verhindert werden, dass die Karteninhaber den in ihre Karte eingebuchten Restbetrag vor Ablauf des Verfalldatums entladen müssen. Darüber hinaus sind Abbuchungen von der Karte auch noch nach dem Verfallsdatum möglich, nicht mehr jedoch das Wiederaufladen.[113]

Da es sich beim GeldKartengeschäft um ein erlaubnispflichtiges Bankgeschäft gemäß § 1 Abs. 2 Nr. 11 KWG handelt, sind ausschließlich Kreditinstitute berechtigt, derartige Karten zu emittieren. Für die GeldKarten-Funktion dürfen nur solche Chips verwendet werden, die eine Zulassung des Zentralen Kreditausschusses erhalten haben. Bevor eine kontogebundene Karte ausgegeben wird, muss das kartenemittierende Institut entweder die um die GeldKarten-Bedingungen erweiterten ec-Bedingungen oder, sofern eine zwar eigenständige, wohl aber auf ein Konto gezogene GeldKarte ausgegeben wird, Sonderregelungen für die GeldKarten-Funktion vereinbaren.

Bei der Ausgabe kontoungebundener Karten werden keine besonderen Bedingungen vereinbart, da diese übertragbar sind und es deshalb kaum möglich sein dürfte, den jeweiligen Karteninhaber zu verpflichten, die im Zusammenhang mit der Karte ausgegebenen Bedingungen mit seinem Rechtsnachfolger erneut zu vereinbaren. Da die kontoungebundene Karte jedoch gegenüber der kontogebundenen Karte stark vereinfacht ist, ist es nicht erforderlich, besondere Sorgfaltspflichten im Zusammenhang mit dem Aufladevorgang festzulegen, da diese Karten unmittelbar über ein Konto aufgeladen werden können, so dass es vertretbar ist, keine über die gesetzlichen Regeln hinausgehenden Rechte und Pflichten zu vereinbaren. Aufgrund der Komplexität des Produkts „kontogebundene Karte", sind für diese Sonderbedingungen erforderlich, denn es müssen im Einzelnen auch die Sorgfaltsanforderungen an den Ladevorgang festgelegt werden, insbesondere dass diese Karten unter Einsatz einer PIN zugunsten eines Kontos aufgeladen werden können. Aufgrund der Vergleichbarkeit des Ladevorgangs mit Abhebungen an Geldautomaten ist es hier deshalb notwendig, dem Rechtsverhältnis zwischen kartenemittierendem Institut und Karteninhaber Sonderregelungen zugrunde zu legen.

Die Kreditinstitute sind jedoch nicht nur für die Emission der GeldKarten, sondern auch für das Aufstellen der Ladeterminals sowie entsprechend ausgerüsteter Selbstbedienungsterminals oder Banksonderfunktionsterminals verantwortlich. Zur Gewährleistung eines einheitlichen Sicherheitsstandards dieser Geräte haben die Hersteller von Sicherheitsmodulen auf ihre Kosten Sicherheitsgutachten einzuholen und diese beim Zentralen Kreditausschuss („ZKA") vorzulegen. Die Schnittstellen der Funktionen „Laden"

---
113 BuB – Werner, Rn. 6/1676.

und „Bezahlen" bedürfen einer besonderen Abnahme durch den Zentralen Kreditausschuss. Jenseits dieser durch das GeldKarten-Abkommen vorgegebenen Sicherheitsanforderungen sind die Kreditinstitute, die entsprechende Bank-Sonderfunktionsterminals einsetzen, hinsichtlich der Funktionalitäten und Gestaltung der Schnittstellen frei.

Auch die im System GeldKarte eingesetzten Ladegeräte benötigen für die Zulassung ein Zertifikat des ZKA. Die einzelnen Kreditinstitute erhalten von ihm eine Liste mit den Unternehmen, die einen Abnahmetest hinsichtlich Sicherheit und Funktionstüchtigkeit der entsprechenden Geräte bestanden haben.

Der Aufladevorgang einer GeldKarte geschieht grundsätzlich online, d.h. die zuständige Autorisierungszentrale prüft die Kartendaten und den gewünschten Ladebetrag. Zuständig für die Autorisierung ist entweder das kartenemittierende Institut oder die von ihm beauftragte Autorisierungszentrale. Bei der Autorisierung selbst erfolgt eine Überprüfung, ob die Karte gesperrt ist und ob der vom Karteninhaber gewünschte Ladebetrag innerhalb des mit seiner Bank vereinbarten Verfügungsrahmens liegt. Es handelt sich dabei jedoch nicht um einen besonderen GeldKarten-Verfügungsrahmen, vielmehr handelt es sich um den für das Konto eingeräumten allgemeinen Verfügungsrahmen. Nach erfolgreichem Abschluss der Autorisierung ist der Ladebetrag im Chip der GeldKarte gespeichert. Das kartenemittierende Institut erhält parallel dazu von der Ladezentrale ein Ladeavis. Sofern die Aufladungen zu Lasten des Kontos des Karteninhabers erfolgen, ist dieser dafür zahlungspflichtig, d.h. sein Konto wird mit dem Ladebetrag belastet. Bei dieser Kontobelastung anlässlich des Aufladevorgangs handelt es sich um eine Vorschussgewährung gem. § 669 BGB.[114] Allerdings ist diese Meinung nicht unumstritten. Z.T. wird darin auch ein Forderungskauf gesehen.[115] Begründet wird diese Ansicht damit, dass der Aufladebetrag letztlich aus dem Vermögen des Kunden ausscheide und dieser aufgrund dessen eine Forderung gegen das kartenemittierende Institut erhalte. Beim Zahlungsvorgang würde danach der Händler diese Forderung erwerben und sie aus eigenem Recht und unabhängig von der Weisung des GeldKarten-Inhabers gegenüber der emittierenden Bank geltend machen. Allerdings ist die Konstruktion des Forderungskaufs nicht geeignet, den Ladevorgang rechtlich abschließend zu erklären, denn dabei erwürbe der Kunde nicht eine bereits bestehende Forderung, vielmehr würde die zu erwerbende Forderung durch den Ladevorgang selbst überhaupt erst begründet. Deshalb kann der

---

114 Vgl. Gößmann, in: Bankrechts-Handbuch I, 2. Auflage 2001, § 68 Rn. 24; Kümpel, WM 1997, S. 1038.
115 Vgl. Groß, in: Festschrift für Schimanski 1999, S. 169.

III. Zahlungsverfahren im Internet

Aufladevorgang nur dahingehend verstanden werden, dass sich die Bank durch das Aufladen der Karte mit einem Geldbetrag gegenüber dem Karteninhaber verpflichtet, auf dessen Weisung einem Kartenakzeptanten den gebuchten Betrag oder einen Teilbetrag davon zu bezahlen. Dieser Ansatz entspricht jedoch eher der Anweisung innerhalb eines Geschäftsbesorgungsvertrages als einem Forderungskauf. Auch dürfte in der Belastung des Kontos des Karteninhabers weniger ein Forderungskauf als vielmehr die Geltendmachung eines Vorschusses durch das Kreditinstitut zu sehen sein.[116] Darüber hinaus lässt sich mit dem Forderungskauf nicht erklären, wieso gemäß Abschnitt III Nr. 2.5 der Bedingungen für Bankkundenkarten – vormals Abschnitt III Nr. 3.6 der Bedingungen für ec-Karten – der GeldKarten-Inhaber das Risiko des Kartenverlustes, selbst wenn ihn kein Verschulden daran trifft, zu tragen hat, denn Forderungen können nicht „verloren gehen".[117]

Sofern der Karteninhaber seine Geldkarte an einem Ladeterminal auflädt, das nicht vom Karten-emittierenden Institut selbst betrieben wird, wird für den Ladevorgang ein zusätzliches Entgelt in Rechnung gestellt, das als Interbankenentgelt zu Gunsten des das Terminal betreibenden Instituts konzipiert ist. Das kartenemittierende Institut hat dafür ein gesondertes Ladeentgelt-Aufwandskonto einzurichten und die für die Ladetransaktionen der eigenen Kunden anfallenden Ladeentgelte einmal monatlich an die Karten-Evidenzzentrale abzuführen. Es ist weiterhin möglich, auf den Börsenverrechnungskonten Umbuchungen auf die Gebühren-Aufwandskonten vorzunehmen.[118] Darüber hinaus richtet jedes Institut, das GeldKarten emittiert, ein Börsenverrechnungskonto ein, auf das alle Gegenwerte aus den Ladetransaktionen der institutseigenen Karten eingestellt werden. Bei jeder Ladetransaktion wird nicht nur das Konto des Karteninhabers mit dem entsprechenden Gegenwert belastet, sondern dieser auch dem Börsenverrechnungskonto gutgeschrieben. Sofern die Aufladung mittels Bargeld erfolgt, gibt es zwar keine Belastung auf einem Konto, jedoch wird der in bar eingezahlte Ladebetrag dem Börsenverrechnungskonto des kartenemittierenden Instituts gutgeschrieben. Es handelt sich dabei nicht um ein Konto, das jedem Karteninhaber zugeordnet ist, sondern um ein Pool-Konto des kartenemittierenden Instituts, über das alle Zahlungsvorgänge im Zusammenhang mit den von ihm ausgegebenen GeldKarten abgewickelt werden.[119]

---

116 So auch Gößmann, in: Bankrechts-Handbuch I, 2. Auflage 2001, § 68 Rn. 24; für die Anweisungskonstruktion auch Kümpel, WM 1997, S. 1038.
117 Vgl. dazu BuB – Werner, Rn. 6/1757.
118 Vgl. dazu Nr. 10 der „Vereinbarung über das institutsübergreifende System ‚GeldKarte' ".
119 Vgl. dazu Gößmann, in: Bankrechts-Handbuch I, 2. Auflage 2001, § 68 Rn. 17 f.

Sollte der GeldKarten-Chip funktionsunfähig werden, erstattet das kartenemittierende Institut den in die Karte noch eingeladenen Restbetrag. Sofern dieser aus dem Chip selbst nicht mehr herausgelesen werden kann, ist eine Ermittlung des Restbetrags über das der Karte zugeordnete Schattensaldokonto möglich. Der Karteninhaber erhält dann den Restbetrag erstattet. Auch dies spricht im Übrigen für die Anweisungskonstruktion, da der nicht verbrauchte Betrag vom kartenemittierenden Institut zurückzuerstatten ist, da dieser Vorschuss nicht mehr zum Aufwendungsersatzanspruch gem. § 670 BGB erstarken kann. Geht die GeldKarte dagegen verloren, trägt der Karteninhaber gemäß Abschnitt III Nr. 2.5 der Bankkundenkarten-Bedingungen – vormals Abschnitt III Nr. 3.5 der ec-Bedingungen – das Verlustrisiko, denn solange nicht endgültig feststeht, dass die Karte nicht mehr eingesetzt werden kann, trägt das kartenemittierende Institut das Risiko, aufgrund des Einsatzes der Karte Zahlungen leisten zu müssen. Diese Verteilung des Verlustrisikos zeigt die Gleichstellung mit Bargeld, da auch hier der Inhaber der entsprechenden Scheine oder Münzen dieses Risiko zu tragen hat. Da die GeldKarte als Kleingeldersatz konzipiert ist,[120] ist es nur angemessen, dass ihr Inhaber das Verlustrisiko zu tragen hat.

Unter Berücksichtigung, dass gemäß Nr. 4 der Händlerbedingungen dem Kartenakzeptanten eine „Garantie" in Höhe des getätigten Umsatzes unter der Voraussetzung gegeben wird, dass es zu einem technisch einwandfreien Zahlvorgang kommt, ist ein Widerruf einer getätigten GeldKarten-Zahlung ausgeschlossen. Die Garantieregelung ist ähnlich zu Nr. 4 der Händler-Bedingungen im electronic-cash-Verfahren ausgebildet. Auch dort hat die Autorisierung des Zahlvorgangs zur Folge, dass der Kartenakzeptant gegenüber dem kartenausgebenden Kreditinstitut eine Garantie in Höhe des getätigten Umsatzes erhält.[121] Allerdings muss der Kartenakzeptant für diese Garantie ein Entgelt in Höhe von 0,3% des Umsatzes, mindestens jedoch EURO 0,01, dem kartenemittierenden Institut vergüten. Dieses Entgelt erhält die Karten-Evidenzzentrale von der jeweiligen Händlerzentrale und verteilt die Beträge dann auf die einzelnen kartenausgebenden Institute, indem sie periodisch auf deren Entgelt-Aufwandskonten überwiesen werden. Die Entgelt-Regelung findet sich in Nr. 5 der Händler-Bedingungen.

Ein Unternehmen, das am GeldKarten-System teilnehmen möchte, muss dazu die Händlerbedingungen akzeptieren. Es vereinbart deshalb mit seinem Kreditinstitut die „Bedingungen zur Teilnahme am System GeldKarte"[122].

---

120 Vgl. Gößmann, in: Bankrechts-Handbuch I, 2. Auflage 2001, § 68 Rn. 20.
121 Zum electronic-cash-System vgl. Häde, ZBB 1994, S. 41; Harbeke, WM-Sonderbeilage Nr. 1/1994, S. 8; Reiser, WM-Sonderbeilage Nr. 3/1989, S. 8.
122 Abgedruckt in BuB – Werner, Rn. 6/1725 ff.

III. Zahlungsverfahren im Internet

Während jedoch beim electronic-cash- und POZ-Verfahren daneben noch der Abschluss eines Vertrages mit einem Netzbetreiber bzw. Konzentrator erforderlich ist, ist ein solcher bei der GeldKarte nicht vorgesehen. Dies hängt damit zusammen, dass der Bezahlvorgang grundsätzlich offline erfolgt, d. h. der Umsatz wird nicht von einer Autorisierungszentrale überprüft und ggf. freigegeben.

Um am Verfahren teilnehmen zu können, benötigt der Händler ein Terminal, das vom Zentralen Kreditausschuss zugelassen worden ist. Um dieses betreiben zu können, braucht er weiterhin eine „Händler-Karte". Diese enthält die Authentifikationsschlüssel der Kreditwirtschaft für die Kommunikation mit der Kundenkarte sowie die Nummer des Kontos des Kartenakzeptanten, auf das die Umsätze, die in seinem Geschäft mit der GeldKarte getätigt werden, gutzuschreiben sind. Die Händler-Karte ist erforderlich, um die Kommunikation mit den einzelnen GeldKarten durchzuführen, auch erlaubt sie erst die Umsatzverarbeitung.

Das GeldKarten-System basiert auf einem umfangreichen Regelwerk, das aus der „Vereinbarung über das institutsübergreifende System ‚GeldKarte'", den „Bedingungen für die Teilnahme am System GeldKarte" sowie der um die GeldKarten-Bedingungen erweiterten Neufassung der „Bedingungen für Bankkundenkarten" besteht.[123] Bei der „Vereinbarung über das institutsübergreifende System ‚GeldKarte'" handelt es sich um ein Rahmenabkommen der Spitzenverbände der deutschen Kreditwirtschaft, das die rechtliche Grundlage des Systems bildet. In dieser Vereinbarung verpflichten sich die Beteiligten zum Aufbau eines institutsübergreifenden Systems über bargeldlose Zahlungen mittels GeldKarte. Darüber hinaus enthält es die technischen Anforderungen an die Infrastruktur dieses Systems. Auch werden darin einheitliche Standards für die Sicherheitstechnologie, für den Aufbau einer institutsübergreifenden Infrastruktur, für den Systemablauf und die Risiko-Verteilung festgelegt.

Die „Bedingungen für die Teilnahme am System GeldKarte" legen die Voraussetzungen und Bedingungen fest, unter denen ein Unternehmen als Zahlungsempfänger am System teilnehmen kann. Neben den technischen Teilnahmevoraussetzungen werden darin auch die Entgelte bestimmt, die ein Kartenakzeptant dafür zu zahlen hat, dass er Teilnehmer am System wird und von der mit einem Zahlungsvorgang verbundenen Garantie profitiert. Schließlich legt das Bedingungswerk auch die Pflichten der als Akzeptanzstellen am System teilnehmenden Unternehmen fest.

---

123 Abgedruckt sind die Regelwerke in BuB – Werner, Rn. 6/1694 ff.

In den um die GeldKarten-Regelungen erweiterten „Bedingungen für ec-Karten" bzw. in den eigenständigen „GeldKarten-Bedingungen" werden einheitliche Regelungen für das Vertragsverhältnis zwischen den kartenemittierenden Instituten und ihren Kunden festgelegt. In erster Linie handelt es sich dabei um die Bestimmung von Rechten und Pflichten der Vertragspartner sowie die Haftungsregelungen. Eine besondere Bedeutung kommt dabei den Sorgfaltspflichten der Karteninhaber zu.

Die vorstehend bezeichneten Regelwerke sind erforderlich, um ein geschlossenes System GeldKarte und einheitliche rechtliche Rahmenbedingungen zu schaffen. Auch ist es Zweck dieser Bedingungen und Vereinbarungen, juristische Unklarheiten im Zusammenhang mit der GeldKarte zu vermeiden, zumal diese als Zahlungsinstrument nicht durch einen einheitlichen und in sich geschlossenen rechtlichen Erklärungsansatz erfasst werden kann.[124] Es gibt unterschiedliche juristische Ansätze, die Rechtskonstruktion der GeldKarte dogmatisch zu erklären. Letztlich ist jedoch keiner davon in der Lage, das System umfassend und abschließend zu erklären.

Wie an anderer Stelle aufgezeigt, ist die Konstruktion des Forderungskaufs, verbunden mit einer Zahlungsgarantie oder einem Zahlungsversprechen der emittierenden Bank gegenüber dem Kartenakzeptanten, nicht geeignet, das System abschließend zu erklären. Weder liefert dieser Ansatz eine hinreichende rechtliche Begründung für das Entstehen der erworbenen Forderung, so dass der Aufladevorgang juristisch nicht klar begründet werden kann, noch erlaubt es die klare dogmatische Einordnung der in den Geld-Karten-Bedingungen enthaltenen Risikozuweisung, wonach der Karteninhaber das Risiko des Verlustes der Karte unabhängig von seinem Verschulden zu tragen hat, denn Forderungen können nicht verloren gehen.

Auch die in Betracht kommende Alternative, die Konstruktion auf der Grundlage des Vertrags zugunsten Dritter zu erklären, ist nicht geeignet, das System rechtlich plausibel zu erfassen. Zwar könnte in der Vereinbarung des kartenemittierenden Instituts mit seinen Kunden die Grundlage für eine Verpflichtung gesehen werden, jeweils noch zu begründende Forderungen gegen den Karteninhaber in Höhe der in die Karte eingeladenen Werteinheiten auszugleichen, so dass der Einsatz der Karte auf dieser Grundlage als Ausübung des Rechts des Karteninhabers anzusehen wäre, den begünstigten Dritten im Einzelfall zu bestimmen[125], während das Risiko des Nicht-Entstehens der Forderung gegen das Kreditinstitut dadurch aufgefan-

---

124 Zu den entsprechenden Erklärungsansätzen vgl. Gößmann, in: Bankrechts-Handbuch I, 2. Auflage 2001, § 68 Rn. 24; BuB – Werner, Rn. 6/1756 ff.; Pfeiffer, NJW 1997, S. 1036; Escher, WM 1997, S. 1181; Kümpel, WM 1997, S. 1038.
125 Vgl. Palandt/Heinrichs, § 328 BGB, Rn. 2; MK – Gottwald, § 328 Rn. 19.

III. Zahlungsverfahren im Internet

gen werden könnte, dass in den Händler-Bedingungen ein Schuldversprechen gegenüber dem Kartenakzeptanten gesehen wird, die vermeintlich entstandene Forderung jedenfalls dann auszugleichen, wenn es zu einem technisch einwandfreien Zahlvorgang kommt.

Der Einlösevorgang wäre auf dieser Basis dahingehend zu erklären, dass der Karten-Akzeptant seinen Anspruch gegen das kartenemittierende Institut bis zum Abschluss des ordnungsgemäßen Zahlvorganges zum Zwecke des Inkassos entweder seinem Institut, der Händlerbank, abtritt, oder dem Kartenakzeptant durch den Karteneinsatz das Bestimmungsrecht des Karteninhabers als Versprechensempfänger übertragen wird, so dass dieser wiederum berechtigt wäre, sein Kreditinstitut als Empfänger der Leistung aus dem Vertrag zu Gunsten Dritter zu bestimmen.

Jedoch unterscheidet sich auch bei dieser Konstruktion die Risikoverteilung nicht von der Abtretungskonstruktion. Ein Verlust der Karte kann auch hier zur Folge haben, dass Anspruch und Karte unterschiedliche Schicksale erleiden. Nach diesem Ansatz wäre letztlich das Verlustrisiko, das der Karteninhaber zu tragen hat, nicht erklärbar. Auch wenn er seine Karte verlöre, hätte er auf der Grundlage der Konstruktion des Vertrags zu Gunsten Dritter nicht gleichzeitig auch seinen Anspruch aus dem Vertrag mit dem kartenemittierenden Institut verloren.

Deshalb läge ein wertpapierrechtlicher Erklärungsansatz nahe, da dieser am ehesten geeignet wäre, die GeldKarte als Bargeld-Surrogat zu erklären . Insbesondere könnte auf der Basis dieser Rechtskonstruktion das Risiko des Auseinanderfallens der Schicksale der Karte einerseits und der durch sie verkörperten Ansprüche andererseits verhindert werden. Zu denken wäre dabei an die Anwendung der Regelungen zu den Inhaber-Schuldverschreibungen gemäß §§ 793 ff. BGB, auch wenn eine direkte Anwendung dieser Regeln ausscheidet, da Voraussetzung für ein Wertpapier gemäß § 793 Abs. 2 BGB die Schriftform ist, die bei der GeldKarte nicht eingehalten werden kann.[126] Aus § 793 Abs. 2 Satz 2 folgt zwar auch, dass eine eigenhändige Unterzeichnung nicht erforderlich ist, sondern eine im Wege der mechanischen Vervielfältigung hergestellte Namensunterschrift genügt, doch setzt dies eine Faksimile-Unterschrift voraus, während eine im gewöhnlichen Druck hergestellte Unterschrift für das Schriftformerfordernis gemäß § 793 Abs. 2 BGB nicht genügt.[127] Weder die GeldKarte noch die in ihr verkörperten elektronischen Wertinhalte enthalten jedoch eine Unterschrift. Eine solche befindet sich noch nicht einmal in faksimilierter Form

---

126 Vgl. zum wertpapierrechtlichen Ansatz Pfeiffer, NJW 1997, S. 1036; Escher, WM 1997, S. 1173 ff.; Gößmann, in: Bankrechts-Handbuch I, 2. Auflage 2001, § 68 Rn. 25.
127 Palandt/Thomas, § 793 BGB, Rn. 7.

darauf. Darüber hinaus ist die Inhaberschuldverschreibung dadurch gekennzeichnet, dass sie übertragen wird, während im Geldkarten-System der Händler die Karte nicht erhält, sondern nur die auf ihr verkörperten Werteinheiten unter Zuhilfenahme des Händlerterminals übertragen werden.

Aber selbst wenn die GeldKarte eine entsprechende Unterschrift tragen würde, würde sich diese nicht auf die in der Karte verkörperten Werteinheiten beziehen, sondern nur auf die Karte selbst, während der in die Karte eingeladene Betrag variiert.

Die GeldKarte kann auch nicht als Wertmarke gemäß § 807 BGB angesehen werden, da Bargeld-Surrogate nicht von § 807 BGB erfasst werden.[128] Darüber hinaus setzt § 807 BGB eine Sache voraus, in der Forderungen fest verkörpert werden[129], während bei der GeldKarte die in ihr gespeicherte Forderung beim Einlösen vom weiterhin existierenden Trägermedium, das eine Art Carrier-Funktion übernimmt, getrennt wird.[130] Aufgrund dessen ist die sachenrechtliche Verkörperung mehr als zweifelhaft. Allerdings erfordert § 807 BGB – im Gegensatz zu § 793 BGB – nicht das in der Urkunde verkörperte ausdrückliche Versprechen des Schuldners, an jeden Papierinhaber zu leisten, sondern lässt auch andere Verkörperungsformen genügen, ohne dass aus dem Gegenstand selbst die Leistung und/oder der Aussteller eindeutig erkennbar sein müssen. Aufgrund dessen könnte überlegt werden, ob nicht auch elektronische Daten als ähnlich unvollkommene Verkörperungen sowohl der Leistungsverpflichtung als auch des Leistungspflichtigen angesehen werden könnten, wie dies bei Wertmarken der Fall ist, wobei im Falle der GeldKarte – unter Einsatz entsprechender technischer Einrichtungen – sowohl der Zahlungspflichtige als auch die Höhe des Leistungsversprechens unmittelbar aus der Karte abgelesen werden können.

Auf dieser Grundlage wäre das Abbuchen von Werteinheiten aus der Karte als eine Art „Abschreiben des Papiers" gemäß § 797 BGB anzusehen. Gegen eine solche Analogiebildung spricht jedoch, dass weder die kontobezogene GeldKarte noch die in ihr gespeicherten Werteinheiten frei übertragbar sind. Zumindest die kontogebundene Karte ist ausschließlich dem in ihr bezeichneten Inhaber zugeordnet, so dass eine Übertragung der Werteinheiten nur innerhalb der vorgegebenen Infrastruktur und nur vom Karteninhaber zum Akzeptanten möglich ist. Die „weiße Karte" ist zwar kontoungebunden und damit frei übertragbar, jedoch gehört diese Übertragbarkeit nicht zur eigentlichen Zahlungsfunktion, sondern erlaubt lediglich, deren

---

128 Vgl. Pfeiffer, NJW 1997, S. 1036; Gößmann, in: Bankrechts-Handbuch I, 2. Auflage 2001, § 68 Rn. 25; a. A. aber für die Kreditkarte: Eckert, WM 1987, S. 161 ff.
129 Siehe die Beispiele bei Palandt/Thomas, § 807 BGB, Rn. 1.
130 Pfeiffer, NWJ 1997, S. 1037.

III. Zahlungsverfahren im Internet

Nutzung zu übertragen. Der Zahlungsvorgang selbst erfolgt jedoch auch hier im Verhältnis vom Karteninhaber zum Händler innerhalb der vorgegebenen Infrastruktur. Aufgrund dieser fehlenden beliebigen Übertragbarkeit ist eine Analogiebildung zu den Inhaberkarten und Inhabermarken schwer begründbar, auch wenn sich daraus ein in sich geschlossener Erklärungsansatz für die Rechtskonstruktion der GeldKarte ergeben könnte.[131] Darüber hinaus kann die GeldKarte die Funktion einer Wertmarke in keinem Fall übernehmen, denn dazu gehört es, dass an den jeweiligen Inhaber einer solchen Marke geleistet werden soll. Bei der GeldKarte geht es jedoch nicht um Leistungen an den Karteninhaber, sondern um solche an den Akzeptanten. Ausschließlich in diesem Verhältnis soll eine Verpflichtung begründet werden, während im Verhältnis Kartenemittent – Karteninhaber ein System zur bargeldlosen Zahlung zur Verfügung gestellt werden soll.[132] Der Einsatz der GeldKarte begründet jedoch nur einen Anspruch des Akzeptanten sowie ggf. einen Anspruch auf Rückzahlung eines nicht verbrauchten Vorschusses.[133]

Grundlage für die juristische Bewertung kann deshalb nicht die Karte selbst, sondern können nur die in ihr verkörperten Werteinheiten sein, da nur diese in konkrete Leistungen eingelöst werden können. Diese Werteinheiten sind hinsichtlich ihrer Funktionsweise mit Reiseschecks vergleichbar. Auf der Grundlage dieser Analogie wäre im Aufladevorgang der Erwerb von Werteinheiten zu sehen. Das kartenemittierende Institut übernähme durch Ausgabe der Karte und Einbuchung von Werteinheiten in diese gegenüber jedem am System angeschlossenen Karten-Akzeptanten die Verpflichtung, Werteinheiten in Buchgeld einzulösen. Auf der Grundlage dieser Konstruktion wäre eine doppelte Inanspruchnahme des kartenemittierenden Instituts im Falle des Kartenverlustes grundsätzlich ausgeschlossen, da dann eine Trennung des Anspruchs gegen das kartenemittierende Institut von der Karte selbst nicht möglich wäre.

Eine solche Konstruktion hätte zwar den Vorteil, wesentliche rechtliche Probleme der GeldKarte zu lösen, jedoch bliebe die Erklärung für die „Werteinheiten" selbst offen. Darin müsste die Verkörperung eines Schuldversprechens des Karten-Emittenten gegenüber dem jeweiligen Einreicher der Werteinheiten gesehen werden. Einer solchen Betrachtungsweise steht zwar das für ein Schuldversprechen gemäß § 780 BGB erforderliche Schriftformerfordernis nicht entgegen, da das die GeldKarte ausgebende

---

131 Zum wertpapierrechtlichen Ansatz vgl. die Überlegungen bei Pfeiffer, NJW 1997, S. 1037, und Escher, WM 1997, S. 1181.
132 Vgl. Gößmann, in: Bankrechts-Handbuch I, 2. Auflage 2001, § 68 Rn. 25.
133 Vgl. Gößmann, in: Bankrechts-Handbuch I, 2. Auflage 2001, § 68 Rn. 25; Pfeiffer, NJW 1997, S. 1036 f.

Kreditinstitut eine Verpflichtung im Rahmen ihrer Bankgeschäftstätigkeit übernimmt, so dass gemäß § 350 HGB keine spezielle Form erforderlich ist, jedoch bleibt die Konstruktion der „Werteinheiten" auf der Grundlage der existierenden Rechtsfiguren offen, sofern darin nicht eine neue Rechtsfigur „sui generis" gesehen werden kann.[134]

Die Vergleichbarkeit der in die GeldKarte eingebuchten Werteinheiten mit Wertmarken hätte den Vorteil, die GeldKarte und insbesondere die in ihr verkörperten Informationen nach sachenrechtlichen Maßstäben gemäß § 935 Abs. 2 BGB zu beurteilen, so dass die Bargeldsurrogat-Funktion ohne das Erfordernis besonderer gesetzlicher Regeln begründet werden könnte. Auch fehlen dafür – wie aufgezeigt – die elementaren Voraussetzungen, da die Werteinheiten eben keine Sacheigenschaft besitzen.

Allerdings soll die GeldKarte eine Legitimationswirkung wie Namenspapiere mit Inhaberklausel entsprechend § 808 BGB haben. Mit Vorlage der GeldKarte soll bezweckt werden, dass der Karteninhaber als berechtigt ausgewiesen wird, mit Wirkung für den Kartenemittenten über das auf dem Börsenverrechnungskonto befindliche Guthaben zu verfügen, unabhängig davon, ob er berechtigter oder unberechtigter Inhaber der Karte ist. Auf dieser Grundlage hat die GeldKarte funktional die gleichen Wirkungen wie ein Legitimationspapier.[135] Zu den wesentlichen Merkmalen eines Legitimationspapieres gehört die Erleichterung des Ausweises, während es normalerweise nicht Träger von Vermögensrechten ist. Unter Berücksichtigung, dass die GeldKarte eine Bargeld-Surrogatfunktion haben soll, aufgrund dessen jeder Inhaber der Karte – auch der unberechtigte – Verfügungen zu Lasten des Börsenverrechnungskontos vornehmen können soll, könnte die Geld-Karte als hinkendes Inhaber-Papier gemäß § 808 BGB angesehen werden.[136] Auf dieser Basis wäre es möglich, dass die Bank aufgrund der Vorlage einer Karte mit befreiender Wirkung leistet.[137] Allerdings steht auch einem solchen Ansatz entgegen, dass die GeldKarte beim Zahlungsvorgang nicht übertragen wird, während gemäß § 808 Abs. 2 S. 1 BGB der Schuldner nur gegen Aushändigung der Urkunde zur Leistung verpflichtet ist. Den Werteinheiten selbst jedoch, die übertragen werden, fehlt die Sacheigenschaft, so dass eine Gleichstellung mit den Namenspapieren mit Inhaberklausel nur auf der Basis einer Analogiebildung möglich wäre.

---

134 Vgl. zu diesen Überlegungen Groß, in: FS-Schimansky 1999, S. 1080.
135 Vgl. Pfeiffer, NJW 1997, S. 1037; Kümpel, 1997, S. 1041; Gößmann, in: Bankrechts-Handbuch I, 2. Auflage 2001, § 68 Rn. 26.
136 Gößmann, Rechtsfragen neuer Techniken des bargeldlosen Zahlungsverkehrs in: Horn/Schimansky, Bankrecht, Köln 1998, Seite 87; derselbe in Bankrechts-Handbuch I, 2. Auflage 2001, § 68 Rn. 26.
137 Vgl. auch Escher, WM 1997, S. 1181.

III. Zahlungsverfahren im Internet

Am nahe liegendsten ist deshalb die Erklärung über die girovertragliche Weisung, die mit einer Garantie bzw. einem Schuldversprechen gemäß § 780 BGB verbunden ist.[138] Eine solche Konstruktion würde zunächst einen Geschäftsbesorgungsvertrag zwischen dem Kartenemittenten und dem Karteninhaber voraussetzen. Zumindest bei der kontogebundenen Karte erfolgt die Herausgabe der Karte in Verbindung mit einem Girovertrag, weshalb auch die Vereinbarung der GeldKarten-Bedingungen entweder als Bestandteil des Girovertrags, bei dem es sich um einen Geschäftsbesorgungsvertrag handelt, oder als Begründung eines neuen Geschäftsbesorgungsvertrags anzusehen ist.[139] Der Einsatz der GeldKarte wäre als Erteilung einer Weisung gemäß §§ 675, 666 BGB an den Kartenemittenten im Rahmen des Geschäftsbesorgungsvertrags anzusehen, den entsprechenden Betrag an den Zahlungsempfänger zu leisten.[140] Aufgrund des bestehenden Girovertrags ist das kartenemittierende Institut verpflichtet, den angewiesenen Betrag dem Zahlungsempfänger zu zahlen. Dadurch erstarkt der mit der Belastung des Kontos des Karteninhabers zunächst geltend gemachte Anspruch auf Vorschuss zum Aufwendungsersatzanspruch gemäß §§ 675, 670 BGB. Um den Karten-Akzeptanten von der Unwirksamkeit der Weisung zu entlasten und um die Bargeldsurrogat-Funktion sicherzustellen, würde nach dieser Konstruktion der Karten-Emittent unter der Voraussetzung eines technisch einwandfreien Bezahlvorgangs ein Garantie- bzw. Schuldversprechen gemäß § 780 BGB abgeben, die übertragenen Werteinheiten in (Buch-) Geld einzulösen.

Aufgrund des vom kartenemittierenden Instituts abgegebenen Schuldversprechens, das allein an einen technisch einwandfreien Zahlvorgang anknüpft, ist das kartenemittierende Institut selbst dann an den Karten-Akzeptanten zu leisten verpflichtet, wenn es sich um den – unwahrscheinlichen – Fall ge- oder verfälschter GeldKarten handelt oder wenn eine entwendete Karte eingesetzt wird. Auch wenn Fälscher oder Kartendiebe die Garantie nicht als Vertreter der Bank vermitteln können, ist die Verpflichtung letzterer unter Rechtsscheingesichtspunkten oder einer ausnahmsweise gerechtfertigten verschuldensunabhängigen Haftung begründbar.[141]

Sofern es zum GeldKarten-Einsatz durch einen unbefugten Dritten kommt, ist die GeldKarten-Weisung dem berechtigten GeldKarten-Inhaber zwar

---

138 Vgl. dazu Kümpel, WM 1997, S. 1038; Gößmann, in: Bankrechts-Handbuch I, 2. Auflage 2001, § 68 Rn. 29.
139 Vgl. Wand, in: Hadding, Kartengesteuerter Zahlungsverkehr, Berlin 1999, S. 124; Kümpel, WM 1997, S. 1038.
140 Vgl. Kümpel, WM 1997, S. 1039; Gößmann, in: Bankrechts-Handbuch I, 2. Auflage 2001, Rn. 29.
141 Vgl. Kümpel, WM 1997, S. 1042 f.; Nobbe, in: Bankrechts-Handbuch I, 2. Aufl. 2001, § 63 Rn. 79.

nicht zurechenbar, da dieser Einsatz nicht seinem Willen entspricht[142], doch hat der GeldKarten-Inhaber dennoch dieses Missbrauchsrisiko zu tragen, da die GeldKarte die Funktion hat, Bargeld zu ersetzen, und damit hinsichtlich der Risikolage diesem gleichzustellen ist. Aufgrund dessen wird in Abschnitt III Nr. 3.5 der ec-Bedingungen bezüglich der GeldKarte ausdrücklich darauf hingewiesen, dass der GeldKarten-Inhaber das Missbrauchsrisiko zu tragen hat. Insbesondere spricht dieses Ergebnis für den wertpapierrechtlichen Ansatz oder die Erklärung der GeldKarte als Legitimationspapier.[143]

Eine solche Risikozuweisung ist auch mit der weitgehend unzulässigen verschuldensunabhängigen Sphärenhaftung[144] vereinbar, da in ihr keine gemäß § 307 Abs. 2 BGB unangemessene Benachteiligung gesehen werden kann. Zunächst ist das Risiko durch einen maximalen Ladebetrag in Höhe von DM 400,– bzw. den entsprechenden EURO-Wert für den Karteninhaber begrenzt, darüber hinaus kann er das Risiko dadurch reduzieren, dass er diesen nicht ausschöpft.[145] Jedoch bezieht sich dies nur auf die (aufgeladene) Karte. Hinsichtlich des Auflagevorgangs gelten ähnliche Regeln wie bei Abhebungen an Geldautomaten, bzw. dem Einsatz einer ec-Karte an automatisierten Kassen. Kommt es zu einer missbräuchlichen Aufladung hat der Inhaber einer GeldKarte nur dafür einzustehen, wenn er schuldhaft zum Missbrauch beigetragen hat, wie sich dies aus Abschnitt III Ziff. 2.6 der um die GeldKarten-Regelungen erweiterten Bankkundenkarten-Bedingungen – früher Abschnitt III Ziff. 2.6 der ec-Bedingungen – ergibt.

Mit dem Erklärungsansatz der girovertraglichen Weisung kann die „weiße Karte", die keinem Konto zugeordnet wird, nicht eindeutig begründet werden, denn hier gibt es zwischen dem Karteninhaber und dem Karten-Emittenten keinen Geschäftsbesorgungsvertrag, innerhalb dessen eine girovertragliche Weisung erteilt werden könnte. Dennoch steht die weiße Karte dem geschäftsbesorgungsrechtlichen Erklärungsansatz nicht entgegen. Hier wäre es denkbar, den Standpunkt zu vertreten, dass der Ersterwerber einer solchen Karten mit dem Kartinstitut einen Vertrag abschließt, aus dem sich ergibt, dass die durch den Karteneinsatz erteilten Weisungen unabhängig davon auszuführen sind, wer sie erteilt hat. In der Ausgabe der GeldKarte könnte gleichzeitig auch das Angebot der die Karte emittierenden Bank

---

142 Vgl. Gößmann, in: Horn/Schimanski, Bankrecht, Köln 1998, S. 100; Wand, in: Hadding, Kartengesteuerter Zahlungsverkehr, Berlin 1999, S. 123.
143 Pfeiffer, NJW 1997, S. 1039; Escher, WM 1997, S. 1181.
144 Zur Unzulässigkeit der Sphärenhaftung vgl. BGH, WM 1991, S. 1110 = WuB I D 5. 7. 91 Fevers.
145 Vgl. Pfeiffer, NJW 1997, S. 1039; Gößmann, in: Bankrechts-Handbuch I, 2. Auflage 2001, § 68 Rn. 33.

III. Zahlungsverfahren im Internet

gesehen werden, mit jedem Inhaber der Karte einen Geschäftsbesorgungsvertrag abzuschließen, der spätestens durch die Inanspruchnahme der mit der Karte verbundenen Leistungen durch konkludentes Verhalten zustande kommt.

Auch wenn die GeldKarte nicht als Zahlungsinstrument für das Internet konzipiert wurde, ist sie jedoch mit leichten Modifikationen für Zahlungen darüber einsetzbar. Wie bereits an anderer Stelle ausgeführt, benötigt der GeldKarten-Inhaber lediglich einen Chipkarten-Leser, der es ihm ermöglicht, die GeldKarten-Werteinheiten über das Internet an den Karten-Akzeptanten weiterzuleiten, der über das Händlerterminal sowie die Händlerkarte verfügt. Unter Berücksichtigung, dass an den Chipkarten-Leser keine besonderen technischen Anforderungen zu stellen sind und die GeldKarten-Zahlung „offline" erfolgt, ist es ohne großen Aufwand möglich, den Chipkarten-Leser (räumlich) vom Händlerterminal zu trennen. Da darüber hinaus der Händler die Legitimation des Chipkarten-Inhabers nicht zu überprüfen braucht und das kartenemittierende Institut die Zahlung allein unter der Voraussetzung garantiert, dass es zu einem technisch einwandfreien Zahlvorgang kommt, ist das GeldKarten-Verfahren für den Einsatz im Internet geeignet, da es weder für den Händler noch für den Karteninhaber mit unvertretbaren Risiken verbunden ist, auch wenn der Karteninhaber – wie aufgezeigt – das Risiko des Verlustes der Karte bzw. des missbräuchlichen Einsatzes beim Bezahlvorgang zu tragen hat. Es ist im GeldKarten-Verfahren möglich, die Zahlung unmittelbar vor oder nach der Inanspruchnahme einer Dienstleistung oder Bestellung einer Ware zu erbringen. Mit Übertragung der Werteinheiten erwirkt der Händler einen Anspruch gegen das kartenemittierende Institut in Höhe des Zahlungsbetrages unabhängig davon, ob der Karteninhaber zu Recht oder zu Unrecht im Namen des auf die Karte aufgeprägten Karteninhabers gehandelt hat. Bei der „weißen Karte" kommt es darüber hinaus nur auf den Karten-Einsatz an. Aufgrund der schnellen Übertragung der Daten ist es deshalb möglich, dass der Karteninhaber Werteinheiten überträgt und unmittelbar im Anschluss daran oder gleichzeitig die Dienstleistung zur Verfügung gestellt bekommt, ohne dass der Empfänger das Risiko zu tragen hätte, dass die Werteinheiten überhaupt eingelöst werden.

Allerdings wird der Karteninhaber nicht von dem Risiko entlastet, dass er die Zahlung leistet und im Anschluss daran keine oder eine andere Dienstleistung erhält, als er angefordert hat, da es eine Widerrufsmöglichkeit des Zahlungsvorgangs, ebenso wie bei der Barzahlung, nicht gibt. Dennoch ist auch für den Zahlungspflichtigen dieses Verfahren von Vorteil, da er, sofern der Akzeptant nur gegen Vorauszahlung zu leisten bereit ist, einen relativ kurzen Zeitraum zwischen der Zahlung und der Übertragung der Leistung abwarten muss, da der Zahlvorgang selbst nur wenig Zeitaufwand für sich beansprucht.

Zwar ist die GeldKarte bisher noch nicht für Zahlungen über das Netz eingesetzt werden, doch dürfte es mit geringfügigen technischen Modifikationen möglich sein, sie im Internet als Zahlungsmittel zu verwenden. Es genügt dazu, dass das Chipkarten-Lesegerät nicht beim Händler, sondern beim Verbraucher selbst installiert wird und von dessen PC die Kartendaten an den Händler übertragen werden.

e) POS-Verfahren im Internet

Wie bereits an anderer Stelle ausgeführt, sind die POS-Verfahren nicht für Zahlungen im Netz geeignet.

Dem Einsatz des electronic-cash-Verfahrens im Internet steht entgegen, dass das Kartenterminal beim Händler installiert wird und aus Sicherheitsgründen die Tastatur und das Terminal nicht voneinander getrennt werden sollten. Aufgrund dessen dürfte das electronic-cash-Verfahren für Zahlungen über das Netz auch nicht nutzbar gemacht werden können.

Beim POZ-Verfahren, d.h. dem Point-of-Sale-Zahlungsverfahren ohne Zahlungsgarantie, handelt es sich um ein elektronisches Lastschriftverfahren, bei dem Lastschriften unter Zuhilfenahme der im Magnetstreifen einer Karte gespeicherten Daten erstellt werden und bei dem aus Sicherheitsgründen vor Entgegennahme einer Einziehungsermächtigung eine Sperrdateiabfrage erfolgt. Sowohl hinsichtlich des technischen Ablaufs als auch des Zahlungsvorgangs handelt es sich um ein ganz normales Lastschriftverfahren. Deshalb würde die Öffnung des POZ-Verfahrens für Zahlungen im Netz voraussetzen, dass Einziehungsermächtigungen über das Internet erteilt werden können. Die in diesem Zusammenhang auftretende rechtliche Problematik ist bereits an anderer Stelle im Zusammenhang mit dem Lastschriftverfahren im Einzelnen dargestellt worden.

Soweit die Erteilung von Einziehungsermächtigungen über das Netz zulässig ist, bedarf es des POZ-Verfahrens nicht, da der Kunde hier seine Daten in ein elektronisches Formular für die Einziehungsermächtigung eingeben könnte. Allenfalls könnte insofern an eine Erleichterung durch Einsatz einer Karte gedacht werden, als dann, wenn der PC mit einem Kartenlesegerät ausgestattet werden sollte, die im Magnetstreifen der Karte enthaltenen Daten unmittelbar in ein elektronisches Formular übernommen werden könnten. Gleichzeitig müssten auch die technischen Voraussetzungen dafür geschaffen werden, dass mit Eingabe der Kartendaten in das Kartenlesegerät eine Sperrdateiabfrage erfolgt. Andererseits wäre bei einem derartigen

III. Zahlungsverfahren im Internet

POZ-Verfahren über das Internet der Vorteil, den der Akzeptant aus dem körperlichen Einsatz der Karte hat, nicht mehr existent, denn er hätte keine Möglichkeit, die Unterschrift auf der Einziehungsermächtigung mit der Unterschrift auf der Karte zu vergleichen.

Darüber hinaus würde das POZ-Verfahren im Internet die Zahlung nur verkomplizieren, da daran nur derjenige teilnehmen könnte, der über ein entsprechendes Kartenlesegerät verfügt. Soll jedoch das Lastschriftverfahren im Internet mit Einsatz einer elektronischen Signatur angeboten werden, wird ein Verfahren, in dem neben der elektronischen Signatur auch noch die ec-Karte eingesetzt werden müsste, kaum konkurrenzfähig sein, sofern es auch „normale" elektronische Lastschriftverfahren mittels elektronischer Signatur gäbe. Auch die Bedeutung der Sperrdatei würde sich letztendlich reduzieren, sofern sie dazu dient, die Daten von Karten, die aufgrund eines Abhandenkommens gesperrt sind, zu speichern. Da im Falle der Zulässigkeit eines Lastschriftverfahrens über das Internet eine entsprechende Einziehungsermächtigung mit einer elektronischen Signatur unterzeichnet werden müsste, käme ein Missbrauch nur in Betracht, wenn derjenige, der die Karte missbräuchlich einsetzt, nicht nur über die entwendete Karte, sondern auch über die elektronische Signatur des Inhabers dieser Karte verfügen würde. Deshalb müsste in einem solchen Verfahren eigentlicher Anknüpfungspunkt für die Sperrdateiabfrage die elektronische Signatur und nicht die Karte sein. Allerdings kann die Sperrdatei für evtl. Kontensperren dann von Interesse sein, wenn der Zahlungsempfänger Zahlung nur im POZ- und nicht auch im „normalen" Lastschriftverfahren akzeptieren würde, da sonst durch die Wahl des Zahlungsverfahrens die obligatorische Sperrdateiabfrage unterlaufen werden könnte. Allenfalls könnte die Bequemlichkeit dafür sprechen, da mit Einsatz der Karte die entsprechenden Daten nicht mehr in das elektronische Formular einer Einziehungsermächtigung übernommen werden müssten. Dem würde allerdings entgegenstehen, dass zur Erteilung einer elektronischen Einziehungsermächtigung neben der Chipkarte, auf der die elektronische Signatur gespeichert ist, noch eine weitere Karte eingesetzt werden müsste. Ob die Vorteile des Karteneinsatzes diese Nachteile aufwiegen, erscheint vor diesem Hintergrund eher zweifelhaft. Für ein POZ-Verfahren im Netz ist deshalb kaum Raum.

Da es sich beim elektronischen Lastschriftverfahren schließlich um ein Lastschriftverfahren handelt, bei dem lediglich die ec- oder Kundenkarte zur Erstellung der Einziehungsermächtigung eingesetzt wird, kann ein solches Verfahren problemlos substituierbar sein, wenn Einziehungsermächtigungen über das Internet mittels elektronischer Signatur erteilt werden können. Sofern auf elektronischem Wege unter Einsatz einer elektronischen Signatur Einziehungsermächtigungen erteilt werden können, wäre dies ein eigenständiges elektronisches Lastschriftverfahren im Internet, so dass es einer Modifikation des bisherigen ELV-Verfahrens nicht bedürfte, es sei denn, die ec- oder Kundenkarte soll zur Gewinnung der Daten für die Erstellung der Lastschrift gewonnen werden.

f) Scheckverkehr im Internet

Art. 1 Nr. 1 ScheckG legt als Voraussetzung für einen wirksamen Scheck fest, dass es sich dabei um eine Urkunde handelt, die gemäß Art. 1 Nr. 6 ScheckG eigenhändig unterzeichnet wird.[146] Diese Formvorschriften können jedoch bei Zahlungen über das Netz nicht eingehalten werden, da hier weder die Urkundenqualität vorliegt noch die eigenhändige Unterschrift möglich ist. Damit kann es zumindest keine elektronischen Schecks im Sinne des Art. 1 ScheckG oder wenigstens wirksame Anweisungen gemäß § 783 BGB geben.[147] Zwar mag es zum Teil Software geben, über die Zahlungsverfahren angeboten werden, die hinsichtlich des Zahlungssystems einer Scheckzahlung entsprechen,[148] jedoch haben diese mit einem normalen Scheck nichts gemeinsam. Soweit ersichtlich, haben derartige Verfahren in Deutschland noch keine Verbreitung gefunden.

Zwar gibt es in Deutschland das in das Scheckeinzugsverfahren integrierte „beleglose Scheckeinzugsverfahren", doch erfasst dieses nicht den Bereich der Scheckbegebung, sondern lediglich den der Scheckbearbeitung im Interbanken-Verhältnis, wonach bei Schecks mit einem Gegenwert von bis zum EURO-Gegenwert von DM 5.000,– die körperliche Vorlage bei der bezogenen Bank nicht mehr erforderlich ist.[149] Aufgrund der alleinigen Relevanz dieses Verfahrens für den Interbankenverkehr bleibt es bei den Darstellungen von Zahlungsverfahren über das Netz außer Betracht.[150]

---

146 Vgl. dazu Baumbach/Hefermehl, Art. 1 ScheckG, Rn. 3 m.w. N.
147 Vgl. dazu Escher, WM 1997, S. 1175.
148 Vgl. die Beispiele bei Escher, WM 1997, S. 1175 ff. m.w. N.
149 Vgl. Jäkel, Das beleglose Scheckeinzugsverfahren nach dem BSE-Abkommen vom 8. Juli 1985, 1995, S. 45 ff.; Kümpel, Bank- und Kapitalmarktrecht, 2. Auflage 2000, Rn. 4.599.
150 Einen Überblick über das BSE-Verfahren findet sich bei Jäkel, Das beleglose Scheckeinzugsverfahren nach dem BSE-Abkommen vom 8. Juli 1985, 1995; Kümpel, Bank- und Kapitalmarktrecht, 2. Auflage 2000, Rn. 4.589 ff., sowie Werner, in: Hoeren/Sieber, Handbuch Multimedia-Recht, Teil 13.5, Rn. 86 ff.

III. Zahlungsverfahren im Internet

2. Elektronische Verfahren – auch im Zahlungsverkehr

Als Basis für den gesamten Geschäftsverkehr – nicht nur den Zahlungsverkehr – bietet die deutsche Kreditwirtschaft zwei elektronische Verfahren an: das Online-Banking-[151] und das Homebanking-Verfahren.[152] Beide existieren nebeneinander, was sich aus den technischen Gegebenheiten begründet. Während sich das Online-Verfahren auf Bankgeschäfte in geschlossenen Netzen bezieht, die vom Kunden nur genutzt werden können, wenn diese zum Verfahren zugelassen wurden,[153] ermöglicht das Homebanking-Verfahren Bankgeschäfte über offene Netze, insbesondere im Internet. Unter Berücksichtigung der mit den verschiedenen Verfahren verbundenen Risiken und Sicherheitsanforderungen gibt es unterschiedliche Klauselwerke und rechtliche Ausgestaltungen.[154]

a) Online-Banking

Das von der deutschen Kreditwirtschaft angebotene Online-Banking-Verfahren erlaubt es den Bankkunden, mit ihren Kreditinstituten über Bildschirm und Telefonleitung zu kommunizieren, um Bankgeschäfte zu tätigen. In Abhängigkeit von der rechtlichen Ausgestaltung werden Nachrichten des Teilnehmers entweder unmittelbar an die elektronische Datenverarbeitungsanlage eines Kreditinstituts übermittelt, oder – was häufiger der Fall sein dürfte – in einem elektronischen Briefkasten hinterlegt, dessen Inhalt vom Kreditinstitut regelmäßig abgefragt und abgearbeitet wird.[155] Wenn das Online-Banking eine einheitliche technische Basis zur Verfügung stellt, bedeutet dies nicht, dass auch das Leistungsangebot der Kreditinstitute einheitlich wäre. Es liegt vielmehr im Ermessen jeder Bank zu entscheiden, welche Dienstleistungen sie online zu erbringen bereit ist. Aufgrund dessen ist auch Abschnitt 1 der Online-Banking-Bedingungen offen formuliert, denn es heißt darin:

> „Der Konto-/Depotinhaber kann Bankgeschäfte mittels Online-Banking in dem von der Bank angegebenen Umfang abwickeln. Sofern die Bank für Verfügungen mittels Online-Banking eine Betragsbegrenzung im System vorsieht, informiert sie ihn hierüber".[156]

---

151 Vgl. dazu Gößmann, in: Bankrechts-Handbuch I, 2. Auflage 2001, § 55 Rn. 12 ff.
152 Vgl. Stockhausen, WM 2001, S. 605 ff.
153 Vgl. Gößmann, in: Bankrechts-Handbuch I, 2. Auflage 2001, § 55 Rn. 1.
154 Vgl. Gößmann, in: Bankrechts-Handbuch I, 2. Auflage 2001, § 55 Rn. 1.
155 Vgl. Gößmann, in: Bankrechts-Handbuch I, 2. Aufl. 2001, § 55 Rn. 12.
156 Abgedruckt in Gößmann, Bankrechts-Handbuch I, Anhang 6 zu §§ 52 bis 55.

Es obliegt deshalb allein der Entscheidung des Kreditinstituts, welche Dienstleistungen es über das Online-Banking anbietet. Insbesondere kommen Informationsangebote über den aktuellen Kontostand, Depotbestand, Umsätze und Kurse, die Abwicklung des Zahlungsverkehrs, aber auch Wertpapierkäufe oder -verkäufe in Betracht.

aa) Rechtliche Grundlagen des Online-Banking

Wie bereits an anderer Stelle ausgeführt, bildet die Basis für das ursprünglich Btx-Banking genannte Verfahren ein Staatsvertrag zwischen den Ländern vom 18. 3. 1983. Auf der Basis dieses, am 1. September 1984 in Kraft getretenen Vertrages ist das „Abkommen über Bildschirmtext" zwischen den Spitzenverbänden der deutschen Kreditwirtschaft und der Deutschen Bundespost vereinbart worden. Ergänzt wird es durch ein Btx-Sicherungskonzept sowie spezielle Bedingungen für die Nutzung von Bildschirmtext.[157] Durch das Btx-Abkommen ist ein einheitlicher Verfahrensablauf und ein branchenweiter Sicherheitsstandard geschaffen worden, der es erlauben sollte, das Btx-Verfahren mit allen Banken unterschiedslos zu praktizieren.[158] Kern des Btx-Abkommens ist das Btx-Sicherungskonzept, das im Verhältnis zum Nutzer durch einheitliche Bedingungswerke umgesetzt worden ist. Darin wird festgelegt, dass es für den Zugang zu den Btx-Anwendungen erforderlich ist, neben der Konto- oder Depotnummer ein persönliches Kennwort (PIN) einzugeben. Sollen Aufträge erteilt werden, ist darüber hinaus eine nur einmal nutzbare Transaktionsnummer (TAN) zu verwenden.[159]

bb) Regelungsgehalt der Online-Banking-Bedingungen

Dieses ursprünglich entwickelte Konzept für das Sicherungsverfahren, das auf dem Einsatz eines persönlichen Kennworts (PIN) und einer einmalig nutzbaren Transaktionsnummer (TAN) beruht, findet sich auch noch in den aktuellen Online-Banking-Bedingungen, die in der deutschen Kreditwirtschaft einheitlich eingesetzt werden.

Die Vereinbarung der Online-Banking-Bedingungen selbst erfolgt jedoch aus Sicherheitsgründen nicht über das elektronische Medium selbst, sondern außerhalb dessen. Bevor ein Konto oder Depot für die Online-Nutzung

---

157 Vgl. Schwintowski/Schäfer, Bankrecht, 1997, § 5 Rn. 29.
158 Vgl. Kümpel, Bank- und Kapitalmarktrecht, 2. Auflage 2000, Rn. 4.644; Gößmann, in: Bankrechts-Handbuch I, 2. Auflage 2001, § 55 Rn. 2.
159 Vgl. Schwintowski/Schäfer, Bankrecht, § 5 Rn. 29; Gößmann, in: Bankrechts-Handbuch I, 2. Aufl. 2001, § 55 Rn. 13 ff.; Kümpel, Bank- und Kapitalmarktrecht, 2. Auflage 2000, Rn. 4. 644 ff.

III. Zahlungsverfahren im Internet

durch den Bankkunden freigeschaltet wird, müssen die Online-Banking-Bedingungen wirksam vereinbart werden. Unabhängig davon, ob es möglich ist, Allgemeine Geschäftsbedingungen überhaupt wirksam über Online-Medien zu vereinbaren,[160] ist die Vereinbarung außerhalb des Online-Mediums schon aus Sicherheitsgründen geboten. Nur so kann sichergestellt werden, dass der Online-Banking-Vertrag auch tatsächlich mit dem Kontoinhaber abgeschlossen wird und dieser die ihm persönlich zugeordneten Legitimationsmedien – wie PIN und TAN – erhält. Würde dagegen der Abschluss der Online-Banking-Vereinbarung über das Online-Banking-Medium erlaubt, bestünde das Risiko, dass ein Unberechtigter im Namen des Kontoinhabers die entsprechende Vereinbarung treffen und damit Zugang über die Online-Medien zu Konto und Depot erhalten könnte.

Es ist deshalb unter Sicherheitsaspekten empfehlenswert, den Zugang zum Online-Banking erst zu ermöglichen, wenn zuvor entsprechende Vereinbarungen mit den Kunden außerhalb des Mediums getroffen wurden, auch wenn es rechtlich zulässig sein mag, Allgemeine Geschäftsbedingungen über Online-Medien in einen Vertrag mit einzubeziehen.

Darüber hinaus ist auch hier bisher rechtlich noch nicht eindeutig geklärt, ob und in welchem Umfange Allgemeine Geschäftsbedingungen über Online-Medien vermittelt werden können. Auch wenn die Möglichkeit nicht grundsätzlich verneint werden kann, wird doch teilweise die Ansicht vertreten, zumindest die Kenntnisnahme längerer Bedingungswerke über einen Bildschirm sei nicht zumutbar.[161] Darüber hinaus war es im Btx-Verfahren auch nicht möglich, umfangreichere Texte überhaupt durchgehend anzuzeigen.[162] Dies hing damit zusammen, dass es nicht möglich war, mehr anzuzeigen, als auf einer Schreibmaschinenseite geschrieben werden konnte. Außerdem konnten Texte weder heruntergeladen noch gespeichert werden. Aufgrund dieser erheblichen Einschränkungen konnte diese Form der Kenntnisnahme kaum noch als zumutbar angesehen werden.[163] Aber auch ohne diese Einschränkungen ist es aus Sicherheitserwägungen heraus empfehlenswert, die Rahmenvereinbarungen für Online-Banking außerhalb des Online-Verfahrens zu vereinbaren.

---

160 Vgl. zu den Anforderungen Löhnig, NJW 1997, S. 1688; Mehrings, BB 1998, S. 2373 ff.
161 Vgl. dazu LG Frankenthal, NJW-RR 1992, S. 954; LG Aachen, RdV 1992, S. 35: Gößmann, in: Bankrechts-Handbuch I, 2. Auflage 2001, § 55 Rn. 39.
162 Vgl. Gößmann, in: Bankrechts-Handbuch I, 2. Auflage 2001, Rn. 39 § 55; Lachmann, NJW 1984, S. 408.
163 Vgl. Mehrings, BB 1998, S. 2.378; Ulmer/Brandner/Hensen-Ulmer, AGB-Gesetz, 8. Auflage, § 2 Rn. 49a.

cc) Voraussetzungen zur Teilnahme am Online-Banking

Voraussetzung zur Teilnahme am Online-Banking ist zunächst ein Girovertrag.[164] Darüber hinaus ist eine spezielle Vereinbarung zwischen dem Kreditinstitut und seinen Kunden abzuschließen, die sich auf die über das Online-Medium zu tätigenden Geschäfte bezieht. Eine solche umfasst die Regelungen über die Verwendbarkeit eines bestimmten Kommunikationsmittels und legt die innerhalb des Verfahrens einzuhaltenden Pflichten fest. Im Online-Banking ergeben sich die Einzelheiten aus der Vereinbarung über die Nutzung des Online-Banking mit PIN und TAN, bei der es sich um den Grundlagenvertrag handelt, sowie den dadurch in das Vertragsverhältnis mit einzubeziehenden Online-Banking-Bedingungen, in denen die Rechte und Pflichten der Vertragspartner näher konkretisiert werden.

Ein Bankkunde hat jedoch keinen Anspruch auf Zulassung zum Online-Banking, denn es liegt in der Entscheidungsbefugnis des den Service anbietenden Kreditinstituts, ihm den Zugang zu ermöglichen.

Ein Anspruch auf Zugang zum Online-Banking-Service würde zunächst ein Recht auf ein Girokonto voraussetzen, für das es bisher weder eine gesetzliche Grundlage noch allgemeine Grundsätze gibt, aus denen ein solches abgeleitet werden könnte.[165] Ein derartiges Recht kann auch nicht aus allgemeinen Rechtsgrundsätzen abgeleitet werden,[166] da es mit dem Grundsatz der Vertragsfreiheit nicht vereinbar wäre.[167] Aber selbst wenn es ein Recht auf einen Girovertrag gäbe, könnte daraus nicht gleichzeitig auch ein Recht auf Zulassung zum Online-Banking-Service geschlossen werden. Bei diesem handelt es sich um ein entpersonalisiertes Verfahren, an dem die Teilnahme auch nach dem Einsatz spezieller Legitimationsmedien möglich ist. Daraus resultiert ein erhöhtes Missbrauchsrisiko, denn der (tatsächliche) Inhaber der Legitimationsmedien ist in der Lage, Transaktionen zu veranlassen, während das Kreditinstitut keine Möglichkeit hat zu erkennen, ob diese Legitimationsmedien vom Berechtigten eingesetzt wurden. Da darüber hinaus der Kontoinhaber das Missbrauchsrisiko nur tragen muss, wenn er schuldhaft zum Einsatz der Legitimationsmedien beigetragen hat, besteht ein erhöhtes Risiko für das den Online-Banking-Service anbietende Kreditinstitut. Zwar können ihm im Falle eines vermeintlichen Missbrauchs der Legitimationsmedien die Grundsätze zum Anscheinsbeweis zugute kommen mit der Folge,

---

164 Hellner, Rechtsfragen des Zahlungsverkehrs unter besonderer Berücksichtigung des Bildschirmtext-Verfahrens, in: FS-Werner, 1984, S. 251 ff.; Schwintowski/Schäfer, Bankrecht, § 5 Rn. 31.
165 Vgl. zusammenfassend Schimansky, in: Bankrechts-Handbuch I, 2. Auflage 2001, § 47 Rn. 2.
166 Vgl. Dazu Reifner, ZBB 1995, S. 246 ff.
167 Vgl. Schimansky, a. a. O., § 47 Rn. 2.

III. Zahlungsverfahren im Internet

dass es für den Nachweis eines Missbrauchs genügt, wenn das Sicherheitssystem funktioniert hat und eine Transaktion durch die dem Online-Banking-Teilnehmer zur Verfügung gestellten Identifikations- und Legitimationsmedien durchgeführt wurde. Voraussetzung dafür ist aber, dass das Sicherheitssystem nicht oder nur mit einem unvertretbaren Aufwand überwunden werden kann, da es dann zum Missbrauch der Identifikations- und Legitimationsmedien nur kommen kann, wenn der berechtigte Inhaber dazu beigetragen hat.[168] Jedoch müssen Zweifel an der Funktionsfähigkeit des Sicherheitssystems dazu führen, dass die Rechtsfigur des Anscheinsbeweises keine Anwendung finden kann und nicht geeignet ist, den Nachweis dafür zu erbringen, dass der Inhaber der Legitimationsmedien selbst mit diesen nicht im gebotenen Maße sorgfältig umgegangen ist. Aufgrund dieser Risiken muss es im Ermessen des Kreditinstituts stehen, wen es am Online-Banking-Service teilnehmen lässt. Bankkunden, die nicht die Gewähr dafür bieten, dass sie das gebotene Maß an Sorgfalt einhalten, werden deshalb kaum zum Online-Banking-Service zugelassen werden.

Außerdem kann die Auftragserteilung im Online-Banking zur Folge haben, dass Aufträge unmittelbar, ohne Einschaltung eines Bankmitarbeiters ausgeführt werden, so dass neben der besonderen Zuverlässigkeit auch die Bonität des Kunden Bedeutung für die Zulassung zum Verfahren hat. Es ist deshalb möglich, einen Verfügungsrahmen festzulegen und dafür Sorge zu tragen, dass dieser bei Online-Banking-Transaktionen nicht überschritten wird. Gleichwohl schließt dies nicht aus, dass Bankkunden zunächst Aufträge im Online-Banking-Service innerhalb des ihnen eingeräumten Verfügungsrahmens erteilen, parallel dazu aber zum Beispiel durch das Ausstellen von Euroschecks oder die Erteilung von Einziehungsermächtigungen weitere Kontobelastungen veranlassen, die sich dann nicht mehr innerhalb ihres Verfügungsrahmens bewegen. Das daraus für ein Kreditinstitut resultierende Risiko – garantierte Euro-Schecks müssen eingelöst werden, selbst wenn damit der Verfügungsrahmen überschritten wird,[169] während Last-

---

168 Zum Parallelfall im ec-Verfahren vgl. LG Köln, WM 1995, S. 976 = WuB I D5c. – 3.96 Ahlers; AG Diepholz, WM 1995, S. 1919 = WuB I D5c.–1.96 Hertel; AG Schöneberg, WM 1997, S. 66 = WuB I D5c. – 2.97 Werner; AG Hannover, WM 1997, S. 64 = WuB I D5c. – 5.97 Werner; AG Frankfurt/M., WM 1995, S. 818 = WuB I D5c. – 2.96 Salje; AG Wuppertal, WM 1997, S. 1209 = WuB I D5c. – 3.97 Aepfelbach/Cimiotti; AG Hannover, WM 1997, S. 1207 = WuB I D5c. – 3.97 Aepfelbach/Cimiotti; AG Charlottenburg, WM 1997, S. 2280 = WuB I D5c. – 1.98 Werner; AG Frankfurt, NJW 1998, S. 687; AG Osnabrück, NJW 1998, S. 688; AG Dinslaken, WM 1998, S. 1126; LG Frankfurt, WM 1999, S. 1930.
169 Zur Scheck-Garantie vgl. BuB – Werner, Rn. 6 /1338 ff.; Nobbe, in: Bankrechts-Handbuch I, 2. Auflage 2001, § 63 Rn. 11; Kümpel, Bank- und Kapitalmarktrecht, 2. Auflage 2000, Rn. 4.753 ff.; Ahlers, WM 1995, S. 601; Häde, ZBB 1994, S. 33; Schroeter, ZBB 1995, S. 395.

schriften, Überweisungsaufträge und nicht garantierte Schecks zwar nicht eingelöst werden müssen, ihre Nichteinlösung jedoch für das Kreditinstitut mit zusätzlichem Arbeitsaufwand verbunden ist – führt dazu, dass es die Befugnis haben muss, im Einzelfall zu entscheiden, welchen Kunden der Zugang zum Online-Banking-Service eingeräumt wird. Aus dieser Befugnis folgt auch das Recht der Bank, den Umfang des Online-Banking-Service kundenindividuell festzulegen. Grundsätzlich folgt aus der Vertragsfreiheit, dass die Bank mit ihrem Kunden den Leistungsumfang im Online-Service individuell festlegen kann.[170] Sie ist im Einzelfall aber auch berechtigt, den Abschluss von Online-Banking-Vereinbarungen abzulehnen.[171] Die Online-Banking-Bedingungen sind hinsichtlich des Leistungsangebots grundsätzlich offen gefasst.[172] Diese Offenheit erlaubt es dem Kreditinstitut nicht nur kunden- sondern auch produktbezogen zu entscheiden, welche Bankdienstleistungen überhaupt in den Online-Banking-Service einbezogen werden sollen. Deshalb wird das Online-Banking-Dienstleistungsangebot nur auf solche Dienstleistungen ausgeweitet werden, bei denen sichergestellt werden kann, dass durch das Online-Banking-Verfahren die produktimmanenten Risiken nicht noch zusätzlich erhöht werden. Insbesondere von Bedeutung sein dürften diese Überlegungen bei Bankprodukten, die einer individuellen Aufklärung, insbesondere einer anlage- oder anlegergerechten Beratung, bedürfen. Kann durch die Einbeziehung derartiger Produkte in den Online-Banking-Service nicht sichergestellt werden, dass der Kunde in erforderlichem Umfange über die Risiken der von ihm ins Auge gefassten Anlage aufgeklärt wird und z.B. über eine interaktive Kommunikation zwischen Bank und Kunde nicht in Erfahrung gebracht werden kann, ob das gewünschte Produkt mit den Zielsetzungen und den Vermögensverhältnissen des Kunden in Übereinstimmung steht, ist es nicht empfehlenswert, diese unter Nutzung eines Online-Banking-Kanals zu vertreiben. Deshalb ist insbesondere bei Bankprodukten und Bankdienstleistungen, bei denen aufgrund der Risikolage ein erhöhter individualisierter Beratungsbedarf besteht, sorgfältig abzuwägen, ob und in welchem Umfange diese überhaupt in das Online-Banking-Verfahren einbezogen werden sollen, zumal das Kreditinstitut im Zweifelsfall den Nachweis wird führen müssen, dass es den Kunden vollständig und richtig über alle für ihn entscheidungsrelevanten Tatsachen und Umstände aufgeklärt hat.[173] Außerdem muss beim Online-Banking auch sichergestellt werden können, dass nicht nur eine pro-

---

170 Gößmann, in: Bankrechts-Handbuch I, 2. Auflage 2001, § 55 Rn. 17.
171 Vgl. Liesecke, WM 1975, S. 219; Schwintowski/Schäfer, Bankrecht, 1997, § 3 Rn. 34.
172 Vgl. Gößmann, in: Bankrechts-Handbuch I, 2. Auflage 2001, § 55 Rn. 12.
173 Vgl. BGH, WM 1992, S. 90; BGH, WM 1985, S. 381 = WuB I D4.–2.85 Locher; von Heymann, Bankenhaftung bei Immobilienanlagen, 15. Auflage 2001, S. 49 f.

III. Zahlungsverfahren im Internet

dukt-, sondern auch eine kundenbezogene Beratung durchgeführt werden kann, die die persönlichen Verhältnisse und Bedürfnisse des einzelnen Kunden in angemessenem Umfange berücksichtigt.[174] Für Zahlungen über das Netz sind jedoch entsprechende Beratungs- und Aufklärungspflichten eher zweitrangig, da das eigentliche Produkt, die Zahlungsabwicklung selbst, nicht mit einem erhöhten Beratungserfordernis verbunden ist. Gleichwohl greifen auch hier Aufklärungs- und Beratungspflichten des den Online-Banking-Service anbietenden Kreditinstituts ein, da die Bank zwar nicht über das Produkt selbst, wohl aber über die mit dem Online-Banking-System verbundenen Risiken aufklären muss. Deshalb trifft die Bank mit einem entsprechenden Serviceangebot gegenüber einem Bankkunden verschiedene Aufklärungs- und Beratungspflichten, die sich insbesondere auch auf die Risiken und Missbrauchsmöglichkeiten beziehen.[175] Zu den Aufklärungspflichten gehört zunächst, dem Kunden die Funktionsweise des Online-Banking-Systems so klar zu erläutern, dass ihm bewusst wird, unter welchen Voraussetzungen ein erhöhtes Risiko besteht und wie er dies vermeiden kann. Der Bankkunde muss deshalb, soll er das Online-Banking-System risikolos nutzen können, über die Funktionsweise von PIN und der TAN unterrichtet werden. Auch braucht er Informationen darüber, wie er sich zu verhalten hat, wenn es zu einer Fehleingabe kommt, oder wann er Hinweise auf den Missbrauch seiner Medien hat. Schließlich gehört es zu den Aufklärungs- und Beratungspflichten der Bank, dem Online-Banking-Teilnehmer zu verdeutlichen, dass unter Einsatz von PIN und TAN Aufträge zu Lasten seines Kontos erteilt werden können und unter Einsatz der PIN zumindest eine Kontoabfrage möglich ist. Der Online-Banking-Teilnehmer muss in diesem Zusammenhang dafür sensibilisiert werden, die Identifikations- und Legitimationsmedien vor dem Zugriff oder der Kenntnisnahme Unberechtigter zu schützen.[176] Gleichzeitig darf das Kreditinstitut die Anforderungen an die Sorgfaltspflichten nicht überspannen. Es wird jedoch problematisch bleiben zu bestimmen, welches (technische) Vorverständnis vom Online-Banking-Teilnehmer erwartet werden kann. Sollten die gestellten Anforderungen zu hoch sein, geht dies zu Lasten des Kreditinstituts.

---

174 Zum Gebot der individuellen Beratung vgl. BGH, WM 1980, S. 284; BGH, WM 1988, S. 41 = BuB I E 1-6.88 Kessler; BGH, WM 1992, S. 432 = BuB I G7.–4.92 von Heymann; zu den Aufklärungs- und Beratungspflichten im Effektengeschäft vgl. Kümpel, Bank- und Kapitalmarktrecht, 2. Auflage 2000, Rn. 16.430 ff.
175 Gößmann, in: Bankrechts-Handbuch I, 2. Auflage 2001, § 55 Rn. 19; Reiser, WM 1986, S. 1403; Hellner, Rechtsfragen des Zahlungsverkehrs unter besonderer Berücksichtigung des Bildschirmtext-Verfahrens, in: FS-Werner, 1984, S. 260; BGH, NJW 1985, S. 849.
176 Vgl. Gößmann, in: Bankrechts-Handbuch I, 2. Auflage 2001, § 55 Rn. 20 f.

dd) Leistungsumfang im Online-Banking

Die Online-Banking-Bedingungen werden, auch wenn sie hinsichtlich des Leistungsangebotes grundsätzlich offen sind, durch die für das jeweilige Bankgeschäft bzw. den jeweiligen Bankgeschäftstyp geltenden Sonderbedingungen ergänzt. Sofern diese für einzelne Bankprodukte oder Dienstleistungen von den Online-Banking-Bedingungen abweichende Regelungen enthalten, gehen diese Sonderbedingungen vor, soweit durch das Online-Banking-Verfahren einzelne Bankprodukte oder Bankdienstleistungen nicht so stark verändert werden, dass die Online-Banking-Bedingungen als „lex specialis" gegenüber den für den einzelnen Bankgeschäftstyp geltenden Sonderbedingungen anzusehen sind.

Aufgrund dieser Kombinationsmöglichkeiten bleibt es – wie bereits ausgeführt – im Ermessen des Kreditinstitutes nach Berücksichtigung der im Zusammenhang mit den einzelnen Bankdienstleistungen stehenden Risiken zu entscheiden, unter welchen Voraussetzungen bestimmte Serviceleistungen in das Online-Banking-Angebot aufgenommen werden können. Letztlich wird die Entscheidung davon abhängen, ob durch den Vertrieb über den neuen Kanal die produktimmanenten Risiken zumindest nicht erhöht werden.

Sofern nicht ökonomische Gegebenheiten dem entgegenstehen, ist es auch möglich, das Online-Banking-Angebot nicht nur produkt- sondern auch kundenbezogen abzustufen und im Einzelfall zu entscheiden, welche Bankdienstleistungen einem Kunden über das Online-Banking-Verfahren zur Verfügung gestellt werden sollen.[177]

Bei Zahlungen über das Netz sind derartige Erwägungen jedoch zweitrangig, da sich hier die Aufklärungs- und Beratungspflichten, wie bereits weiter oben ausgeführt, auf den Verfahrensablauf und nicht auf die Bankdienstleistung als solches beziehen. Bei Zahlungen über das Netz genügt die Bank deshalb ihren Aufklärungs- und Beratungspflichten, wenn sie dem Bankkunden das Online-Banking-Verfahren erläutert und ihn deutlich auf die damit im Zusammenhang stehenden Risiken hinweist. Insbesondere gehört dazu der nachdrückliche Hinweis dafür Sorge zu tragen, dass kein Unberechtigter PIN und TAN zur Kenntnis nehmen kann, da unter Einsatz dieser Medien Verfügungen zu Lasten des Kontos des Online-Banking-Teilnehmers möglich sind.[178] Im Bereich des Zahlungsverkehrs kommen als Online-Dienstleistungen insbesondere der Überweisungsverkehr sowie das Einrichten von Daueraufträgen in Betracht. Dagegen ist es nicht möglich,

---

177 Vgl. Gößmann, in: Bankrechts-Handbuch I, 2. Auflage 2001, § 55 Rn. 17.
178 Vgl. zur Geheimhaltungsverpflichtung, Gößmann, in: Bankrechts-Handbuch I, 2. Auflage 2001, § 55 Rn. 19 ff.

III. Zahlungsverfahren im Internet

Schecks online auszustellen, da die scheckrechtlichen Voraussetzungen – wie bereits an anderer Stelle ausgeführt – gem. Art. 1 ScheckG über Online-Medien nicht eingehalten werden können.

Unabhängig davon, ob das Lastschriftverfahren über das Internet praktiziert werden kann, ist das Online-Banking auch für das Einziehungsermächtigungslastschriftverfahren nicht geeignet, da die Einziehungsermächtigung nicht gegenüber dem Kreditinstitut abgegeben wird, mit dem die Online-Banking-Vereinbarung getroffen wurde, sondern gegenüber dem Zahlungsempfänger. Im Zahlungsverkehr von Relevanz sind deshalb nur Dauer- und Überweisungsaufträge.

ee) Sicherungsverfahren und Legitimationsmedien

Um im Online-Banking-Verfahren Zahlungsaufträge – oder auch Daueraufträge – erteilen zu können, ist der kombinierte Einsatz verschiedener Legitimationsmedien erforderlich. Der Online-Banking-Teilnehmer erhält deshalb eine PIN, d. h. eine Geheimnummer, oder ein von ihm zu wählendes Passwort, deren bzw. dessen Einsatz erforderlich ist, um Zugang zum Konto – oder Depot – zu erhalten. Allerdings genügt in der Regel die Eingabe der PIN nicht, vielmehr sind Kontonummer, Bankleitzahl und PIN einzugeben. Mit dieser PIN ist es jedoch nur möglich, Konto- und Depotinformationen abzufragen. Um Transaktionen vornehmen zu können, müssen Transaktionsnummern (TANs) eingesetzt werden, wobei der Online-Banking-Teilnehmer einen Block mit entsprechenden Nummern erhält, denn jede dieser TANs kann nur einmal verwendet werden. Sind die Nummern eines solchen TAN-Blocks aufgebraucht, benötigt der Online-Banking-Kunde einen neuen, um weitere Aufträge erteilen zu können.

Für den elektronischen Zahlungsverkehr ist die Kombination zweier Medien, um Aufträge erteilen zu können, nicht untypisch. Auch im ec-System ist der Einsatz eines in – diesem Fall körperlichen – Mediums, der ec-Karte, und der PIN erforderlich, um Zahlungen im electronic-cash-Verfahren an elektronischen Kassen oder Geldabhebungen an Geldautomaten vornehmen zu können. Schließlich setzt auch das bereits weiter oben dargestellte SET-Verfahren den kombinierten Einsatz einer PIN und einer elektronischen Signatur voraus.

Da PIN und TAN den Kontozugang ermöglichen und zur Auftragserteilung eingesetzt werden können, sind sie sorgfältig aufzubewahren. Insbesondere die PIN ist geheim zu halten, um sicherzustellen, dass nur die Online-Banking-Teilnehmer, denen diese Medien zugeordnet sind, darüber Zugang zum Konto oder Depot erhalten. Deshalb besteht die Verpflichtung, die PIN weder elektronisch zu speichern noch in anderer Form zu notieren. Bei den

TANs sind die Sorgfaltspflichten gegenüber der PIN etwas abgemildert. Zwar besteht auch hier die Verpflichtung, eine TAN weder elektronisch zu speichern noch in anderer Form zu notieren. Da es sich dabei jedoch um eine Vielzahl von Nummern handelt, ist es dem Nutzer nicht zumutbar, diese auswendig zu lernen. Er darf deshalb die ihm überlassene TAN-Liste verwenden. Diese ist jedoch so aufzubewahren, dass ein Unberechtigter keinen Zugang dazu erhält. Darauf wird der Online-Banking-Benutzer ausdrücklich in Nr. 7 der Online-Banking-Musterbedingungen des Bundesverbandes deutscher Banken hingewiesen.[179]

Diese Geheimhaltungsverpflichtung ist wesentlicher Bestandteil des Sicherheitskonzepts im Online-Banking. Aufgrund des Einsatzes elektronischer Legitimationsmedien hat das Kreditinstitut bei Zweifeln daran, dass der Berechtigte verfügt hat, keine Möglichkeit, den unmittelbaren Nachweis zu führen, dass er tatsächlich einen Auftrag erteilt hat. Unter der Voraussetzung, dass das Sicherheitssystem ein so hohes Niveau erreicht, dass es nicht möglich ist, dieses mit einem vertretbaren Aufwand zu überwinden, können Aufträge mit PIN und TAN nur dann erteilt werden, wenn entweder der Berechtigte diese Medien selbst einsetzt, oder die damit im Zusammenhang stehenden Sorgfaltspflichten verletzt und dadurch zu einem Missbrauch beiträgt. Folglich begründet der Einsatz der Legitimationsmedien zwar nicht den unmittelbaren Beweis, wohl aber den Beweis des ersten Anscheins dafür, dass der Online-Banking-Teilnehmer entweder selbst verfügt oder schuldhaft zum Missbrauch der Medien beigetragen hat.[180] Die Grundsätze zum Anscheinsbeweis sind auf den Missbrauch der Legitimationsmedien im Online-Banking-Verfahren in gleicher Weise anwendbar, wie im ec-System, sofern auch hier das Sicherheitssystem den Anforderungen genügt, die denen im ec-PIN-Verfahren entsprechen.[181] Ohne das Institut des Anscheinsbeweises hätte die Bank das Missbrauchsrisiko in allen Fällen zu tragen, in denen nicht der Nachweis gelingt, dass ihr Kunde verfügt oder schuldhaft zum Missbrauch seiner Legitimationsmedien beigetragen hat.

---

179 Abgedruckt in BuB – Werner, Rn. 19/65.
180 Vgl. zur Parallel-Problematik beim Anscheinsbeweis im ec-System: LG Köln, 1995, S. 976 ff. = WuB I D5.c-3.96 Ahlers; AG Diepholz, WM 1995, S. 1919 ff. = WuB I D5.c-1.96 Hertel; AG Schöneberg, WM 1997, S. 66 f. = WuB I D5.c-2.97 Werner; AG Hannover, WM 1997, S. 64 f.= BuB I D5.c-2.97 Werner; AG Frankfurt/M. WM 1995, S. 880 = WuB I D5.e-2.97 Salje; AG Wuppertal, WM 1997, S. 1209 ff. = WuB I D5.c-3.97 Aepfelbach/Cimiotti; AG Hannover, WM 1997, S. 1207 ff. = WuB I D5.c-3.97 Aepfelbach/Cimiotti; AG Charlottenburg, WM 1997, S. 2082 ff. = WuB I D5.c-1.98 Werner; AG Frankfurt, NJW 1998, S. 687 ff.; AG Osnabrück, NJW 1998, S. 688 f.; AG Dinslaken, WM 1998, S. 1126 ff.; Werner, WM 1997, S. 1516 ff.
181 Vgl. OLG Oldenburg, NJW 1993, S. 1404 f.; OLG Köln, Vers R 1993, S. 840; von Rottenburg, WM 1997, S. 2391; Gößmann, in: Bankrechts-Handbuch I, 2. Auflage 2001, § 55 Rn. 26.

III. Zahlungsverfahren im Internet

Dies käme insbesondere dann in Betracht, wenn das Sicherheitssystem nicht unüberwindbar, sondern es mit einem vertretbaren finanziellen und sachlichen Aufwand möglich wäre, die dadurch aufgebauten Zugangshürden zum Konto zu umgehen.

Um Zugang zum Konto zu erhalten, müssen die Legitimationsmedien zeitlich nacheinander eingesetzt werden. Zugang zum Konto erhält der Online-Banking-Teilnehmer dadurch, dass er seine Konto- bzw. Depotnummer und/oder seine Kundennummer sowie eine PIN eingibt. Transaktionen kann er damit jedoch noch nicht veranlassen. Obwohl mit dem Zugang noch keinerlei Verfügungsbefugnisse verbunden sind, ist zur Legitimation der Einsatz der PIN erforderlich um sicherzustellen, dass kein Unberechtigter Kenntnis von den Konto- und/oder Depot-Informationen des Kunden erhält, denn die Konto- bzw. Depotnummer und ggf. die Bankleitzahl als alleinige Zugangsvoraussetzung genügen nicht, um das Konto oder Depot und das Bankgeheimnis, das die Bank einzuhalten verpflichtet ist, zu sichern, denn die bezeichneten Daten müssen und können vom Kontoinhaber auch nicht geheim gehalten werden. Gerade Kontonummer und Bankleitzahl werden im Geschäftsverkehr regelmäßig – oft auf Briefbögen – an Schuldner weitergegeben, damit diese Zahlungen leisten können. Ganz davon abgesehen, dass regelmäßig Firmen und Selbstständige ihre Kontoverbindung in ihren Briefbögen angeben. Deshalb ist neben der Eingabe der Konto- bzw. Depotnummer und ggf. der Bankleitzahl noch die Eingabe einer PIN erforderlich, um den Anforderungen des Bankgeheimnisses gerecht zu werden.[182]

Seinen Niederschlag hat das Bankgeheimnis in Nr. 2 Abs. 1 der derzeit aktuellen AGB-Banken gefunden, denn darin heißt es:

> „Die Bank ist zur Verschwiegenheit über alle kundenbezogenen Tatsachen und Wertungen verpflichtet, von denen sie Kenntnis erlangt (Bankgeheimnis). Informationen über den Kunden darf die Bank nur weitergeben, wenn gesetzliche Bestimmungen dies gebieten oder der Kunde eingewilligt hat, oder die Bank zur Erteilung einer Bankauskunft befugt ist."

Zwar wäre in einer unzureichenden Sicherung des Kontozugangs über Online-Medien noch keine aktive Verletzung des Bankgeheimnisses zu sehen, denn die entsprechenden Kundeninformationen könnten ja nur dann an Dritte gelangen, wenn diese sich unberechtigten Zugang zum Konto verschaffen, gleichwohl verpflichtet das Bankgeheimnis Kreditinstitute nicht nur dazu, nicht aktiv die Daten ihrer Kunden weiterzugeben, sondern sie auch so zu sichern, dass unberechtigte Dritte davon keine Kenntnis erhalten können. Letztlich handelt es sich dabei allein um eine Frage des Sorgfalts-

---

[182] Zur Bedeutung des Bankgeheimnisses vgl. Bruchner, in: Bankrechts-Handbuch I, 2. Auflage 2001, § 39 Rn. 1 ff.

Elektronische Verfahren – auch im Zahlungsverkehr

maßstabes, da eine bewusste Weitergabe von Informationen über den Kunden als vorsätzliche Verletzung des Bankgeheimnisses anzusehen ist, während ein sorgfaltspflichtwidriger Umgang mit den die Kunden betreffenden Informationen zumindest den Tatbestand der fahrlässigen Sorgfaltspflichtverletzung im Zusammenhang mit dem Bankgeheimnis erfüllen kann, für den ein Kreditinstitut haftet.[183] Aufgrund dessen ist bereits der Zugang zum Konto besonders zu sichern, auch wenn dadurch noch keine Transaktionen veranlasst werden können.

Um Verfügungen zu Lasten eines Kontos über Online-Banking-Medien durchführen zu können, genügt es nicht, die PIN einzusetzen. In diesem Fall ist es weiterhin erforderlich, zusätzlich und zeitlich im Anschluss daran noch eine spezielle Transaktionsnummer (TAN) zu verwenden. Erst die zeitlich nacheinander geschaltete Kombination von PIN und TAN erlaubt es, Transaktionen zu Lasten eines Kontos oder Depots auszuführen. Während jedoch die PIN mehrfach verwendet werden kann, ist der Einsatz einer TAN auf einen einzigen Vorgang beschränkt. Sie wird bei ihrem Einsatz verbraucht. Sollen weitere Geschäfte getätigt werden, ist die Verwendung weiterer TANs erforderlich. Diese Transaktionsnummern erhält der Bankkunde papierhaft auf einem TAN-Block übermittelt, der eine vom Kreditinstitut vorgegebene Anzahl von Transaktionsnummern enthält. Da es sich dabei um eine Auflistung mehrerer verschiedener Nummern handelt, ist es dem Online-Banking-Teilnehmer nicht zumutbar, diese alle zur Kenntnis zu nehmen, im Gedächtnis zu behalten und das Transport-Medium, d.h. den TAN-Block, zu vernichten. Gleichwohl kann auch hier der Online-Banking-Teilnehmer mit den Transaktionsnummern nicht nach Belieben verfahren. Er wird deshalb in den Online-Banking-Bedingungen dazu angehalten, sie sorgfältig aufzubewahren und vor dem Zugriff Dritter zu schützen, obwohl mit einer TAN-Liste alleine weder Informationen abgefragt, noch Transaktionen angestoßen werden können. Wer jedoch im Besitz einer TAN ist und Kenntnis von einer PIN erlangt, kann Verfügungen zu Lasten des betroffenen Kontoinhabers veranlassen. Aufgrund dessen ist auch der TAN-Block zu sichern und jede einzelne TAN geheim zu halten.

Mit der Verpflichtung des Online-Banking-Teilnehmers, PIN und TAN vor dem unberechtigten Zugriff bzw. vor der unberechtigten Kenntnisnahme durch Dritte zu schützen, korrespondiert die Verpflichtung der Kreditinstitute in einer Verfahrensanleitung mit dem Online-Banking-Teilnehmer detailliert zu erläutern, wie er PIN und TAN zur Kontoabfrage und zur Erteilung von Aufträgen einzusetzen hat und welche Risiken mit einem unsorg-

---

183 Zu den Sorgfaltsmaßstäben bei der Verletzung des Bankgeheimnisses vgl. Bruchner, in: Bankrechts-Handbuch I, 2. Auflage 2001, § 39 Rn. 115 ff.

105

III. Zahlungsverfahren im Internet

fältigen Umgang verbunden sein können.[184] Durch die Aufklärung muss das Kreditinstitut den Bankkunden dafür sensibilisieren, dass er nach jeder Nutzung den Zugang zum Online-Banking unverzüglich beendet, damit kein Unberechtigter Zugang zu seinem Konto erhalten kann. Deshalb ist es erforderlich, den Kunden im Zusammenhang mit der Verfahrenserläuterung ausdrücklich darauf hinzuweisen, dass er nach jeder Nutzung den Online-Banking-Zugang zu seinem Konto bzw. Depot zu beenden hat. Insbesondere muss er dazu angehalten werden, sich auch nicht nur kurzzeitig zu entfernen, während noch der Zugang zu seinem Konto oder Depot besteht. Das Prozedere, wie der Kunde einerseits Zugang zum Konto erlangt und diesen andererseits wieder beendet, muss klar und verständlich erklärt werden, damit der Online-Banking-Teilnehmer weiß, was er zu tun hat, wenn er das Verfahren beenden möchte und um möglichst Irrtümer zu vermeiden, die dazu führen könnten, dass der Online-Banking-Teilnehmer glaubt, er habe den Zugang beendet, obwohl dieser noch fortbesteht. Eine unklare Verfahrenserläuterung kann deshalb zu einem erhöhten Missbrauchsrisiko führen. Sollte eine Verfahrensanleitung entsprechend unverständlich sein und es dadurch zu einem Missbrauch kommen, kann dies zur Folge haben, dass das Kreditinstitut die daraus entstandenen Schäden zu tragen hat. In diesem Fall läge eine Verletzung der ihm obliegenden Aufklärungspflichten vor, die zu einem Schaden geführt hätten, der dem Kunden nicht zurechenbar wäre.

Das Kreditinstitut hat weiterhin dafür Sorge zu tragen, dass die technische Verbindung zum Online-Banking-Angebot nur über die von diesem mitgeteilten Online-Banking-Zugangskanälen hergestellt wird, und dass auch nur solche Zugangswege genutzt werden, die von dem jeweiligen Online-Banking-Anbieter als sicher beurteilt werden. Eine uneingeschränkte Kommunikation des Online-Nutzers mit seinem Kreditinstitut über alle in Betracht kommenden Zugangskanäle könnte zu erhöhten Sicherheitsrisiken führen.

Nur wenn das Kreditinstitut seinen Aufklärungspflichten nachgekommen ist, der Online-Banking-Teilnehmer sich an die Vorgabe nicht hält und daraus ein Schaden resultiert, kommt eine Haftung des Online-Banking-Teilnehmers und nicht des Kreditinstituts in Betracht. Sind Schäden jedoch darauf zurückzuführen, dass ein Kreditinstitut, das den Online-Banking-Service anbietet, den Online-Banking-Teilnehmer nicht hinreichend deutlich über den Verfahrensablauf unterrichtet oder ihn über bestehende Risiken nicht aufgeklärt hat, hat das Kreditinstitut die darauf zurückzuführenden Schäden zu tragen, da es dann seinen Pflichten aus dem Online-Banking-Vertrag nicht nachgekommen ist. Nur wenn der Verfahrensablauf klar und eindeutig erläutert und der Online-Banking-Teilnehmer für die Risiken sen-

---

184 Vgl. dazu Gößmann, in: Bankrechts-Handbuch I, 2. Auflage 2001, § 55 Rn. 19 ff.

sibilisiert wurde, kommt eine Haftung des Online-Banking-Teilnehmers in Betracht, sofern er trotz der hinreichenden Aufklärung die an ihn gestellten zumutbaren Anforderungen nicht eingehalten und dadurch einen Schaden (mit)verursacht hat.

Sollten Schäden darauf zurückzuführen sein, dass sowohl das Kreditinstitut, das den Online-Banking-Service anbietet, als auch der Online-Banking-Teilnehmer die ihnen obliegenden Sorgfaltspflichten nicht eingehalten haben, kommt unter Anwendung der Grundsätze zum Mitverschulden gemäß § 254 BGB eine Schadensaufteilung in Betracht, wobei es vom Grad des jeweiligen Mitverschuldens abhängt, in welchem Umfange einer der Online-Banking-Teilnehmer den Schaden (mit-) zu tragen hat.

Unter Berücksichtigung, dass beim Online-Banking-Verfahren das größte Risiko für die Sicherheit in der Kenntnis von PIN und TAN durch einen Unberechtigten besteht, haben die Kreditinstitute, die Online-Banking-Verfahren anbieten, die besondere Verpflichtung ihren Kunden den Online-Banking-Verfahrensablauf klar und verständlich zu erläutern und ihnen die verfahrensimmanenten Risiken zu verdeutlichen, um erst das Entstehen von Schäden zu verhindern.

ff) Online-Überweisungen

Im Zahlungsverkehr ist das Online-Banking-Verfahren in erster Linie zur Generierung von Überweisungsaufträgen geeignet, die – wie bereits an anderer Stelle geschildert – unter Verwendung einer PIN – um Zugang zum Konto zu erhalten – und dem anschließenden Einsatz einer TAN – zur anschließenden Freigabe des Zahlungsauftrages – erteilt werden können. Die in diesem Zusammenhang bestehenden Sorgfaltspflichten und Risiken folgen den allgemeinen Regeln.

Im Zusammenhang mit der Erteilung von Überweisungen ist der Online-Banking-Nutzer jedoch verpflichtet, neben dem Namen des Zahlungsempfängers die richtige Kontonummer und Bankleitzahl anzugeben. Nach ständiger höchstrichterlicher Rechtsprechung zum Überweisungsverkehr ist für das erstbeauftragte Kreditinstitut ausschließlich der in Klarschrift angegebene Name des Zahlungsempfängers für die Ausführung des Auftrags relevant und nicht die Kontonummer.[185] Gleichwohl orientieren sich die an der Auftragsausführung beteiligten Kreditinstitute auch an dieser. Ausgehend von den in der Rechtsprechung entwickelten Grundsätzen hat im beleghaften Überweisungsverkehr das beauftragte Kreditinstitut den Auftrag

---

185 Vgl. OLG München, 1995, S. 2137; BGH, WM 1991, S. 1912; BGH, WM 1991, S. 1452; BGH, WM 1989, S. 1754; BGH, WM 1987, S. 530; Nobbe, WM-Sonderbeilage 4/2001, S. 15 m.w. N.

III. Zahlungsverfahren im Internet

nur dann ordnungsgemäß ausgeführt und ist zur Geltendmachung des Aufwendungsersatzanspruchs gemäß § 670 BGB durch Belastung des Kundenkontos berechtigt, wenn der Überweisungsbetrag dem Konto des angegebenen Empfängers gutgeschrieben wurde. Der Auftrag ist dagegen nicht ordnungsgemäß ausgeführt, wenn das angegebene Konto erkannt wurde, dieses jedoch nicht dem angegebenen Zahlungsempfänger gehört. Weichen der Inhaber des angegebenen Kontos und der angegebene Empfänger voneinander ab, ist das Kreditinstitut verpflichtet, sich an dem angegebenen Zahlungsempfänger und nicht an der angegebenen Kontonummer zu orientieren und hat im Falle einer Diskrepanz zurückzufragen.[186]

Im Verhältnis zwischen Kunde und Empfängerbank ist allerdings die Vereinbarung der Maßgeblichkeit der Kontonummer unter der Voraussetzung als zulässig erachtet worden, dass die Überweisung im Verhältnis der Banken untereinander beleglos ausgeführt wird.[187] Jedoch spielt es im Verhältnis zum Auftraggeber keine Rolle, ob im Interbanken-Verhältnis die Weiterverarbeitung beleglos oder beleghaft erfolgt, denn die Pflichten sind im Verhältnis zwischen Auftraggeber und Auftragnehmer, d.h. Online-Banking-Teilnehmer und erstbeauftragtem Institut, letztlich von den Regelungen im Interbanken-Verkehr unabhängig.[188] Im Übrigen ergibt sich auch aus der Neuregelung in § 676 a Abs. 1 BGB, dass es allein auf die Maßgeblichkeit der Empfängerbezeichnung ankommt. Etwas anderes kann allenfalls dann in Betracht kommen, wenn der Auftraggeber seinen Auftrag erkennbar unter Verzicht auf den Namensvergleich erteilt. Dazu genügt es jedoch nicht, dass der Bankkunde lediglich weiß, dass in dem von ihm gewählten Verfahren ein Kontonummer-Namensvergleich nicht durchgeführt wird. Vielmehr ist eine ausdrückliche Vereinbarung erforderlich, die auch voraussetzt, dass der Kontoinhaber über die mit dem Verzicht auf den Kontonummer-Namensvergleich einhergehenden Risiken hinreichend aufgeklärt wird. Ob diesen Anforderungen tatsächlich nur eine Individual-Vereinbarung genügt[189], dürfte jedoch zumindest dann zweifelhaft sein, wenn spezielle Verfahren angeboten werden, die ausdrücklich nur auf der Weiterverarbeitung von Kontendaten beruhen und die in Ergänzung oder alternativ zum konventionellen Zahlungsverkehr angeboten werden. In einem solchen Fall dürfte in dem entsprechenden Verfahren nicht nur eine Umgehung der Anforderungen der Rechtsprechung an die Abwicklung des Überweisungsver-

---

186 Vgl. zum Kontonummer – Namensvergleich: Schimansky, in: Bankrechts-Handbuch I, 2. Auflage 2001, § 49 Rn. 18.
187 Vgl. OLG Hamm, 1994, S. 1027 = WuB I D-6.94 Wand; Nobbe, WM-Sonderbeilage 4/2001, S. 16.
188 Vgl. Schimansky, in: Bankrechts-Handbuch I, 2. Aufl. 2001, § 49 Rn. 18a.
189 Vgl. dazu Schimansky, in: Bankrechts-Handbuch I, 2. Auflage 2001, § 49 Rn. 19.

Elektronische Verfahren – auch im Zahlungsverkehr

kehrs durch die Kreditwirtschaft zu sehen sein, sondern ein zusätzliches Bankprodukt, dessen spezieller Zuschnitt es erlaubt, Überweisungen nur anhand der numerischen Angaben auszuführen. Deshalb dürfte es genügen, wenn derartige Verfahren als Ergänzung angeboten werden und der Bankkunde vor Abschluss einer solchen Vereinbarung ausdrücklich auf die mit dem Verzicht auf den Kontonummer-Namensvergleich einhergehenden Risiken hingewiesen wird. Sollten jedoch derartige beleglose Verfahren mit Verzicht auf den Kontonummer-Namensvergleich als Standardüberweisungsverfahren angeboten werden, dürften sie kaum den Anforderungen der Rechtsprechung an den Kontonummer-Namensvergleich genügen und die daraus resultierenden Risiken von dem Kreditinstitut zu tragen sein, das solche Verfahren ohne Alternative anbietet.

Dennoch trifft den Auftraggeber bei Erteilung eines Überweisungsauftrags selbst dann, wenn allein die Empfängerbezeichnung maßgeblich ist, die Verpflichtung, das vorgegebene – ggf. elektronische – Formular vollständig und richtig auszufüllen.[190] Sollte er diese Sorgfaltspflichten verletzen, hat er für die dadurch entstandenen Schäden einzustehen.

Folglich kann eine fehlerhafte Angabe der Kontonummer zwar unter der Maßgabe, dass das Kreditinstitut verpflichtet ist, den Kontonummer-Namensvergleich durchzuführen, einen Aufwendungsersatzanspruch des Kreditinstituts gemäß §§ 670, 675 BGB begründen, da bei Gutschrift des Überweisungsbetrags auf dem falschen Konto der Auftrag nicht ordnungsgemäß ausgeführt wurde, jedoch schließt dies Schadensersatzansprüche der Bank gegen den Kontoinhaber nicht aus, da dieser zumindest seiner Verpflichtung gemäß Nr. 11 Abs. 2 der AGB-Banken nicht nachgekommen ist, Aufträge eindeutig und mit vollständigen Angaben zu erteilen. Deshalb kann in Einzelfällen selbst dann, wenn das Kreditinstitut seine Verpflichtung zur Durchführung des Kontonummer-Namensvergleichs verletzt hat, nicht ausgeschlossen werden, dass ihm zumindest auch in Abhängigkeit vom Grad der jeweiligen Verschuldensbeiträge Schadensersatzansprüche gegen den Kunden zustehen können. Allerdings hängt es sehr stark von den Umständen des Einzelfalles ab, in welchem Umfange der Auftraggeber bei Fehlüberweisungen, die auf fehlerhafte Angaben der Kontonummer oder der Bankleitzahl zurückzuführen sind, mithaftet. Grundsätzlich gehört es zu den Basispflichten des Empfängerinstituts, den Kontonummer-Namensvergleich durchzuführen. Nur wenn zusätzlich besonders einschneidende Umstände hinzutreten, kann trotz der Verletzung dieser Pflicht ausnahmsweise auch ein nicht unerhebliches Maß an Mitverschulden des Auftraggebers in Betracht kommen, obwohl bereits die Verletzung der Verpflichtung zur

---

190 Vgl. Schimansky, in: Bankrechts-Handbuch I, 2. Aufl. 2001, § 49 Rn. 29.

III. Zahlungsverfahren im Internet

Durchführung des Kontonummer-Namensvergleichs in der Regel als so erheblich angesehen werden kann, dass daneben für ein Mitverschulden des Auftraggebers nur wenig Raum bleibt.[191] Im Übrigen dürfte es im Online-Banking nur wenige Fälle geben, in denen aufgrund einer unsorgfältigen Ausfüllung des Überweisungsformulars dem Kreditinstitut ein Schaden entstehen kann, denn in der Regel können Aufträge erst dann freigegeben werden, wenn das elektronisch vorgegebene Formular vollständig ausgefüllt wurde. Bei Online-Banking-Verfahren reduzieren sich deshalb die Sorgfalts- und Mitwirkungspflichten auf die vollständige und richtige Angabe der einzugebenden Daten sowie den Abgleich des Namens des Empfängers mit der dazugehörigen Kontonummer. Es ist jedoch kaum denkbar, Zahlungsaufträge zu erteilen, ohne dass das dafür vorgesehene Formular selbst vollständig ausgefüllt wird.

gg) Übermittlung von Willenserklärungen

Bezüglich der Wirksamkeit der Abgabe von Willenserklärungen findet sich in den Online-Banking-Bedingungen die Regelung, dass es dazu einer Freigabe zur Übermittlung bedarf. Aber auch eine entsprechende Bestätigung schließt den Widerruf nicht grundsätzlich aus, wobei auf einen solchen die allgemeinen Regeln über den Widerruf von Willenserklärungen Anwendung finden. Die Freigabe selbst schließt die Widerrufsmöglichkeit nicht aus, sondern legt lediglich den Zeitpunkt der Abgabe einer Erklärung fest. Grundsätzlich finden darauf jedoch die allgemeinen zivilrechtlichen Grundsätze Anwendung.[192] Folglich ergibt sich auch der Zeitpunkt, zu dem eine Willenserklärung über das Online-Banking-Verfahren abgegeben wird, aus den allgemeinen zivilrechtlichen Regeln. Danach ist vom Zugang auszugehen, wenn die Erklärung so in den Bereich des Empfängers gelangt ist, dass dieser unter normalen Verhältnissen in der Lage ist, von ihrem Inhalt Kenntnis zu nehmen.[193]

Bei der Übermittlung von Willenserklärungen über elektronische Medien liegt deshalb ein Zugang dann vor, wenn sie in den elektronischen Briefkasten in die Datenverarbeitungsanlage oder in die Mailbox des Empfängers, die auch von einem Dritten unterhalten werden kann, zum Abruf eingegan-

---

191 Vgl. zu den entsprechenden Beispielen: Schimansky, in: Bankrechts-Handbuch I, 2. Auflage 2001, § 49 Rn. 30.
192 Vgl. Krüger/Bütter, WM 2001, S. 223; Herwig, MMR 2001, S. 145; Godefroid, DStR 2001, S. 402 f.
193 Vgl. Godefroid, DStR 2001, S. 402; Mehrings, in: Hoeren/Sieber, Handbuch „Multimedia Recht" Kapitel 13.1 Rn. 52 ff.; ders., MMR 1998, S. 32; Hoffmann, NJW-Beilage 14/2001, S. 9.

gen ist.¹⁹⁴ Auch im Online-Banking-Verfahren gilt grundsätzlich nichts anderes. Sofern über dieses Medium der den Online-Banking-Service anbietenden Bank Nachrichten übermittelt werden, gelten diese dann als zugegangen, wenn sie in den Empfangsbereich der Bank gelangt sind, d.h. wenn sie in deren Datenverarbeitungsanlage, einer Mailbox oder einem elektronischen Briefkasten eingehen.

Auf den elektronischen Zugang sind die Grundsätze zur Abgabe von Willenserklärungen unter Abwesenden anzuwenden.¹⁹⁵ Teilweise wird zwar auch angenommen, dass es sich bei einem Computer-Dialog um Willenserklärungen unter Anwesenden handele,¹⁹⁶ davon kann jedoch allenfalls dann ausgegangen werden, wenn eine interaktive Kommunikation stattfindet, d.h. wenn der Empfänger der Online-Willenserklärung unmittelbar auf die Abgabe der Erklärung reagieren kann und eine Dialog-Situation entsteht. Sofern jedoch die Voraussetzungen dafür nicht vorliegen, kann nicht von der Abgabe einer Willenserklärung unter Anwesenden ausgegangen werden. In diesem Fall fehlt die sich aus § 147 Abs. 1 BGB ergebende Voraussetzung, da es sich um eine solche unter Anwesenden nur dann handelt, wenn die Abgabe der Willenserklärung mit ihrer Kenntnisnahme unmittelbar zusammenfällt.¹⁹⁷ In diesem Fall gilt eine Erklärung erst dann als zugegangen, wenn mit dem Abruf der Nachricht gerechnet werden kann.¹⁹⁸ Selbst bei den vielfach von der Kreditwirtschaft eingesetzten interaktiven Systemen kommt es nicht zu einem wirklichen Dialog, da die Antwort der Bank sich in der Regel darauf beschränkt, den Nutzer an die erforderlichen Eingaben heranzuführen, jedoch wird mit ihm kein individueller Dialog geführt.¹⁹⁹ Damit besteht jedoch ein wesentlicher Unterschied zur telefonischen Kommunikation, da diese unmittelbar interaktiv und kundenbezogen erfolgt.²⁰⁰

Sollte es zu einer fehlerhaften Übermittlung einer Erklärung kommen, hängen die rechtliche Bewertung und das zur Korrektur Erforderliche von den Ursachen für die fehlerhafte Erklärung ab. Sollte eine falsche Erklärung auf einen Eingabefehler zurückzuführen sein, kommt eine Anfechtung gem. § 119 Abs. 1 BGB wegen Erklärungsirrtums dann in Betracht, wenn dieser

---

194 Mehrings in: Hoeren/Sieber, Handbuch Multimedia Recht, Kapitel 13.1, Rn. 76 ff.; Hoffmann, NJW-Beilage 14/2001, S. 9.
195 Vgl. Gößmann, in: Bankrechts-Handbuch I, 2. Auflage 2001, § 55 Rn. 6; Redeker, NJW 1984, S. 2391; Heun, CR 1994, S. 597; Gößmann, in: FS-Schimansky, S. 158.
196 Vgl. Fritzsche/Malzer, DnotZ 1995, S. 11.
197 Hoffmann, NJW-Beilage 14/2001, S. 7; MK-Krämer, § 147 Rn. 2.
198 Taupitz/Kritter, JuS 1999, S. 841; Gößmann, in: Bankrechts-Handbuch I, 2. Auflage 2001, § 55 Rn. 6.
199 Vgl. Gößmann, in: Bankrechts-Handbuch I, 2. Auflage 2001, § 55 Rn. 6.
200 Vgl. Hoffmann, NJW-Beilage 14/2001, S. 7.

III. Zahlungsverfahren im Internet

Fehler unverändert in eine Willenserklärung eingeht, die in der fehlerhaften Form zum Empfänger übermittelt wird,[201] während Veränderungen der vollständig und richtig abgegebenen Willenserklärungen durch einen Übertragungsfehler gemäß § 120 BGB wegen falscher Übermittlung anfechtbar sind.[202]

Davon zu unterscheiden ist jedoch die Fallkonstellation, wonach es zu einem Zugang einer elektronischen Nachricht deshalb nicht kommen kann, weil das Kreditinstitut, das den Online-Banking-Service anbietet, nicht dafür Sorge getragen hat, dass die Nachrichten in erforderlichem Umfange zugehen können. Dazu können die mangelnde Betriebsbereitschaft des Empfangsgerätes oder auch ein voller elektronischer Briefkasten gehören. Derartige Fallkonstellationen können eine schuldhaft verursachte Zugangsvereitelung darstellen, die dazu führt, dass die Bank sich so behandeln lassen muss, als seien ihr die Aufträge zugegangen.[203] Voraussetzung dafür ist allerdings, dass das empfangende Kreditinstitut zumindest fahrlässig zu einer solchen Zugangsvereitelung beigetragen hat. Allerdings darf der diesbezügliche Umfang der Sorgfaltspflichten nicht unterschätzt werden. Da das Angebot des Online-Bankings gerade dazu dient, es dem Kunden jederzeit zu ermöglichen, Aufträge zu übermitteln, hat ein Kreditinstitut dafür Sorge zu tragen, dass es nicht zu einer Zugangsbeeinträchtigung kommen kann. Aufgrund dieser sehr weiten Sorgfaltspflichten hat ein Kreditinstitut Kontrollpflichten, zu denen eine ständige Kontrolle der Erreichbarkeit gehört. Sollte eine Störung vorliegen, muss das Kreditinstitut unverzüglich dafür Sorge tragen, dass der Zugang wieder hergestellt wird. Aufgrund der strengen Anforderungen sind nur wenige Fallkonstellationen denkbar, in denen eine zumindest längere Zeit andauernde Zugangsstörung dem Kreditinstitut nicht zugerechnet werden kann.[204]

Allerdings ist streng davon zu trennen die gleichfalls bestehende Verpflichtung des Kunden, zumindest dann, wenn er von einer Zugangsstörung Kenntnis hat, alles zu unternehmen, um einen drohenden Schaden abzuwenden oder zumindest zu minimieren. Wird ein Online-Banking-Kunde über eine Zugangsstörung unterrichtet, folgt bereits aus der sich aus § 254 Abs. 2 Satz 1 resultierenden Schadensabwendungs- bzw. -minderungspflicht, den

---

201 Hoffmann, NJW-Beilage 14/2001, S. 8; Gößmann, in: Bankrechts-Handbuch I, 2. Auflage 2001, § 55 Rn. 5; Godefroid, DStR 2001, S. 403; Mehrings, in: Hoeren/Sieber, Handbuch Multimediarecht, Kapitel 13.1, Rn. 96 f.; Krüger/Büttner, WM 2001, S. 224.
202 Vgl. Gößmann, in: Bankrechts-Handbuch I, 2. Auflage 2001, § 55 Rn. 9; Köhler, AcP 182, S. 140; Hoffmann, NJW-Beilage 14/2001, S. 9.
203 Vgl. BGH, WM 1983, S. 1408; BAG, DB 1986, S. 2336; OLG Karlsruhe, WM 1998, S. 1178; Gößmann, in: Bankrechts-Handbuch I, 2. Auflage 2001, § 55 Rn. 10.
204 Zu den Sorgfaltsanforderungen vgl. Gößmann, in: Bankrechts-Handbuch I, 2. Auflage 2001, § 55 Rn. 10.

Auftrag auf andere Weise so zu erteilen, dass eine verspätete Ausführung möglichst verhindert wird. Unter Berücksichtigung, dass der Online-Banking-Service die Verpflichtung begründet, die erteilten Aufträge im Rahmen des normalen Arbeitsablaufs auszuführen, sofern die diesen Service offerierende Bank nicht ausdrücklich etwas anderes anbietet, hat der Online-Banking-Kunde in der Regel die Möglichkeit, den Auftrag über andere Medien noch so zeitnah zu erteilen, dass er innerhalb der sich aus Nr. 5 der Online-Banking-Bedingungen ergebenden Bearbeitungsfrist an das Kreditinstitut übermittelt und bearbeitet werden kann. Deshalb muss der Online-Banking-Kunde darüber unterrichtet werden, wenn der Online-Banking-Zugang gestört ist und versuchen, den Auftrag entweder papierhaft, mittels Fax oder telefonisch zu erteilen. Kommt er dieser Verpflichtung nicht nach, kann ein evtl. aus dem verspäteten Zugang resultierender Schaden der Bank nicht oder nur eingeschränkt zugerechnet werden. Allenfalls dann, wenn das den Online-Banking-Service anbietende Kreditinstitut die jederzeitige Erreichbarkeit und die „Realtime-Bearbeitung" anbieten, kann bereits die (verschuldete) Zugangsstörung oder das Vorhalten zu geringer Kapazitäten als eine Schadensersatzpflicht auslösende Sorgfaltspflichtverletzung angesehen werden.

hh) Bearbeitungszeitpunkt

Eng verknüpft mit der Zugangsproblematik von Willenserklärungen ist der Bearbeitungszeitpunkt. Die vom Bundesverband deutscher Banken herausgegebenen Musterbedingungen enthalten dazu unter Nr. 5 folgende Regelung:

„Mittels Online-Banking erteilte Aufträge werden im Rahmen des ordnungsgemäßen Arbeitsablaufs bearbeitet."

Die nähere Konkretisierung der Bedeutung des „ordnungsgemäßen Arbeitsablaufs" orientiert sich an dem beim jeweiligen Kreditinstitut üblichen Bearbeitungsverfahren. Sollte das Online-Banking-Verfahren als „elektronischer Briefkasten" ausgestaltet sein, hätte die Regelung zur Folge, dass die Bank nur verpflichtet wäre, diesen innerhalb der normalen Bankarbeitszeiten in regelmäßigen Abständen zu leeren und zu bearbeiten. In einem solchen Fall stellt der Online-Banking-Zugang lediglich eine Vereinfachung bei der Übermittlung von Aufträgen dar, das Verfahren führt jedoch nicht dazu, dass der Bankkunde mit einer schnelleren Bearbeitung als bei jeder anderen Zugangsform rechnen kann. Die Vorteile des Online-Bankings reduzieren sich in diesem Fall auf die einfachere und ggf. schnellere Übermittlung. Nach Eingang hat der Kunde jedoch keinen Anspruch auf eine schnellere Bearbeitung als bei jedem anderen Verfahren. Die Regelung, die

III. Zahlungsverfahren im Internet

dies klarstellt, ist erforderlich, da andernfalls der Bankkunde aufgrund der Ausgestaltung des Verfahrens u. U. damit rechnen könnte, dass die schnellere Übermittlung auch zu einer schnelleren Bearbeitung führt. Individuell ist es jedoch möglich, das Verfahren auch anders auszugestalten, d.h. eine „realtime"-Bearbeitung anzubieten. In einem solchen Fall muss das den Online-Banking-Service offerierende Kreditinstitut jedoch auch dafür Sorge tragen, dass die Aufträge unmittelbar nach Eingang bearbeitet werden.

Im Übrigen richtet sich der Zeitpunkt, zu dem ein erteilter Auftrag ausgeführt werden muss, nach den für den jeweiligen Geschäftsvorfall maßgeblichen gesetzlichen Regelungen oder den Anforderungen, die die Rechtsprechung diesbezüglich aufgestellt hat, sofern keine Sonderregelungen einschlägig sind. Im Zahlungsverkehr bestimmt sich die Ausführungsfrist für grenzüberschreitende Überweisungen, sofern nichts Abweichendes vereinbart wird, aus § 676a Abs. 2 BGB. Dieser besagt unter anderem, dass grenzüberschreitende Überweisungen in Mitgliedsstaaten der Europäischen Union und den Vertragsstaaten des Europäischen Wirtschaftsraums, die auf deren Währungseinheit oder Euro lauten, innerhalb von 5 Werktagen zugunsten des Kontos des Kreditinstituts des Begünstigten auszuführen sind. Bei inländischen Überweisungen verkürzt sich diese Frist auf drei Bankgeschäftstage und bei Überweisungen in Inlandswährung innerhalb einer Haupt- bzw. einer Zweigstelle eines Kreditinstituts auf längstens einen Tag. Sofern im Online-Banking-Überweisungsverkehr nichts abweichendes vereinbart wird, bleibt es folglich bei diesen Fristen, so dass auch die per Online-Banking gezahlte Überweisung nicht schneller als innerhalb dieser Fristen ausgeführt werden muss.

Wäre eine „Realtime-Bearbeitung" bei Überweisungsaufträgen die Regel, wäre es möglich, innerhalb von Sekunden eine Zahlung auszuführen. Sofern dabei gleichzeitig sichergestellt werden kann, dass die Buchung auf dem Empfängerkonto vom Zahlungsempfänger unmittelbar zur Kenntnis genommen werden könnte, wäre dies eine denkbare Alternative zum Kartenzahlungsverfahren im Internet, da auf diese Weise der Zahlungspflichtige die Zahlung so schnell durchführen könnte, dass der Zahlungsempfänger unmittelbar nach einer Bestellung die Ausführung des Auftrages kontrollieren und nach Zahlungseingang die gewünschte Ware oder Dienstleistung liefern könnte. Allerdings dürfte ein solches Verfahren zumindest im Falle der Beteiligung verschiedener Kreditinstitute auf lange Zeit nicht der Regelfall werden.

ii) Sorgfaltspflichten

Um Transaktionen per Online-Banking zu veranlassen, ist der Einsatz verschiedener Legitimationsmedien, wie z.B. von PIN und TAN, erforderlich. Da jedoch jeder Inhaber dieser Medien Aufträge erteilen kann, ist es die Pflicht des Nutzers dafür Sorge zu tragen, dass diese nicht in die Hände Unberechtigter geraten. Aufgrund dessen werden die Online-Banking-Teilnehmer angehalten, ihre Medien geheim zu halten, da es mit ihnen ohne Einsatz eines weiteren Legitimationsmediums möglich ist, Aufträge zu Lasten eines Kontos oder eines Depots zu erteilen. Es heißt dazu unter Nr. 7 der vom Bundesverband deutscher Banken empfohlenen Online-Banking-Musterbedingungen:

„7. Geheimhaltung der PIN und der TAN

(1) Der Nutzer hat dafür Sorge zu tragen, dass keine andere Person Kenntnis von der PIN und der TAN erlangt. Jede Person, die die PIN und – falls erforderlich – einen TAN kennt, hat die Möglichkeit, das Online-Banking-Leistungsangebot zu nutzen. Sie kann z.B. Aufträge zu Lasten des Kontos/Depots erteilen. Insbesondere Folgendes ist zur Geheimhaltung der PIN und der TAN zu beachten:

- PIN und TAN dürfen nicht elektronisch gespeichert oder in anderer Form notiert werden;
- die dem Nutzer zur Verfügung gestellte TAN-Liste ist sicher zu verwahren;
- bei Eingabe der PIN und TAN ist sicherzustellen, dass Dritte diese nicht ausspähen können.

(2) Stellt der Nutzer fest, dass eine andere Person von seiner PIN oder seiner TAN oder von beiden Kenntnis erhalten hat, oder besteht der Verdacht ihrer missbräuchlichen Nutzung, so ist er verpflichtet, unverzüglich seine PIN zu ändern bzw. die noch nicht verbrauchten TAN zu sperren. Wenn ihm dies nicht möglich ist, hat er die Bank unverzüglich zu unterrichten. In diesem Fall muss die Bank den Online-Banking-Zugang zum Konto/Depot sperren. Die Bank haftet ab dem Zugang der Sperrnachricht für alle Schäden, die aus ihrer Nichtbeachtung entstehen."

Der Nutzer darf deshalb die PIN anderen Personen weder mitteilen noch in irgend einer Form auf seinem PC hinterlegen, da dadurch ein unberechtigter Zugriff Dritter ermöglicht werden könnte, wobei jeder Dritte unberechtigt ist. Aufgrund dessen ist die Weitergabe, auch an Familienangehörige und sonstige vertrauenswürdige Dritte, untersagt. Diese Anforderungen sind identisch mit der Geheimhaltungsverpflichtung bzgl. der PIN im ec-Verfahren. Auch hier ist eine Weitergabe selbst an Familienangehörige oder sonstige vertrauenswürdige Dritte unzulässig.[205]

---

[205] BuB – Werner, Rn. 6/1468.

III. Zahlungsverfahren im Internet

Auch wenn eine Weitergabe der PIN und einzelner TAN an Familienangehörige häufiger vorkommen mag, ist darin dennoch eine Sorgfaltspflichtverletzung zu sehen, denn wenn der Kontoinhaber einem Dritten Zugang zu seinem Konto über das Online-Banking ermöglichen möchte, ist dies über eine Kontovollmacht und eine anschließende Online-Banking-Bevollmächtigung mit Zurverfügungstellung einer eigenen PIN und eigener TANs an den Bevollmächtigten möglich.

Da die Anforderungen an die Sorgfaltspflichten im Online-Banking große Ähnlichkeiten mit denen im ec-PIN-Verfahren aufweisen, ist eine Übertragung der dazu entwickelten Grundsätze auf das Online-Banking-Verfahren möglich.[206] Aufgrund des Verbots PIN und TAN elektronisch zu speichern, ist der Online-Banking-Nutzer deshalb auch gehalten, bei Eingabe von PIN und TAN sicherzustellen, dass kein unberechtigter Dritter diese ausspähen kann.[207]

Die Verpflichtung der Online-Banking-Teilnehmer zur Geheimhaltung der PIN wird ergänzt durch die zur sorgfältigen Aufbewahrung der TAN-Liste. Unter Berücksichtigung, dass Aufträge im Online-Banking nur erteilt werden können, wenn neben der PIN eine TAN eingesetzt wird, hat der Online-Banking-Teilnehmer dafür Sorge zu tragen, dass die TAN-Liste, die er nicht auswendig lernen muss, da sich darauf in der Regel eine Anzahl von Zahlen befindet, so aufbewahrt wird, dass kein Dritter Zugang dazu erhalten kann. Die Anforderungen an die Sorgfaltspflichten zur Aufbewahrung der TAN sind höher als die an die zur Aufbewahrung einer ec-Karte, da der TAN-Block normalerweise nicht – im Gegensatz zur körperlichen ec-Karte – regelmäßig vom Nutzer mitgeführt wird, um zu Zahlungen eingesetzt werden zu können. Darüber hinaus ist bei der Pflicht zur sorgfältigen Aufbewahrung auch zu beachten, dass es zum Einsatz einer TAN nicht erforderlich ist, über das körperliche Medium zu verfügen, sondern die Kenntnis von einer entsprechenden Nummer genügt. Deshalb bezieht sich die Verpflichtung zur sorgfältigen Aufbewahrung nicht nur darauf, den Zugriff unberechtigter Dritter zu verhindern, sondern sie gebietet auch, dafür Sorge zu tragen, dass kein Dritter Einblick in die TAN-Liste nehmen kann.

Der Online-Banking-Teilnehmer ist gehalten, einen Missbrauch von PIN und TAN zu verhindern. Deshalb muss er auch, falls der Verdacht einer missbräuchlichen Nutzung von PIN und/oder TAN oder der unberechtigten Kenntnisnahme durch Dritte besteht, die PIN unverzüglich ändern und die noch nicht verbrauchten TAN sperren lassen. Darin ist die Normierung ei-

---
206 Von Rottenburg, WM 1997, S. 2389; Schwintowski/Schäfer, Bankrecht, § 5 Rn. 28 ff.; Kümpel, Bank- und Kapitalmarktrecht, 2. Auflage 2000, Rn. 4. 662 ff.
207 Zu den entsprechenden Anforderungen im ec-System vgl. BuB – Werner, Rn. 6/1469.

ner vertraglichen Nebenpflicht zu sehen, die, selbst wenn der Nutzer für die Kenntnisnahme einer PIN oder TAN durch einen unberechtigten Dritten nicht verantwortlich gemacht werden kann, zumindest gem. § 254 Abs. 2 BGB die Pflicht begründet, im Falle des Verdachts einer missbräuchlichen Nutzung der Online-Banking-Medien alle erforderlichen Schritte zu unternehmen, um Schäden vom Kreditinstitut abzuwenden. Die Haftung des Online-Banking-Teilnehmers für alle durch einen Missbrauch verursachten Schäden ist jedoch ausgeschlossen, nachdem er dem Kreditinstitut eine Sperrnachricht übermittelt hat, selbst wenn es diese unbeachtet lassen sollte. Ab dem Zeitpunkt, ab dem der Nutzer das Kreditinstitut beauftragt, seinen Online-Banking-Zugang zum Konto bzw. Depot zu sperren, haftet er nicht mehr für danach entstandene Schäden, denn ab diesem Zeitpunkt ist es ausschließlich Aufgabe des Kreditinstituts dafür zu sorgen, dass es zu keinen missbräuchlichen Verfügungen mehr kommen kann.

Dies gilt selbst dann, wenn der Online-Banking-Teilnehmer schuldhaft zum Missbrauch seiner Legitimationsmedien beigetragen hat.[208]

Vorrangig zu dieser Unterrichtungspflicht sieht jedoch Nr. 7 der Online-Banking-Musterbedingungen des Bundesverbandes deutscher Banken vor, dass die Sperre des Online-Banking-Zugangs durch den Online-Banking-Teilnehmer im Falle eines vermuteten Missbrauchs nur dann erfolgen soll, wenn es ihm nicht möglich ist, seine PIN zu ändern und die noch nicht verbrauchten TANs sperren zu lassen. Die vorrangige Verpflichtung, die PIN zu ändern und die noch nicht verbrauchten TAN sperren zu lassen begründet sich daraus, dass solche Maßnahmen unmittelbare Wirkung haben, denn mit Änderung der PIN und Sperren der TAN ist es einem Unberechtigtem nicht mehr möglich, die evtl. zu seiner Kenntnis gelangten PIN und TAN einzusetzen, während eine Unterrichtung der Bank mit der Bitte, den Zugang sperren zu lassen, mit zeitlichen Verzögerungen verbunden sein kann, da auch dieses die Sperre des Zugangs noch umsetzen muss. Schließlich kann auch nicht ausgeschlossen werden, das es einige Zeit dauert, bis der Online-Banking-Teilnehmer sein Kreditinstitut erreicht. Aufgrund dessen führt es schneller zur bezweckten Sicherung des Online-Banking-Zugangs, wenn der Online-Banking-Nutzer seine PIN abändert und die TAN sperren lässt.[209]

Neben der Verpflichtung, die PIN im Falle eines drohenden Missbrauchs zu ändern, enthält Nr. 8 der Online-Banking-Musterbedingungen die allgemeine Regelung, dass der Nutzer jederzeit berechtigt ist, seine PIN unter Ver-

---

208 Vgl. Gößmann, in: Bankrechts-Handbuch I, 2. Auflage 2001, § 55 Rn. 21; KG, NJW 1992, S. 1150; OLG Zweibrücken, NJW-RR 1991, S. 241.
209 Vgl. Gößmann, in: Bankrechts-Handbuch I, 2. Auflage 2001, Rn. 21.

III. Zahlungsverfahren im Internet

wendung einer TAN zu ändern. Sofern es zu einer solchen Änderung kommt, wird die bisherige PIN ungültig. Allerdings legen die Online-Banking-Bedingungen lediglich die Möglichkeit, eine PIN zu ändern, fest. Eine ausdrückliche Verpflichtung ist dazu jedoch in den Bedingungen nicht enthalten. Es könnte deshalb aus der ausdrücklichen Verpflichtung zur Änderung der PIN im Falle des Missbrauchsverdachts gem. Nr. 7 Abs. 2 der Online-Banking-Musterbedingungen und der in Nr. 8 normierten Berechtigung, die PIN zu ändern, im Umkehrschluss gefolgert werden, dass der Online-Banking-Nutzer nicht grundsätzlich verpflichtet ist, seine PIN in regelmäßigen oder unregelmäßigen Abständen zu ändern.

Aber selbst wenn eine allgemeine Verpflichtung, die PIN in regelmäßigen Abständen zu ändern, in den Online-Banking-Bedingungen enthalten wäre, könnte dies die Frage aufwerfen, inwieweit eine solche Verpflichtung überhaupt zumutbar ist. Sollte eine PIN zu häufig geändert werden müssen, erhöht sich das Risiko, dass der Online-Banking-Teilnehmer sich den jeweils aktuellen Geheimcode nicht merken kann und ihn u. U. speichert, aufschreibt oder in sonstiger Weise aufbewahrt. Sofern der Online-Banking-Nutzer sich vertragskonform verhält, kann die häufige Änderung jedoch dazu führen, dass in einer nicht unerheblichen Zahl von Fällen die PIN vergessen wird und es nach einer dreimaligen Falscheingabe zu einer Sperre des Online-Banking-Zugangs kommt, denn Nr. 9 der Online-Banking-Musterbedingungen sieht bei einer dreimaligen nacheinander folgenden Fehleingabe der PIN eine Sperre des Online-Banking-Zugangs zum Konto/Depot durch die Bank vor. Zwar kann der Nutzer diese Sperre wieder aufheben, in dem er neben der richtigen PIN eine TAN einsetzt, doch wird dies kaum möglich sein, wenn die PIN dreimal hintereinander aufgrund Vergessens falsch eingegeben wurde. Damit würde jedoch die Zahl der Reklamationen steigen. Schließlich gingen damit auch Service-Vorteile des Online-Banking verloren, da die Bereitschaft derjenigen Kundengruppen, die ihre PIN leicht vergessen, sich des Online-Banking-Zugangs zu bedienen, zurückgehen wird. Aufgrund dessen dürfte es weder ausdrücklich noch aus vertraglichen Nebenpflichten abgeleitet möglich sein, eine Verpflichtung des Online-Banking-Teilnehmers zu begründen, die PIN in regelmäßigen Abständen zu ändern. Gleichwohl können jedoch Fallkonstellationen nicht ausgeschlossen werden, in denen sich die Berechtigung, die PIN abzuändern, zu einer Verpflichtung verdichtet. Dies wird insbesondere dann in Betracht kommen, wenn das Online-Banking nicht im privaten Bereich, sondern z. B. vom Arbeitsplatz aus ausgeübt wird, da dort das Risiko, dass Dritte Kenntnis von der PIN nehmen, deutlich erhöht ist.

Aus Sicherheitsgründen sehen die Online-Banking-Bedingungen vor, dass nach einer dreimaligen Falscheingabe der PIN das Kreditinstitut den Online-Banking-Zugang sperrt, um zu verhindern, dass durch Ausprobieren die richtige PIN ermittelt werden kann. Der Online-Banking-Teilnehmer kann jedoch die Sperre aufheben, wenn er zusammen mit der richtigen PIN eine gültige TAN eingibt.

Kommt es zu einer dreimaligen Falscheingabe einer TAN, werden alle TAN und – soweit das einzelne Kreditinstitut dies vorsieht – auch die PIN gesperrt. Der Online-Banking-Teilnehmer hat dann keine Möglichkeit mehr, die Sperre selbst aufzuheben. Um weiter am Online-Banking-Verfahren teilnehmen zu können, muss der Online-Banking-Nutzer sich dann mit seinem Kreditinstitut in Verbindung setzen. Dass es bei einer dreimaligen fehlerhaften Eingabe der TAN zu einer Sperre kommt, die der Online-Banking-Nutzer nicht mehr selbst aufheben kann, während bei der fehlerhaften PIN-Eingabe diese Möglichkeit besteht, lässt sich damit erklären, dass eine TAN normalerweise von einem TAN-Block abgeschrieben wird, so dass es im Regelfalle als ausgeschlossen angesehen werden kann, dass dreimal hintereinander eine falsche TAN eingegeben wird. Die dreifache Fehleingabe ist in diesem Fall als Indiz dafür anzusehen, dass ein Missbrauch vorliegt, während die falsche Eingabe der PIN auf einer fehlerhaften Erinnerung beruhen kann.

Darüber hinaus ist das Kreditinstitut immer dann, wenn der Verdacht einer missbräuchlichen Nutzung besteht, berechtigt, das Konto oder Depot sperren zu lassen. Darin ist mehr als eine Berechtigung zu sehen, denn das Kreditinstitut trifft in gleicher Weise wie den Online-Banking-Nutzer die Verpflichtung, einen drohenden Missbrauch zu verhindern. Sollte deshalb ein Kreditinstitut Hinweise auf eine unberechtigte Nutzung haben, den Zugang jedoch gleichwohl nicht sperren, kann darin eine schadensbegründende Pflichtverletzung gesehen werden, die das Kreditinstitut gegenüber dem Online-Banking-Nutzer schadenersatzpflichtig macht. Darüber hinaus besteht im Falle einer Sperre die zusätzliche Verpflichtung, den Online-Kunden darüber zu unterrichten.

Die Möglichkeit, den Zugang zum Konto oder Depot im Falle eines Missbrauchsverdachts jederzeit zu sperren, ist nicht als verstecktes Recht zur jederzeitigen fristlosen Kündigung des Online-Banking-Vertrags durch das Kreditinstitut anzusehen, da es nicht willkürlich den Zugang sperren darf, sondern nur, wenn es Anhaltspunkte für einen Missbrauch hat. Darin ist ein Ausfluss der sich aus § 254 BGB ergebenden Pflichten zur Schadensverhinderung oder -minimierung zu sehen.[210] Außerdem führt die Sperre im Falle eines Missbrauchsverdachts nicht dazu, dass der Online-Banking-Teilnehmer vom Online-Banking-Verfahren ausgeschlossen wird, vielmehr muss

---

210 Vgl. Gößmann, in: Bankrechts-Handbuch I, 2. Auflage 2001, § 55 Rn. 18.

III. Zahlungsverfahren im Internet

ihm, nachdem alle erforderlichen Sicherheitsvorkehrungen getroffen wurden, der Zugang schnellstens wieder ermöglicht werden. Sollte ein Kreditinstitut jedoch willkürlich den Online-Banking-Zugang sperren, ohne dass es im Zweifelsfall belegbare Anhaltspunkte für einen Missbrauchsverdacht gab, kann es sich gegenüber seinem Kunden schadenersatzpflichtig machen, sofern diese Pflichtverletzung auf Verschulden beruht. Die vom Kreditinstitut selbst veranlasste Sperre kann auch nur von diesem wieder aufgehoben werden.

Im Gegensatz zu der eingeschränkten Berechtigung eines Kreditinstituts, den Online-Banking-Service sperren zu lassen, kann der Online-Banking-Teilnehmer den Online-Banking-Service durch das Kreditinstitut jederzeit sperren lassen. Ein sachlicher Grund ist dafür nicht erforderlich. Allerdings kann eine solche Sperre nur durch das Kreditinstitut wieder aufgehoben werden. Das Recht, den Online-Banking-Zugang sperren zu lassen, steht jedoch nur dem Online-Banking-Teilnehmer und nicht auch dem Bevollmächtigten zu. Sofern eine Online-Banking-Vollmacht eingeräumt wurde, kann der Bevollmächtigte nicht die jederzeitige Kontosperre veranlassen. Davon zu unterscheiden ist jedoch die Sperre aufgrund eines Missbrauchverdachts. Diese kann auch vom Online-Banking-Bevollmächtigten veranlasst werden, da es in diesem Fall um die Abwendung oder Minderung eines drohenden Schadens geht. Dagegen bedeutet die nicht zu begründende Kontosperre, dass die Serviceleistung beendet wird. Das Recht, die Hauptverpflichtung aus dem Online-Banking-Vertrag auszusetzen, steht jedoch nur den Vertragspartnern und nicht auch den Bevollmächtigten zu.

Die mit den Sorgfaltspflichten eng verknüpfte Haftungsfrage orientiert sich am Verschuldensprinzip. Während ursprünglich die „Bedingungen über die Nutzung von Bildschirmtext" eine verschuldensunabhängige Haftung des Bankkunden für alle Schäden vorsahen, die durch eine unsachgemäße oder missbräuchliche Verwendung der für sein Konto zur Verfügung gestellten PIN und/oder TAN verursacht wurde, fehlt eine ausdrückliche Haftungsregelung in den aktuellen Bedingungen. Daraus folgt, dass grundsätzlich jeder Vertragspartner für die durch ihn schuldhaft verursachten Schäden einzustehen hat. Die ursprünglich verschuldensunabhängige Haftung beruhte auf dem Gedanken der Sphärenhaftung.[211] Danach waren das Risiko des Missbrauchs des Zahlungsverfahrens und damit auch die darauf zurückzuführenden Schäden von demjenigen zu tragen, in dessen Verantwortungssphäre sich die Medien befanden. Da die Kontrolle von PIN und TAN zum Verantwortungsbereich des Online-Banking-Nutzers gehört, folgte daraus,

---

211 Vgl. Canaris, Bankvertragsrecht, 3. Auflage 1988, Rn. 527 ff.; Hellner, in: FS-Werner 1984, S. 274; Borsum/Hoffmeister, NJW 1985, S. 1205 ff.

dass der Online-Banking-Nutzer für den Missbrauch dieser Medien einzustehen hatte, unabhängig davon, ob er schuldhaft dazu beigetragen hatte. Nach der höchstrichterlichen Rechtsprechung ist jedoch die Sphärenhaftung sowohl im nicht-kaufmännischen als auch im kaufmännischen Bereich nur eingeschränkt zulässig, da sie mit dem dem deutschen Zivilrecht zugrunde liegenden Verschuldensprinzip nicht in Übereinstimmung steht und aufgrund dessen zumindest in allgemeinen Geschäftsbedingungen im Regelfall aufgrund eines Verstoßes gegen § 307 Abs. 1 BGB – früher § 9 AGBG – als unwirksam anzusehen ist.[212] Die in den früheren Bedingungen enthaltene Sphärenhaftung hatte zur Folge, dass der Online-Banking-Nutzer letztlich für jeden mit seinen Legitimationsmedien erteilten Auftrag einzustehen hatte, obwohl das Kreditinstitut den für die Ausführung eines Auftrags bestehenden Aufwendungsersatzanspruch gem. §§ 675, Abs. 1, 670 BGB nur dann geltend machen kann, wenn er auch tatsächlich vom Auftraggeber erteilt wurde.[213]

Zum Teil wurde diese Haftung auch mit Rechtsscheingrundsätzen begründet,[214] wonach der Einsatz der Legitimationsmedien, die nur vom Online-Banking-Inhaber eingesetzt werden können, einen von diesem schuldhaft gesetzten Rechtsschein begründete.

Die aktuellen Bedingungen orientieren sich jedoch am Verschuldensprinzip, wonach der Online-Banking-Nutzer nur dann unter dem Gesichtspunkt der vertraglichen Nebenpflichtverletzung oder des Rechtsscheins für einen Missbrauch von PIN und TAN einstehen muss, wenn er durch sein Verhalten schuldhaft zum Missbrauch beigetragen hat.[215]

Soweit die Haftung unter dem Gesichtspunkt der Anscheinsvollmacht begründet wird, beruht dies darauf, dass der Online-Banking-Teilnehmer drei Schritte unternehmen muss, um Aufträge über das Online-Medium erteilen zu können. Neben der Eingabe der PIN sind die Eingaben der Kunden-/Kontonummer, Bankleitzahl und einer TAN erforderlich. Aufgrund dieser Mehrstufigkeit kann ein Missbrauch des Online-Banking-Zugangs nur in

---

212 Zur Sphärenhaftung allgemein vgl. Nobbe, in: Bankrechts-Handbuch I, 2. Auflage 2001, § 60, Rn. 128 ff.; zum nicht-kaufmännischen Bereich vgl. BGH, WM 1991, S. 1110, = WuB I D 5.–7.91 Fervers; für den kaufmännischen Bereich BGH, WM 1997, S. 910, = WuB I D 3.–3.97 Köndgen; Schwintowski/Schäfer, Bankrecht, 1997, § 5 Rn. 39 ff.
213 Vgl. BGH, WM 1990, S. 1280 = WuB I D 1.–5.90; BGH, WM 1992, S. 1392 = WuB I D 1.–1.93 Reiser; BGH, WM 1994 S. 1420; BGH, WM 1994, S. 2073 = WuB I D 1.–2.95; Nobbe, neue höchstrichterliche Rechtsprechung zum Bankrecht, Rn. 319.
214 Vgl. Werner, in: Hopt, Vertrags- und Formularbuch, 2. Auflage 2000, VI F11, S. 985.
215 LG Oldenburg, DB 1993, S. 532; LG Koblenz, NJW 1991, S. 1360; Canaris, Bankvertragsrecht, 3. Auflage 1988, Rn. 527 ff.; Baumbach/Hopt, HGB, 30. Auflage 2000 (7) Bankgeschäfte F/9.

III. Zahlungsverfahren im Internet

Betracht kommen, wenn der Online-Banking-Teilnehmer mit diesen Daten nicht sorgfältig umgeht.[216] In gleicher Weise lässt sich im Falle eines Missbrauchs der Legitimationsmedien eine Haftung unter dem Gesichtspunkt der positiven Forderungsverletzung begründen. Aufgrund der Mehrstufigkeit des Verfahrens kann es letztlich zu einem Missbrauch nur kommen, wenn der Online-Banking-Teilnehmer mit seinen Legitimationsmedien nicht mit der gebotenen Sorgfalt umgeht. Damit jedoch sind die Haftungsgrundsätze zum Anscheinsbeweis in vollem Umfange auf das Online-Banking-Verfahren übertragbar.[217] Aufgrund der Qualität des Sicherheitsniveaus spricht deshalb der Einsatz von PIN und TAN dafür, dass der berechtigte Online-Banking-Teilnehmer die gebotene Sorgfalt verletzt hat, da es ansonsten nicht zu einem Missbrauch hätte kommen können.[218]

jj) Widerruf von Aufträgen

Die Online-Banking-Bedingungen sehen bezüglich der Möglichkeit, bereits erteilte Aufträge zu widerrufen, vor, dass dieses im Online-Banking-Verfahren selbst ausgeschlossen ist, sofern das den Online-Banking-Service anbietende Kreditinstitut eine solche Möglichkeit nicht ausdrücklich anbietet. Allerdings bedeutet der Ausschluss der Möglichkeit, einen Online-Banking-Auftrag über das Online-Banking-Verfahren zu widerrufen oder zu ändern, nicht, dass der Widerruf grundsätzlich ausgeschlossen wäre, zumal § 676 a Abs. 4 BGB hinsichtlich der Kündigung von Überweisungsaufträgen, der als Sonderregelung zum auftragsrechtlichen Widerrufsrecht anzusehen ist,[219] vorsieht, dass der Überweisende den Überweisungsvertrag bis zu dem Zeitpunkt kündigen kann, bis der Überweisungsbetrag dem Kreditinstitut des Begünstigten endgültig zur Gutschrift auf dessen Konto zur Verfügung gestellt wird. Folglich würde ein grundsätzlicher Ausschluss des Widerrufsrechts in den Online-Banking-Bedingungen mit diesem Recht kollidieren, das, wie sich aus § 676 c Abs. 3 BGB ergibt, nur unter engen Voraussetzungen ausgeschlossen werden kann.[220] Für Inlandsüberweisungen, auf die die Regeln zum Überweisungsgesetz erst seit dem 1. 1. 2002

---

216 Vgl. dazu Gößmann, in: Bankrechts-Handbuch I, 2. Auflage 2001, § 55 Rn. 26, der aber offensichtlich die Rechtsscheinhaftung eher unter dem Gesichtspunkt der Sphärenhaftung als auf der Grundlage des Verschuldensprinzips erklärt.
217 Von Rottenburg, WM 1997, S. 2389; Werner, MMR 1998, S. 339; kritisch zum Anscheinsbeweis aber Trapp, WM 2001, S. 119 ff.
218 Siehe dazu Werner, MMR 1998, S. 339; OLG Oldenburg, NJW 1993, S. 1400; OLG Köln, VersR 1993, S. 840.
219 Vgl. Palandt/Sprau, § 676a BGB, Rn. 12.
220 Zum Kündigungsrecht nach dem Überweisungsgesetz vgl. Gößmann/van Look, WM Sonderbeilage Nr. 1/2000, S. 35 ff.; Grundmann, WM 2000, S. 2275 ff.

gem. Art. 228 Abs. 2 EGBGB Anwendung finden, blieb es zunächst beim allgemeinen Widerrufsrecht gem. § 671 BGB. Dessen Ausschluss dürfte unzulässig gewesen sein, sofern der Auftrag allein den Interessen des Auftraggebers dient, da ein solcher dann zur Folge hätte, dass der Auftraggeber in vollem Umfange vom Beauftragten abhängig wäre. [221]

Im Übrigen folgt aus §§ 675, 665 BGB, dass der Auftraggeber einen Auftrag jederzeit durch eine entsprechende Gegenweisung widerrufen kann[222], es sei denn, er ist bereits endgültig ausgeführt worden. Auch ein solches Gegenweisungsrecht darf entsprechend der höchstrichterlichen Rechtsprechung zumindest nicht formularmäßig ausgeschlossen werden.[223] Allerdings setzt auch dieses nicht voraus, dass ein Auftrag noch nicht endgültig ausgeführt wurde.[224] Zwar hängt es grundsätzlich von den Umständen des Einzelfalls und der Art des erteilten Auftrags ab, ob und unter welchen Voraussetzungen die Unwiderruflichkeit eintritt, jedoch darf grundsätzlich die Möglichkeit zum Widerruf nicht ausgeschlossen werden.

Nach früherer Rechtslage ist ein Überweisungsauftrag erst dann endgültig ausgeführt und nicht mehr widerruflich, wenn die Abrufpräsenz hergestellt wurde, d.h. ab dem Zeitpunkt, ab dem die Gutschriftsanzeige zur Bekanntgabe an den Empfänger zur Verfügung gestellt wird. [225] Allerdings verkürzt sich im Überweisungsverkehr durch den in das Überweisungsgesetz neu eingefügten § 676 a Absatz 4 BGB die Widerrufsfrist, die durch die Kündigungsfrist ersetzt wurde, denn danach ist die Kündigung ab dem Zeitpunkt ausgeschlossen, ab dem das Kreditinstitut des Begünstigten den Überweisungsbetrag endgültig zur Gutschrift auf dem Konto des Begünstigten zur Verfügung gestellt erhält. Daraus folgt, dass nicht mehr die Abrufpräsenz Voraussetzung für die Unwiderruflichkeit bzw. Anwendbarkeit ist, sondern letztere bereits dann eintritt, wenn dem Kreditinstitut des Begünstigten der Betrag endgültig zur Gutschrift auf seinem Konto zur Verfügung gestellt wird, selbst wenn die Buchung auf dem Kundenkonto noch nicht erfolgt ist und folglich auch noch keine Abrufpräsenz hergestellt wurde.

Wie bereits ausgeführt, folgt aus Art. 228 Abs. 2 EGBGB, der durch das Überweisungsgesetz vom 21. Juli 1999 eingeführt wurde, dass die §§ 675 a- 676 g BGB zunächst nicht für Inlandsüberweisungen und Überweisungen in alle anderen, in § 676 a Abs. 2 Satz 2 Nr. 1 BGB nicht genannten Länder gal-

---

221 Vgl. Palandt/Sprau, § 671 BGB Rn. 2.
222 BuB – Hellner, Rn. 6/186.
223 Vgl. BGH, WM 1984, S. 986.
224 BGH, WM 1986, S. 1409; BGH, WM 1988, S. 321.
225 BGH, WM 1988, S. 322 = WuB I D 1.–2.88 Hadding/Häuser; Hadding/Häuser, WM 1988, S. 1149; Nobbe, WM Sonderbeilage 4/2001, S. 16.

III. Zahlungsverfahren im Internet

ten, sofern mit der Abwicklung dieser Aufträge vor dem 1. Januar 2002 begonnen wurde. Folglich könnte aus dieser Regelung die Schlussfolgerung gezogen werden, dass für Überweisungen, auf die die durch das Überweisungsgesetz in das BGB eingeführten Regelungen erst nach dem 1. Januar 2002 Anwendung finden, die bisherige Rechtslage fortgilt und folglich ein Widerruf bis zur Herstellung der Abrufpräsenz möglich ist. Unter Berücksichtigung, dass dies jedoch nicht auf gesetzlichen Regelungen, sondern auf von der Rechtsprechung entwickelten Grundsätzen beruht, kann nicht ausgeschlossen werden, dass während der Übergangsfrist die Regelungen zur Kündigung in § 676 a Abs. 4 BGB zumindest analog auf solche Überweisungen Anwendung finden, für die das Überweisungsgesetz zwar noch keine unmittelbare Anwendung fand, seit dem 1. Januar 2002 aber findet. Andererseits können der Umstand, dass § 676 a Abs. 4 BGB auf solche Überweisungen Anwendung findet, die bereits seit 1994 dem Überweisungsgesetz unterlagen, sowie der Gesichtspunkt der Rechtssicherheit dazu führen, dass bis zum 1. 1. 2002 auf Inlandsüberweisungen sowie Auslandsüberweisungen, die nicht unter das Überweisungsgesetz fallen, die bisherigen allgemeinen Grundsätze Anwendung fanden, da es ansonsten keinen Sinn ergäbe, den Anwendungsbereich der Vorschriften zunächst einzuschränken. Gleichwohl ist mit rechtlichen Unsicherheiten zu rechnen, wobei diese in Anbetracht der knappen Übergangsfrist nicht allzu hoch bewertet werden dürfen.

In den Online-Banking-Bedingungen findet sich schließlich eine Regelung, wonach auf die Geschäftsbeziehung deutsches Recht Anwendung findet, soweit dieses nicht auf eine ausländische Rechtsordnung verweist. Diese Regelung ist erforderlich, da der Online-Banking-Teilnehmer nicht notwendig seinen Sitz in Deutschland haben muss. Aufgrund der bestehenden technischen Möglichkeiten kann ein Online-Banking-Teilnehmer den Online-Banking-Service auch aus dem Ausland heraus in Anspruch nehmen. Da der Kontoinhaber nicht notwendigerweise einen Sitz in Deutschland haben muss, ist es deshalb erforderlich, in die Online-Banking-Bedingungen eine Regelung aufzunehmen, die klarstellt, welcher Rechtsordnung die Vertragsbeziehung unterfällt, sofern nicht beide Vertragsparteien ihren Sitz im gleichen Land haben.

Zurückzuführen ist die entsprechende Klausel in den Online-Banking-Bedingungen auf Art. 3 Abs. 1 Satz 2 der Empfehlung der Europäischen Kommission vom 30. Juli 1997 zu Geschäften mit elektronischen Zahlungsverkehrsinstrumenten, da danach Allgemeine Geschäftsbedingungen, die ein Online-Banking-Verfahren regeln, angeben müssen, welchem Recht der Vertrag unterliegt.[226]

---

226 Amtsblatt der EU vom 2. 8. 1997, Nr. L208, S. 52 ff.

Die Allgemeinen Geschäftsbedingungen der Privatbanken enthalten für den kaufmännischen Bereich in Nr. 6 Abs. 1 bereits eine ausdrückliche Rechtswahlklausel, die besagt, dass in der Geschäftsbeziehung zwischen Kaufleuten deutsches Recht Anwendung findet. In den Allgemeinen Geschäftsbedingungen der Sparkassen fehlt zwar in Nr. 6 eine Einschränkung auf den kaufmännischen Bereich, hier wird jedoch durch den Verweis auf Art. 29 EGBGB klargestellt, dass in den dort geregelten Fällen von Verbraucherverträgen die Regelungen, die den Verbraucher intensiver schützen, Vorrang gegenüber der Rechtswahlklausel haben, so dass dann, wenn das Verbraucherschutzrecht des Landes, in dem der Bankkunde sitzt, einen weitergehenden Schutz als das deutsche Recht gewährt, die dortigen Regelungen Anwendung finden.[227] In den Regelungen der Privatbanken fehlt eine solche Einschränkung, jedoch sprechen trotzdem keine Bedenken gegen die Wirksamkeit der Klausel, da sie lediglich deklaratorische Funktion hat[228] zumal sich aus Art. 27 EGBGB das Prinzip der freien Rechtswahl ergibt, das im konkreten Fall auch nicht zu einer unangemessenen Benachteiligung gem. § 307 BGB – früher § 9 AGBGB – führt, sofern die Bank ihren Sitz in Deutschland hat.[229] Eines Hinweises auf Art. 29 EGBGB, der dazu führen kann, dass im nicht-kaufmännischen Bereich ausnahmsweise Regelungen einer ausländischen Rechtsordnung Anwendung finden können, bedarf es nicht, da diese Regelung Bestandteil des deutschen Rechts ist und folglich vom Hinweis auf die Geltung der deutschen Rechtsordnung miterfasst wird.[230] Allerdings ist in den AGB-Banken eine solche Regelung nicht unzweideutig, da die Vereinbarung deutschen Rechts zwar hinsichtlich der Adressatengruppe nicht auf Kaufleute beschränkt wird, aus der Überschrift, „Maßgebliches Recht und Gerichtsstand bei kaufmännischen und öffentlich-rechtlichen Kunden" jedoch die Schlussfolgerung gezogen werden kann, dass die Regelung nur auf den kaufmännischen Bereich Anwendung finden soll. Aufgrund dessen ist es zweckmäßig, in die Online-Banking-Bedingungen eine ausdrückliche Klausel aufzunehmen, die den Bereich der Nichtkaufleute erfasst. Die Klausel besagt deshalb, dass in der Geschäftsbeziehung zwischen dem Kunden und seinem Kreditinstitut grundsätzlich deutsches Recht Anwendung findet, sofern es nicht ausdrücklich auf eine ausländische Rechtsordnung verweist. Dadurch wird der bereits erwähnten eingeschränkten Anwendung deutschen Rechts bei einer Rechtswahlklausel mit Verbrauchern in Art. 29 Abs. 1 EGBGB Rechnung getragen, wonach

---

227 Vgl. BuB – Sonnenhol, Rn. 1/186.
228 Vgl. BuB – Sonnenhol, Rn. 1/177.
229 Vgl. BuB – Sonnenhol, Rn. 1/175; MK-Martiny, 3. Auflage 1998, Art. 27 EGBGB Rn. 28; Canaris, Bankvertragsrecht, 2. Auflage 1981, Rn. 2721.
230 Vgl. BuB – Sonnenhol, Rn. 1/176; Horn, in Wolf/Horn/Lindacher, AGB-Gesetz, 4. Auflage 1999, § 23 Rn. 669.

III. Zahlungsverfahren im Internet

bei Verbraucherverträgen grundsätzlich die Regelungen Anwendung finden, die den Verbraucher am stärksten schützen. Die Rechtswahl darf folglich nicht dazu führen, dass der Verbraucher den Schutz verliert, der sich aus den zwingenden Regelungen des Staates ergibt, in dem er seinen gewöhnlichen Aufenthalt hat. Die freie Rechtswahl wird deshalb für den Fall beschränkt, dass die vertragliche Vereinbarung hinter dem Verbraucherschutz zurückbleibt, den die Verbraucher nach dem Recht des Staates hätten, in dem er sich gewöhnlich aufhält.[231]

Die Anknüpfung an die zwingenden Verbraucherschutzvorschriften gem. Art. 29 Abs. 1 EGBGB ist jedoch davon abhängig, dass dem Vertragsabschluss entweder ein ausdrückliches Angebot oder wenigstens eine Werbung im gewöhnlichen Aufenthaltsstaat des Verbrauchers aufgrund einer Initiative des Anwenders der Allgemeinen Geschäftsbedingungen vorausgegangen ist und der Verbraucher die zum Abschluss des Vertrages erforderlichen Handlungen entweder in seinem Aufenthaltsstaat vorgenommen hat oder der Anwender der Allgemeinen Geschäftsbedingungen auch ohne vorherige Werbung oder ein ausdrückliches Angebot die im gewöhnlichen Aufenthaltsstaat des Verbrauchers abgegebene „Bestellung" entgegengenommen hat. Entscheidend ist dabei der Ort der Entgegennahme einer Bestellung und nicht der der Annahme.

Um zu vermeiden, dass diese komplexen rechtlichen Regelungen in die Online-Banking-Bedingungen aufgenommen werden mussten, wird darin deshalb lediglich darauf verwiesen, dass deutsches Recht in all jenen Fällen Anwendung findet, in denen nicht zwingend ausländisches Recht gilt.[232]

kk) Zusammenfassung

Die Abwicklung des Zahlungsverkehrs über Online-Banking weist hinsichtlich des Zugangs und der Sicherheit erhebliche Ähnlichkeiten mit dem ec-System auf, da auch dieses auf dem Einsatz spezieller, dem Nutzer persönlich zugeordneter Legitimations- und Identifikationsmedien zur Erteilung von Aufträgen beruht. Unterschiede bestehen allerdings insofern, als im ec-Verfahren der Anwender ein körperliches – die Karte – und ein nichtkörperliches – die PIN – Medium einsetzen muss, während im Online-Banking-Verfahren immer der Einsatz nicht-körperlicher Legitimationsmedien – PIN und TAN – erforderlich ist. Gleichwohl spricht dies nicht gegen die Vergleichbarkeit, denn in beiden Fällen kann das beauftragte Kreditinstitut nicht unmittelbar überprüfen, ob der berechtigte Kontoinhaber eine Transaktion veranlasst hat, sondern nur kontrollieren, ob bei der entspre-

---
231 Lorenz, RIW, 1987, S. 577; Schurig, RabelsZ, 1990, S. 225.
232 Zum Inhalt von Art. 29 EGBGB im Bankvertrag vgl. BuB – Sonnenhol, Rn. 1/176.

chenden Auftragserteilung die dem Nutzer zugeordneten Legitimationsmedien eingesetzt wurden, so dass im Zweifelsfalle im Online-Banking-Verfahren dem beauftragten Kreditinstitut nur die Erleichterungen des Anscheinsbeweises zugute kommen können, die besagen, dass der Einsatz der dem legitimen Nutzer zugewiesenen Medien als Beleg dafür anzusehen ist, dass dieser entweder selbst verfügt oder durch einen unsorgfältigen Umgang mit seinen Legitimations- und Identifikationsmedien schuldhaft zum Missbrauch beigetragen hat.[233] Aufgrund dessen sehen die Online-Banking-Bedingungen – ebenso wie die Bankkarten-Bedingungen – die Verpflichtung des Online-Banking-Teilnehmers vor, seine Legitimationsmedien so sorgfältig aufzubewahren, dass ein unberechtigter Zugriff Dritter ausgeschlossen werden kann. Darüber hinaus wird der Online-Banking-Teilnehmer auch verpflichtet, im Falle eines vermuteten Missbrauchs den Online-Banking-Zugang zu sperren oder durch sein Kreditinstitut sperren zu lassen. Gäbe es diese speziellen Sicherungsverfahren durch die Legitimationsmedien nicht, wäre das Missbrauchsrisiko im vollen Umfange vom Kreditinstitut zu tragen, das in der Regel keine Möglichkeit hätte, den Nachweis zu führen, dass tatsächlich der Berechtigte eine Transaktion veranlasst oder durch eine Sorgfaltspflichtverletzung zu einem Missbrauch beigetragen hat. Darüber hinaus bildet das Sicherheitsverfahren die Grundlage für die Anwendung der Grundsätze zum Beweis des ersten Anscheins.

Aufgrund dessen unterscheiden sich die Grundsätze zum Nachweis und zur Haftung im Online-Banking-Verfahren nicht grundsätzlich von denen im Bankkarten- bzw. früheren ec-System. Dem Sicherheitsverfahren kommt für die Rechtsposition der Bank fundamentale Bedeutung zu. Solange es praktisch unüberwindbar ist, finden die Grundsätze zum Anscheinsbeweis Anwendung, so dass, sollte von Seiten des Nutzers ein Missbrauch behauptet werden, er die Umstände darlegen und beweisen muss, die die Voraussetzungen des Anscheinsbeweises erschüttern. Würden die Grundsätze zum Anscheinsbeweis auf das Online-Banking-Verfahren keine Anwendung finden, müsste das Kreditinstitut den Vollbeweis einer Verfügung durch den Anschlussinhaber oder einer Sorgfaltspflichtverletzung erbringen. Aufgrund der fehlenden Unmittelbarkeit der Auftragserteilung im Online-Banking-Verfahren, denn der Online-Banking-Teilnehmer kommuniziert nur mittelbar über elektronische Medien mit seinem Kreditinstitut, wird der Vollbeweis für einen Missbrauch kaum erbracht werden können. Das Online-Banking-Verfahren wäre dann für das dieses anbietende Kreditinstitut mit erheblichen Risiken verbunden, so dass es unter wirtschaftlichen Gesichtspunkten kaum sinnvoll wäre, einen entsprechenden Service anzubieten.

---

233 Vgl. OLG Oldenburg, NJW 1993, S. 1400, OLG VersR 1993, S. 840; von Rottenburg, WM 1997, S. 2391.

III. Zahlungsverfahren im Internet

b) Homebanking

Während das Online-Banking-Verfahren dadurch gekennzeichnet ist, dass der Bankkunde für den elektronischen Dialog mit seiner Bank auf die Dienste eines Telekommunikationsunternehmens und folglich auf ein geschlossenes Netz angewiesen ist, findet das Homebanking über offene Netze statt.[234] Beim Homebanking-Verfahren, das „HBCI" (= Homebanking Computer Interface) abgekürzt wird, handelt es sich nicht um ein Bankprodukt, sondern um einen von der deutschen Kreditwirtschaft entwickelten Standard, der den Datenaustausch regelt.[235] Durch diesen Standard wird beschrieben, welche Gliederung und welchen Aufbau Daten haben müssen, damit sie sowohl von den Computern der Kreditinstitute als auch denen der Kunden „verstanden" werden können.[236] Der HBCI-Standard legt fest, wie die verschiedenen Computerprogramme miteinander kommunizieren können.[237] Dadurch soll es den Homebanking-Kunden der verschiedenen Kreditinstitute ermöglicht werden, Bankgeschäfte multibankfähig abzuwickeln. Während das Online-Banking auf dem Einsatz von PIN und TAN beruht, kommen beim HBCI-Verfahren als Legitimationsmedien elektronische Signaturen nach international etablierten Standards auf der Basis einer Chipkarte oder einer Diskette zum Einsatz.[238]

Über das HBCI-Verfahren wird eine Abwicklungsplattform für verschiedene Geschäftsvorfälle zur Verfügung gestellt. Es ist insbesondere möglich, darüber Überweisungen, Überweisungen mit Zeitvorgaben, Daueraufträge, Sammelüberweisungen, Zahlungsaufträge im Außenwirtschaftsverkehr, Termineinlagen, Wertpapierorder, Depotinformationen und – soweit zulässig – Lastschriftverfahren abzuwickeln.[239] Diese Auflistung ist jedoch nicht abschließend, zukünftig ist mit Erweiterungen zu rechnen. Darüber hinaus können Höchstbetragsgrenzen, Vertretungsbefugnisse oder auch Zugriffsberechtigungen festgelegt werden.[240]

---

234 Kümpel, Bank- und Kapitalmarktrecht, 2. Auflage 2000, Rn. 4.670; Gößmann, in: Bankrechts-Handbuch I, 2. Auflage 2001, § 55 Rn. 27, Stockhausen; WM 2001, S. 605.
235 Vgl. Stockhausen, WM 2001, S. 605; Gößmann, in: Bankrechts-Handbuch I, 2. Auflage 2001, § 55 Rn. 27.
236 Vgl. Stockhausen, WM 2001, S. 605.
237 Vgl. Stockhausen, WM 2001, S. 605.
238 Vgl. Stockhausen, WM 2001, S. 606.
239 Vgl. Gößmann, in: Bankrechts-Handbuch I, 2. Auflage 2001, § 55 Rn. 28; Stockhausen, WM 2001, Seite 606.
240 Vgl. Gößmann, in: Bankrechts-Handbuch I, 2. Auflage 2001, § 55 Rn. 28; Stockhausen, WM 2001, Seite 606.

aa) Rechtliche Grundlagen des Homebanking

Rechtsgrundlage des Homebanking-Verfahrens bildet das „Homebanking-Abkommen", das zwischen den Spitzenverbänden der deutschen Kreditwirtschaft abgeschlossen wurde und zum 1. Oktober 1997 in Kraft getreten ist. Darin wird ein technischer Standard für ein multibankfähiges Dialogverfahren definiert, das den angeschlossenen Instituten die Abwicklung von Bankgeschäften erlaubt.[241] Das Homebanking-Abkommen ist zwischen den Spitzenverbänden der deutschen Kreditwirtschaft vereinbart worden, die sich dadurch verpflichtet haben, dafür zu sorgen, dass alle in den Verbänden organisierten Kreditinstitute das Homebanking-Verfahren anbieten, sofern sie das Abkommen anerkannt haben. Unabhängig vom Rechtscharakter eines solchen Interbanken-Abkommens[242] haben die angeschlossenen Institute die Förderungspflicht, zur Erreichung des gemeinsamen Zweckes beizutragen.[243] Auch wenn das Homebanking-Abkommen bereits im Jahre 1997 in Kraft getreten ist, bieten noch nicht alle Kreditinstitute dieses Verfahren an, obwohl dessen Einführung ursprünglich bis Ende 2000 geplant war.[244] Zur Zeit gilt das HBCI-Verfahren als das sicherste Verfahren im Internet-Banking.[245]

Gegenstand des Homebanking-Abkommens der Spitzenverbände der deutschen Kreditwirtschaft ist die Anerkennung der „Richtlinien für die Bereitstellung des Homebanking-Computer-Interface (HBCI) der deutschen Kreditwirtschaft" sowie der dazugehörigen „Schnittstellenspezifikationen Homebanking-Computer-Interface" („HBCI")" durch die Kreditinstitute zum Zwecke der Abwicklung von Bankgeschäften im HBCI-Dialog.[246]

Die Spitzenverbände der deutschen Kreditwirtschaft – und über sie letztendlich alle diesen angeschlossene Kreditinstitute – verpflichten sich durch das Homebanking-Abkommen, ihren Kunden eine Kommunikationsmöglichkeit zur Durchführung des HBCI-Dialogs für Bankgeschäfte zur Verfügung zu stellen. Allerdings steht es jedem Kreditinstitut frei, auch andere Kommunikations-Standards einzusetzen. Schließlich stellt die Schnittstellenspezifikation einen offenen Standard dar, der Softwareentwicklern zur Verfügung gestellt werden kann. Mit den im Abkommen enthaltenen Vorga-

---

241 Das Homebanking-Abkommen ist abgedruckt in BuB-Werner, Rn. 19/92 ff.
242 Zum Teil wird darin ein Gesellschaftsvertrag gesehen, vgl. Canaris, Bankvertragsrecht, 3. Auflage 1988, Rn. 527 y; Bieber, WM-Sonderbeilage, Nr. 6/1987, S. 6.
243 Vgl. BuB – Werner, Rn. 19/92.
244 Vgl. Stockhausen, WM 2001, S. 606 m.w. N.
245 Vgl. Stockhausen, WM 2001, S. 606 m.w. N.
246 Vgl. Stockhausen, WM 2001, S. 611.

III. Zahlungsverfahren im Internet

ben wird der Zweck verfolgt, die Multibankfähigkeit des Homebanking-Verfahrens sicherzustellen.[247]

Das Homebanking-Abkommen soll jedoch nicht nur der Festschreibung eines einmal erreichten technischen Standards dienen, sondern dessen Weiterentwicklung ermöglichen. Die Kreditinstitute haben deshalb die Pflicht, sofern sie den bisherigen Standard mit dem Ziel weiterentwickeln wollen, ihn zukünftig nicht mehr einzusetzen, den ZKA über den für sie zuständigen Spitzenverband bereits in der Planungsphase darüber zu informieren, um allen anderen Kreditinstituten eine Beteiligung an den entsprechenden Entwicklungen zu ermöglichen.[248]

Außerdem sind die geltenden Schnittstellenspezifikationen um solche Geschäftsvorfälle zu erweitern, die von allen angeschlossenen Kreditinstituten auf technisch einheitlicher Basis angeboten werden. Änderungen des Abkommens werden in einem Arbeitskreis der Vertragspartner verabschiedet. Bietet ein Kreditinstitut den im Rahmen des Homebanking vereinbarten Standard nicht mehr an, scheidet es mit sofortiger Wirkung aus dem Abkommen aus. Außerdem kann jedes Institut die Teilnahme am Abkommen kündigen.

Wie bereits ausgeführt, sind die „Richtlinien für die Bereitstellung des Homebanking-Computer-Interface (HBCI) der deutschen Kreditwirtschaft" Bestandteil des Homebanking-Abkommens, durch die der abstrakt gefasste Abkommenstext um eine Beschreibung ergänzt wird, welche Bestandteile der Schnittstellenspezifikation zu unterstützen und welchen optional anzubieten sind. Da die Richtlinien nur der Konkretisierung des Inhalts des Homebanking-Abkommens dienen, legen sie den Kreditinstituten keine über das Abkommen hinausgehenden Pflichten auf.[249]

Anlage 2 zum Homebanking-Abkommen enthält eine Definition des technischen Verfahrens. Es handelt sich dabei um die Homebanking-Computer-Interface-Schnittstellenspezifikationen in der aktuellen Version, die nahezu 800 Seiten umfasst.[250] Allerdings gelten die Regelungen im Homebanking-Abkommen – und in den Anlagen dazu – nur im Verhältnis der Kreditinstitute untereinander. Bezogen auf die Kunden muss jedes Kreditinstitut eine Teilnahmevereinbarung abschließen. Bei dieser handelt es sich um die Homebanking-Bedingungen, die Ähnlichkeiten mit den Online-Banking-Bedingungen aufweisen, jedoch tritt an die Stelle der PIN als Legitimations-

---
247 Vgl. Stockhausen, WM 2001, S. 611.
248 Der Text des Homebanking-Abkommens findet sich bei Gutschmidt, Zahlungsverkehr, Loseblattausgabe, Bd 2/13. 5.
249 Vgl. Stockhausen, WM 2001, S. 611.
250 Vgl. Stockhausen, WM 2001, S. 611.

medium ein Zugangscode und an Stelle der TAN-Liste eine Chipkarte oder Diskette. Die im Zentralen Kreditausschuss organisierten Verbände haben als Muster für eine Teilnahmevereinbarung die „Homebanking-Bedingungen"[251] entwickelt. Dieses Bedingungswerk bezieht sich jedoch nicht auf bestimmte Geschäftsvorfälle, sondern erfasst lediglich die Kommunikation zwischen Bank und Kunde. Geregelt werden der Zugangsweg, die Nutzungsberechtigung, die finanzielle Nutzungsgrenze, die vom Homebanking-Teilnehmer einzuhaltenden Pflichten, die Zugangssperre und die Behandlung der vom Online-Banking-Teilnehmer übermittelten Daten durch die Bank.[252] Für die darüber abzuwickelnden Geschäftsvorfälle gelten gegebenenfalls die einschlägigen Sonderbedingungen, wie z.B. die Überweisungsbedingungen im Überweisungsverkehr.

bb) Homebanking-Bedingungen

Die „Bedingungen für die konto-/depotbezogene Nutzung des Online-Banking mit elektronischer Signatur" (Homebanking-Bedingungen)"[253] weisen inhaltlich große Ähnlichkeiten mit den Online-Banking-Bedingungen auf. Deshalb gelten die diesbezüglichen Ausführungen unter III 2 a auch für die Homebanking-Bedingungen entsprechend.

Wesentliche Bedeutung kommt den HBCI-Bedingungen bei der Erfüllung der Aufklärungs- und Beratungspflichten durch die Bank zu, die sich von denjenigen im Online-Banking-Verfahren unterscheiden. Um der Erfüllung dieser Pflichten nachzukommen, erhalten die Nutzer von ihrem Kreditinstitut eine „HBCI-Verfahrensanleitung", die Bestandteil der Kundenbedingungen ist. In ihr werden die technischen Voraussetzungen dargestellt, die der HBCI-Teilnehmer erfüllen muss, um am Homebanking-Verfahren teilnehmen zu können. Dazu gehört insbesondere eine Beschreibung der Endgeräte. Schließlich werden die beiden Sicherungsverfahren – auf die weiter unter eingegangen wird – sowie das Verfahren bei der Identifikation und Legitimation beschrieben. Außerdem wird der Homebanking-Teilnehmer über die Anforderungen bei der Nachrichtenübermittlung informiert und ihm gegenüber klargestellt, welche Pflichten und Obliegenheiten er zu erfüllen hat.[254]

---

251 Bedingungen für die konto-/depotbezogene Nutzung des Online-Banking mit elektronischer Signatur, abgedruckt in: WM 2001, S. 650 ff.
252 Stockhausen, WM 2001, S. 611.
253 Abgedruckt in WM 2001, S. 650 ff. und Gößmann, in: Bankrechts-Handbuch I, 2. Auflage 2001, Anhang 7 zu §§ 52–55.
254 Gößmann, in: Bankrechts-Handbuch I, 2. Auflage, 2001, § 55 Rn. 35.

III. Zahlungsverfahren im Internet

Bei den beiden Sicherungsverfahren handelt es sich um das RSA-Verfahren[255] sowie das MAC-Verfahren.[256] Das asymmetrische RSA-Verfahren ist durch die Verwendung eines Schlüsselpaares gekennzeichnet, das aus einem privatem Schlüssel und einem öffentlichen Schlüssel besteht, die der Homebanking-Teilnehmer seiner Bank zu übermitteln hat. Mit Hilfe dieses öffentlichen Schlüssels ist das Kreditinstitut in der Lage zu überprüfen, ob die elektronische Unterschrift des Kunden ordnungsgemäß ist. Durch die Signatur kann der Nachweis geführt werden, dass die unterschriebenen Daten auf dem Übertragungswege nicht verändert wurden und einem bestimmten Kunden zugeordnet worden sind.[257]

Beim MAC-Verfahren wird ein Datenstück mit einer geheimen Information an eine Nachricht angehängt, die nur dem Sender und dem Empfänger bekannt ist. Aus beiden wird dann ein „Digest" berechnet, bei dem es sich um eine Art Prüfsumme handelt. Aus diesem kann nicht auf den Inhalt der Ursprungsinformation, d.h. Nachricht plus geheime Information, zurückgeschlossen werden. Sollte die Nachricht geändert werden, führt dies auch zu einem anderen Digest. Es ist jedoch nicht möglich, den Digest neu zu berechnen ist, es sei denn, die geheime Information wird bekannt. Folglich müssen bei diesem symmetrischen Verfahren die Schlüssel, die zum Signieren oder Chiffrieren herangezogen werden, beiden Partnern bekannt sein, also vorher auf anderen Wegen ausgetauscht worden seien. Die Sicherheit des Verfahrens setzt voraus, dass nur die an der Kommunikation beteiligten Partner die entsprechenden Schlüssel kennen.[258]

Ziel der HBCI-Spezifikationen ist es, das asymmetrische RSA-Verschlüsselungsverfahren mit Chipkarte zu implementieren. Während einer Übergangsphase wird es für den Bankkunden jedoch beide Verfahren geben, um von ihm erteilte Aufträge abzusichern. Bei dem einen handelt es sich um ein symmetrisches und damit auf einem MAC (= Message Authentication Code) beruhendes „DDV" (= DES-DES-Verfahren) genanntes[259] und bei dem anderen um ein asymmetrisches „RDH" (RSA-DES-Hybrid-Verfahren) genanntes Verfahren.[260] Das RDH-Verfahren ist zwingend, das DDV-Verfahren nur optional anzubieten.[261] Neben den Erläuterungen zu diesen

---

255 „RSA" steht für die Erfinder dieses Schlüssungsverfahrens, Rivert, Schamir und Adelmann.
256 Vgl. dazu von Rottenburg, WM 1997, S. 2389 f.
257 Vgl. Kümpel, Bank- und Kapitalmarktrecht, 2. Auflage 2000, Rn. 4.671; Stockhausen, WM 2001, S. 606.
258 Stockhausen, WM 2001, S. 607.
259 DES = Data Encryption Standard.
260 Vgl. Stockhausen, WM 2001, S. 607.
261 HBCI-Spezifikation 2.2, Kapitel VI, Sicherheit, S. 3.

beiden Sicherungsverfahren und den sich daraus ergebenden Verpflichtungen der Homebanking-Teilnehmer enthalten die Homebanking-Bedingungen – im Gegensatz zur Verfahrensanleitung – im Übrigen nur allgemeine Regelungen.

Ebenso wie in den Online-Banking-Bedingungen findet sich in den Homebanking-Bedingungen die Bestimmung, dass das den Homebanking-Service anbietende Kreditinstitut den Kunden mitteilt, welche Dienstleistungen er im Rahmen des Homebanking-Service in Anspruch nehmen kann. Auch hier ist das Kreditinstitut berechtigt, sowohl die Geschäftsvorfälle als auch den Kundenkreis festzulegen, dem die Homebanking-Dienstleistungen angeboten werden. Schließlich kann die Bank eine kundenspezifische Betragsbegrenzung festlegen. Unterlässt sie dies, gelten die jeweiligen Verfügungsbeschränkungen im Rahmen des normalen Girovertragsverhältnisses.

Aufgrund der großen Ähnlichkeit der Homebanking-Bedingungen mit den Online-Banking-Bedingungen hinsichtlich der Leistungsbestimmung und des Leistungsumfanges kann auf die entsprechenden Ausführungen zu den Online-Banking-Bedingungen verwiesen werden. Diese gelten entsprechend auch für die Homebanking-Bedingungen. Die Haftungsverteilung in den Homebanking-Bedingungen entspricht der gesetzlichen Haftungsverteilung und beruht auf dem Verschuldensprinzip. Folglich haftet das Kreditinstitut für die Einhaltung seiner Verpflichtungen, soweit dem Kunden selbst nicht ein Mitverschulden zur Last fällt.[262]

Hauptbestandteil der Sorgfaltspflichten des Homebanking-Teilnehmers ist die Einhaltung der vereinbarten Übertragungs- und Sicherungsverfahren, sowie die Geheimhaltung und Sicherung der Legitimationsmedien. Eine ausdrückliche Haftungsklausel fehlt in den Homebanking-Bedingungen jedoch, was darauf zurückzuführen ist, dass aufgrund der Geltung der gesetzlichen Haftungsregeln Sonderregelungen nicht erforderlich sind. Notwendig ist lediglich, die Sorgfaltspflichten festzulegen, nicht jedoch auch, welche Konsequenzen sich aus Verstößen dagegen ergeben. Eine verschuldete Sorgfaltspflichtverletzung kann deshalb Schadensersatzansprüche gegen den Verletzer auslösen.[263]

Die HBCI-Bedingungen enthalten auch keine Regelungen zur Beweislast, so dass es bei den allgemeinen Regelungen bleibt, wonach derjenige, der sich eines Anspruchs berühmt, die dafür erforderlichen Tatsachen vortragen und ggf. beweisen muss. Aufgrund des hohen Sicherheitsniveaus des

---

262 Vgl. Stockhausen, WM 2001, S. 611.
263 Vgl. Stockhausen, WM 2001, S. 611.

III. Zahlungsverfahren im Internet

Homebanking-Verfahrens[264] kommen auch hier die Grundsätze zum Anscheinsbeweis im Online-Banking-Verfahren zur Anwendung. Folglich begründet der Einsatz der dem Homebanking-Teilnehmer zugewiesenen Legitimationsmedien den Beweis des ersten Anscheins dafür, dass der Homebanking-Teilnehmer über seine Legitimationsmedien entweder selbst verfügt oder mit diesen nicht sorgfältig umgegangen ist. Dies entspricht den Haftungsgrundsätzen im Online-Banking-Verfahren. Allerdings wird beim Einsatz digitaler Signaturen – wie dies im HBCI-Verfahren der Fall ist – z. T. die Anwendung der Grundsätze zum Anscheinsbeweis mit der Begründung verneint, es fehle bisher an Erfahrungssätzen, die den Schluss auf einen typischen Geschehensablauf zulassen würden, wie er für die Konstituierung des Anscheinsbeweises erforderlich ist.[265] Dem steht allerdings entgegen, dass im Bankbereich, insbesondere im Firmenkundengeschäft, im Rahmen von Datenfernübertragungen Aufträge regelmäßig mittels elektronischer Signatur autorisiert werden. Auch wenn die technischen Standards dieser Verfahren nicht mit dem HBCI-Verfahren vergleichbar sind, kann aus dem auch bei diesem Verfahren erreichten Sicherheitsniveau die Schlussfolgerung gezogen werden, dass die Grundsätze zum Anscheinsbeweis darauf und damit auch auf das HBCI-Verfahren übertragbar sind. Es kommt deshalb weniger darauf an, welche Erfahrungen bisher mit diesen digitalen Signaturen gemacht wurden als vielmehr darauf, dass diese Verfahren mit einem vertretbaren Einsatz technischer oder materieller Mittel nicht überwunden werden können.[266]

Dem steht nicht entgegen, dass die elektronischen Schlüssel von unberechtigten Dritten eingesetzt werden können, denn gerade diesbzgl. wird der Homebanking-Teilnehmer verpflichtet, dafür Sorge zu tragen, dass diese vor dem unberechtigten Zugriff Dritter geschützt sind.[267] Folglich sind auf das HBCI-Verfahren die zum Beweis des ersten Anscheins entwickelten Grundsätze anwendbar, solange es mit einem vertretbaren technischen oder materiellen Aufwand nicht möglich ist, das Sicherheitsverfahren zu überwinden. Da jedoch die technische Entwicklung fortschreitet, bedeutet dies nicht, dass ein einmal erreichtes Sicherheitsniveau auch für die Zukunft genügt. Es ist vielmehr erforderlich, Sicherungsverfahren, wie das HBCI-Verfahren, weiter zu entwickeln und anzupassen, damit sie auch zukünftig nicht überwunden werden können. Die daraus resultierende verbleibende Rechts-

---

264 Vgl. Stockhausen, WM 2001, S. 606 m.w. N.
265 Vgl. Kindl, Elektronischer Rechtsverkehr und digitale Signatur, MittBayNotz 1999, S. 29 (S. 38).
266 Vgl. Stockhausen, WM 2001, S. 618.
267 Vgl. Stockhausen, WM 2001, S. 618.

unsicherheit muss die Kreditwirtschaft, die das HBCI-Verfahren anbietet, letztlich tragen.

Es kann, wie gerade die Diskussion im Zusammenhang mit der Sicherheit des PIN-Verfahrens im ec-System zeigt, nicht ausgeschlossen werden, dass Sachverständige zu dem Ergebnis kommen, es sei mit einem vertretbaren Aufwand möglich, das Sicherheitsniveau zu überwinden. Dies hätte zur Folge, dass damit eine wesentliche Grundlage des Anscheinsbeweises erschüttert würde.[268] Ob sich daran durch das Signaturgesetz zukünftig etwas grundsätzlich ändern wird, dürfte zumindest dann zweifelhaft sein, wenn die elektronische Signatur nach dem HBCI-Verfahren nicht nach dem Signaturgesetz zertifiziert wird.[269] Daraus kann zwar nicht die Schlussfolgerung gezogen werden, dass das HBCI-Verfahren, so es nicht den Anforderungen an eine qualifizierte elektronische Signatur nach dem Signaturgesetz genügt, unsicherer ist als diese[270], jedoch hat der Einsatz der elektronischen Signatur nach HBCI-Standard die gleiche Beweiswirkung wie eine handschriftlich unterzeichnete Urkunde. Aber selbst wenn die elektronische Signatur nach HBCI-Standard den Anforderungen an eine elektronische Signatur nach dem Signaturgesetz genügen würde, würde auch dies nach den gesetzlichen Regelungen nicht zu einer Gleichstellung mit der handschriftlichen Unterschrift führen. Vielmehr werden durch den neu eingeführten § 292 a ZPO für die elektronische Signatur die Grundsätze zum Anscheinsbeweis lediglich gesetzlich manifestiert[271]. Damit jedoch hätte auch eine Gleichstellung der elektronischen Signatur nach HBCI-Standard mit der qualifizierten elektronischen Signatur nach dem Signaturgesetz keine wirklichen Beweisvorteile für sich. Vielmehr ergibt sich allenfalls aus dem Vorliegen einer qualifizierten elektronischen Signatur nach dem Signaturgesetz zwingend die Anwendung der in § 292 a ZPO normierten Grundsätze zum Anscheinsbeweis, während im HBCI-Verfahren immer die Unsicherheit besteht, ob das Sicherheitsnivcau von einem Sachverständigen nicht als überwindlich angesehen wird und folglich die Grundsätze zum Anscheinsbeweis keine Anwendung finden können.

Die Unterschiede zwischen Online-Banking-Verfahren und Homebanking-Verfahren bestehen deshalb überwiegend im technischen Ablauf, nicht jedoch im Hinblick auf die rechtlichen Anforderungen und Regeln.

---

268 Vgl. Stockhausen, WM 2001, S. 618.
269 Vgl. Stockhausen, WM 2001, S. 614.
270 Gößmann, in: Bankrechts-Handbuch I, 2. Auflage 2001, § 55 Rn. 37f, vertritt die Ansicht, dass angesichts des erreichten Sicherheitsniveaus im HBCI-Verfahren dieses von der gesetzlichen Sicherheitsvermutung nach dem Signaturgesetz profitiere.
271 Vgl. Stockhausen, WM 2001, S. 615.

III. Zahlungsverfahren im Internet

Aufgrund der aufgezeigten rechtlichen Parallelität gelten für Zahlungen über das Homebanking-Verfahren die gleichen Grundsätze wie für Zahlungen im Online-Banking-Verfahren.

Um über Homebanking einen Überweisungsauftrag erteilen zu können, stellt der für das Verfahren freigeschaltete Kunde über die Internetseite seines Kreditinstituts zu diesem eine Verbindung her. Füllt er dann ein ggfs. vorgegebenes elektronisches Formular für einen Überweisungsauftrag aus, werden die für die Auftragsdurchführung erforderlichen Daten über die HBCI-Software nach HBCI-Standard gegliedert und in dieser Form übermittelt. Vor Versendung muss der Auftrag signiert und verschlüsselt werden. Dies geschieht unter Einsatz eines auf einer Chipkarte oder einer Diskette gespeicherten privaten Signaturschlüssels des Homebanking-Teilnehmers, der mit einem Passwort bzw. einer PIN gesichert wird sowie einem öffentlichen Chiffrierschlüssel des Kreditinstituts.[272] Zur Erzeugung der elektronischen Signatur ist es erforderlich, die Daten aus dem Auftrag mit der so genannten „Hash-Funktion" zu ändern und zu komprimieren.[273] Dieser daraus gebildete Hashwert wird mit dem privaten Signaturschlüssel des Kunden verknüpft, wobei der daraus gebildete neue Wert die eigentliche elektronische Signatur darstellt, die mit dem Ursprungsauftrag verbunden worden ist. Es gibt also weder eine körperliche noch eine digitale Erfassung einer handschriftlichen Unterschrift.[274]

Es wäre nun möglich, diese Daten mit dem öffentlichen Chiffrierschlüssel des beauftragten Kreditinstituts zu verknüpfen und als neuen verschlüsselten Wert an dieses zu senden. Da die Verknüpfung derartig umfangreicher Datenmengen mit einem asymmetrischen Schlüssel sowohl zeit- als auch rechneraufwendig ist und die derzeitigen Systeme nicht in der Lage sind, diese in angemessener Zeit durchzuführen, wird ein technischer Trick angewandt. Der Überweisungsauftrag wird nicht mit dem öffentlichen Chiffrierschlüssel des Kreditinstituts verschlüsselt, sondern mit einem neuen symmetrischen Schlüssel, der für den jeweiligen aktuellen Nachrichtenaustausch gesondert erstellt wird.[275] Die HBCI-Kundensoftware erzeugt zusammen mit dem mathematischen Triple-DES-Verfahren sowie einer Zufallszahl einen eigenen symmetrischen Verschlüsselungs-Schlüssel, der ausschließlich für diese Datenübermittlung bestimmt ist. Dieser wird zunächst mit dem bekannten öffentlichen Chiffrierschlüssel des Kreditinstituts verschlüsselt und dann an dieses übermittelt. Unter Einsatz des privaten

---

272 Vgl. Stockhausen, WM 2001, S. 610.
273 Vgl. Stockhausen, WM 2001, S. 610.
274 Vgl. Stockhausen, WM 2001, S. 610.
275 Vgl. Stockhausen, WM 2001, S. 610.

Schlüssels ist das Kreditinstitut dann in der Lage, diese Nachricht zu entschlüsseln. Kreditinstitut und Kunde müssen zu diesem Zweck im Besitz des neugebildeten symmetrischen Verschlüsselungs-Schlüssels sein, der nur für diese einzige Nachrichtenübermittlung gilt. Der Kunde übersendet anschließend zusammen mit dieser symmetrischen Verschlüsselung die Auftragsdaten mit seiner elektronischen Signatur. Da das Kreditinstitut zuvor den symmetrischen Schlüssel erhalten hat, kann es nunmehr Auftragsdaten und elektronische Signatur lesen, da er die Auftragsdaten entschlüsseln kann.[276] Um zu kontrollieren, ob der erteilte Auftrag während der Übermittlung verändert wurde, ist der Hashwert zu überprüfen. Dazu ist es erforderlich, die elektronische Signatur und die Überweisung getrennt voneinander zu betrachten. Zu diesem Zweck werden die Überweisungsdaten mit der dem Kreditinstitut bekannten Hash-Funktion verknüpft, um auf diesem Wege einen Hashwert zu bilden. Parallel dazu wird die elektronische Signatur überprüft. Diese besteht aus einem vom Kunden gebildeten Hashwert sowie dessen privatem Signaturschlüssel. Das Kreditinstitut ist nunmehr in der Lage, zusammen mit dem ihm bekannten öffentlichen Signaturschlüssel des Kunden aus der elektronischen Unterschrift den ursprünglichen Hashwert zu bestimmen, den der Kunde zusammen mit der von ihm abgesandten Nachricht ermittelt und versandt hat. Stimmen dieser Hashwert sowie der vom Kreditinstitut ermittelte Hashwert überein, steht fest, dass während der Übertragung der Daten der Auftrag nicht verändert wurde. Er kann dann im normalen Geschäftsbetrieb unter Berücksichtigung etwaiger Sperren, Auftragsrückrufen oder Verfügungsbeschränkungen bearbeitet und ggfs. ausgeführt werden.[277]

Im ebenfalls angebotenen DDV-Verfahren werden – im Gegensatz zum RDH-Verfahren – die Schlüsselpaare nicht erst beim Kunden erzeugt. Dieser erhält vielmehr von seinem Kreditinstitut eine Chipkarte, auf der bereits ein Signaturschlüssel sowie ein Chiffrierschlüssel gespeichert sind. Bei beiden Schlüsseln handelt es sich um die symmetrischen Schlüssel, die den Parteien bekannt sind. Es ist möglich, diese auf einer eigenen Chipkarte oder auf dem Chip einer anderen Karte abzulegen.[278] Ähnlich wie im RDH-Verfahren wird aus Kundennachricht und Hash-Funktion der Hashwert gebildet. Dieser wird zusammen mit dem vom erstbeauftragten Kreditinstitut auf der Chipkarte übermittelten symmetrischen Signaturschlüssel sowie eines mathematischen Verfahrens vom Kunden signiert.[279] Zur Übermittlung der verschlüsselten Nachricht ist es – wie im RDH-Verfahren – erfor-

---

276 Zu den Einzelheiten vgl. Stockhausen, WM 2001, S. 610.
277 Vgl. Stockhausen, WM 2001, S. 610.
278 Vgl. Stockhausen, WM 2001, S. 610.
279 Vgl. Stockhausen, WM 2001, S. 610.

III. Zahlungsverfahren im Internet

derlich unter Einsatz eines Chiffrierschlüssels sowie einer Zufallszahl einen weiteren speziellen symmetrischen Verschlüsselungsschlüssel zu erzeugen, der für jede Nachricht neu gebildet werden muss. Dieser wird gemeinsam mit dem Chiffrierschlüssel des Kunden vor Nachrichtenübermittlung an das Kreditinstitut verschlüsselt übermittelt. Danach wird die zu übermittelnde Nachricht unter Einsatz des neugebildeten Verschlüsselungs-Schlüssels verschlüsselt an das zu beauftragende Kreditinstitut übermittelt, das diesen Schlüssel wieder entschlüsseln kann. Dadurch soll ein Ausspähen durch Dritte erschwert werden.[280] Auch wenn dieses Verfahren äußerst komplex ist, geschehen die geschilderten Vorgänge innerhalb weniger Sekunden. Deshalb unterscheidet sich die Rechtslage – wie bereits weiter oben im Einzelnen dargestellt wurde – hinsichtlich des Schadens- und Haftungsrisikos nicht von derjenigen in normalen Überweisungsverfahren.

3. Spezielle Internet-Zahlungsmittel – Netzgeld

Das Internet bietet sich nicht nur als Medium zur Durchführung konventioneller Zahlungsverfahren in modifizierter Form an, sondern erlaubt auch, neue Zahlungsverfahren zu entwickeln, die ausschließlich über das Netz abgewickelt werden können. Es gibt dafür jedoch bisher weder einen einheitlichen technischen noch juristischen Standard, so dass verschiedene Systeme denkbar sind und miteinander konkurrieren können. Anhand von zwei aktuellen Beispielen sollen exemplarisch die mit Internet-Zahlungsverfahren verbundenen Chancen und Risiken sowie die damit im Zusammenhang auftretenden Rechtsprobleme erörtert werden.

a) ecash

Auch wenn das eCash-Verfahren teilweise zusammen mit Kreditkarten angeboten wurde, handelt es sich dabei doch um ein kartenunabhängiges Verfahren, das nicht einmal – wie z. B. das SET-Verfahren – zwingend mit einer Karte verbunden sein muss.[281]

---

280 Vgl. Stockhausen, WM 2001, S. 611.
281 Zu den Einzelheiten des eCash-Verfahrens vgl. Dania Neumann, Die Rechtsnatur des Netzgeldes, München 2000, S. 21 ff.; Kümpel, WM 1998, S. 365 ff.; Escher, WM 1997, S. 1176 ff.; Pichler, Rechtsnatur, Rechtsbeziehungen und zivilrechtliche Haftung beim elektronischen Zahlungsverkehr im Internet, 1998, S. 4 ff.; Blaurock/Münch, KuR 2000, S. 97 ff.; Werner, BB-Beilage 12/1999, S. 21f.

Es ist so ausgestaltet, dass die eCash-Teilnehmer mittels einer Software anonyme Zahlungen über das Internet oder andere offene Datennetze an die an das eCash-Verfahren angeschlossenen Händler leisten können.

aa) Teilnahmevoraussetzungen

Grundlage für die Teilnahme am eCash-Verfahren bildet ein Geflecht aus verschiedenen vertraglichen Beziehungen zwischen den einzelnen Beteiligten.

Zunächst ist die Einrichtung eines speziellen eCash-Kontos sowie einer darauf aufbauenden eCash-Geldbörse des eCash-Teilnehmers erforderlich.[282] Die Bezeichnung „eCash-Konto" ist jedoch missverständlich, denn es handelt sich dabei weniger um ein Konto als vielmehr um einen Speicher für elektronische Werteinheiten auf der Festplatte des PCs des eCash-Teilnehmers.

Das eCash-Konto weist Ähnlichkeiten mit der GeldKarte auf, wobei ein wesentlicher Unterschied jedoch darin besteht, dass bei der Geldkarte die Werteinheiten auf einem körperlichen Medium, das unmittelbar bei der Zahlung eingesetzt wird, gespeichert werden, während dies im eCash-Verfahren auf der Festplatte erfolgt. Das eCash-Konto ist jedoch kein Bankkonto, denn es wird nicht von oder bei einer Bank geführt, sondern stellt die Einheit dar, über die die Werteinheiten auf der Festplatte des PCs des eCash-Teilnehmers verwaltet werden.

Nachdem das eCash-Konto eröffnet wurde, muss der eCash-Teilnehmer einen individuellen Schlüssel erstellen, den er benötigt, um einzelne virtuelle eCash-Münzen mit einer Identifikationsnummer zu versehen. Mit Hilfe dieser Nummern ist es möglich, diese einzelnen Bankkunden zuzuordnen, sofern sie offen legen, welche Identifikationsnummern sie vergeben haben. Ohne diese Bekanntgabe ist es nicht möglich, aus der Identifikationsnummer Rückschlüsse auf einen eCash-Teilnehmer zu ziehen. Die Aufhebung der Anonymität ist deshalb Voraussetzung für die Feststellung, wer eine mit einer bestimmten Identifikationsnummer versehene Münze generiert hat.

Zur Generierung einer eCash-Münze ist ein persönlicher Schlüssel erforderlich, den der eCash-Teilnehmer aufgrund der persönlichen Zuordnung auch geheim halten muss, um eine missbräuchliche Teilnahme am Verfahren durch unberechtigte Dritte zu verhindern.[283]

---

282 Dania Neumann, Die Rechtsnatur des Netzgeldes, München 2000, S. 21 ff.; Pichler, Rechtsnatur, Rechtsbeziehungen und Zivilrechtliche Haftung beim elektronischen Zahlungsverkehr im Internet, 1998, S. 4 ff.; Werner, BB-Beilage 12/1999, S. 21 f.
283 Vgl. Dania Neumann, a. a. O., S. 26 f., Werner, BB-Beilage 12/1999, S. 21.

III. Zahlungsverfahren im Internet

Nachdem der eCash-Teilnehmer seinen persönlichen Schlüssel generiert hat, legt er sein Konto und sein Börsen-Passwort fest. Das Konto-Passwort ist erforderlich, um Werteinheiten vom eCash-Konto auf die eCash-Geldbörse zu übertragen, während mit dem Börsen-Passwort das Programm um eCash-Zahlungen erbringen zu können, aufgerufen werden kann.

bb) Vereinbarung mit den Akzeptanten

Das eCash emittierende Institut muss nicht nur vertragliche Beziehungen mit den Bankkunden knüpfen, die im eCash-Verfahren Zahlungen leisten wollen, sondern auch mit den Händlern, die bereit sind, Zahlungen in diesem Verfahren zu akzeptieren. Diese Struktur ist ähnlich zu der des electronic-cash- und des POZ-Verfahrens, in denen ebenfalls sowohl die Teilnehmer als auch die Händler vertragliche Beziehungen mit den Emittenten des Zahlungsverfahrens eingehen müssen. Im Gegensatz jedoch zum electronic-cash- und POZ-Verfahren handelt es sich beim eCash-Verfahren um kein Verfahren der deutschen Kreditwirtschaft, sondern um ein von einzelnen Instituten angebotenes, so dass hier Vertragspartner nicht die ganze deutsche Kreditwirtschaft, sondern lediglich das/die Institut/Institute ist/sind, das/die das eCash-Verfahren anbietet/anbieten.

Auch die Vereinbarungen mit den eCash-Akzeptanten enthalten neben der Verfahrenbeschreibung und der Festlegung der technischen Anforderungen zur Teilnahme am Verfahren die Festlegung besonderer Sorgfalts- und Mitwirkungspflichten, die im Zusammenhang mit der Darstellung des Zahlungsablaufs und der Haftungsrisiken näher zu behandeln sind.

cc) Zahlungsablauf

Um Zahlungen über das eCash-Verfahren leisten zu können, muss der eCash-Teilnehmer die eCash-Geldbörse auf der Festplatte seines Rechners zunächst mit digitalen Münzen auffüllen. Zu diesem Zweck ist es erforderlich, einen beliebigen Betrag vom Kontokorrentkonto auf das eCash-Konto zu übertragen, um über dieses später die Geldbörse mit den eCash-Münzen auffüllen zu können. Um diese digitalen Münzen, die auf der Festplatte gespeichert werden, und die der eCash-Teilnehmer zum Bezahlen benötigt, für die eCash-Geldbörse zu erhalten, muss eine Online-Abhebung vom eCash-Konto erfolgen, auf das der eCash-Teilnehmer nur mittels eines Konto-Passworts Zugriff hat.

Der dem eCash-Konto gutgeschriebene Betrag wird einem bei der eCash emittierenden Bank geführten Pool-Konto gutgeschrieben. Bei diesem handelt es sich um ein Sammelkonto, über das auch die Gutschriften im Zusammenhang mit der Einlösung digitaler Münzen abgewickelt werden. Gezahlt wird im eCash-System mittels als „Token" bezeichneter Werteinheiten, die außer den Wertangaben jeweils eine individuelle Identifikationsnummer sowie die elektronische Unterschrift des eCash emittierenden Instituts enthalten. Um die Anonymität des Zahlungsverfahrens zu wahren, ist die Münzidentifikationsnummer jeder Münze zum Zeitpunkt des Anbringens der elektronischen Unterschrift verdeckt, so dass das signierende Institut diese nicht lesen kann.

Ein als eCash-Zahlungsmittel einsetzbarer „Token" wird vom eCash-Teilnehmer unter Verwendung der ihm zur Verfügung gestellten Software generiert. Diese virtuelle Münze wird mit der gewählten Werthöhe sowie einer Identifikationsnummer versehen. Letztere wird durch Multiplikation mit einem Ausblendfaktor unkenntlich gemacht und danach an das eCash emittierende Institut versandt, das nur den Münzbetrag, nicht jedoch die Identifikationsnummer lesen kann. Die Münze wird daraufhin mit der elektronischen Unterschrift des emittierenden Instituts versehen, und danach an den Kunden zurückgeschickt. Dieser kann, nachdem die Identifikationsnummer wieder kenntlich gemacht wurde, die Münze zur Zahlung im Internet verwenden.

Um sicherzustellen, dass eCash-Münzen nicht unkontrolliert in Umlauf kommen, kann jede nur einmal zur Zahlung eingesetzt werden. Voraussetzung für die Einlösung einer solchen Münze durch das emittierende Institut sind das Vorhandensein der von diesem stammenden digitalen Signatur sowie eine Identifikationsnummer, wobei die Bank die Zuordnung zum speziellen Kunden nicht vornehmen kann, sondern lediglich über die Identifikationsnummern der Münzen verfügt, die bereits eingelöst wurden. Dadurch soll ausgeschlossen werden, dass eine eCash-Münze dupliziert und mehrfach eingelöst werden kann. Sollte jedoch das Duplikat einer eCash-Münze bei dem die Ursprungs-Münze emittierenden Institut zur Einlösung eingereicht werden, bevor die Original-Münze eingelöst wurde und die digitale Signatur in Ordnung sein, wird das eCash-Poolkonto belastet und der entsprechende Gegenwert dem Konto des eCash-Akzeptanten gutgeschrieben. Eine Einlösung der echten Münze ist danach nicht mehr möglich. Allerdings dürfte eine Fälschung weitestgehend ausgeschlossen sein, da es dazu notwendig wäre, die elektronische Signatur zu fälschen.

Sofern die beschriebenen technischen Voraussetzungen für die Akzeptanz einer elektronischen Münze vorliegen, garantiert die Bank deren Einlösung. Sie verpflichtet sich folglich, den Gegenwert dem eCash-Konto des Einreichers gutzuschreiben. Nach positiver Autorisierung erhält der Akzeptant einer solchen Münze online die Bestätigung, dass die Zahlung erfolgt ist. Gleichzeitig bekommt der eCash-Teilnehmer über das Protokoll seiner eCash-Geldbörse den Zahlungseingang beim Händler bestätigt.

III. Zahlungsverfahren im Internet

Nach Einlösung der Token erfolgt eine Speicherung ihrer Seriennummern, um eventuelle Duplikate feststellen zu können. Gleichwohl ist die Bank nicht in der Lage, anhand der Seriennummern festzustellen, welcher eCash-Teilnehmer die Münzen generiert hat.

Sofern ein eCash-Teilnehmer vor der Online-Prüfung seine Münze stornieren möchte, muss er dazu seine Anonymität aufheben, in dem er Kopien der zu stornierenden Token an das eCash emittierende Institut übersendet. Dadurch erhält dieses Kenntnis von der jeweiligen Identifikationsnummer. Erkennt es bei einer Prüfung, dass die entsprechende Münze noch nicht eingelöst wurde, erhält der eCash-Teilnehmer deren Gegenwert erstattet. Eine Einlösung der Münzen, die storniert wurden, ist danach nicht mehr möglich, denn beim Abgleich der von der Bank gespeicherten mit den eingereichten Nummern ist feststellbar, welche Münzen nicht mehr gültig sind. Diese werden danach nicht mehr eingelöst. Die dem Kartenakzeptanten gegenüber abgegebene Garantie setzt voraus, dass die technische Prüfung positiv verläuft. Ist die Münze jedoch storniert worden, erfolgt eine solche Freigabe nicht, da dann die Voraussetzungen für die „Garantie" – bei der es sich jedoch eher um ein Zahlungsversprechen handeln dürfte – nicht vorliegen.

Um eCash als Zahlungsmittel akzeptieren zu können, muss der Zahlungsempfänger ebenfalls eCash-Teilnehmer sein. Es ist deshalb erforderlich, dass er mit seinem Kreditinstitut eine entsprechende Teilnahmevereinbarung abschließt, in der nicht nur die Teilnahmebedingungen, sondern auch die technischen Voraussetzungen für den Anschluss an das Verfahren festgelegt werden. Darüber hinaus benötigt der Akzeptant ein Girokonto sowie ein eCash-Konto beim emittierenden Institut.

Obwohl das eCash-Verfahren weitgehend durch Anonymität geprägt ist und „elektronische Münzen" übertragen werden, sind diese virtuellen Münzen nicht beliebig unter den Teilnehmern austauschbar. eCash-Teilnehmer, die nicht als Akzeptanten am Verfahren teilnehmen, können nur in erheblich eingeschränktem Umfange Token untereinander austauschen, indem diese von einem Teilnehmer auf einen anderen als angehängte Datei mittels E-mail übertragen werden. Eine solche Übertragung ist jedoch nur „offline" möglich, d.h. ohne eine vorherige technische Prüfung. Ein eine solche Münze akzeptierender Teilnehmer kann nicht, wie das emittierende Kreditinstitut, eine technische Prüfung daraufhin vornehmen, ob die Identifikationsnummer der „Token" schon einmal verwendet wurde und ob die digitalen Signaturen in Ordnung sind. Folglich trägt dabei der Akzeptant das Fälschungsrisiko.[284]

---

284 BuB – Werner, Rn. 19/239.

dd) Pflichten des eCash-Teilnehmers

Zu den Hauptpflichten eines eCash-Teilnehmers gehört, die Verfahrensanleitung sowie die Nutzerführung zu beachten. Darüber hinaus hat er für die Datensicherheit Sorge zu tragen und alle von ihm eingegebenen Angaben auf Vollständigkeit und Richtigkeit zu überprüfen. Auch muss er dafür Sorge tragen, dass weder die Sicherheit noch der ordnungsgemäße Ablauf des eCash-Zahlungsverfahrens durch sein Verhalten beeinträchtigt werden können.[285] Eine besondere Bedeutung kommt der Verpflichtung zur Geheimhaltung der verschiedenen Passwörter zur Vermeidung von Missbräuchen zu. Deshalb ist der eCash-Teilnehmer gehalten, sowohl die verschiedenen Passwörter – es handelt sich dabei um das Initialisierungs-, Börsen-, und Konto-Passwort – als auch den elektronischen Schlüssel Dritten nicht zugänglich zu machen, da jeder, der über diese Medien verfügt, das Zahlungssystem zum Nachteil des eCash-Teilnehmers in Anspruch nehmen kann. Der eCash-Teilnehmer muss deshalb seinen Rechner vor nicht-autorisierten Zugriffen schützen, damit Münzen nicht dupliziert oder von einem unberechtigten Dritten eingesetzt werden können.[286] Sollte der Verdacht bestehen, dass ein Unberechtigter Kenntnis von den Passwörtern oder Zugang zum Zahlungssystem erhalten hat, muss der eCash-Teilnehmer das eCash emittierende Institut unverzüglich darüber unterrichten, damit dieses einen eventuellen Missbrauch verhindern kann.[287]

ee) Haftung

Hat der eCash-Teilnehmer eine der ihm obliegenden Pflichten schuldhaft verletzt, muss er für die dadurch verursachten Schäden einstehen. Der Umfang des von ihm zu leistenden Schadenersatzes hängt davon ab, ob gegebenenfalls das eCash emittierende Institut oder auch ein eCash-Akzeptant seine Pflichten verletzt hat.

Für die Haftung gelten deshalb die allgemeinen zivilrechtlichen Haftungsgrundsätze, soweit für das eCash-Verfahren nichts anderes vereinbart wurde.

Auf dieser Grundlage haftet das eCash emittierende Institut für die von ihm schuldhaft verursachten Schäden, jedoch nicht für die Verfügbarkeit des Zahlungssystems und auch nicht dafür, dass der Zugang zum eCash-Verfahren über das Internet jederzeit möglich ist, da dies von verschiedenen, auch von Kreditinstitut nicht zu beeinflussenden Faktoren abhängt. Eine even-

---

285 BuB – Werner, Rn. 19/241.
286 BuB – Werner, Rn. 19/242.
287 BuB – Werner, Rn. 19/247.

III. Zahlungsverfahren im Internet

tuelle Haftung käme jedoch in Betracht, wenn die fehlende Verfügbarkeit oder Zugangsmöglichkeit schuldhaft vom eCash emittierenden Kreditinstitut herbeigeführt wird oder dieses auf ihm bekannte Zugangsrisiken nicht hinreichend hingewiesen hat. Gleichwohl trifft auch im Falle einer derartigen, schuldhaft vom Kreditinstitut herbeigeführten Zugangsstörung den eCash-Teilnehmer eine Schadensminderungspflicht, d. h. er muss, falls ihm durch die Unausführbarkeit der Zahlung Schäden drohen, versuchen, diese gegebenenfalls außerhalb des eCash-Verfahrens vorzunehmen. Damit eine solche Verpflichtung gelten kann, ist es aber erforderlich, dass der eCash-Teilnehmer über eine Störung unterrichtet wird, die eine Zahlung unmöglich macht.

Allerdings muss hinsichtlich der Voraussetzungen, unter denen ein Kreditinstitut bei Zugangsstörungen haftet, zwischen verschiedenen Fallgruppen unterschieden werden. Sofern damit geworben werden sollte, dass das Zahlungsverfahren 24 Stunden zu Verfügung steht, geht die Verpflichtung des Kreditinstituts dafür Sorge zu tragen, dass dies auch tatsächlich der Fall ist, deutlich weiter, als wenn lediglich die Möglichkeit eines Internet-Zahlungsverfahrens angeboten wird. Bei einer Werbung mit 24-stündiger Erreichbarkeit könnte durchaus von einer Garantiehaftung ausgegangen werden. Aber selbst wenn dies nicht der Fall sein sollte, scheidet eine Haftung des Anbieters nur dann aus, wenn es zu Zugangsstörungen kommt, die er nicht verschuldet hat. Dies gilt auch bei eventuellen haftungsbeschränkenden Regelungen in Allgemeinen Geschäftsbedingungen. Die Haftung für technische oder betriebliche Störungen kann nur ausgeschlossen werden, wenn sie nicht schuldhaft vom Kreditinstitut selbst verursacht wurden.[288] Dies folgt aus § 307 Abs. 2 Nr. 1 BGB, da danach eine Haftungsfreizeichnung unzulässig ist, wenn der Verwender wesentliche Rechte und Pflichten so einschränkt, dass der Vertragszweck gefährdet wird.[289] Folglich ist bei Zahlungsverfahren, wie dem eCash-Verfahren, eine Haftungsbeschränkung zumindest dann nicht zulässig, wenn das Kreditinstitut dadurch für die schuldhafte Nichtzurverfügungstellung vertragswesentlicher Leistungen nicht einzustehen hätte.

Unter der Prämisse, dass Zugang zum eCash-Zahlungsverfahren durch Einsatz verschiedener Passwörter und eines elektronischen Schlüssels mindestens das gleiche Sicherheitsniveau wie das PIN-Verfahren erreicht, ist davon auszugehen, dass der Einsatz dieser Medien den Beweis des ersten Anscheins dafür begründet, dass entweder der berechtigte eCash-Teilnehmer eine Zahlung veranlasst oder zumindest durch sein Verhalten schuldhaft

---

288 BGH, CR 2 001, S. 181 Stegmüller.
289 BGH, NW-RR 1988, S. 559 = BGH, MDR 1988, S. 595.

dazu beigetragen hat, dass es zu einem Missbrauch seiner Medien kommen konnte[290].

ff) Rechtliche Struktur und Erklärungsansätze

Der Ablauf des ecash-Zahlungsverfahrens weist – auch wenn die technische Struktur eine andere ist – große Ähnlichkeiten mit dem Geldkarten-Verfahren auf, so dass zur juristischen Erklärung des ecash-Verfahrens auf die zum Geldkarten-Verfahren entwickelten Grundsätze zurückgegriffen werden kann. Das ecash-Verfahren könnte auch als eine Art „virtuelles Geldkarten-Verfahren" interpretiert werden.

Die Rechtsfigur der Anweisung gem. §§ 783 ff. BGB scheint auf den ersten Blick für die Erklärung des ecash-Verfahrens am ehesten geeignet. Für die Anwendung dieser Rechtsgrundsätze spricht, dass es sich bei einer Anweisung um eine Urkunde handelt, durch die der Angewiesene aufgefordert und gleichzeitig ermächtigt wird, die in der Urkunde verbriefte Leistung dem Anweisungsempfänger zu erbringen. Einen ähnlichen Verlauf hat auch das ecash-Verfahren, auch wenn es hier keine Urkunde gibt. Durch die elektronische Münze wird das ecash emittierende Kreditinstitut auf elektronischem Wege angewiesen, an den ecash-Akzeptanten als Einreicher dieser Münze eine Zahlung zu leisten. Dem ecash-Token fehlt zwar die Wertpapiereigenschaft, es handelt sich dabei lediglich um elektronische Daten und nicht um ein Papier im materiellen Sinne, gleichwohl schließt dies eine analoge Anwendung der Regelungen gemäß §§ 783 ff. BGB nicht aus, zumal es sich bei dem im BGB geregelten Falle lediglich um einen Grundtyp und nicht um einen abschließenden Typus handelt, der analogiefähig ist. [291]

Die Online-Prüfung, deren positiver Verlauf Voraussetzung für den Zahlungsanspruch des Akzeptanten gegen das ecash emittierende Institut ist,

---

290 Werner, in: Schwarz, Recht im Internet, Kapital 6-4.3, S. 5; LG Köln, WM 1995, S. 976 = WuB ID 5c.-3.96 Ahlers; AG Diebholz, WM 1995, S. 1919 = WuB ID 5c.-1.96 Hertel; AG Schöneberg, WM 1997, S. 66 = WuB ID 5c.-2.97 Werner; AG Hannover, WM 1997 S. 64 = WuB ID 5c.-2.97 Werner; AG Frankfurt am Main, WM 1995, S. 880 = WuB ID 5c.-2.96 Salje; AG Wuppertal 1997, S. 1209 = WuB ID 5c.-3.97 Aepfelbach/Cemiotti; AG 120097, S. 1207 = WuB ID 5.C 3.97 Aepfelbach/Cemiotti; AG Charlottenburg, WM 1997, S. 2280 = WuB ID 5c.-1.98 Werner; AG Frankfurt, NJW 1998, S. 687; AG Osnabrück, NJW 1998, S. 688; AG Dinslaken, WM 1998, S. 1126; LG Frankfurt am Main, WM 1999, S. 1930.

291 Zur Analogiefähigkeit vgl. Pichler, Rechtsnatur, Rechtsbeziehungen, und zivilrechtliche Haftung beim elektronischen Zahlungsverkehr im Internet, 1998, S. 32 m.w.N. Hueck/Canaris, Wertpapierrecht, 12. Aufl. 1986 § 4 I; Zöllner, Wertpapierrecht, 14. Aufl. 1987 § 8 IV1; Canaris, Bankvertragsrecht, 3. Aufl. 1988, Rn. 320 und 920; Bieber, WM-Sonderbeilage Nr. 6/1987, S. 7; Kümpel, WM 1997, S. 1039; Dania Neumann, Die Rechtsnatur des Netzgeldes – Internet Zahlungsmittel ecash, München 2000, S. 119 ff; die Anweisungskonstruktion kritisch beleuchtend Blaurock/Münch, KuR 2000, S. 104 ff.

III. Zahlungsverfahren im Internet

lässt sich unter § 784 BGB – die Annahme der Anweisung durch den Angewiesenen – subsumieren, denn durch diese erhält der Anweisungsempfänger ein Forderungsrecht gegen den Angewiesenen, nachdem dieser die Anweisung angenommen hat. Grundlage dieses Anspruchs ist ein Schuldversprechen gemäß § 780 BGB, dass die Verpflichtung des Angewiesenen gegenüber dem Anweisungsempfänger, eine Zahlung zu erbringen, begründet. Zwar wird die gem. § 784 Absatz 2 BGB im Anweisungsrecht vorgesehene Schriftform im eCash-Verfahren nicht eingehalten, es kommt jedoch eine analoge Anwendung in Betracht.[292]

Zum Teil wird die Ansicht vertreten, bei der Verpflichtung des eCash emittierenden Instituts gegenüber dem eCash-Akzeptanten nach positiver Autorisierung den Münzwert leisten zu müssen, handele es sich nicht um ein abstraktes Schuldversprechen gemäß § 780 BGB, sondern um eine Garantie. Diese Diskussion weist Parallelen mit derjenigen zum Rechtscharakter der „Garantie" im ec- und GeldKarten-System auf.[293] Unter Berücksichtigung, dass eine Garantie erst dann Zahlungsgrund sein kann, wenn die primäre Leistung ausfällt, während im eCash-Verfahren vorrangig der Einzug zu Lasten des eCash emittierenden Instituts erfolgt, das das Versprechen abgegeben hat, sprechen die besseren Gründe für die Erklärung der Zahlungsverpflichtung über die Rechtsfigur des abstrakten Schuldversprechens gemäß § 780 BGB.[294]

Nach einem anderen Ansatz macht der eCash-Teilnehmer durch den Einsatz der Zahlungsmedien von seinem auftragsrechtlichen Weisungsrecht gemäß § 665 BGB Gebrauch, so dass es danach für die Zahlung eines weiteren rechtlichen Grundes bedarf und die Garantie lediglich in den Fällen eine Bedeutung erlangen kann, in denen mangels einer wirksamen Anweisung diese als Rechtsgrund für die Zahlung ausscheidet.[295] Unter Berücksichtigung, dass es Sinn und Zweck des Internet-Zahlungsmittels ist, ein Bargeldsurrogat zu schaffen, sprechen die besseren Gründe für ein abstraktes Schuldversprechen gem. § 780 BGB, da über diese Rechtsfigur erklärbar

---

292 Vgl. Dania Neumann, Die Rechtsnatur des Netzgeldes – Internetzahlungsmittel E-Cash, München 2000, S. 129 ff.

293 Zu dieser Diskussion vgl. Schroeter, ZBB 1995, S. 396; Harbeke WM-Sonderbeilage, Nr. 1/1994, S. 9; Reiser, WM-Sonderbeilage Nr. 3/1989 S. 8; Häde, ZBB 1994, S. 41; Kümpel, Bank- und Kapitalmarktrecht, 2. Aufl. 2000, Rn. 4.767 ff.; ders., WM 1998, S. 369; Pichler, Rechtsnatur, Rechtsbeziehungen und zivilrechtliche Haftung beim elektronischen Zahlungsverkehr im Internet, 1998 S. 24 f.; Einsele, WM 1999, S. 180 ff.; Dania Neumann, Die Rechtsnatur des Netzgeldes – Internet Zahlungsmittel eCash, München 2000, S. 135.

294 WM 1999, S. 1804 ff.; Reiser, WM-Sonderbeilage Nr. 3/1989, S. 8; a. A. jedoch Kümpel, WM 1998, S. 369 ff.; ders., Bank- und Kapitalmarktrecht, 2. Aufl. 2000, Rn. 4.767.

295 Kümpel, WM 1998, S. 369.

ist, wieso in der Online-Prüfung mit anschließender Autorisierung eine Annahme gemäß § 784 BGB gesehen werden kann, so dass es aufgrund dessen keiner zusätzlichen Garantie bedarf.[296]

Zwar ergibt sich aus § 787 Abs. 2 BGB für das Anweisungsrecht, dass den Angewiesenen keine Verpflichtung zur Annahme trifft, was auf das eCash-Verfahren übertragen bedeuten würde, dass selbst bei einer positiven Autorisierung das eCash emittierende Institut noch berechtigt wäre, die endgültige Einlösung der eCash-Münzen zu verweigern, jedoch ist die bezeichnete Regelung dispositiv. Es ist möglich, den Angewiesenen zur Annahme zu verpflichten.[297] Im eCash-Verfahren könnte die eCash-Rahmenvereinbarung dahingehend interpretiert werden, dass sich aus dieser die Verpflichtung des eCash-Emittenten gegenüber den Teilnehmern und den Akzeptanten ergibt, im Falle einer positiven technischen Prüfung die eCash-Münzen einzulösen und sie dadurch anzunehmen. Die eCash-Vereinbarungen sind deshalb als Abweichung vom dispositiven Gesetzesrecht gemäß § 787 Abs. 2 BGB und als Begründung einer Verpflichtung zur Annahme anzusehen, sofern die für die Annahme festgelegte Voraussetzung – eine positive technische Prüfung – vorliegt.[298]

Dieser Verpflichtung zur Annahme steht jedoch nicht entgegen, dass der eCash-Teilnehmer die Möglichkeit hat, einmal erstellte Münzen wieder zu stornieren. Aus § 790 BGB folgt, dass die Anweisung bis zu ihrer Annahme widerruflich ist, weshalb in der Möglichkeit zur Stornierung diese Widerrufsmöglichkeit gesehen werden kann.[299]

Zwar ist die Anweisung gemäß § 792 Abs. 2 BGB beliebig übertragbar, während dies für die eCash-Münzen allenfalls eingeschränkt gilt, denn diese können „online" nur an einen Akzeptanten übertragen werden, während sie offline nur in erheblich eingeschränktem Umfange zwischen den einzelnen eCash-Teilnehmern ausgetauscht werden können, doch spricht auch dies nicht gegen die Anwendung der Grundsätze zur Anweisung auf eCash, denn im Anweisungsrecht hat der Anweisende die Möglichkeit, die Übertragung der Anweisung auszuschließen. Das gesetzliche Leitbild geht zwar im Grundsatz davon aus, dass die Untersagung der Übertragung der Anweisung durch den Anweisenden erfolgt, während im eCash-Verfahren sich

---

296 Einsele, WM 1999, S. 1804 f.
297 Vgl. Palandt/Thomas, § 787 BGB, Rn. 2; MK-Höffer, § 787 BGB Rn. 7; RGRK-Steffen, 12. Aufl. 1978, § 787 Rn. 8; Staudinger/Marburger, 13. Bearb. 1995, § 787, Rn. 7.
298 Dania Neumann, Die Rechtsnatur des Netzgeldes – Internetzahlungsmittel eCash, München 2000, S. 150.
299 Pichler, Rechtsnatur, Rechtsbeziehungen und zivilrechtliche Haftung beim elektronischen Zahlungsverkehr im Internet, 1998, S. 34; Dania Neumann, Die Rechtsnatur des Netzgeldes – Internetzahlungsmittel eCash, S. 67 f.

III. Zahlungsverfahren im Internet

dies aus der Systemstruktur ergibt und dadurch letztlich der eCash-Emittent als Angewiesener die Voraussetzungen dafür schafft, dass die Anweisung selbst nicht beliebig übertragbar ist. Letztlich jedoch erklärt sich der eCash-Teilnehmer als Anweisender mit Abschluss des Vertrages mit dem eCash-Emittenten damit einverstanden, dass die Anweisung nicht übertragen werden kann, so dass es rechtlich unerheblich ist, ob die Übertragung beliebig oder generell durch den Vertragsabschluss selbst untersagt wird. In der eCash-Konstruktion ist deshalb ein Ausschluss der Übertragungsmöglichkeit gemäß § 792 Absatz 2 BGB zu sehen.[300]

Daneben finden sich auch Überlegungen, eCash über den Ansatz der geschäftsbesorgungsrechtlichen Weisung zu erklären. In der Übertragung der eCash-Münzen wäre dann eine auftragsrechtliche Weisung des eCash-Teilnehmers an das eCash emittierende Institut zu sehen, Münzen wieder in Buchgeld einzulösen.[301] Voraussetzung für eine solche geschäftsbesorgungsrechtliche Weisung wäre das Bestehen eines Geschäftsbesorgungsvertrags gem. § 675 BGB zwischen dem eCash Teilnehmer und dem eCash emittierenden Kreditinstitut.[302] Ein Girovertragsverhältnis zwischen dem eCash emittierenden Institut und dem eCash-Teilnehmer könnte zwar bejaht werden, da dieser ein Girokonto und ein eCash-Konto benötigt, über das die Zahlungsvorgänge abgewickelt werden können, so dass in der Übertragung einer Münze an einen eCash-Akzeptanten durchaus eine geschäftsbesorgungsrechtliche Weisung gesehen werden könnte. Allerdings würde dabei zu wenig beachtet, das Girokonto und eCash-Konto streng voneinander zu trennen sind. Zwar benötigte der eCash-Teilnehmer ein Girokonto, um über dieses sein eCash-Konto auffüllen zu können, es ist jedoch nicht zwingend, Girokonto und eCash-Konto bei ein- und demselben Kreditinstitut zu führen. Es wäre auch denkbar, diese Konten bei den verschiedenen Kreditinstituten zu führen und das eCash-Konto durch eine Übertragung von dem Konto bei der Fremdbank aufzufüllen. Zudem handelt es sich – wie weiter oben bereits gezeigt – beim eCash-Konto nicht um ein Bankkonto, sondern letztlich um einen technischen Speicher – vergleichbar mit dem Chip auf der GeldKarte –, mit dem die elektronischen Werteinheiten auf der Festplatte des PCs des eCash-Teilnehmers verwaltet werden.

Auch wenn das eCash-Konto nicht als Bankkonto anzusehen ist, kann dennoch ein geschäftsbesorgungsrechtliches Auftragsverhältnis gem. §§ 675, 662 ff. BGB bejaht werden, da sich durch den eCash-Vertrag das eCash

---

300 Pichler, Rechtsnatur, Rechtsbeziehungen und zivilrechtliche Haftung beim elektronischen Zahlungsverkehr im Internet, 1998, S. 34; Werner, BB-Beilage 12/1999, S. 28.
301 Vgl. Kümpel, WM 1998 S. 367ff.
302 Dania Neumann, Die Rechtsnatur des Netzgeldes – Internet Zahlungsmittel eCash, München 2000, S. 71.

Spezielle Internet-Zahlungsmittel – Netzgeld

emittierende Institut verpflichtet, Zahlungen für den eCash-Teilnehmer auszuführen. Folglich könnte in der Einreichung einer eCash-Münze durch den Akzeptanten eine zumindest konkludent erteilte Weisung des eCash-Teilnehmers an das eCash-Institut gesehen werden, an den Kartenakzeptanten eine Zahlung in Höhe des Wertes der eCash Münze zu leisten und dadurch einen Auftrag im Rahmen eines Geschäftsbesorgungsvertrags auszuführen.[303] Der Erwerb der eCash-Münzen durch den eCash-Teilnehmer ließe sich damit erklären, dass dadurch der eCash-Teilnehmer an das eCash emittierende Institut einen Vorschuss gemäß § 669 BGB für die noch auszuführenden Zahlungen leistet.[304] Mit Einlösung einer eCash-Münze würde der eCash-Emittent einen Aufwendungsersatzanspruch gemäß § 670 BGB erhalten, der durch den zuvor geleisteten Vorschuss bereits befriedigt worden wäre.[305] Schließlich steht auch die Anonymität des Zahlungsverfahrens diesem Ansatz nicht entgegen, denn es ist für die Erteilung einer auftragsrechtlichen Weisung nicht erforderlich, dass der Auftragnehmer oder der Zahlungsempfänger den Auftraggeber kennen.[306]

Dem steht auch nicht entgegen, dass die eCash-Münzen gelöscht werden können, da ein Auftrag bis zur endgültigen Ausführung durch eine entsprechende Gegenweisung gemäß § 665 BGB widerrufen werden kann. Folglich kann während des Zeitraumes, während dessen die eCash-Münzen noch nicht in Buchgeld eingelöst wurden, der Auftrag widerrufen werden.[307] Selbst die Online-Prüfung steht dem auftragsrechtlichen Ansatz nicht entgegen, denn sie dient lediglich dem Zweck zu verhindern, dass wertlose Netzgeldkopien eingelöst werden. Eine solche Prüfung ist deshalb vergleichbar mit der Unterschriftsprüfung vor Ausführung eines Auftrags um feststellen zu können, ob der vermeintliche Auftraggeber auch tatsächlich einen Auftrag erteilt hat, denn nur dann ist der Beauftragte gem. §§ 675, 665 BGB aus dem Geschäftsbesorgungsvertrag verpflichtet, dem Auftrag nachzukommen und dafür Sorge zu tragen, dass der Überweisungsbetrag dem Konto des Zahlungsempfängers gutgeschrieben wird.[308]

Auch die Befugnis des eCash emittierenden Kreditinstituts, eCash-Münzen nicht einzulösen, wenn die eCash Prüfung nicht positiv verläuft, steht dem

---

303 Vgl. Kümpel, WM 1998, S. 367; Pichler, Rechtsnatur, Rechtsbeziehungen und zivilrechtliche Haftung beim elektronischen Zahlungsverkehr im Internet, 1998, S. 21; Werner, BB-Beilage 12/1999, S. 27.
304 Kümpel, WM 1998, S. 368.
305 Kümpel, WM 1998, S. 368.
306 Kümpel, WM 1998, S. 368; Pichler, a. a. O., S. 22; a. A. Escher, WM 1997, S. 1182.
307 Zur Widerrufsmöglichkeit Häuser, NJW, 1994, S. 3121 ff.; Canaris, Bankvertragsrecht, 3. Aufl. 1988, Rn. 352; BuB – Hellner, Rn. 6/86/Hadding/Häuser, WM 1988, S. 1153.
308 Vgl. Dania Neumann, Die Rechtsnatur des Netzgeldes, München 2000, S. 62.

III. Zahlungsverfahren im Internet

weisungsrechtlichen Ansatz nicht entgegen. Sofern wertlose eCash-Münzen eingereicht werden, fehlt es bereits an der Erteilung eines wirksamen Auftrags, so dass das eCash emittierende Kreditinstitut zu Recht die Ausführung ablehnen kann. Ein Rückgriff auf § 665 S. 2 BGB – wonach der Beauftragte verpflichtet ist, dem Auftraggeber anzuzeigen, dass er vom erteilten Auftrag abweicht – bedarf es nicht, da es bei einer negativen Online-Prüfung nicht zu einer Abweichung vom Auftrag, sondern zur berechtigten Ablehnung dessen kommt.[309]

Folglich ist auch die Rechtsfigur der auftragsrechtlichen Weisung geeignet, das eCash-Verfahren zu erklären.[310] Jedoch würde bei diesem Modell das für den Zahlungsvorgang relevante Informationsmedium – die eCash Münze – zu wenig berücksichtigt. Auch ist mit der Figur der auftragsrechtlichen Weisung die intendierte Bargeldsurrogatfunktion von eCash nicht hinreichend erklärbar. Gleichwohl ist es möglich, über das auftragsrechtliche Weisungsrecht die wesentlichen Abläufe des eCash-Verfahrens zu erklären.

Es ist auch zu überlegen, ob das Verfahren nicht auch über die Abtretungskonstruktion oder über die Rechtsfigur des Vertrags zu Gunsten Dritter erklärt werden kann. In der Übertragung der Münzen könnte die Abtretung einer Forderung des eCash-Teilnehmers gegen das eCash emittierende Institut an den eCash-Akzeptanten gesehen werden.[311] Dies würde jedoch voraussetzen, dass der eCash-Teilnehmer mit Erwerb der eCash-Münzen auch einen Anspruch gegen das eCash emittierende Institut erwerben würde.[312] Beim Zahlungsvorgang, d.h. bei Übertragung der eCash-Münzen, würde die gegen das Kreditinstitut erworbene Forderung gemäß § 398 BGB auf den Gläubiger übertragen, dem gegenüber das emittierende Institut zum Forderungsausgleich verpflichtet wäre.[313] Gegen diesen Ansatz spricht jedoch, dass er das Entstehen des gegen das eCash emittierende Institut begründeten Anspruchs nicht eindeutig erklären kann. Hat der eCash-Teilnehmer keine Einlage geleistet, würde dieses bedeuten, dass erst mit dem Erwerb der eCash-Münzen eine Forderung gegen das Kreditinstitut entstehen würde, d.h. der eCash-Teilnehmer würde nicht eine bereits bestehende, sondern erst durch den Kauf entstehende Forderung erwerben.

---

309 Anders aber wohl Dania Neumann, Die Rechtsnatur des Netzgeldes, München 2000, S. 62.
310 Vgl. Kümpel, WM 1998, S. 365; Pichler, Rechtsnatur, Rechtsbeziehungen und zivilrechtliche Haftung beim elektronischen Zahlungsverkehr im Internet, 1998, S. 25 f.
311 Gramlich, DuD 1997, S. 384; Pichler, Rechtsnatur, Rechtsbeziehungen und zivilrechtliche Haftung beim elektronischen Zahlungsverkehr im Internet, S. 16; Kümpel, WM 1998, S. 373 f.
312 Escher, WM 1997, S. 1180; Pichler, S. 16; zum Parallelproblem bei der GeldKarte Pfeiffer NJW 1997, S. 1038.
313 Vgl. Pichler, a. a. O., S. 17.

Einfacher wäre es, wenn den eCash-Münzen beim emittierenden Institut ein Guthaben des eCash Teilnehmers gegenüberstehen würde.[314] Gegen ein Guthaben spricht jedoch, dass das Konto des eCash-Teilnehmers mit dem Erwerb der digitalen Münzen mit dem entsprechenden Betrag belastet und dieser in das eCash-Verrechnungskonto eingestellt wird, bei dem es sich um ein Sammelkonto handelt, das nicht im Namen des eCash-Teilnehmers geführt wird,[315] so dass den eCash-Münzen kein Guthaben des eCash Teilnehmers bei seiner Bank gegenübersteht.[316] Auch die digitalen Münzen sind nicht als Guthaben anzusehen, da sie auf der Festplatte des Kunden gespeichert und damit bei ihm, nicht jedoch, wie dies für ein Guthaben erforderlich wäre, gemäß § 700 BGB beim Kreditinstitut verwahrt werden.[317]

Dagegen lassen sich die elektronischen Münzen auch mit der Abtretungskonstruktion erklären, da die Forderungsabtretung auch formlos möglich ist.[318] Die eCash Münzen sind in diesem Zusammenhang als das Medium anzusehen, über das ein Schuldversprechen oder eine Garantie des emittierenden Instituts vermittelt wird, durch die dem Akzeptanten die Zahlung im Falle einer positiven technischen Autorisierung selbst dann zugesagt wird, wenn die übermittelte Forderung selbst nicht existent ist oder nicht wirksam auf ihn übertragen wurde.[319]

Allerdings spricht gegen die Abtretungskonstruktion, dass sie sich mit der gewünschten Risikoverteilung nicht in Einklang bringen lässt. Das eCash-Verfahren ist, aufbauend auf digitalen Münzen, als Bargeldsurrogat gedacht und soll ein grundsätzlich anonymes Zahlungsmittel darstellen. Liegt jedoch eine Abtretung – gegebenenfalls kombiniert mit einem Schuldversprechen oder einer Garantie – vor, bliebe die durch die digitalen Münzen vermittelte Forderung auch bestehen, wenn die Münzen selbst verloren gingen. Eine Forderung als ein nicht verkörpertes Recht wäre mit den eCash-Münzen gerade nicht so eng verknüpft, dass deren Verlust möglicherweise zwar die Nachweisbarkeit erschweren würde, die Existenz der Forderung selbst

---

314 Escher, WM 1997, S. 1180; Pfeiffer, NJW 1997, S. 1038; Pichler, a. a. O. S. 16.
315 Zum ähnlichen Verlauf im System GeldKarte vgl. Kümpel, WM 1997, S. 1037 f.; Escher, WM 1997, S. 1180; Pichler, a. a. O., S. 17.
316 Vgl. Pichler, a. a. O., S. 16.
317 Kümpel, WM 1997, S. 1041 f.; Pichler, a. a. O., S. 16.
318 MK-Roth, 3. Aufl. 1994, Rn. 32; Palandt/Heinrichs, BGB 60. Aufl. 2001, § 398 Rn. 7; Pichler, a. a. O. S. 17.
319 Vgl. zur Parallelproblematik bei der ec-Garantie, Kümpel, WM 1998, S. 369 f.; BGH, WM 1975, S. 466; BGH, WM 1982 S. 479; Nobbe, in: Bankrechts-Handbuch I, 2. Aufl. 2001, § 63 Rn. 77 ff.; Baumbach/Hefermehl, ScheckG und WechselG, Art. 4 ScheckG Anhang Rn. 6; Canaris, Bankvertragsrecht, 3. Aufl. 1988, Rn. 834; Bülow, WechselG/ScheckG/AGB, Art. 5, ScheckG, Rn. 13; Heymann/Horn, HGB 1990, § 372 Anhang III Rn. 123; BGHZ 64, S. 79; BGHZ 83, S. 28; BGHZ 93, S. 71; BuB – Werner, Rn. 6/1339 ff.

III. Zahlungsverfahren im Internet

bliebe jedoch davon unberührt. Folglich hätte danach auch nach Verlust oder Vernichtung digitaler Münzen – so dies überhaupt möglich ist –, der eCash-Teilnehmer die Möglichkeit, seine Forderung gegen das emittierende Institut auch weiterhin geltend zu machen oder diese abzutreten. Er wäre gegebenenfalls nur verpflichtet, deren Existenz bzw. deren Höhe zum Zeitpunkt des Abhandenkommens der Münzen nachzuweisen. Dazu kann er sich aller zulässigen Beweismittel bedienen. Das eCash emittierende Institut hätte folglich gegebenenfalls noch an ihn oder nach seiner Weisung zu leisten, während es gleichzeitig auch aus den eCash-Münzen selbst noch in Anspruch genommen werden könnte, sofern diese nicht storniert wurden und eine positive Online-Prüfung erfolgt ist. Allenfalls könnte sich der eCash-Teilnehmer gegenüber dem eCash emittierenden Institut schadensersatzpflichtig machen, wenn er durch eine schuldhafte Pflichtverletzung zum Verlust der eCash-Münzen und ihrer Einlösung durch einen Unberechtigten beigetragen hat.[320] Einem eCash emittierenden Institut könnten allenfalls die Erleichterungen des Anscheinsbeweises beim Nachweis einer Pflichtverletzung durch den eCash-Teilnehmer zu Gute kommen, sofern es aufgrund des Sicherheitsstandards des eCash-Verfahrens nicht möglich ist, eine eCash-Münze ohne eine Sorgfaltspflichtverletzung des eCash-Teilnehmers zu „verlieren".[321] Aber selbst wenn dem eCash emittierenden Institut die Erleichterungen des Anscheinsbeweises zu Gute kämen, so dass in der Regel der eCash-Teilnehmer das Missbrauchsrisiko zu tragen hat, ändert dies nichts daran, dass die Abtretungskonstruktion nicht geeignet ist, eine Risikoverteilung zu begründen, wie sie dem Ansatz, ein Bargeldsurrogat zu schaffen, zugrunde liegt.

Außerdem ergäbe sich bei der Abtretungskonstruktion aus § 404 BGB, dass das eCash emittierende Institut als Schuldner dem neuen Gläubiger, d.h. dem Akzeptanten von eCash-Token, alle Einwendungen entgegen halten könnte, die zum Zeitpunkt der Forderungsabtretung gegen den ursprünglichen Gläubiger, d.h. den eCash-Teilnehmer, begründet waren.[322] Dieses Problem wäre jedoch darüber lösbar, dass § 404 BGB dispositives Recht ist,[323] so dass es entweder möglich wäre, einen ausdrücklichen Einwendungsverzicht in die eCash-Bedingungen aufzunehmen oder in der Kon-

---

320 Zum Parallelproblem im ec-System vgl. KG, NJW 1992, S. 1051, S. 50; OLG Zweibrücken, NJW-RR 1991 S. 241.
321 Zum Parallelproblem im ec-Verfahren vgl. Äepfelbach/Cimiotti, WM 1998, S. 1218 ff.; Ahlers, WM 1998, S. 1563; Werner, WM 1997, S. 1516 ff.
322 Vgl. dazu Pichler, a. a. O., S. 19.
323 Vgl. Palandt/Heinrichs, § 404 BGB Rn. 7.

Spezielle Internet-Zahlungsmittel – Netzgeld

struktion selbst einen konkludenten Einwendungsverzicht des Emittenten zu sehen.[324]

Weiterhin steht der Abtretungskonstruktion entgegen, dass die Regelungen in §§ 407, 409 BGB zur Leistung an den bisherigen Gläubiger und zur Abtretungsanzeige nicht sinnvoll auf eCash übertragen werden können. Aus § 409 Abs. 1 BGB folgt, dass mit der Anzeige des bisherigen Gläubigers an den Schuldner, dass er seine Forderung abgetreten hat, eine Leistung des Schuldners an diesen nicht mehr die schuldbefreiende Wirkung gem. § 407 BGB hat. Damit wäre jedoch die im System vorgesehene Möglichkeit, bereits übertragene Münzen stornieren zu können, nicht mehr begründbar, denn der eCash-Teilnehmer als der bisherige Gläubiger, der seine Forderung unter Zuhilfenahme des Token an den Akzeptanten übertragen hat, hätte damit jede Möglichkeit verloren, auf die Forderung noch Einfluss zu nehmen.[325] Mit Einreichung der Münzen durch den eCash-Akzeptanten erfolgt letztlich eine Abtretungsanzeige gem. § 409 BGB, durch die der sich aus § 407 BGB ergebende Schuldnerschutz ausgeschlossen wird. Dadurch würde jedoch der im System vorgesehenen Möglichkeit zur Stornierung der eCash-Münzen vor positiver Online-Prüfung nicht mehr hinreichend Rechnung getragen, denn der sich aus § 409 Abs. 1 S. 1 BGB ergebende Ausschluss der Anwendung von § 407 BGB hätte zur Folge, dass der eCash-Teilnehmer die angezeigte Abtretung gegen sich gelten lassen müsste, so dass die Bank danach nicht mehr an den eCash Teilnehmer leisten durfte und folglich dieser auch sein Stornorecht verloren hätte. Es ist auch kaum möglich, in der Übermittlung der Münzen keine Abtretungsanzeige zu sehen, denn nur durch deren Übermittlung kann das emittierende Institut gemäß § 410 Abs. 2 BGB als gegenüber den eCash-Akzeptanten zu Leistung verpflichtet angesehen werden.[326] Auch die im eCash-Verfahren vorgesehene Anonymität führt nicht zur Anwendbarkeit von §§ 407, 409 BGB,[327] da das eCash emittierende Institut zumindest anhand der digitalen Signaturen der Münzen feststellen kann, ob der anonyme Absender ein eCash-Teilnehmer und damit ein Gläubiger ist.[328]

Gegen die Abtretungskonstruktion spricht schließlich auch der Bestimmtheitsgrundsatz, wonach die Identifizierung einer Forderung Kenntnis vom Gläubiger und Schuldner voraussetzt. Unter Berücksichtigung, dass der

---

324 Vgl. Pichler, a. a. O., S. 19, der jedoch die Ansicht vertritt, dass das eCash-Verfahren nicht in Einklang mit § 404 BGB zu bringen ist.
325 Vgl. Pichler, Rechtsnatur, Rechtsbeziehungen und zivilrechtliche Haftung beim elektronischen Zahlungsverkehr im Internet, 1998, S. 18.
326 Vgl. dazu Pichler, a. a. O. S. 18.
327 Vgl. dazu Escher, WM 1997, S. 1180 f.
328 Vgl. Pichler, a. a. O. S. 18 f.

III. Zahlungsverfahren im Internet

eCash-Teilnehmer gegenüber der Bank beim Zahlungsvorgang anonym bleiben soll, ist es jedoch nicht möglich, die abgetretene Forderung einem bestimmten eCash-Teilnehmer als Gläubiger zuzuordnen.[329]

Schließlich wäre auch daran zu denken, das eCash-Verfahren über die Konstruktion des Vertrags zu Gunsten Dritter gem. § 328 Abs. 1 BGB zu erklären.

Danach würde sich das eCash-emittierende Institut gegenüber den eCash Teilnehmern verpflichten, noch zu begründende Forderungen gegen diese in Höhe der übertragenen digitalen Münzen auszugleichen. In der Übertragung der eCash-Münzen wäre danach die Ausübung des Rechtes des eCash-Teilnehmers zu sehen, den aus dem Vertrag zu begünstigenden Dritten zu bestimmen.[330]

Zwar hat der eCash-Akzeptant das Risiko des Nichtentstehens der Forderung zu tragen, dieses würde für ihn jedoch durch das mit der positiven Online-Prüfung abgegebene Schuldversprechen bzw. der damit verbundenen Garantieerklärung ausgeschlossen.

Auch kann danach ein nicht am Vertrag beteiligter Dritter Rechte als eigene Leistungsansprüche gem. § 241 BGB geltend machen.[331] Dadurch wird der Dritte selbstständiger Gläubiger und nicht nur Empfänger einer Leistung.[332] Dritter in diesem Sinne wäre der eCash-Akzeptant, der aus der vertraglichen Beziehung zwischen dem eCash-Teilnehmer und dem eCash emittierenden Kreditinstitut begünstigt würde. Darüber hinaus wird das Entstehen des eigenständigen Leistungsanspruchs auch noch dadurch untermauert, dass der eCash-Akzeptant, d. h. letztlich der Drittbegünstigte, ebenfalls in die vertragliche Beziehung eingebunden wird, da er mit dem eCash-emittierenden Institut ebenfalls einen Vertrag abschließt.

Der Anwendung der Konstruktion des Vertrags zugunsten Dritter auf das eCash-Verfahren steht nicht entgegen, dass zum Zeitpunkt des Vertragsabschlusses, d.h. zu dem Zeitpunkt, zu dem der eCash-Teilnehmer vom eCash emittierenden Institut eCash-Münzen erwirbt, der Drittbegünstigte noch nicht bestimmt ist.[333] Das Verfahren steht insoweit mit der Konstruktion des

---

329 Vgl. hierzu Pichler, a. a. O., S. 18f.
330 Vgl. hierzu Palandt/Heinrichs, § 328 BGB; Rn. 2; MK-Gottwald, 3. Aufl. 1994, § 328 Rn. 19.
331 Vgl. hierzu MK-Gottwald, 3. Aufl. 1949, § 328 BGB; Staudinger-Jagmann, BGB, 13. Bearb. 1995, Vorbem. zu §§ 328 ff. BGB, Rn. 3.
332 Vgl. hierzu Staudinger-Jagmann, BGB, 13. Bearb. 1995, Vorbem. zu §§ 328 ff. BGB, Rn. 3.
333 Vgl. hierzu a. A. Dania Neumann, Die Rechtsnatur des Netzgeldes – Internet-Zahlungsmittel eCash, München 2000, S. 54.

Spezielle Internet-Zahlungsmittel – Netzgeld

Vertrages zugunsten Dritter in Übereinstimmung, denn der eCash-Teilnehmer als Versprechensempfänger hat durch die Übertragung der eCash-Token das Recht, den Drittbegünstigten zu bestimmen.[334] Gegen die Anwendung der Rechtsfigur des Vertrages zugunsten Dritter auf das eCash-Verfahren spricht auch nicht die vom eCash emittierenden Institut durchzuführende Online-Prüfung vor Einlösung der eCash-Token.[335] In einer solchen Prüfung ist nicht die Begründung der Verpflichtung gegenüber dem Drittbegünstigten zu sehen, vielmehr lässt sich diese auch als (technische) Überprüfung ansehen, ob überhaupt ein Vertrag zugunsten Dritter zustande gekommen ist. Die technische Prüfung wäre dann lediglich als Kontrolle dafür anzusehen, ob die technischen Beweiszeichen dafür vorliegen, dass ein Vertrag zugunsten Dritter abgeschlossen wurde.

Gegen die Anwendung der Rechtsfigur des Vertrags zugunsten Dritter auf das eCash-Verfahren spricht, dass der eCash-Akzeptant nach positiver Online-Prüfung der von ihm eingereichten eCash-Münzen einen Anspruch auf den entsprechenden Buchgeld-Gegenwert selbst dann erhalten soll, wenn diesen kein Anspruch zugrunde liegt, so dass die Verpflichtung des emittierenden Instituts ausschließlich an den eCash-Münzen anknüpft und nicht an dem Vertrag zugunsten Dritter. Gleichwohl muss auch dies nicht grundsätzlich gegen den Vertrag zugunsten Dritter sprechen. Es wäre auch denkbar, diesen mit einer Garantie oder einem Schuldversprechen des eCash emittierenden Instituts gegenüber dem Akzeptanten zu verbinden, so dass dann, wenn die Voraussetzungen für die Begründung eines Anspruchs aus dem Vertrag zugunsten Dritter nicht vorliegen sollten, die Einlösung aufgrund dieser selbstständigen Garantie oder dem selbstständigen Schuldversprechen, die bzw. das der eCash-Emittent gegenüber den eCash-Akzeptanten abgegeben hat, erfolgen würde, sofern die entsprechenden Voraussetzungen vorlägen. Diese wiederum ergäben sich aus einer positiven Online-Prüfung, so dass der Vertrag zugunsten Dritter – kombiniert mit einem Schuldversprechen oder einer Garantie – durchaus geeignet wäre, das eCash-Verfahren zu erklären.

Gleichwohl zeigen solche Überlegungen jedoch, dass der Vertrag zugunsten Dritter als Rechtsfigur nur bedingt geeignet ist, das eCash-Verfahren ganzheitlich zu erklären. Seine Reichweite endet, soweit eCash-Token selbst für den Fall eingelöst werden sollen, dass die Online-Prüfung positiv verlaufen ist, obwohl zwischen dem eCash emittierenden Institut und dem eCash-Teilnehmer – z.B. aufgrund eines Missbrauchs – kein Vertragsverhältnis be-

---

334 Vgl. zu diesem Bestimmungsrecht Palandt/Heinrichs, § 398 Rn. 2; MK-Gottwald, 3. Aufl. 1994, § 398 BGB, Rn. 19.
335 Vgl. hierzu jedoch Neumann, a. a. O., S. 54.

III. Zahlungsverfahren im Internet

gründet wurde. Für diesen Fall ist als weiterer Erklärungsansatz eine Garantie oder ein Schuldversprechen gem. § 780 BGB erforderlich. Wird außerdem berücksichtigt, dass es sich bei eCash um ein Bargeldsurrogat für Zahlungen im Netz handelt, ist eigentlicher Anknüpfungspunkt der eCash-Token, so dass die beim vorgestellten Modell subsidiäre Ausfallhaftung des Kreditinstituts der eigentliche Ansatzpunkt für die Erklärung des Zahlungsverfahrens ist. Folglich mag die Konstruktion des Vertrages zugunsten Dritter – kombiniert mit einem selbstständigen Schuldversprechen des eCash-Instituts oder einer Garantie – zwar auch geeignet sein, das eCash-Verfahren zu erklären, jedoch fehlt es an der Einheitlichkeit dieses Ansatzes. Nur die Kombination zweier Rechtsfiguren ist hier geeignet, das eCash-Verfahren in all seinen Verästelungen hinreichend zu erklären.

Darüber hinaus löst der Vertrag zugunsten Dritter nicht die Haftungsproblematik, die sich ähnlich darstellt wie bei der Abtretungskonstruktion. Auch bei dem vorliegenden Erklärungsansatz wäre es im Falle einer rechtsmissbräuchlichen Verwendung der eCash-Einheiten möglich, dass der Anspruch des eCash-Teilnehmers gegen das eCash emittierende Institut mit einem Verlust von eCash-Münzen nicht untergehen würde und folglich das eCash emittierende Institut sowohl aufgrund des Vertrages mit dem eCash-Teilnehmer als auch mit dem eCash-Akzeptanten noch in Anspruch genommen werden könnte, sofern der eCash-Teilnehmer nicht durch eine schuldhafte Pflichtverletzung zu einer doppelten Inanspruchnahme beigetragen hat. Aufgrund dessen erhielte das eCash emittierende Institut einen Schadensersatzanspruch gegen den eCash-Teilnehmer mit dem Entstehen des Anspruchs des eCash-Teilnehmers auf Einlösung oder Rückvergütung der abhanden gekommenen oder duplizierten Münzen.[336]

Als weiterer Ansatz wird versucht, eCash über die Rechtsfigur der „Einziehungsermächtigung" zu erklären. Danach wäre in der Übertragung einer digitalisierten Münze die Erteilung einer Ermächtigung gem. § 185 BGB an den Empfänger zu sehen, die Forderung des eCash-Teilnehmers gegen sein Kreditinstitut einzuziehen.[337] Solchen Überlegungen steht jedoch entgegen, dass bei der Einziehungsermächtigung der Ermächtigende nicht nur seine Rechtszuständigkeit, sondern auch seine Einziehungsbefugnis behält, während im eCash-Verfahren mit Übertragung der digitalen Münzen der eCash-Teilnehmer diese Befugnisse gerade verlieren soll.[338] Damit jedoch ent-

---

336 Zur ähnlichen Problematik bei der GeldKarte vgl. BuB – Werner, Rn. 6/1758.
337 Vgl. hierzu Dania Neumann, Die Rechtsnatur des Netzgeldes – Internetzahlungsmittel eCash, München 2000, S. 45 f.
338 Zur Einziehungsermächtigung vgl. Jahr, AcP 168 (1968, S. 9): Rüssmann, JuS 1972, S. 169.

spricht auch diese Rechtsfigur nicht dem eCash-Ansatz, ein Bargeldsurrogat zu schaffen.

Wenn in den eCash-Werteinheiten Schuldverschreibungen gem. § 793 Abs. 1 Satz 1 BGB, damit also Wertpapiere, gesehen werden könnten, wäre eine solche Konstruktion am ehesten für eine ganzheitliche Erklärung geeignet. Als Inhaberpapiere verbriefen Schuldverschreibungen diese Forderungen, ohne auf den Namen des Berechtigten ausgestellt zu sein. Sie entsprechen damit hinsichtlich ihrer Struktur den intendierten Zielsetzungen bei den eCash-Münzen. Der Besitz eines solchen Wertpapiers begründet – ähnlich, wie dies für eCash beabsichtigt ist – die widerlegbare Vermutung, dass der Inhaber eines solchen auch der materiell Berechtigte ist.[339] Die Übertragung von Inhaberschuldverschreibungen erfolgt gem. §§ 929 ff. BGB nach den sachrechtlichen Vorschriften durch Übereignung des Papiers. Das Recht aus dem Papier folgt dem Recht am Papier, wobei auch ein gutgläubiger Erwerb von gestohlenen, verloren gegangenen oder sonst abhanden gekommenen Inhaberpapieren gem. §§ 932 ff., 935 Abs. 2 BGB möglich ist.[340] Ein solcher wertpapierrechtlicher Ansatz würde voraussetzen, dass die eCash-Münzen als Urkunden gem. des § 793 Abs. 1 S. 1 BGB behandelt werden könnten. Der Urkundenbegriff wird zwar im Gesetz häufig verwendet, eine Legaldefinition fehlt jedoch.[341] Die Regelung in § 126 Abs. 1 BGB erlaubt jedoch die Schlussfolgerung, dass eine Urkunde durch die schriftliche Verkörperung einer Erklärung gekennzeichnet wird, die vom Aussteller eigenhändig durch Namensunterschrift oder notariell beglaubigtes Handzeichen zu unterzeichnen ist. Ausgehend davon setzt die Inhaberschuldverschreibung gem. §§ 793 ff. BGB ein schriftliches Leistungsversprechen voraus.[342] Dieses muss in einem Schriftstück mit Sacheigenschaft, dessen Material jedoch gleichgültig ist, verkörpert sein.[343] Die eCash-Datenträger selbst mögen zwar Sachqualität besitzen, Anknüpfungspunkt für die elektronischen Münzen ist jedoch weniger der Datenträger als vielmehr die darin enthaltene Werteinheit, da sie die für die Geldübertragung relevanten Informationen enthält, während die in das Verfahren einbezogenen Datenträger allenfalls eine Art Carrier-Funktion für die eCash-Münzen übernehmen. Die Dateien selbst haben jedoch keine materielle

---

339 MK-Hüffer, 3. Aufl. 1997, vor § 793 BGB, Rn. 14; Palandt/Thomas, § 793 BGB Rn. 10.
340 Vgl. zu den sachenrechtlichen Vorschriften Palandt/Thomas, § 793 Rn. 9; Staudinger/Marburger, Vorbem. §§ 793 ff. BGB Rn. 7; Hueck/Canaris, Recht der Wertpapiere, 12. Aufl. 1986, § 2 III 3 a.
341 Vgl. hierzu Seidel, CR 1993, S. 410.
342 Vgl. hierzu RGZ 78, S. 150; Staudinger/Marburger, § 793 BGB Rn. 2; MK-Hüffer, § 793 BGB Rn. 1.
343 Vgl. hierzu Palandt/Heinrichs, § 126 BGB; Neumann, Die Rechtsnatur des Netzgeldes – Internetzahlungsmittel eCash, München 2000, S. 66 ff.

III. Zahlungsverfahren im Internet

Substanz, so dass die erste Voraussetzung für das Vorliegen einer Urkunde, die Sachqualität, schon nicht vorliegt.[344] Aufgrund dessen ist es kaum möglich, die eCash-Münzen als Urkunden im Sinne der §§ 793 ff. BGB anzusehen, so dass eine unmittelbare Anwendung der entsprechenden Vorschriften ausscheidet.

Allerdings können beachtliche Gründe für die analoge Anwendung der wertpapierrechtlichen Vorschriften auf die eCash-Münzen sprechen, sofern – mit Ausnahme der Urkundenqualität – im Übrigen alle anderen materiellen Voraussetzungen vorliegen.[345]

Ausgangspunkt solcher Überlegungen ist das für ein Wertpapier prägende Merkmal, die Verpflichtung des Schuldners, nur gegen Vorlage und Aushändigung des Papiers eine Leistung erbringen zu müssen.[346] Eine ähnliche Zweckbestimmung findet sich auch im eCash-Verfahren. Das eCash emittierende Institut soll nach der Systemstruktur die Leistung nur gegen Übermittlung der eCash-Einheiten erbringen. Diese werden als einzige „Verkörperung" angesehen, dessen Wert dem Akzeptanten letztendlich zufließen soll. Mit Ausnahme des Fehlens der für ein Wertpapier typischen Sachqualität entsprechen eine solche Zweckbestimmung und ein solcher Verfahrensablauf einer Zahlung unter Vorlage eines Wertpapiers.[347]

Gegen eine analoge Anwendung der Regelungen zur Inhaberschuldverschreibung gem. §§ 793 ff. BGB spricht jedoch, dass die Inhaberschuldverschreibung durch ihre Umlauffähigkeit geprägt ist, während das elektronische Geld im eCash-Verfahren nur innerhalb einer geschlossenen Infrastruktur weitergeleitet und wieder in Buchgeld umgetauscht werden kann. Wie bereits an anderer Stelle ausgeführt, ist ein beliebiger Austausch der eCash-Münzen zwischen den eCash-Teilnehmern als Ausnahme- und nicht als Regelfall anzusehen. Der eigentliche Zahlungsablauf sieht vor, dass die generierten eCash-Münzen vom eCash-Teilnehmer an den eCash-Akzeptanten weitergeleitet werden, der diese wiederum unter Einschaltung des eCash emittierenden Instituts in Buchgeld eintauscht. Eine solche Struktur steht jedoch mit der beliebigen Umlauffähigkeit in Widerspruch.

Sie ließe sich zwar damit begründen, dass die eCash-Teilnehmer untereinander eCash-Münzen austauschen können, da der eigentliche Einlösungsweg jedoch immer über den Akzeptanten erfolgt, ist diese Möglichkeit des

---

344 Vgl. hierzu Ebbing, CR 1996, S. 273; Fritzemeyer/Heun, CR 1992, S. 131.
345 So Escher, WM 1997, S. 1181.
346 Hueck/Canaris, Recht der Wertpapiere, 12. Aufl. 1996, § 3 III b; Brox, Wertpapierrecht, 14. Aufl. 1987, Rn. 477.
347 Vgl. Pichler, Rechtsnatur, Rechtsbeziehungen und Zivilrechtliche Haftung beim elektronischen Zahlungsverkehr im Internet, S. 28.

Austausches kaum geeignet, die Umlauffähigkeit einer solchen Münze zu begründen. Der festgelegte Verfahrensweg zur Einlösung schränkt deshalb die Umlauffähigkeit in so erheblichem Umfange ein, dass eine Analogiebildung zumindest nicht unproblematisch ist.[348] Andererseits jedoch ist auch das Wesen der Schuldverschreibung auf den Inhaber dadurch gekennzeichnet, dass die Urkunde selbst zwar beliebig übertragbar ist, Ansprüche jedoch nur gegen den aus ihr Verpflichteten geltend gemacht werden können. Aufgrund dessen könnte auch die Übertragung unter den eCash-Teilnehmern als Übertragung einer solchen elektronischen Urkunde angesehen werden, wobei die in ihr verkörperten Ansprüche nur auf einem Wege gegenüber dem aus dem elektronischen Geld Verpflichteten geltend gemacht werden können. Insofern könnte die – wenn auch eingeschränkte – Übertragbarkeit der eCash-Münzen zwischen den eCash-Teilnehmern durchaus mit der Umlauffähigkeit einer Schuldverschreibung verglichen werden.

Dagegen ist die derzeit bestehende Möglichkeit des eCash-Teilnehmers, seine Münzen bis zu einer positiven Online-Prüfung stornieren zu können, mit § 796 BGB, der bei der Schuldverschreibung Einwendungen nur in begrenztem Umfange zulässt, kaum vereinbar.

Selbst die in der Begründung zur 6. KWG-Novelle verwendete Bezeichnung „Inhaberinstrument"[349] ist nicht geeignet, die Gleichstellung mit Inhaberpapieren zu begründen[350], da Netzgeld und Kartengeld als vorausbezahlte Instrumente eine mit Bargeld vergleichbare Qualität haben sollen, so dass der Begriff des „Inhaberinstrumentes" auch Bargeld erfasst, das nicht zu den Wertpapieren, sondern zu den Geldzeichen gehört[351], weshalb aus der vom Gesetzgeber verwendeten Begrifflichkeit die Gleichstellung des Netzgeldes mit Wertpapieren nicht geschlussfolgert werden kann.

Gleichwohl ist nicht von der Hand zu weisen, dass der wertpapierrechtliche Ansatz mit den durch eCash intendierten Zielsetzungen am ehesten in Einklang zu bringen ist. Dennoch führt die Anweisung gem. § 783 ff. BGB, wie an anderer Stelle bereits ausführlicher dargestellt, zu ähnlichen Ergebnissen, wie der wertpapierrechtliche Ansatz mit analoger Anwendung dieser Vorschriften.

Bei dem eCash-System handelt es sich um ein neues Verfahren, das mit den bisherigen rechtsdogmatischen Figuren nicht ganzheitlich erfassbar ist. Dennoch ist die analoge Anwendung der Regelungen zur Anweisung gem. §§ 783 ff. BGB am ehesten geeignet, sowohl die Verfahrensabläufe recht-

---

348 So auch Pichler, a. a. O., S. 31.
349 Vgl. zum Regierungsentwurf zur 6. KWG-Novelle ZBB 1997, S. 88.
350 So aber Escher, WM 1997, S. 1181.
351 Karsten Schmidt, Geldrecht, 12. Aufl. 1983, Vorbem. zu § 244 BGB, Rn. A 17.

III. Zahlungsverfahren im Internet

lich zu erklären als auch den Interessen aller am Verfahren Beteiligten gerecht zu werden. Im Ergebnis muss es jedoch Rechtsprechung und Lehre überlassen bleiben, letzte Präzisierungen vorzunehmen.

Gleichwohl stellt sich eCash als virtueller Bargeldersatz dar, weil dadurch ein anonymes Zahlungsmittel zur Verfügung gestellt wird, das keine unnötigen Datenspuren hinterlässt, nicht die Sicherheit des Geldverkehrs gefährdet, gleichzeitig aber den Tendenzen zur Schaffung des gläsernen Konsumenten keinen Vorschub leistet.

b) CyberCash

Auch das CyberCash-Verfahren ist für Klein- und Kleinstbetragszahlungen entwickelt worden und damit geeignet, Zahlungen für digitalisierte und direkt online abrufbare Leistungen zu erbringen.[352] Beim CyberCash handelt es sich jedoch um ein kontenbasiertes Verfahren. Im Gegensatz zu eCash ist es kein elektronisches „Bargeld", auch wenn sicherlich ähnliche Zielsetzungen damit verfolgt werden.[353]

aa) Verfahrensteilnehmer

Eine CyberCoin-Transaktion setzt mehrere Beteiligte voraus. Außer dem (zahlenden) Kunden und dem (die Zahlung empfangenden) Händler sowie den von diesen zwischengeschalteten Banken ist zusätzlich noch der Cyber-Coin-Gatewayserver beteiligt. Nachdem der CyberCoin-Kunde sich bei seiner Bank zur Teilnahme am Verfahren hat registrieren lassen, werden seine Personalien sowie die Daten seiner Bankverbindung an das CyberCoin-Gateway weitergeleitet. Außerdem muss der CyberCoin-Kunde, um am Verfahren teilnehmen zu können, die speziell für dieses Verfahren entwickelte CyberCoin-Software auf seinem Rechner installieren. Auch der Händler, der im CyberCoin-Verfahren Zahlungen akzeptieren möchte, muss zur Teilnahme zugelassen werden und benötigt ebenfalls eine auf seinem Rechner zu installierende spezielle Software. Außerdem müssen auch die Händler Teilnahmevereinbarungen abschließen.

Die am CyberCoin-Verfahren teilnehmenden Banken wiederum schließen Teilnahmevereinbarungen mit der als Gateway fungierenden CyberCoin

---

352 Vgl. Pichler, Rechtsnatur, Rechtsbeziehungen und zivilrechtliche Haftung beim elektronischen Zahlungsverkehr im Internet, 1998, S. 52.
353 Vgl. Pichler, Rechtsnatur, Rechtsbeziehungen und zivilrechtliche Haftung beim elektronischen Zahlungsverkehr im Internet, 1998, S. 52.

GmbH ab, an die die Namen der teilnehmenden Kunden und Händler übermittelt werden.[354]

Aufgabe des Gateway-Betreibers ist die technische Abwicklung der Zahlungsvorgänge für die beteiligten Banken. Zu diesem Zweck entschlüsselt er die übermittelten Daten und authentifiziert die Beteiligten. Es bestehen jedoch keine vertraglichen Beziehungen zwischen dem Gateway-Betreiber und den CyberCoin-Kunden oder -Händlern, sondern nur zu den beteiligten Banken, die ihrerseits als kontoführende Institute der CyberCoin-Teilnehmer mit diesen sowohl auf der Seite der Zahlungspflichtigen als auch der Händler Teilnahmevereinbarungen abschließen.

bb) Verfahrensvoraussetzungen

Die CyberCoin-Software wird auf dem Rechner des Teilnehmers installiert, nachdem er sich bei seiner Bank hat registrieren lassen und die Übermittlung dieser Daten an den Gateway-Betreiber erfolgt ist. Bestandteil der Installation der CyberCoin-Software ist die Anmeldung beim Gateway, damit dieses eine Verbindung zum Girokonto des Teilnehmers herstellen kann. Darüber hinaus vermittelt der CyberCoin-Kunde anlässlich der Installation dem Gateway eine Benutzerkennung, seine Personalien, seine E-mail-Adresse, ein Passwort, das von der Software vor jedem Zugriff auf die CyberCoin-Wallet abgefragt wird, sowie ein zusätzliches Verifizierungs-Passwort, das den Zugriff auf das Konto bei Hardware- oder Software-Fehlern oder sonstigen Problemen erlaubt.

Nachdem die CyberCoin-Software installiert wurde, muss, um im Cyber-Cash-Verfahren Zahlungen leisten zu können, die „Wallet" mit CyberCoin-Werteinheiten aufgeladen werden. Im Gegensatz zum eCash-Verfahren bedeutet dies hier jedoch nicht, dass digitale Münzen in eine elektronische Geldbörse eingebucht werden, sondern auf dem Gateway-Rechner wird ein „CashContainer", eine Art virtuelles Konto, eröffnet, das wie ein normales Konto geführt wird. Die Aufladung der Wallet ist daher im Prinzip die Überweisung eines Betrags auf das CyberCoin-Konto des CyberCoin-Kunden. Um eine solche Überweisung ausführen zu können, ist zunächst die Wallet des Kunden mittels eines Passwortes zu öffnen und der Betrag einzugeben, der dem CashContainer gutgeschrieben werden soll. Diese Nachricht wird zusammen mit der Benutzerkennung und dem Passwort vom CyberCoin-Kunden digital signiert und mit dem öffentlichen Schlüssel des Gateways verschlüsselt an dieses übermittelt. Das Gateway entschlüsselt und überprüft die Daten und schreibt danach gegebenenfalls den verlangten Betrag

---

354 Vgl. Pichler, Rechtsnatur, Rechtsbeziehungen und zivilrechtliche Haftung beim elektronischen Zahlungsverkehr im Internet, 1998, S. 53.

III. Zahlungsverfahren im Internet

dem CashContainer des Kunden gut. Der Auftrag des Kunden wird anschließend an dessen Bank weitergeleitet, die sein Girokonto belastet und die Weiterleitung auf das CyberCash-Poolkonto veranlasst. Da nicht über das Girokonto des Kunden selbst unmittelbar ein Überweisungsauftrag erteilt wird, sondern letztlich der Gateway-Betreiber die entsprechenden Beträge einziehen soll, erteilt der Kunde diesem eine Einziehungsermächtigung, damit er die auf das Poolkonto zu übertragenden Beträge einziehen kann.

cc) Zahlungsablauf

Beim CyberCoin-Verfahren erfolgt die Zahlung in mehreren Schritten.

Will der Kunde eine Zahlung an einen Händler leisten, muss er zunächst ein auf dessen Web-Site vorhandenes Logo anklicken, durch das der Bezahlvorgang eingeleitet wird. Im Anschluss daran wird auf dem Kundenrechner die CyberCoin-Wallet geöffnet. Eine über das Cash-Register des Händlers übermittelte Zahlungsaufforderung an den Kunden wird nach Eingabe des Wallet-Passwortes bei diesem angezeigt. Will der Kunde die Zahlung leisten, muss er diese Aufforderung bestätigen. Danach erstellt die Wallet eine Datei mit den Zahlungsdaten, zu denen auch der Preis der Ware oder Dienstleistung sowie die Kennung des Empfängers gehören. Diese Daten wiederum werden symmetrisch verschlüsselt. Die Kundendaten, die Benutzerkennung und das Passwort werden zusammen mit dem zur Entschlüsselung der Zahlungsdaten erforderlichen asymmetrischen Schlüssel vom Kunden digital signiert und mit dem öffentlichen Schlüssel des Gateways verschlüsselt. Dieses Datenpaket wird über die Wallet an das Cash-Register des Händlers übertragen. Dem Händler bleibt der Inhalt der Nachricht zunächst verborgen, da er sie zu diesem Zeitpunkt noch nicht entschlüsseln kann.

Über das Cash-Register des Händlers werden den verschlüsselten Daten des Kunden die verschlüsselten Rechnungs- und Identifikationsdaten hinzugefügt. Außerdem werden diese zusammen mit dem DES-Schlüssel zur Entschlüsselung der vom Händler erstellten Zahlungsdaten mit dem öffentlichen Schlüssel der Bank verschlüsselt. Dieses Datenpaket, das aus den verschlüsselten Zahlungs- und Kundendaten sowie den vom Händler verschlüsselten Zahlungs- und Händlerdaten besteht, wird vom Händler digital signiert und an das Gateway übermittelt. Dieses ist mittels des privaten Schlüssels in der Lage, alle Daten zu entschlüsseln. Im Zuge dessen erfolgt eine Überprüfung der Identität der Parteien anhand der digitalen Unterschriften. Außerdem wird ihre Berechtigung mittels Benutzerkennungen und Passwörter authentifiziert. Weiterhin erfolgt ein Abgleich der Zahlungsdaten, die vom Kunden und vom Händler unabhängig voneinander abgegeben wurden. Stimmen sie überein und ergeben sich im Übrigen keine Unstimmigkeiten, veranlasst das Gateway den Zahlungsausgleich.[355]

Bei der Zahlungsausführung wird der virtuelle Betrag vom Konto des Kunden auf das virtuelle Konto des Händlers übertragen. Nach Abschluss dieses Vorgangs erhält der Händler vom Gateway eine Zahlungsbestätigung, die dessen Cash-Register gegebenenfalls zusammen mit dem zur Benutzung des erworbenen Gutes erforderlichen Schlüssel – falls es sich dabei um eine Internet-Dienstleistung handelt – an den Kunden weiterleitet.

Der gesamte Vorgang wird sowohl vom Gateway als auch von der Software der Beteiligten protokolliert.

Zur Einlösung des auf dem CashContainer vorhandenen Guthabens in Buchgeld wird nach einer Art „Kassenabschluss" beim Händler der Gegenwert seines Guthabens auf dem CashContainer vom CyberCash-Sammelkonto auf sein Girokonto übertragen. Der CashContainer wird danach mit einem Saldo von Null geführt. Möchte der CyberCash-Kunde ein evtl. auf seinem CashContainer vorhandenes Guthaben wieder in Buchgeld überführen, weil er dieses nicht mehr benötigt, erfolgt dies in gleicher Weise wie die Einlösung beim Händler.

dd) Besondere Haftungsrisiken der Rechtsstruktur

Da beim CyberCoin-Verfahren keine „elektronischen Münzen" übertragen werden, unterscheidet sich das Verfahren in vieler Hinsicht vom eCash-Verfahren. Im CyberCoin-Verfahren kann es nicht – wie gegebenenfalls beim eCash-Verfahren – zum „Verlust" oder zur Duplizierung virtueller Münzen kommen. Außerdem erfolgt im CyberCoin-Verfahren die Zahlung nicht anonym, so dass die Risikozuweisung leichter möglich ist als beim eCash-Verfahren. Es ist deshalb kaum denkbar, dass sich Risiken verwirklichen, ohne einem der Beteiligten ein Verschulden nachweisen oder den entstandenen Schaden zuordnen zu können.

Das Hauptrisiko im CyberCoin-Verfahren besteht in einem Missbrauch des Zahlungsverfahrens durch einen Unberechtigten. Dies kann insbesondere dann in Betracht kommen, wenn ein solcher Kenntnis von den Berechtigungsmerkmalen erlangt oder CyberCoin-Daten ge- oder verfälscht werden, soweit dies überhaupt möglich ist.

Die Zuordnung der Haftungsrisiken richtet sich nach den vertraglichen Beziehungen der Beteiligten untereinander.

---

355 Vgl. Pichler, Rechtsnatur, Rechtsbeziehungen und zivilrechtliche Haftung beim elektronischen Zahlungsverkehr im Internet, 1998, S. 56 f.

III. Zahlungsverfahren im Internet

Im Vertragsverhältnis zwischen den CyberCoin-Teilnehmern und den CyberCoin-Händlern auf der einen Seite und ihren Banken auf der anderen handelt es sich bei der CyberCoin-Abrede entweder um eine Nebenabrede zu einem bereits bestehenden Girovertrag oder um einen eigenständigen Geschäftsbesorgungsvertrag gem. § 675 BGB.[356]

Der Gateway-Betreiber steht lediglich in Vertragsbeziehungen zu den beteiligten Banken und übernimmt für diese als Dienstleister das Processing, während im Außenverhältnis alle Handlungen gegenüber den CyberCoin-Teilnehmern und den Händlern den jeweiligen Banken zugerechnet werden. Der Gateway-Betreiber ist auf dieser Basis im Verhältnis zu den CyberCoin-Teilnehmern und -Händlern bei der Übermittlung von Willenserklärungen entweder als Bote oder als Vertreter der Institute anzusehen.[357]

Unter Berücksichtigung, dass der Gateway-Betreiber die CyberCoin-Konten (CashContainer) für die beteiligten Banken führt, ist er haftungsrechtlich als deren Erfüllungsgehilfe gem. § 278 BGB anzusehen. Wird weiterhin beachtet, dass der Gateway-Betreiber gegenüber den Händlern eine Zahlungsbestätigung nach Identifizierung und Authentifizierung der Beteiligten und nach Umbuchung des übertragenden Betrags vom CashContainer des Kunden auf den des Händlers abgibt, ist zu schlussfolgern, dass der Gateway-Betreiber als Vertreter und nicht lediglich als Bote der Bank des Händlers handelt. Gegen die Botenstellung spricht auch, dass der Gateway-Betreiber nicht lediglich eine fremde Willenserklärung übermittelt, sondern ohne Mitwirkung der von ihm beauftragten Bank in deren Namen eine Erklärung selbstständig nach Überprüfung der Daten abgibt. Folglich handelt er als Stellvertreter und nicht lediglich als Bote.[358] Andererseits ist die Zahlungsbestätigung nicht als Begründung eines selbstständigen Rechtsverhältnisses zwischen Händler und Gateway anzusehen, denn auch aus der Sicht des Händlers erfolgt die Zahlungsbestätigung als Erklärung seiner Bank, mit der er in vertraglichen Beziehungen steht, und nicht durch das Gateway.

Der Zahlungsvorgang selbst lässt sich durch die Erteilung einer geschäftsbesorgungsrechtlichen Einzelweisung des Zahlungspflichtigen gem. §§ 675, 665 BGB an sein Kreditinstitut, eine Gutschrift in Höhe des in den Zahlungsdaten enthaltenen Betrags auf dem Girokonto des Händlers vorzunehmen, erklären. Dagegen spricht nicht, dass der CyberCoin-Teilnehmer die Daten nicht an sein Kreditinstitut, sondern an den Händler weiterleitet,

---

356 Vgl. Pichler, Rechtsnatur, Rechtsbeziehungen und zivilrechtliche Haftung beim elektronischen Zahlungsverkehr im Internet, 1998, S. 59.
357 Vgl. Pichler, Rechtsnatur, Rechtsbeziehungen und zivilrechtliche Haftung beim elektronischen Zahlungsverkehr im Internet, 1998, S. 60.
358 Vgl. Pichler, a. a. O., S. 61.

Spezielle Internet-Zahlungsmittel – Netzgeld

denn dieser handelt bei diesem Vorgang lediglich als Bote und leitet die Daten in dieser Funktion an den Gateway-Betreiber weiter. Auch dieser handelt letztlich als Bote, da er wiederum die Weisung an das Kreditinstitut des Zahlungspflichtigen weiterleitet, um die Zahlung zu veranlassen. Das Gateway ist insofern als Empfangsvertreter tätig, als es um die CyberCoin-typischen Dienstleistungen geht, denn es ist für die Entschlüsselung, Identifikation, Authentifizierung, Prüfung der Übereinstimmung der Zahlungsdaten von Kunde und Händler sowie die Umbuchung zwischen den CashContainern verantwortlich. In dieser Funktion arbeitet das Gateway als Empfangsvertreter der Bank gem. § 164 Abs. 3 BGB und bei der Durchführung der Zahlung als deren Erfüllungsgehilfe gem. § 278 BGB.[359]

Auf der Grundlage dieser Konstruktion stellt das Aufladen der Wallet des Kunden und die in diesem Zusammenhang vorgenommene Abbuchung von seinem Girokonto bei gleichzeitiger Gutschrift des entsprechenden Betrags auf dem CyberCash-Poolkonto die Inanspruchnahme eines Vorschusses durch die Bank gem. §§ 665, 669 BGB für die späteren Aufwendungen dar. Diese selbst entstehen erst anlässlich des Kassenabschlusses beim Händler, wenn danach die entsprechenden Beträge vom Sammelkonto auf sein Girokonto übertragen werden. Der zunächst als Vorschuss einbehaltene Betrag wird dann mit dem Aufwendungsersatzanspruch gem. §§ 675, 670 BGB verrechnet.[360] Leert der Kunde zu einem späteren Zeitpunkt seine Wallet in Höhe des unverbrauchten Betrags, ist darin die Herausgabe eines nicht verbrauchten Vorschusses gem. §§ 675, 667 BGB zu sehen.

Mit der Zahlungsbestätigung erhält der Händler einen abstrakten Anspruch auf den für die Ware zu zahlenden Preis, da dieser zunächst unabhängig davon entsteht, ob ein Missbrauch des Verfahrens vorliegt. In diesem Anspruch selbst ist eine Garantie oder ein abstraktes Schuldversprechen gem. § 780 BGB der Bank gegenüber dem Händler zu sehen, die in diesem Fall durch den Gateway-Betreiber handelt. Unter Berücksichtigung, dass die Haftung aus einer Garantie subsidiär ist, liegt die Annahme eines abstrakten Schuldversprechens näher. Dieser Rechtskonstruktion entspricht auch, dass letztlich der Kunde gegenüber dem Händler anonym bleiben kann, so dass Letzterer kaum die Möglichkeit hätte, außerhalb des CyberCash-Verfahrens seinen Anspruch gegen den Vertragspartner durchzusetzen. Eine lediglich subsidiäre Zahlungsverpflichtung der Bank, die dann eingreifen könnte, wenn der Primäranspruch nicht durchsetzbar ist, ist deshalb fernliegend.[361]

---

359 Vgl. Pichler, Rechtsnatur, Rechtsbeziehungen und zivilrechtliche Haftung beim elektronischen Zahlungsverkehr im Internet, 1998, S. 63.
360 Vgl. Canaris, Bankvertragsrecht, 3. Auflage 1988, Rn. 343; BGHZ 46, S. 5.
361 Vgl. Pichler, Rechtsnatur, Rechtsbeziehungen und zivilrechtliche Haftung beim elektronischen Zahlungsverkehr im Internet, 1998, S. 64 f.

III. Zahlungsverfahren im Internet

Dass die Anonymität der Zahlung im Verhältnis Kunde – Händler nicht aufgehoben werden muss, heißt nicht, dass es sich beim CyberCash-Verfahren um ein anonymes Zahlungsverfahren handelt, denn – im Gegensatz zum eCash-Verfahren – kennt im CyberCoin-Verfahren das Institut den Namen desjenigen, der den Zahlungsauftrag erteilt hat, während im eCash-Verfahren das eine eCash-Münze einlösende Institut nicht weiß, wer diese generiert hat, sofern der eCash-Teilnehmer nicht selbst die Anonymität aufhebt.

Der gesamte Zahlungsvorgang im CyberCoin-Verfahren weist große Ähnlichkeit mit dem Überweisungsverfahren auf. Auch dort ist hinsichtlich der Gutschrift durch die Empfängerbank von einem abstrakten Schuldversprechen auszugehen.[362] Allerdings ist aufgrund der Besonderheiten des CyberCash-Verfahrens der Zeitpunkt des Entstehens eines Anspruchs aus dem abstrakten Schuldversprechen gegenüber dem Überweisungsverfahren vorverlagert. Im CyberCash-Verfahren erhält der Händler eine gesicherte Stellung bereits mit der Zahlungsbestätigung, bevor der Betrag auf seinem Konto gebucht wird. Der Zahlungsempfänger erlangt damit eine gesicherte Rechtsposition bereits mit der Gutschrift auf seinem CashContainer und der nachfolgenden Bestätigung.[363]

Eine Zahlung im CyberCash-Verfahren ist als Leistung erfüllungshalber gem. § 364 Abs. 2 BGB anzusehen, so dass mit Gutschrift auf dem Girokonto des Händlers die Erfüllung gem. § 362 BGB eintritt und nicht lediglich eine Leistung an Erfüllung statt gem. § 364 Abs. 1 BGB erfolgt.

ee) Haftungsrisiken

Sollte es einem unberechtigten Dritten gelingen, Zugriff auf den CashContainer des Kunden zu erhalten, würde im Falle einer Auftragserteilung durch diesen eine wirksame geschäftsbesorgungsrechtliche Weisung des Kunden fehlen, in dessen Namen der CyberCash-Zahlungsvorgang angestoßen wurde. Aufgrund dessen hätte die Bank weder einen Anspruch auf Vorschuss gem. §§ 675, 669 BGB noch auf Aufwendungsersatz gem. §§ 675, 670 BGB gegenüber dem CyberCoin-Kunden, in dessen Namen unberechtigt ein Auftrag erteilt würde. Folglich wäre eine evtl. vorgenommene Abbuchung vom Konto des Kunden rückgängig zu machen. Sollte bereits das Aufladen der Wallet ohne Weisung des Kunden erfolgt sein, ergibt sich der Rückbuchungsanspruch aus §§ 675, 667 BGB. Kommt es zu einem späteren Zeitpunkt zu einer Gutschrift an den einlösenden Händler, steht der Bank kein Aufwendungsersatzanspruch gegen ihren Kunden zu, da ihr aufgrund

---
362 BGHZ 6, S. 124; BGH, WM 1982, S. 293; BGH, WM 1979, S. 1381; Canaris, Bankvertragsrecht, 3. Aufl. 1988, Rn. 415.
363 Vgl. Pichler, a. a. O., S. 65.

einer fehlenden wirksamen Weisung keine Aufwendungen gemäß § 670 BGB gegenüber diesem entstanden sein können. Das Missbrauchsrisiko ist folglich von der Bank zu tragen.

Allerdings ist die Bank befugt, dem Rückbuchungsanspruch des Kunden gegebenenfalls Schadensersatzansprüche aus positiver Forderungsverletzung entgegenzuhalten, wenn der CyberCash-Teilnehmer schuldhaft zum Missbrauch beigetragen hat. Diesbezüglich ist insbesondere daran zu denken, dass der CyberCoin-Teilnehmer mit den ihm zur Verfügung gestellten Berechtigungsmerkmalen, d. h. der Wallet, dem Passwort oder der Wallet-ID, nicht sorgfältig umgegangen ist. Sollten diese nicht oder nur mit einem unvertretbar hohen technischen oder wirtschaftlichen Aufwand ermittelt bzw. überwunden werden können, spricht ihre missbräuchliche Verwendung dafür, dass der Zahlungspflichtige seine vertraglichen Sorgfaltspflichten verletzt und sich aufgrund dessen schadensersatzpflichtig gemacht hat.[364]

Auf dieser Grundlage begründet die missbräuchliche Verwendung der im CyberCoin-Verfahren zur Verfügung gestellten Legitimationsmedien den Beweis des ersten Anscheins dafür, dass der berechtigte Inhaber mit diesen nicht sorgfältig umgegangen ist und folglich für den durch den Missbrauch entstandenen Schaden einzustehen hat, sofern es ihm nicht gelingen sollte, Umstände schlüssig und nachvollziehbar darzulegen und gegebenenfalls zu beweisen, aus denen auf einen Missbrauch ohne sein Verschulden geschlossen werden kann. Auf das CyberCoin-Verfahren sind folglich die Grundsätze zum Anscheinsbeweis analog anwendbar.[365]

ff) Sorgfaltspflichten

Damit der CyberCoin-Kunde das Missbrauchsrisiko einschätzen und seine Sorgfaltspflichten danach ausrichten kann, ist es erforderlich, ihn über die Bedeutung der ihm zur Verfügung gestellten Legitimationsmedien zu informieren, um ihn für einen sorgfältigen Umgang mit diesen zu sensibilisieren.[366] Folglich ist es, um ihn dazu anzuhalten, mit den ihm zur Verfügung gestellten Legitimationsmedien sorgfältig umzugehen, erforderlich, ihn über den Verfahrensablauf zu unterrichten und auf Risiken hinzuweisen.

Registriert der CyberCoin-Kunde Unregelmäßigkeiten, ist er folglich verpflichtet, die Bank darüber unverzüglich zu unterrichten, die ihrerseits dafür Sorge tragen muss, dass der weitere Zugang zum Verfahren gesperrt wird.

---

364 Vgl. Pichler, Rechtsnatur, Rechtsbeziehungen und zivilrechtliche Haftung beim elektronischen Zahlungsverkehr im Internet, S. 66 f.
365 Zur Rechtsprechung im ec-System vgl. neuestens LG Köln, WM 2001, S. 852.
366 Vgl. zum Parallelproblem bei der ec-Karte LG Köln, WM 2001, S. 853 ff.

III. Zahlungsverfahren im Internet

Mit dem Zeitpunkt der Unterrichtung über mögliche Unregelmäßigkeiten endet die Haftung des CyberCoin-Kunden, da es dann im Verantwortungsbereich des das Verfahren anbietenden Kreditinstituts liegt, dafür Sorge zu tragen, dass das System vor dem Zugriff Unberechtigter gesichert wird. Sollte das Institut dieser Verpflichtung nicht nachkommen, verletzt es seinerseits seine nebenvertraglichen Pflichten und hat für die sich daraus ergebenden Folgen einzustehen.

Sollte es dem Kreditinstitut nicht möglich sein, den Zugang zu sperren, kann dies ebenfalls nicht zu seinen Lasten gehen. Bei einem letztlich kontenbasierten Verfahren, wie dem CyberCash-Verfahren, dessen Ablauf von der Bank gesteuert und beherrscht wird, wäre es als Organisationsverschulden anzusehen, wenn die das Verfahren anbietende Bank keine Möglichkeit hätte, den Zugang zu sperren. Etwas anderes käme allenfalls dann in Betracht, wenn die bereits in Umlauf gesetzten Zahlungsmittel nicht mehr von der Bank erfasst werden können und sie folglich aufgrund der Verfahrensstruktur keine Möglichkeit hat, ohne Hilfe ihres Kunden die missbräuchlich generierten Zahlungsmittel zu identifizieren und ihren Wert zu annullieren.

Die Sorgfaltspflichten des CyberCoin-Kunden einerseits korrespondieren mit denen der Bank andererseits, da nicht nur der Teilnehmer, sondern auch das das Verfahren anbietende Institut besondere Sorgfaltspflichten trifft, um Missbräuche zu unterbinden. Die Pflichten des Kreditinstituts können dabei gegebenenfalls sogar weiter gehen als die des Teilnehmers, da es Sorgfalts-, Überwachungs- und gegebenenfalls auch Organisationspflichten trifft.

gg) Erklärungsansätze für CyberCoin

Im Gegensatz zum eCash-Verfahren, das dadurch geprägt wird, dass virtuelle Münzen erzeugt und als Zahlungsmittel verwendet werden, wird das CyberCoin-Verfahren durch die Erteilung von Weisungen charakterisiert. Dies wird anhand des Zahlungsablaufs besonders deutlich. Um eine Zahlung leisten zu können, ist es erforderlich, dass der CyberCoin-Kunde dem Händler einen verschlüsselten Datensatz übermittelt, der von diesem wiederum an das Gateway weitergeleitet wird. In diesem, vom Zahlungspflichtigen übermittelten Datensatz ist eine geschäftsbesorgungsrechtliche Weisung gemäß §§ 675, 665 BGB zu sehen, durch die letztlich die Bank des Kunden als dessen Vertragspartnerin angewiesen wird, den im Datensatz enthaltenen Betrag dem Zahlungsempfänger, d.h. dem an das Verfahren angeschlossenen Händler, zukommen zu lassen. Auch wenn bei diesem Ablauf die Weisung unter Einschaltung des Händlers und des Gateways an die Bank übermittelt wird, haben diese diesbezüglich nur die Funktion von Boten, so dass rechtlich der Zahlungspflichtige eine Weisung unmittelbar sei-

Spezielle Internet-Zahlungsmittel – Netzgeld

nem Institut erteilt und dies der Erteilung eines Überweisungsauftrags entspricht.[367] Zwar scheint dieser Ablauf auch Ähnlichkeiten mit dem Einziehungsermächtigungslastschriftverfahren zu haben, da auch in diesem die Zahlungsermächtigung unter Einschaltung des Händlers und seiner Bank an das Kreditinstitut des Zahlungspflichtigen weitergeleitet wird, doch erfolgt nach der bisherigen höchstrichterlichen Rechtsprechung im Lastschriftverfahren nicht die Übermittlung einer Weisung des Zahlungspflichtigen an sein Kreditinstitut, sondern der Zahlungsempfänger erhält eine Ermächtigung, den Betrag vom Konto des Zahlungspflichtigen einzuziehen.[368] Da hier jedoch der Datensatz keine Ermächtigung, sondern erkennbar eine Weisung an das Institut des Zahlungspflichtigen enthält, spricht dies dafür, dass Händler und Gateway-Betreiber lediglich eine Botenstellung hinsichtlich der Weiterleitung der Weisungen des Kunden haben. Aufgrund dessen liegt als Erklärung eine geschäftsbesorgungsrechtliche Weisung nahe, die es erlaubt, das CyberCoin-Verfahren als Verfahren anzusehen, das auf verschiedenen geschäftsbesorgungsrechtlichen Weisungen beruht. Folglich ist in der Abbuchung des Ladebetrages vom Konto des Kunden, um beim Aufladen der Wallet den entsprechenden Betrag in das CyberCash-Sammelkonto einzustellen, die Inanspruchnahme eines Vorschusses gemäß §§ 675, 669 BGB für spätere Aufwendungen zu sehen. Diese wiederum entstehen erst, wenn nach Kassenabschluss der Händler die entsprechenden Beträge vom Sammelkonto auf sein Konto überwiesen erhält. Der daraus resultierende Aufwendungsersatzanspruch gemäß §§ 675, 670 BGB wird mit dem bereits gezahlten Vorschuss verrechnet.[369] Entlädt der CyberCoin-Teilnehmer seine Wallet, ist in der Gutschrift dieses Betrages auf seinem Girokonto die Erstattung eines nicht verbrauchten Vorschusses gemäß §§ 675, 667 BGB zu sehen.[370]

Sollte es zu einem Missbrauch der Legitimationsmedien kommen, ist auch dies haftungsrechtlich – wie bereits an anderer Stelle gezeigt – mit der Überweisungskonstruktion erklärbar. Dem Kreditinstitut steht mangels einer von ihrem Kunden erteilten geschäftsbesorgungsrechtlichen Weisung kein Aufwendungsersatzanspruch gem. §§ 675, 670 BGB für die geleisteten Zahlungen zu. Sollte jedoch die missbräuchlich erteilte geschäftsbesor-

---

367 Vgl. Pichler, Rechtsnatur, Rechtsbeziehungen und zivilrechtliche Haftung beim elektronischen Zahlungsverkehr im Internet, Münster 1998, S. 63.
368 Vgl. dazu BGH, WM 1998, S. 52; BGH, WM 1987, S. 895; BGH, WM 1985, S. 905; BGH, WM 1979, S. 831; BGH, WM 1979, S. 830; BGH, WM 1979, S. 828; BGH, WM 1979, S. 689; BGH, WM 1977, S. 1042; BuB – Reiser/Krepold, BuB Rn. 6/316; Hadding/Häuser, Rechtsfragen des Lastschriftverfahrens, 1981, S. 36.
369 Vgl. entsprechend zur Giroüberweisung Canaris, Bankvertragsrecht, 3. Aufl. 1988, Rn. 343.
370 Vgl. Pichler, a. a. O., S. 64.

III. Zahlungsverfahren im Internet

gungsrechtliche Weisung nur möglich geworden sein, weil der CyberCoin-Kunde mit den ihm zur Verfügung gestellten Legitimationsmedium nicht sorgfältig umgegangen ist, wäre darin eine Verletzung der nebenvertraglichen Pflichten aus der CyberCash-Vereinbarung zu sehen, die dazu führt, dass er gegenüber seiner Bank für die geleisteten Zahlungen schadensersatzpflichtig ist, sofern er schuldhaft gehandelt hat.[371] Die Haftung des Kunden ist allerdings – wie bereits ausgeführt – nur auf der Grundlage einer schuldhaften Sorgfaltspflichtverletzung begründet, da – ähnlich wie im Überweisungsverkehr – die Bank das Risiko einer Fälschung oder Verfälschung entsprechender geschäftsbesorgungsrechtlicher Weisungen zu tragen hat.[372]

c) Die E-Geld-Richtlinie

Bei den beiden dargestellten Internetzahlungsverfahrungen handelt es sich nur um zwei Beispiele verschiedener denkbarer Varianten. Da es praktisch keine gesetzlichen Vorgaben gibt, ist eine unbegrenzte Zahl an Verfahren denkbar, die als E-Geld-Zahlungsverkehrsinstrumente konstruiert werden können. Dies trägt das Risiko der Schaffung von Insellösungen in sich, die entsprechende Internetzahlungsverfahren unattraktiv machen, da in einem solchen Fall der Verbreitungsgrad eingeschränkt bleiben dürfte. Dem wird auch nicht die „Richtlinie 2000/47/EG des Europäischen Parlaments und des Rates vom 18. September 2000 über die Aufnahme, Ausübung und Beaufsichtigung der Tätigkeit von E-Geld-Instituten"[373] entgegenstehen, denn ihr Ziel ist es nicht, E-Geld einheitlich zu regeln. Vielmehr zielt sie darauf ab, E-Geld-Instituten, die keine Kreditinstitute zu sein brauchen, die Ausgabe von elektronischem Geld zu erlauben, sofern bestimmte Mindestanforderungen eingehalten werden. Die Richtlinie legt die Voraussetzungen für die Aufnahme und die Ausübung der Geschäftstätigkeit von Unternehmen im Bereich des elektronischen Geldes fest, die nicht Kreditinstitute sind. Danach darf elektronisches Geld auch von Nichtbanken ausgegeben werden, sofern für diese ähnliche aufsichtsrechtliche Regeln wie für Kreditinstitute gelten, wobei sie insbesondere auch einer Mindestreservepflicht zu unterliegen haben.

---

371 Vgl. zum Parallelfall der Überlagerung des Fälschungsrisikos auf den Kunden im Überweisungsverkehr aufgrund blanko unterzeichneter Überweisungsformulare BGH, WM 1992, S. 1392; zu Sorgfaltspflichtverletzungen allgemein OLG Koblenz, WM 1984, S. 206.
372 Vgl. dazu im Überweisungsverkehr BGH, WM 1990, S. 1280; BGH, WM 1968, S. 214; BGH, WM 1997, S. 1142.
373 ABl L 275/39 vom 27. 10. 2000.

Nach den Bestimmungen der Richtlinie handelt es sich bei E-Geld um elektronisches Geld, das als Geldgegenwert elektronisch auf einem Datenträger gespeichert wird und als Zahlungsmittel auch von anderen als der ausgebenden Stelle akzeptiert wird. Den Verwendern wird es als Ersatz für Münzen oder Banknoten zur Verfügung gestellt und ist für die elektronische Übertragung geeignet.

E-Geld-Institute müssen ein Anfangskapital von mindestens 1 Million Euro haben. Ihr Tätigkeitsbereich ist zu beschränken auf solche Dienstleistungen, die mit der Ausgabe elektronischen Geldes eng verbunden sind. Außerdem unterliegen sie der Verpflichtung, elektronisches Geld auf Verlangen ihrer Kunden jederzeit wieder in Bar- oder Buchgeld zurückzutauschen. Die für die Durchführung von Transaktionen vereinnahmten Gelder, die noch nicht in Anspruch genommen wurden, müssen in sicheren und liquiden Aktiva angelegt werden. Außerdem sollen derartige E-Geld-Institute halbjährlich einer Kontrolle über die Einhaltung der Eigenkapitalvorschriften und der Kapitalanlagebeschränkungen unterliegen.

Sollte der Gesamtbetrag der Verbindlichkeiten aufgrund noch nicht in Anspruch genommenen elektronischen Geldes 5 Millionen Euro üblicherweise nicht und 6 Millionen Euro nie überschreiten, oder kann es nur von einem begrenzten Benutzerkreis als Zahlungsmittel eingesetzt werden, sind die Mitgliedstaaten befugt, diese entsprechenden E-Geld-Institute von den Anforderungen der Richtlinie ganz oder zum Teil freizustellen.

Aufgrund dieses recht engen Anwendungsbereiches ist die E-Geld-Richtlinie jedoch nicht geeignet, die Voraussetzung für elektronisches Geld einheitlich festzulegen und Standardregeln vorzugeben. Da elektronisches Geld auch in Zukunft überwiegend nicht von E-Geld-Instituten ausgegeben werden dürfte, werden sich aus der Richtlinie keine klaren Regelungen oder eine Standardisierung für elektronisches Geld ergeben.

IV. Kernfragen der Zahlungen im Netz – Beweislast und Haftungsrisiken

Generelle Aussagen über Beweislast und Haftungsrisiken bei Zahlungen im Netz sind nicht möglich, da die Verfahren zu unterschiedlich ausgestaltet sind und davon sowohl die Beweislage als auch das Haftungsrisiko abhängen. Deshalb ist bei der Betrachtung zunächst von den einzelnen Verfahren auszugehen, ehe versucht werden kann, die Kernprobleme herauszuarbeiten.

1. Kreditkartenzahlungen

a) „Mail-Order-Verfahren"

Im Zusammenhang mit dem Mail-Order-Verfahren wurde bereits im einzelnen dargestellt, dass die Kreditkarte zu Zahlungen im Internet durch Übermittlung der auf ihr aufgeprägten Daten eingesetzt werden kann. Es ist folglich möglich, durch Übermittlung der auf die Kreditkarte aufgeprägten Daten einem kartenemittierenden Unternehmen die Weisung zu erteilen, Zahlungen an den Akzeptanten zu erbringen. Allerdings werden die für die Zahlungspflicht des Kartenunternehmens normalerweise zu beachtenden Voraussetzungen, wie die Unterzeichnung eines Belegs oder die Eingabe einer PIN, nicht eingehalten. Dabei handelt es sich zwar um keinen Verstoß gegen die Kartenbedingungen, doch ist dieses Verfahren aufgrund der damit verbundenen Risiken nicht mit Zusicherung der Kartengesellschaft an den Kartenakzeptanten verbunden, die Zahlungen einzulösen.

Bei diesem Verfahren wird das Missbrauchsrisiko dadurch erhöht, dass die auf die Karte aufgeprägten Kartdaten jedem, der die Karte sieht, zugänglich sind, weshalb sie kaum geheim gehalten werden können. Um Zahlungen leisten zu können, ist es erforderlich, diese Daten auf Belege zu übertragen, die von einer nicht begrenzbaren Zahl an Personen gelesen werden können. Gleiches gilt, wenn die Kreditkarte in Geschäften, Lokalen oder anderen Akzeptanzstellen zum Zwecke der Zahlung weitergegeben wird. Auch hier kann eine nicht überschaubare Zahl an Personen Kenntnis von den Kartendaten nehmen und diese gegebenenfalls missbräuchlich einsetzen. Die auf die Karte aufgeprägten Daten sind schon bestimmungsgemäß nicht zur Geheimhaltung geeignet. Folglich kann die Verwendung dieser Kartendaten nicht den Beweis des ersten Anscheins dafür begründen, dass der Inhaber entweder selbst verfügt hat oder mit den ihm zur Verfügung ge-

IV. Die Kernfragen der Zahlung im Netz

stellten Legitimationsmedien nicht sorgfältig umgegangen ist. Aus dem Einsatz der Kartendaten kann folglich weder darauf geschlossen werden, dass der berechtigte Karteninhaber gehandelt, noch dass dieser eine Sorgfaltspflichtverletzung begangen hat. Sollten die Daten einer Kreditkarte verwendet worden sein, der Karteninhaber jedoch die Verwendung bestreiten und das Karteninstitut nicht in der Lage sein, den Vollbeweis dafür zu erbringen, dass der Karteninhaber verfügt hat, kann es diesen zur Zahlung des Kartenbetrages weder aus dem Aufwendungsersatzanspruch gemäß §§ 675, 670 BGB noch aus einer Nebenpflichtverletzung des Kartenvertrags gem. § 280 BGB in Anspruch nehmen.

In der Regel wird es nicht oder nur schwer möglich sein, den Nachweis zu führen, dass der bestreitende Karteninhaber gehandelt oder schuldhaft zu einem Missbrauch beigetragen hat, sofern nicht bestimmte Anhaltspunkte, wie z. B. die Identität der Lieferanschrift mit der des Karteninhabers, ein so starkes Indiz dafür begründen, dass auch dieser tatsächlich die Karte eingesetzt hat. Kann dieser Nachweis jedoch nicht geführt werden, kann das kartenemittierende Institut den Karteninhaber nicht für den Transaktionsbetrag in Anspruch nehmen. Auch die in den Kartenbedingungen regelmäßig zu findenden Regelungen, die den Karteninhaber verpflichten, dafür Sorge zu tragen, dass kein Dritter Kenntnis von seiner Geheimzahl erlangt, begründen keine Sorgfaltspflichten in Zusammenhang mit den oben bezeichneten Kartendaten, da sich diese Pflicht auf die PIN bezieht, deren Verwendung für Abhebungen an Geldautomaten oder Zahlungen an automatisierten Kassen erforderlich ist, die jedoch nicht zu den offen auf die Karte aufgeprägten Daten gehört.

Allerdings findet sich in den Kreditkartenbedingungen vielfach eine Regelung, wonach der Karteninhaber für missbräuchliche Verfügung bis zu einem Betrag in Höhe von DM 100,00 bzw. nunmehr den entsprechenden EURO-Gegenwert unabhängig von seinem Verschulden einzustehen hat. Auf dieser Basis könnte daran gedacht werden, dass der Karteninhaber wenigstens bis zu diesem Betrag für die missbräuchliche Verwendung der Kartendaten einstehen muss, selbst wenn ihm nicht der Nachweis gelingt, dass er selbst gehandelt oder zum Missbrauch beigetragen hat.

Von einer missbräuchlichen Verfügung kann jedoch nur dann ausgegangen werden, wenn ein Unberechtigter die Karte benutzt hat. Es dürfte dagegen nicht als missbräuchliche Verfügung anzusehen sein, wenn der Karteninhaber seine Karte bestimmungsgemäß eingesetzt und ein Dritter sich Kenntnis von den Kartendaten verschafft hat. Ist der Karteninhaber nach einer missbräuchlichen Verfügung noch im Besitz seiner Karte, kann es nur zu einer missbräuchlichen Verfügung durch Verwendung der nicht geheimzuhaltenden Kartendaten gekommen sein, die nicht gleichzeitig auch eine missbräuchliche Verfügung der Kreditkarte begründet. Deshalb kann der Karteninhaber im Mail-Order-Verfahren zumindest dann nicht im Umfang des vereinbarten Haftungsbetrags in Anspruch genommen werden, sofern er nach der Verfügung noch im Besitz der Karte ist und diese von ihm auch nicht unberechtigt vorübergehend weitergegeben wurde. Allenfalls könnte dann an eine Haftung des Karteninhabers gedacht werden, wenn es zu einer Verfügung im Mail-Order-Verfahren nach dem Abhandenkommen der Kreditkarte gekommen ist. Unter diesen Voraussetzungen könnte auch der Einsatz der Kartendaten eine missbräuchliche Verwendung der Karte begründen, da es mit Verlust der Karte dem neuen (unberechtigten) Kartenbenutzer möglich war, die auf die Karte aufgeprägten Daten zu nutzen. Aufgrund der Verknüpfung der Kartendaten mit der Karte könnte dann in ihrer Verwendung ein missbräuchlicher Einsatz der Kreditkarte gesehen werden.

Sollte dagegen nicht einmal feststehen, dass die Karte selbst für die Verwendung der Kartendaten eingesetzt wurde, ist es nicht vertretbar, den Karteninhaber auch nur mit einem relativ geringen Betrag wie bisher in Höhe von bis zu DM 100,00 bzw. dem entsprechenden EURO-Gegenwert am eingetretenen Schaden zu beteiligen, wenn nicht feststeht, dass er in irgendeiner Weise zur missbräuchlichen Verwendung der Karte beigetragen hat.

Es könnte weiterhin daran gedacht werden, eine derartige verschuldens- und praktisch auch kausalitätsunabhängige Haftung vor dem Hintergrund als angemessen anzusehen, dass die Haftung insgesamt – von grober Fahrlässigkeit einmal abgesehen – auf maximal DM 100,00 bzw. dem entsprechendent EURO-Gegenwert beschränkt wird. Eine derartige betragsmäßig eingegrenzte Sphärenhaftung ließe sich auch vor dem Hintergrund der BGH-Entscheidung zur eingeschränkten Zulässigkeit der Sphärenhaftung damit rechtfertigen, dass bei einem solchen Betrag das wirtschaftliche Haftungsrisiko gering ist und die Vorteile, die der Karteninhaber dadurch hat, dass er auch im Falle seines Verschuldens nur bis zu einem Betrag von maximal DM 100,00 bzw. den entsprechenden EURO-Gegenwert haftet, die Nachteile, d. h. die verschuldensunabhängige Haftung bis zur gleichen Höhe, überwiegen. Der BGH hat in einer Entscheidung zur Sphärenhaftung angedeutet, dass diese zwar mit den Grundprinzipien des deutschen Zivilrechts, das auf dem Verschuldensprinzip beruht, nicht vereinbar ist, gleichzeitig jedoch auch darauf hingewiesen, dass sie bei geringfügigen Haftungsbeträgen zulässig sein kann, sofern der ihr Unterworfene nicht nur Nachteile, sondern auch Vorteile daraus zieht und das Haftungsrisiko auf geringfügige Beträge beschränkt ist.[374] Auf dieser Grundlage wäre es vertretbar,

---

374 BGH, WM 1991, Seite 1110 = WuB I D5-7.91 Fervers.

IV. Die Kernfragen der Zahlung im Netz

den Karteninhaber in Höhe eines Betrages bis zu DM 100,00 bzw. eines entsprechenden EURO-Betrags für den missbräuchlichen Einsatz seiner Karte im Mail-Order-Verfahren im Internet haften zu lassen, selbst wenn ihn kein Verschulden daran trifft.

Es ist dabei jedoch auch zu berücksichtigen, dass auch die Sphärenhaftung nur dort Anwendung finden kann, wo die Gefahr auch tatsächlich aus der Sphäre des Verpflichteten resultiert. Deshalb dürfte eine Haftung für den missbräuchlichen Einsatz der Karte im Mail-Order-Verfahren im Falle ihres Nichtabhandenkommens jedoch nur dann in Betracht kommen, wenn die Verwendung der Kartendaten nachweislich auf den missbräuchlichen Einsatz der Karte zurückzuführen ist. In Anbetracht der fehlenden Verpflichtung, die auf die Karte aufgeprägten Daten geheim zu halten und unter Berücksichtigung, dass der Karteninhaber praktisch keine Möglichkeit hat, seinen Verantwortungsbereich diesbezüglich so zu kontrollieren, dass kein Unberechtigter Kenntnis von den Kartendaten nehmen kann, ist auch unter dem Gesichtspunkt der Sphärenhaftung eine Inanspruchnahme des Karteninhabers für den Einsatz seiner Kartendaten, unabhängig davon, ob überhaupt feststeht, dass dies unter missbräuchlichem Einsatz der Karte erfolgte, kaum begründbar.[375] Die missbräuchliche Verwendung der Kartendaten genügt folglich nicht, um auch eine missbräuchliche Verwendung der Karte zu begründen.

Bezüglich des Inhalts des Begriffs „Verwendung" kann auf die Grundsätze zur „Verwendung" der früheren ec-Karte zur Begründung einer Garantie nur bedingt zurückgegriffen werden. Nach Abschnitt III Nr. 1.1 der mittlerweile nicht mehr geltenden Bedingungen für ec-Karten setzte die Begründung ec-Garantie die „Verwendung" der ec-Karte voraus, wobei strittig war, ob dazu deren Vorlage erforderlich war.[376] Die überwiegend in Literatur und Rechtsprechung vertretende Ansicht sah die körperliche Vorlage der Karte nicht als Wirksamkeitserfordernis für das Zustandekommen der ec-Garantie an.[377] Dies basierte auf einer BGH-Entscheidung, wonach das Entstehen der Garantie auch ohne Vorlage der ec-Karte möglich sein sollte, sofern der Scheck nur vom berechtigten Karteninhaber begeben und mit der richtigen ec-Kartennummer versehen wurde.[378] Der Schecknehmer, der sich bei der Entgegennahme eines ec-Schecks die ec-Karte nicht zeigen ließ, trug je-

---

375 Zur Sphärenhaftung vgl. BuB – Haun, Rn. 6/1961 und 6/1965.
376 Vgl. BuB – Werner, Rn. 6/1343.
377 Baumbach/Hefermehl, ScheckG und WechselG, Art. 4 ScheckG, Rn. 9 und 10; Bülow, WechselG/ScheckG/AGB, Art. 4 ScheckG, Rn. 22 f.; BGHZ 83, S. 28; OLG Frankfurt, WM 1990, S. 12; LG Berlin, NJW 1977, S. 586; AG Berlin-Charlottenburg, NJW 1984, S. 2124.
378 BGHZ 83, S. 28.

doch das daraus resultierende Missbrauchsrisiko.[379] Die Gegenansicht vertrat dagegen die Meinung, dass die Verwendung immer den körperlichen Einsatz der Karte erfordert.[380]

Aus all dem kann nur die Schlussfolgerung gezogen werden, dass eine missbräuchliche Verwendung der Kreditkarte nur dann in Betracht kommen kann, wenn derjenige, der die Kartennummer einsetzt, auch über die Karte selbst verfügt. Zwar war für die Begründung der ec-Garantie die Vorlage der ec-Karte nach der überwiegenden Meinung in Literatur und Rechtsprechung nicht erforderlich, sollte jedoch der Scheckaussteller nicht über die ec-Karte verfügt haben, trug der Schecknehmer das daraus resultierende Risiko. Übertragen auf die Kreditkarte folgt daraus, dass von einer Verwendung der Karte nur dann ausgegangen werden kann, wenn derjenige, der die Kartennummer angibt, auch tatsächlich über die Karte verfügt. Es liegt keine missbräuchliche Verwendung in diesem Sinne vor, wenn die richtige Kartennummer eingesetzt wird, der missbräuchliche Verwender die Karte selbst jedoch nicht besitzt.

Folglich kann den Karteninhaber die in den Kartenbedingungen enthaltene Sphärenhaftung bei einer missbräuchlichen Verwendung der Kartendaten nur dann treffen, wenn die Kreditkarte abhanden gekommen ist und danach missbräuchlich unter Einsatz der Kartendaten verfügt wurde. In einem solchen Fall dürfte die Schadensbeteiligung des Karteninhabers in Höhe eines Betrages von bis zu DM 100,- bzw. des entsprechende nEURO-Gegenwerts gerechtfertigt sein.[381]

Soweit einzelne Kartenbedingungen Regelungen enthalten, wonach bei grober Fahrlässigkeit die Haftungsbegrenzung auf DM 100,- keine Anwendung findet, ist ein solcher Fall der missbräuchlichen Verwendung der auf die Karte aufgeprägten Daten nach Verlust der Karte nur von geringer Relevanz. Da, wie dargelegt, die auf die Karte aufgeprägten Daten von einer nicht eingrenzbaren Zahl an Personen zur Kenntnis genommen werden können, bleibt für einen grob fahrlässigen Missbrauch praktisch kein Raum. Ein solcher könnte allenfalls dann in Betracht kommen, wenn der Karteninhaber grob fahrlässig zum Verlust seiner Karte und damit zur anschließenden missbräuchlichen Verwendung der Kartendaten beigetragen hat. Allerdings wäre bei einer solchen Fallkonstellationen zu überlegen, ob nicht bereits in der Einführung des Mail-Order-Verfahrens eine Art Organisationsverschulden der Kreditkartengesellschaft gesehen werden könnte, denn immerhin bieten die Kartengesellschaften durch das Mail-Order-Verfahren einen Einsatz der Kreditkarte an, der mit einem überproportional hohen Haftungsrisiko ver-

---

379 Bundschuh, WM 1983, S. 1181.
380 Huff, NJW 1990 S. 1160f; Schwintowski/Schäfer, Bankrecht, § 4 Rn. 392.
381 BuB – Haun, Rn. 6/1965.

IV. Die Kernfragen der Zahlung im Netz

bunden ist. Es lässt sich deshalb die Ansicht vertreten, dass das aus diesem Verfahren resultierende erhöhte Missbrauchsrisiko zumindest nicht vom Karteninhaber zu tragen ist, da dieser keine Möglichkeit hat, sich diesem zu entziehen. Unter Risikoerhöhungsgesichtspunkten erscheint eine Haftung des Karteninhabers für von ihm nur schwer zu kontrollierende Risiken nicht angemessen, so dass auf dieser Grundlage das Risiko des missbräuchlichen Einsatzes der Kartdaten im Mail-Order-Verfahren auch dann nicht vom Karteninhaber zu tragen ist, wenn dieser zum Missbrauch seiner körperlichen Kreditkarte beigetragen hat.

Nach Verlustanzeige bei der Kartengesellschaft endet in jedem Fall die Haftung des Karteninhabers, denn der Kartenemittent wird dann in die Lage versetzt, eine selbst durch ein grob fahrlässiges Verhalten des Karteninhabers verursachte Gefahr durch entsprechende organisatorische Maßnahmen auszuschalten, denn es liegt dann alleine in seiner Hand, unverzüglich für eine Sperre der Karte Sorge zu tragen.[382]

Da der Karteninhaber das Risiko einer missbräuchlichen Verwendung seiner Kartdaten im Internet im Mail-Order-Verfahren nicht trägt, ist dieses entweder vom die Karte akzeptierenden Unternehmen oder der Kartengesellschaft zu übernehmen.

Wie bereits an anderer Stelle ausgeführt, sehen die Vereinbarungen zwischen den Kartengesellschaften und den Kartenakzeptanten in der Regel ein Rückbelastungsrecht für den Fall vor, dass eine Zahlung im Mail-Order-Verfahren erfolgte und der Karteninhaber danach der Belastung widersprochen hat. Bei diesen Fallkonstellationen ist der Kartenakzeptant in der Regel nicht in der Lage, den Nachweis zu führen, dass der Karteninhaber verfügt hat, denn er hat bei diesem Verfahren sowohl auf die Überprüfung der Identität als auch das Einholen einer Unterschrift bewusst verzichtet.[383] Nur wenn es ihm ausnahmsweise gelingen sollte, den Nachweis zu führen, dass der Karteninhaber trotz seines Bestreitens verfügt hat, ist die Kartengesellschaft verpflichtet, ihm den Betrag zu erstatten bzw. das Rückbelastungsrecht nicht auszuüben und kann den Aufwendungsersatzanspruch gemäß §§ 675, 670 BGB sowie gegebenenfalls Ansprüche aus übergegangener Forderung gegen den Karteninhaber geltend machen.[384]

Aber auch ohne ausdrückliche Regelung in den Verträgen zwischen den Kartenakzeptanten und den Kartengesellschaften ist das Missbrauchsrisiko im

---

382 BGH, WM 1991, S. 1113 = WUB I D 5.7-91 Fervers; OLG Bamberg, WM 1994, S. 195 = WUB I D 5.-8.94 Salje.
383 BuB – Haun, Rn. 6/1882 und 6/1935.
384 BuB – Haun, Rn. 6/1932; Hadding, FS-Pleyer, 1986, S. 35 f.; Pfeiffer, in: von Westphalen, Kreditkartenvertrag, Rn. 47.

Mail-Order-Verfahren vom Kartenakzeptanten zu tragen, denn dieser muss, wie bereits ausgeführt, den Nachweis führen, dass der Karteninhaber verfügt hat. Auch wenn in den Vereinbarungen mit den Kartengesellschaften ein entsprechendes Rückbelastungsrecht nicht ausdrücklich enthalten ist, hat der Kartenakzeptant das Rückbelastungsrisiko zu tragen, denn wenn ein Unberechtigter handelt, liegt keine wirksame Weisung vor, so dass, wie bereits ausgeführt, er weder eine abtretbare Forderung aus dem Grundgeschäft gegen den berechtigten Karteninhaber erworben haben kann, noch die Voraussetzungen vorliegen, unter denen die Kartengesellschaft zum Ausgleich des Rechnungsbetrages verpflichtet ist. Zwar ist aus dem Grundgeschäft eine Forderung gegen den (unberechtigten) Karteninhaber entstanden, jedoch ist die Kreditkartengesellschaft nicht verpflichtet, diese auszugleichen. Darüber hinaus hätte sie auch nicht die Möglichkeit, Rückgriff zu nehmen, sofern dessen Identität nicht feststeht. Da die Kartengesellschaft eine derartige Forderung nicht durchsetzen kann, fehlen alle Voraussetzungen, unter denen sie zum Ankauf einer solchen verpflichtet ist, zumal sie nur Forderungen gegen den berechtigten Karteninhaber ankaufen muss, nicht jedoch solche, die gegen unberechtigt Handelnde begründet wurden. Auf dieser Grundlage fehlen nicht nur die Voraussetzungen für eine wirksame Weisung an den Kartenemittenten, sondern auch für den Forderungsankauf, so dass dieses Risiko vom Akzeptanten zu tragen ist.

Dem steht auch nicht entgegen, dass normalerweise in den Rahmenverträgen zwischen der Kartengesellschaft und dem Kartenakzeptanten das Zahlungsversprechen und der Forderungsankauf an die Einhaltung rein formaler Prüfkriterien geknüpft wird, die die Verpflichtung des Kartenunternehmens zum Ausgleich der Forderung gegenüber dem Kartenakzeptanten begründet. Zwar führt ein derartiges formalisiertes Verfahren dazu, dass dann, wenn diese Formalien eingehalten werden, das Kartenunternehmen selbst dann zum Ausgleich verpflichtet ist, wenn tatsächlich ein Unberechtigter gehandelt hat. Im Mail-Order-Verfahren wird jedoch auf diese besonderen Prüfkriterien bewusst verzichtet. Dadurch fehlt es selbst an den rein formalen Voraussetzungen, an die eine Verpflichtung der Kartengesellschaft zum Forderungsausgleich anknüpfen kann. Folglich trägt der Akzeptant das Risiko des missbräuchlichen Einsatzes des Mail-Order-Verfahrens im Internet.

Das Mail-Order-Verfahren ist deshalb für den Akzeptanten nicht nur mit Kosten verbunden, da sich die Kreditkartengesellschaften in der Regel den Abzug eines Disagios vorbehalten[385], sondern er trägt auch das Missbrauchsrisiko. Auf dieser Grundlage ist das Mail-Order-Verfahren im Inter-

---

385 Vgl. dazu BuB – Haun, Rn. 6/1873, der eine Spanne von 1–8% nennt; Martinek/Oechsler, in: Bankrechts-Handbuch I, 2. Aufl. 2001, § 67 Rn. 4, nennen eine Spanne von 3–5%.

IV. Die Kernfragen der Zahlung im Netz

net zwar ein brauchbares, jedoch wenig attraktives Verfahren für die Kartenakzeptanten.

b) SET-Kreditkartenverfahren im Internet

Um das tatsächliche Missbrauchsrisiko zu reduzieren und um den Händler von der Risikoübernahme bei einem missbräuchlichen Karteneinsatz (weitestgehend) freizustellen, ist das Kreditkartenverfahren um ein „SET" genanntes Verfahren erweitert worden. „SET" steht für „Secure Electronic Transaction", bei dem es sich um ein von den Kreditkartengesellschaften entwickeltes Übertragungsverfahren handelt, mit dessen Hilfe Karteninformationen sicher und teilweise auch anonym über offene Netze übermittelt werden können.[386] Auch wenn das SET-Verfahren unabhängig von der Kreditkarte zur Verfügung gestellt werden könnte, handelt es sich nicht um ein eigenständiges Zahlungssystem, sondern um eine Kreditkartenzahlung im bisherigen Sinne, bei der jedoch die Kreditkartendaten auf besondere Weise übertragen werden.[387] Die Verknüpfung mit der Kreditkarte wird dadurch hergestellt, dass im SET-Verfahren die auf die Karte aufgeprägten Daten übermittelt werden.

Sofern eine Kartengesellschaft das SET-Verfahren anbietet, enthalten die Kreditkartenbedingungen dafür in der Regel besondere Sorgfalts- und Mitwirkungspflichten. Diesbezüglich ist von besonderer Bedeutung, dass das Einmalpasswort, das zum Erstellen des SET-Zertifikats benötigt wird, vom Karteninhaber vor einer unberechtigten Kenntnisnahme durch Dritte geschützt werden muss. Die gleichen Pflichten treffen den Karteninhaber hinsichtlich des SET-Nutzungspasswortes, mit dessen Hilfe er das ihm zur Verfügung gestellte SET-Zertifikat nutzen kann. Der Karteninhaber wird deshalb dazu angehalten, die Passwörter weder zu notieren noch elektronisch abzuspeichern, da mit ihrer Hilfe Verfügungen möglich sind.[388]

Die Anforderungen an die Geheimhaltung des Einmal- sowie des Nutzungspasswortes entsprechen weitestgehend denjenigen an die der PIN. Deshalb muss der Karteninhaber diese Passwörter in gleicher Weise vor jedem unberechtigten Zugriff Dritter schützen.[389] Unter Berücksichtigung des Niveaus des Sicherheitssystems des SET-Verfahrens, das in ähnlicher Weise schwer zu überwinden ist, wie das PIN-System, kann deshalb davon ausgegangen

---

386 Vgl. Pichler, Rechtsnatur, Rechtsbeziehungen und zivilrechtliche Haftung beim elektronischen Zahlungsverkehr im Internet, Münster 1998, S. 69.
387 Vgl. Pichler, a. a. O., S. 69.
388 Vgl. zu den denkbaren Haftungsfällen Pichler, a. a. O., S. 71.
389 Vgl. hierzu Pichler, a. a. O., S. 78; Taupitz, Zivilrechtliche Haftung bei Kreditkartenmißbrauch, S. 216 ff.; Bieber, WM-Sonderbeilage 6/1987, S. 12.

werden, dass der Einsatz des SET-Zertifikats den Beweis des ersten Anscheins dafür begründet, dass entweder der Inhaber des Zertifikates selbst verfügt oder durch einen sorgfaltspflichtwidrigen Umgang mit den ihm zur Verfügung gestellten Medien schuldhaft zu einer missbräuchlichen Verfügung beigetragen hat.[390] Sollte der Inhaber eines SET-Zertifikates trotzdem einen Missbrauch behaupten, liegt es an ihm, den Anscheinsbeweis zu erschüttern, indem er Tatsachen darlegt und gegebenenfalls auch belegt, aus denen sich ergibt, wie es trotz des Sicherheitsniveaus und der Einhaltung der Sorgfaltspflichten doch zu einem Missbrauch des Zahlungsverfahrens kommen konnte, ohne dass er selbst schuldhaft dazu beigetragen hat.[391] Folglich haftet auch im SET-Verfahren der Inhaber des SET-Zertifikats für Verfügungen, die mit seinem Zertifikat durchgeführt werden, soweit er nicht darlegen und beweisen kann, dass er weder selbst verfügt noch schuldhaft zu ihrem Missbrauch beigetragen hat.

Allerdings gilt auch für das SET-Verfahren die bereits dargestellte Haftungsbegrenzung auf einen Höchstbetrag von früher DM 100,–, nunmehr den entsprechenden EURO-Gegenwert, sofern die Kreditkartenbedingungen eine entsprechende Regelung enthalten. Sollte diese Sphärenhaftung und Haftungsbegrenzung jedoch ihrerseits für den Fall der groben Fahrlässigkeit nicht gelten, bedeutet dies, auch bei einer grob fahrlässig (mit-)verursachten Nutzung des SET-Zertifikats hat dessen Inhaber für die dadurch verursachten Schäden einzustehen.

Sollte der Inhaber eines SET-Zertifikats eine missbräuchliche Verfügung nicht zu verantworten haben oder die Voraussetzungen für die Haftungsbegrenzung auf den in den Kartenbedingungen festgelegten Höchstbetrag vorliegen, ist das Haftungsrisiko vom Kartenunternehmen zu tragen, sofern der Kartenakzeptant die erforderlichen technischen Prüfungen durchgeführt hat. Dem Kartenakzeptanten kommt hierbei zugute, dass in der Regel in den Vereinbarungen zwischen ihm und der Kartengesellschaft die Leistungspflicht an die Durchführung rein formaler Prüfkriterien geknüpft wird. Im SET-Verfahren kann es sich nur um eine technische Prüfung handeln.

Folglich hat gerade im Bereich des Zahlungsverfahrens SET der Kartenakzeptant normalerweise keine Möglichkeit, auch die materielle Berechtigung des Karteninhabers zu überprüfen, so dass ihm in der Regel aus dem Rahmenvertrag ein Anspruch gegen den Kartenemittenten zustehen wird. Gäbe

---

390 Vgl. Pichler, NJW 1998, S. 3238; ders., Rechtsnatur, Rechtsbeziehungen und zivilrechtliche Haftung beim elektronischen Zahlungsverkehr im Internet, Münster 1998, S. 77; Bieber, WM-Sonderbeilage 6/1987, S. 12; Rossa, CR 1997, S. 145; Blaurock, CR 1989, S. 565, Canaris, Bankvertragsrecht, 3. Aufl. 1988, Rn. 527m; Werner, WM 1997, S. 1516 ff.
391 Pichler, NJW 1998, S. 3238.

IV. Die Kernfragen der Zahlung im Netz

es eine solche Vereinbarung jedoch nicht, wäre das Risiko vom Kartenakzeptanten zu tragen, denn bei einem missbräuchlichen Einsatz liegt – wie bereits mehrfach ausgeführt – keine wirksame Weisung des Inhabers des SET-Zertifikats an das Kartenunternehmen vor, die Forderung des Kartenakzeptanten gegen den Karteninhaber auszugleichen.

Weiterhin gilt auch hier, dass dann, wenn der Karteninhaber den Verlust seiner Karte oder eine missbräuchliche Verfügung feststellt oder zumindest der Verdacht besteht, dass seine SET-Passwörter ausgespäht oder auf andere Weise Dritten bekannt geworden sind, er verpflichtet ist, unverzüglich eine Kartensperre zu veranlassen. Danach hat er für missbräuchliche Verfügungen nicht mehr einzustehen. Sofern der Karteninhaber den Verdacht eines Missbrauchs haben sollte, aber nicht unverzüglich die Sperre veranlasst, wäre darin ein grob fahrlässiges Verhalten zu sehen mit der Folge, dass aufgrund dessen der Karteninhaber für alle Schäden einzustehen hat, die auf die unterlassene Sperre zurückzuführen sind, so dass er auch dann haften würde, wenn die Haftungsbegrenzung in den Bedingungen unter dem Vorbehalt steht, dass er nicht vorsätzlich oder grob fahrlässig gehandelt hat.[392]

2. Online-Banking

Das Hauptrisiko im Online-Banking besteht – wie bereits weiter oben ausgeführt – im Missbrauch der zur Verfügung gestellten Legitimationsmedien. Um ein daraus mögliches Haftungsrisiko für das Kreditinstitut zu reduzieren, könnte daran gedacht wegen, in Verträgen oder Allgemeinen Geschäftsbedingungen das Missbrauchsrisiko nach Verantwortungssphären unabhängig vom Verschulden zu verteilen. Für eine verschuldensabhängige Haftung wäre in diesem Rahmen nur Raum, soweit eine der Vertragsparteien schuldhaft zu einer Schadensentstehung beigetragen hat. Eine solche Regelung hätte zur Folge, dass der Missbrauch der Identifikations- und Legitimationsmedien – im Online-Banking handelt es sich dabei um PIN und TAN – von dem jeweiligen Online-Banking-Nutzer zu tragen wäre, da er alleine den Verantwortungsbereich, in dem sich diese Medien befinden, beherrscht. Das Kreditinstitut hätte dagegen für alle organisatorischen Mängel einzustehen, durch die ein Missbrauch des Online-Banking-Verfahrens erleichtert würde. Die Festlegung einer derartigen verschuldensunabhängigen Haftung nach Verantwortungssphären in Allgemeinen Geschäftsbedingungen ist im Lichte der aktuellen höchstrichterlichen Rechtssprechung zur

---

[392] Zur Haftung ohne eine entsprechende Einschränkung der bisherigen 100-Marks-Regelung vgl. BuB – Haun, Rn. 6/1973.

„Sphärenhaftung" jedoch kaum noch zulässig.[393] Soweit eine derartige verschuldensunabhängige Haftung zulässig ist, liegt das Schadensrisiko des Missbrauchs von Legitimationsmedien bei demjenigen, in dessen Verantwortungsbereich sie sich befinden. Eine entsprechende Haftungsregelung ist jedoch mit dem Schuldprinzip im deutschen Zivilrecht nicht vereinbar, wonach nur derjenige für einen eingetretenen Schaden haftet, der zu dessen Entstehung schuldhaft beigetragen hat. Aufgrund dessen wäre in einer entsprechenden Sphärenhaftung eine mit den Grundprinzipien des deutschen Haftungsrechts nicht vereinbare und damit gemäß § 307 Abs. 2 BGB unzulässige Sphärenhaftung zu sehen. Lediglich in begrenztem Umfange ist die Sphärenhaftung zulässig. Soweit es sich um geringfügige Schäden handelt und die Vorteile, die aus der Sphärenhaftung für den Adressaten der Allgemeinen Geschäftsbedingungen resultieren, höher sind, als die damit verbundenen Nachteile, kann sie ausnahmsweise erlaubt sein. In der Regel bedeutet dies, dass eine verschuldensunabhängige Haftung nur bis zu einem bestimmten Höchstbetrag, der ca. EURO 50,- nicht erheblich überschreiten sollte, zulässig ist und im Gegenzug der dieser Haftung Unterworfene gleichzeitig auch bei einer verschuldeten Haftung nicht im höheren Umfange haftet als bei der verschuldensunabhängigen oder wenn der Verwender einer entsprechenden Klausel durch eine adäquate Versicherung oder andere Vorkehrungen dazu beigetragen hat, dass der Adressat der Klausel in keinem Fall weitergehend haftet, als der Höchstbetrag, der im Zusammenhang mit der Sphärenhaftung bestimmt wurde.[394] Allenfalls bei grob fahrlässigem oder vorsätzlichem Handeln könnte daran gedacht werden, dem Adressaten in einer entsprechenden Klausel die Vorzüge der Haftungsbegrenzung zu entziehen, da es in einem solchen Fall nicht angemessen erscheint, diesem bei einem derartig hohen Grad an Verschulden die Vorteile der Haftungsbegrenzung zugute kommen zu lassen.

Darüber hinaus ist auch fraglich, ob einer entsprechenden Sphärenhaftung – sollte sie zulässig sein – überhaupt praktische Bedeutung zukäme. Auch würde diese Sphärenhaftung voraussetzen, dass das Kreditinstitut, das Schadensersatzansprüche geltend macht, in der Lage ist, den Nachweis zu führen, dass das Schadensrisiko der Sphäre des Online-Banking-Teilnehmers zuzurechnen ist. Sollte es auf dieser Grundlage zu einem Missbrauch der Legitimationsmedien, d. h. von PIN und TAN, kommen, setzt eine Haftung nach Verantwortungssphären immerhin voraus, dass Verfügungen

---

393 BGH, WM 1991, S. 1110 = WuB I D 5.–7.91 Fervers; BGH, WM 1991, S. 1368; BGH, WM 1992, S. 1163 = WuB IV B. § 9 AGBG-16.92 Emmerich; BGH, WM 1997, S. 510 = WuB I D 3.–3.97 Köndgen.
394 Zu den Kriterien einer zulässigen Sphärenhaftung vgl. BGH, WM 1991, Seite 1110 = WuB I D 5.–7.91 Fervers.

IV. Die Kernfragen der Zahlung im Netz

ohne diese Legitimationsmedien nicht möglich sind und damit im Zusammenhang stehende Sicherheitsverfahren ohne vertretbaren Aufwand nicht überwunden werden können. Folglich würde eine derartige Sphärenhaftung, sofern das Kreditinstitut einen Online-Banking-Teilnehmer auf Schadensersatz für missbräuchliche Verfügungen in Anspruch nehmen möchte, den Nachweis erfordern, dass das Sicherungsverfahren unüberwindbar ist und zum Missbrauchszeitpunkt funktioniert hat, so dass es nur durch den Einsatz der Legitimationsmedien möglich war, Transaktionen zu veranlassen. Sollte ein solcher Nachweis jedoch geführt werden können, wären damit gleichzeitig auch die Voraussetzungen für den Beweis des ersten Anscheins begründet, dass der Online-Banking-Teilnehmer mit seinen Legitimationsmedien nicht sorgfältig umgegangen ist, denn wenn Verfügungen nur unter Einsatz dieser Medien möglich sind und das Sicherheitsverfahren nicht oder zumindest nicht mit angemessenem Aufwand überwunden werden kann, spricht der Einsatz von PIN und TAN dafür, dass der Online-Banking-Teilnehmer seine Sorgfaltspflichten verletzt und sich aufgrund dessen schadensersatzpflichtig gemacht hat.[395] Unter Berücksichtigung dessen hätte eine verschuldensunabhängige Haftung nach Verantwortungssphären in praktischer Hinsicht kaum andere Folgen als die jetzige Verschuldenshaftung, die sich hinsichtlich des Verschuldensnachweises auf die Rechtsfigur des Anscheinsbeweises stützen kann.[396]

Die jetzige Verschuldenshaftung hängt maßgeblich von den Sorgfaltspflichten, die die am Verfahren Beteiligten zu erfüllen haben, ab. Eine wesentliche Nebenpflicht des Online-Banking-Teilnehmers besteht darin, seine Legitimationsmedien, d. h. PIN und TAN, durch die er sich identifiziert und durch die es möglich ist, Transaktionen zu veranlassen, so sorgfältig zu schützen, dass kein Unberechtigter diese missbrauchen kann. Aufgrund dessen hat der Online-Banking-Teilnehmer für jeden schuldhaft verursachten Missbrauch seiner PIN und TAN einzustehen.[397] Zu den Sorgfaltspflichten des Online-Banking-Teilnehmers gehört nicht nur, dass er PIN und TAN nicht elektronisch speichern darf, sondern er muss auch bei der Eingabe der PIN darauf achten, dass kein Unberechtigter diese ausspähen kann. Gleiches gilt selbstverständlich auch hinsichtlich des TAN-Blocks. Allerdings dürfen entsprechende Anforderungen auch nicht überzogen werden, da das Risiko, dass eine Person, die zufälligerweise Kenntnis von einer Geheimzahl erhält, sich anschließend eine TAN verschafft, zumindest dann gering

---

395 Vgl. dazu BuB – Werner, Randnr. 19/326.
396 Zum Anscheinsbeweis vgl. Zöller/Greger, ZPO, 21. Aufl. 1999, vor § 248 Rn. 29; BGH, NJW 1991, S. 230 f.; BGH, NJW 1982, S. 2448.
397 Vgl. von Rottenburg, WM 1997, S. 2389; Schwintowski/Schäfer, Bankrecht, 1997, § 5 und Nr. 28 ff.; Kümpel, Bank- und Kapitalmarktrecht, 2. Aufl. 2000, Rn. 4.657 ff.

ist, wenn die TAN sorgfältig aufbewahrt wird. Darüber hinaus wird das Online-Banking normalerweise nicht an in der Öffentlichkeit zugänglichen Terminals praktiziert, sondern in einem abgeschlossenen Bereich. Dennoch korrespondieren die Sorgfaltspflichten mit dem Ort, an dem der Nutzer über das Online-Banking-Verfahren Zugang zu seinem Konto sucht. Die Anforderungen sind umso höher, je eher der Ort des Online-Banking für verschiedene Personen zugänglich ist. Wer Zugang zu seinem Konto im Büro sucht, in dem möglicherweise noch weitere Personen arbeiten, muss sich im stärkeren Umfange darum bemühen, dass bei Anwahl des Zugangs seine PIN nicht bekannt wird, als derjenige, der die Verbindung im heimischen Arbeitszimmer ohne das Beisein anderer Personen herstellt. Ist es in einem Raum nicht möglich, die Einsichtnahme durch Dritte zu verhindern, kann unter Umständen bereits in der Herstellung des Online-Banking-Zugangs unter diesen Bedingungen eine Sorgfaltspflichtverletzung gesehen werden, die dazu führt, dass der Online-Banking-Teilnehmer für solche Schäden einzustehen hat, die darauf zurückzuführen sind, dass seine Medien missbräuchlich verwendet wurden.

Weiterhin ist die TAN-Liste so sorgfältig aufzubewahren, dass es keinem Dritten möglich ist, von einer oder mehreren TANs Kenntnis zu erlangen. Zwar gehört es nicht zu den Sorgfaltspflichten, die verschiedenen TANs auswendig zu lernen, denn dies wäre unzumutbar, da auf einem TAN-Block in der Regel 50 TANs aufgedruckt sind, die jeweils nur einmal verwendet werden können, gleichwohl entbindet dies den Online-Banking-Teilnehmer nicht von der Verpflichtung, dafür Sorge zu tragen, dass diese TAN-Liste von keinem Unberechtigten zur Kenntnis genommen werden kann.

Sollte der Verdacht bestehen, dass ein Unberechtigter Kenntnis von der PIN und einer TAN erhalten hat, ist der Online-Banking-Teilnehmer gehalten, seine PIN unverzüglich zu ändern und die nicht verbrauchten TANs sperren zu lassen. Auch wenn der Online-Banking-Nutzer nicht schuldhaft dazu beigetragen hat, dass seine Medien einem Unberechtigten bekannt geworden sind, ist er zumindest verpflichtet, das ihm bekannt gewordene Risiko eines Missbrauchs dadurch auszuschließen, dass er alle erforderlichen Maßnahmen ergreift, um zu verhindern, dass eine eventuelle unberechtigte Kenntnisnahme durch einen Dritten nicht zu einem Schaden führt. Sollte er dem nicht nachkommen, kann im Unterlassen der gebotenen Unterrichtung oder der erforderlichen Sicherheitsmaßnahmen eine positive Vertragsverletzung gesehen werden, aufgrund deren er der Bank gegenüber zum Schadensersatz verpflichtet ist.[398]

---

398 KG, NJW 1992, S. 1150; OLG Zweibrücken, NJW-RR 1991, S. 241.

IV. Die Kernfragen der Zahlung im Netz

Den Online Banking-Teilnehmer trifft jedoch nicht nur die Verpflichtung, bei Hinweisen auf einen Missbrauch sein Kreditinstitut unverzüglich darüber zu unterrichten, sondern er ist auch gehalten, alle ihm über seine Konten und/oder Depots, die in das Online-Banking-Verfahren eingestellt sind, zur Verfügung gestellten Unterlagen und Informationen unverzüglich auf Vollständigkeit und Richtigkeit zu überprüfen und etwaige Anhaltspunkte, die auf einen Missbrauch hindeuten könnten, bei seiner Bank unverzüglich mitzuteilen. Dabei handelt es sich allerdings nicht um speziell zum Online-Banking entwickelte Grundsätze, sondern diese Pflichten ergeben sich bereits aus Nr. 11 Abs. 4 der Allgemeinen Geschäftsbedingungen der Banken bzw. Nr. 20 Abs. 1 (g) der Allgemeinen Geschäftsbedingungen der Sparkassen, die die Verpflichtung konkretisieren, Unterlagen auf einem Missbrauch hin zu prüfen und – sollte der Verdacht bestehen – diesen gem. Nr. 7 Abs. 2 der Online-Banking-Bedingungen dem Kreditinstitut unverzüglich mitzuteilen und alle erforderlichen Maßnahmen zu ergreifen, damit keine oder keine weiteren Schäden entstehen können. Die allgemeinen Regelungen in den Banken-AGB zusammen mit den Online-Banking-Sonderregelungen führen zur Konkretisierung der besonderen Sorgfaltspflichten im Online-Banking-Verfahren.

Um sicherzustellen, dass es sich bei PIN und TAN um höchstpersönliche Legitimations- und Zugangsmedien handelt, die in keinem Fall Dritten bekannt gegeben werden dürfen, sehen die Online-Banking-Bedingungen vor, dass auch vom Online-Banking-Nutzer Beauftragte oder Bevollmächtigte nicht die dem Online-Banking-Teilnehmer zur Verfügung gestellten Legitimationsmedien nutzen dürfen, sondern eigene benötigen, deren Aushändigung zuvor mit dem Kreditinstitut zu vereinbaren ist. Auf diese Weise ist es möglich, PIN und TAN höchstpersönlich zuzuordnen und zu verhindern, dass durch eine beliebige Übertragbarkeit das Risiko der Kenntnisnahme durch unberechtigte Dritte erhöht wird. PIN und TAN erhalten dadurch eine Bedeutung, die mit einer handschriftlichen Unterschrift vergleichbar ist, da diese ebenfalls nicht übertragen werden kann.

Jedoch trifft nicht nur den Online-Banking-Nutzer eine Verpflichtung, seine Legitimationsmedien geheim zu halten, vielmehr ist auch das das Online-Banking-Verfahren anbietende Institut gehalten, etwaige Sicherheitslücken aufzuspüren und ggf. zu beseitigen. Sollte es Zweifel an der Sicherheit des Online-Banking-Verfahrens geben, entfiele ein wesentlicher Pfeiler, der Grundlage für die Anwendung der Grundsätze zum Beweis des ersten Anscheins ist.

Das ein Online-Banking-Verfahren anbietende Kreditinstitut ist jedoch nicht nur seinerseits verpflichtet, aller erforderlichen Maßnahmen zu ergreifen, damit ein unberechtigter Zugang zum Online-Banking-Verfahren möglichst verhindert wird, zu den vertraglichen Leistungspflichten gehört auch, das Online-Banking-Verfahren zur Verfügung zu stellen. Unabhängig davon, wie das Online-Banking-Verfahren angeboten wird, also ob es nur als zusätzlicher Zugangsweg zum Konto oder als 24-Stunden-Service beschrieben wird, führt zumindest die Angabe einer unbeschränkten Nutzbarkeit dazu, dass in Allgemeinen Geschäftsbedingungen vereinbarte Zugangsbeschränkungen der Inhaltskontrolle gem. §§ 307 ff. BGB unterliegen. Danach ist eine Haftungsfreizeichnung für technisch oder betrieblich bedingte Beschränkungen oder Unterbrechungen des Online-Services aufgrund eines Verstoßes gegen § 309 Nr. 7 b BGB insoweit unzulässig, soweit sich eine solche Klausel nicht nur auf vom Online-Banking-Anbieter nicht schuldhaft verursacht, sondern auch auf schuldhafte verursachte Störungen bezieht.[399] Der Online-Banking-Anbieter ist aufgrund des Online-Banking-Vertrages verpflichtet, dafür Sorge zu tragen, dass das Online-Banking-System funktioniert und betriebssicher ist.[400] Verletzt ein Online-Banking-Anbieter eine dieser Pflichten schuldhaft, hat er für den daraus entstandenen Schaden einzustehen. Eine Klausel, die bei einer Haftungsbeschränkung nicht ausdrücklich festlegt, dass die Haftung für Vorsatz und alle Formen der Fahrlässigkeit bestehen bleibt, verstößt gegen § 309 Nr. 7 BGB, dem § 11 Nr. 7 AGBG entsprach, und ist folglich unwirksam.[401] Allerdings hat eine solch zulässige Klausel letztlich nur deskriptive Bedeutung. Sollte ein Kreditinstitut den Online-Banking-Zugang ohne Einschränkung garantieren, kann es sogar eine Garantiehaftung treffen, d.h. es hätte selbst dann für den Nichtzugang einzustehen, wenn es eine Zugangssperre nicht schuldhaft verursacht hätte. Im Übrigen jedoch gilt das Verschuldensprinzip, d.h., ein Online-Banking anbietendes Kreditinstitut hat für solche Störungen nicht einzustehen, die von ihm nicht schuldhaft wurden.

Darüber hinaus darf nicht unbeachtet bleiben, dass selbst dann, wenn ein Kreditinstitut schuldhaft zur Störung des Online-Banking-Zugangs beigetragen hat, der Online-Banking-Nutzer, sofern er diese Störung erkennt, aufgrund der bestehenden Schadensminderungspflichten gem. § 254 Abs. 2 S. 1 BGB gehalten ist, alle zumutbaren Maßnahmen zu ergreifen, um den Schadenseintritt oder eine Schadenserhöhung zu verhindern. Erkennt er folglich eine Störung des Online-Banking-Zugangs, muss er versuchen, seinem Kreditinstitut seinen Auftrag über andere Medien zu übermitteln. Unterlässt er dies und wäre es ihm zumutbar gewesen, den Zugang zu seinem

---

399 Vgl. BGH, MMR 2001, S. 226.
400 Vgl. Köndgen, Neue Entwicklungen im Bankhaftungsrecht, S. 43; Hellner, in: FS-Werner, S. 277; Borsum/Hoffmeister, BB 1983, S. 1444; Fervers, WM 1988, S. 1041; Münch, NJW-CoR 1989, S. 8.
401 BGH, MMR 2001, S. 226.

IV. Die Kernfragen der Zahlung im Netz

Kreditinstitut über ein anderes Medium zu suchen, trifft ihn an dem Schaden, der dadurch entstanden ist, dass er seinen Auftrag nicht hat erteilen können, ein Mitverschulden, das so hoch sein kann, dass dahinter möglicherweise der Schadensbeitrag des Kreditinstituts vollständig zurücktritt. Ob und in welchem Umfange ein eventuelles Unterlassen einer solchen Verpflichtung als (schuldhafte Mit-)Verursachung eines Schadens anzusehen ist, hängt jedoch von den Umständen des Einzelfalles ab.

Darüber hinaus richtet sich die Haftung des Kreditinstituts auch nach der Art der erteilten Aufträge. Handelt es sich lediglich um die Anbahnung eines neuen Geschäfts, zu dessen Abschluss das Kreditinstitut nicht verpflichtet ist, kann aus der Störung des Online-Banking-Zugangs – auch wenn diese schuldhaft vom Kreditinstitut verursacht wurde – ein Schadensersatzanspruch kaum abgeleitet werden, da es einen allgemeinen Bankvertrag nicht gibt. Die Erteilung eines Auftrages, zu dessen Ausführung ein Kreditinstitut nicht verpflichtet ist, führt nicht dazu, dass eine Bank haftet, wenn sie schuldhaft den Zugang eines solchen behindert hat, es sei denn, es ist ein Vertrauenstatbestand geschaffen worden, aufgrund dessen der Online-Banking-Nutzer davon ausgehen konnte, der Auftrag sei dem Kreditinstitut zugegangen und werde von diesem unverzüglich bearbeitet. Sofern jedoch ein Kreditinstitut aufgrund der Vertragsfreiheit darüber entscheiden kann, ob es überhaupt einen Vertrag abschließt, kann eine Störung des Online-Banking-Zugangs keine Schadensersatzpflichten auslösen, zumindest soweit der Online-Banking-Nutzer erkennt, dass der Online-Banking-Zugang gestört ist, da bezüglich des Auftrags noch kein Vertragsverhältnis zustande gekommen ist. Allein die Möglichkeit, Bankdienstleistungen auch über neue Medien auszuführen, bewirkt nicht, dass eine ein Online-Banking-Verfahren anbietende Bank, die eine entsprechende Vereinbarung mit ihren Kunden abgeschlossen hat, ihre jederzeitige Erreichbarkeit sicherstellen muss, sofern sie diese nicht garantiert. Im Übrigen sehen die Online-Banking-Bedingungen in der Regel vor, dass auch die mittels Online-Banking erteilten Aufträge nur im Rahmen des ordnungsgemäßen Arbeitsablaufes bearbeitet werden, so dass nicht der Eindruck entstehen kann, dieses Verfahren führe zu einer schnelleren Erreichbarkeit der Bank und einer zügigeren Bearbeitung von Aufträgen.

3. POS-Verfahren

Wie bereits an anderer Stelle ausgeführt, ist zwischen unterschiedlichen POS-Verfahren zu unterscheiden:

Neben dem electronic-cash-Verfahren, das auf der Vereinbarung über ein institutsübergreifendes System zur bargeldlosen Zahlung an automatisierten Kassen, die zwischen den Spitzenverbänden der Deutschen Kreditwirtschaft abgeschlossen wurde, beruht, gehören dazu auch das POZ-Verfahren (Point-of-Sale ohne Zahlungsgarantie), dessen Grundlage die Vereinbarung zum POZ-System der deutschen Kreditwirtschaft ist, sowie das elektronische Lastschriftverfahren.[402] Die kartengestützten Verfahren sind jedoch – wie ebenfalls bereits weiter oben ausgeführt – zur Zeit noch nicht für Zahlungen über das Netz geeignet. Insofern gibt es auch keine speziellen Probleme im Zusammenhang mit der Beweislast und den Haftungsrisiken bezogen auf Zahlungen über das Netz. Denkbar wäre lediglich eine Abwandlung des elektronischen Lastschriftverkehrs für Zahlungen im Internet. Da sich dieses rechtlich jedoch nicht vom normalen Lastschriftverfahren unterscheidet, ist bezüglich der damit im Zusammenhang stehenden Beweislast- und Haftungsrisiken auf den nachfolgenden Abschnitt zum Lastschriftverfahren zu verweisen.

4. Lastschriftverfahren im Internet

Wie bereits weiter oben ausgeführt, wäre es denkbar, Waren- und Dienstleistungen, die über das Internet angeboten werden, mittels des Einziehungsermächtigungs-Lastschriftverfahrens zu bezahlen. Es wäre dadurch möglich, eine Dienstleistung unmittelbar zur Verfügung zu stellen und das Entgelt gleichzeitig einzuziehen, wobei der Gläubiger vom Risiko entlastet würde, dass der Schuldner die Zahlung nicht leistet, da er durch die Einziehungsermächtigung den Anstoß zum Forderungseinzug gibt. Zu tragen hat er jedoch das Einlösungsrisiko, da ihm auch die Einziehungsermächtigung nicht die Sicherheit gibt, dass der Zahlungspflichtige liquide ist. Allerdings sind derartige Verfahren nach bisherigem Recht problematisch, da gemäß Abschnitt I Nr. 1a des Lastschriftabkommens eine Einziehungsermächtigung (in der Regel) der Schriftform gemäß §§ 126 Absatz 1, 127 BGB bedarf.[403] Diese setzt eine eigenhändige Namensunterschrift oder – was allerdings bei der Einziehungsermächtigung die Ausnahme sein dürfte – ein notariell beglaubigtes Handzeichen voraus. Im Internet ist es jedoch nicht möglich, die Schriftform zu wahren, da der Teilnehmer keine Möglichkeit hat, seine Originalunterschrift zu übermitteln.

---

402 Zu den verschiedenen POS-Verfahren vgl. BuB – Werner, Rn. 6/1526 ff.; Gößmann, in: Bankrechts-Handbuch I, 2. Auflage 2001, § 68, Rn. 3 ff.; Bertrams, ZIP 1985, S. 963 ff.; Reiser, WM-Sonderbeilage 3/1989; Kümpel, Bank- und Kapitalmarktrecht, 2. Auflage 2000, Rn. 4.809 ff.
403 Kümpel, Bank- und Kapitalmarktrecht, 2. Aufl. 2000, Rn. 4.354; Werner, in: Hopt, Vertrags- und Formularbuch zum Handels-, Gesellschafts-, Bank- und Transportrecht, 2. Aufl. 2000, IV D. 2 Anmerkung 5, S. 916.

IV. Die Kernfragen der Zahlung im Netz

Anlage 3 zum Lastschriftabkommen sieht jedoch Ausnahmen von der schriftlichen Einziehungsermächtigung vor, wobei nach einer Verlautbarung des Bundesaufsichtsamtes für das Kreditwesen von diesen Ausnahmeregelungen nur sehr vorsichtig Gebrauch gemacht werden darf. Zum Anwendungsbereich der Ausnahmeregelung gehören beispielsweise telefonisch aufgegebene Zeitungsinserate, deren dafür zu entrichtendes Entgelt in der Regel unter Nutzung des Einziehungsermächtigungs-Lastschriftverfahrens eingezogen wird.[404] Da es sich bei der bezeichneten Anlage zum Lastschriftabkommen um die Darstellung von Ausnahmetatbeständen handelt, erlaubt sie nicht den generellen Verzicht auf das Einholen einer schriftlichen Einziehungsermächtigung, sofern Zahlungen über das Internet geleistet werden sollen. Vielmehr sind auf der Grundlage der Anlage 3 Ausnahmen von der Schriftform auch bei Zahlungen über das Internet nur zulässig, sofern die besonderen Voraussetzungen der einzelnen Ausnahmetatbestände vorliegen. Die Verwendung des Internets als Zugangskanal genügt dagegen nicht, um bereits einen Ausnahmetatbestand begründen zu können. Folglich bleibt zunächst nur wenig Raum für das Lastschriftverfahren im Internet.

Allerdings ist am 15. 2. 2001 vom Deutschen Bundestag die Neufassung des Signaturgesetzes beschlossen worden.[405] Jedoch enthält die Novellierung des Signaturgesetzes keine Regelung zur Gleichstellung der digitalen Signatur mit der handschriftlichen, vielmehr ist dies durch das Gesetz zur Anpassung der Formvorschriften des Privatrechts und anderer Vorschriften an den modernen Rechtsverkehr erfolgt[406], wodurch eine Vorschrift eingeführt wurde, die es erlaubt, die schriftliche Form durch die elektronische Form zu ersetzen, soweit sich aus zwingenden gesetzlichen Vorschriften nichts davon abweichendes ergibt.[407] Voraussetzung dafür, dass die Schriftform durch die elektronische Form ersetzt werden kann, ist entsprechend § 126 Abs. 1 BGB, dass der Aussteller der Erklärung seinen Namen hinzufügt und das elektronische Dokument mit einer elektronischen Signatur, die den Anforderungen des Signaturgesetzes an eine qualifizierte elektronische Signatur genügt, versieht. Soll es zu einem Vertragsabschluss in elektronischer Form kommen, setzt die Gleichstellung der elektronischen Form mit der Schriftform voraus, dass die Vertragsparteien jeweils ein gleich lauten-

---

404 Vgl. Kümpel, Bank- und Kapitalmarktrecht, 2. Aufl. 2000, Rn. 4.354; BuB–Reiser/Krepold, Rn. 6/315.
405 Godefroid, DStR 2001, S. 402; Roßnagel, MMR 4/2001 Editoral; Bieser, DStR 2001, S. 27 ff.
406 BGBl. I 2001, S. 1542.
407 Godefroid, DStR 2001, S. 401.

des elektronisches Dokument entsprechend den Anforderungen des § 126 a Abs. 1 BGB signieren.[408]

Für das Einziehungsermächtigungs-Lastschriftverfahren würde dies bedeuten, dass mittels einer qualifizierten elektronischen Signatur, die den Anforderungen des Signaturgesetzes genügt, die Schriftform durch die elektronische Form gemäß § 126a Abs. 1 BGB oder die telekommunikative Form gem. § 127 Abs. 2 BGB ersetzt, und folglich unter Einsatz einer elektronischen Signatur eine Einziehungsermächtigung erteilt werden kann. Zwar soll die Schriftform bei Bürgschaftserklärungen gem. § 766 BGB, bei Schuldversprechen gem. § 780 BGB und bei Schuldanerkenntnissen gem. § 781 BGB nicht durch die elektronische Form ersetzt werden können[409], jedoch zeigt die Auflistung dieser Ausnahmen, dass in allen anderen Fällen die Schriftform durch die elektronische Form substituiert werden kann. Folglich ist es möglich, bei Erteilung von Einziehungsermächtigungen die Schriftform durch die elektronische Form zu ersetzen, sofern diese den Anforderungen an die Gleichstellung genügt. Allerdings liegt die Anwendung der „elektronischen Form" gem. § 126 a BGB näher, als die nach dem Wortlaut näher liegende „telekommunikative Übermittlung" gem. § 127 Abs. 2 BGB, die die gewillkürte Schriftform ersetzen kann, da die im Lastschriftabkommen vorgeschriebene Schriftform auf Anforderungen des BAkred zurückzuführen ist und damit der gesetzlichen Form näher steht als der gewillkürten.[410]

Gleichwohl führt die neu geschaffene Möglichkeit, schriftliche Einziehungsermächtigungen über das Internet zu erteilen, nicht dazu, dass die mit dem Einziehungsermächtigungs-Lastschriftverfahren verbundenen Risiken minimiert würden. Der Einsatz des Einziehungsermächtigungs-Lastschriftverfahrens im Internet führt dazu, dass die diesem Verfahren immanenten Risiken bei Internetzahlungsverfahren eine bedeutende Rolle spielen können.

Das Einziehungsermächtigungs-Lastschriftverfahren ist mit nicht unerheblichen Risiken verbunden.[411] Der BGH hat in einer Entscheidung vom 6. Juni 2000[412], eine Entscheidung des OLG Dresden[413] bestätigend, erneut klargestellt, dass im Einziehungsermächtigungs-Lastschriftverfahren der Zahlungspflichtige – der Lastschriftschuldner – berechtigt ist, der Belas-

---

408 Vgl. Godefroid, DStR 2001, S. 405.
409 Vgl. Godefroid, DStR 2001, S. 405.
410 Vgl. Werner, BKR 2002, S. 14.
411 Zu den Risiken des Lastschriftverfahrens vgl. van Gelder, WM-Sonderbeilage 7/2001, S. 7 ff. m.w. N.
412 BGH, WM 2000, S. 1577 ff.
413 OLG Dresden, WM 2000, S. 566 = WuB I D 2.–2.00 Häuser.

IV. Die Kernfragen der Zahlung im Netz

tung seines Kontos jederzeit zu widersprechen, da nach der bisherigen höchstrichterlichen Rechtsprechung die Kontobelastung aufgrund einer dem Lastschriftgläubiger erteilten Einziehungsermächtigung im Verhältnis zum Lastschriftschuldner immer unberechtigt ist.[414] Erst mit ausdrücklicher Genehmigung durch den Schuldner erhält die Zahlstelle in ihrer Funktion als Schuldnerbank einen Anspruch auf Aufwendungsersatz für die Einlösung der Lastschrift.[415] Folglich kann jeder Lastschriftschuldner einer Belastung auf seinem Konto selbst dann widersprechen, wenn dieser Widerspruch im Verhältnis zum Lastschriftgläubiger, d. h. dem Zahlungsempfänger, unberechtigt ist, da diesem eine wirksame Einziehungsermächtigung erteilt wurde. Die Schuldnerbank hat deshalb nach dem Widerspruch eine Rückbuchungspflicht selbst dann, wenn sie positive Kenntnis von der Zahlungsverpflichtung hat,[416] da jeder Widerspruch gegen eine Belastung für das Kreditinstitut grundsätzlich verbindlich ist.[417] Widerspricht folglich der Lastschriftschuldner einer Belastung auf seinem Konto aufgrund einer Einziehungsermächtigungs-Lastschrift, ist die Zahlstelle verpflichtet, die Lastschrift wieder aufzunehmen. Innerhalb eines Zeitraums von sechs Wochen ist dieses Risiko von der Inkassostelle zu tragen, da gemäß Abschn. III Nr. 1 innerhalb des genannten Zeitraums die Inkassostelle verpflichtet ist, im Falle einer Rückgabe der Lastschrift die Zahlstelle wieder zu vergüten.[418] Die Inkassostelle ihrerseits ist gegenüber dem Lastschriftgläubiger in der Regel aufgrund einer üblicherweise in die Vereinbarung über den Einzug von Forderungen durch Lastschriften aufgenommene Regelung berechtigt, den Lastschriftgläubiger zeitlich unbegrenzt mit Rücklastschriften zu belasten.[419] Der Lastschriftschuldner muss dann seinerseits versuchen, das ihm zustehende Geld vom Lastschriftschuldner außerhalb des Lastschriftverfahrens zurück zu erhalten.

Die dafür in Betracht kommende Anspruchsgrundlage ist umstritten und hängt von den Umständen des Einzelfalles ab. Zunächst können Ansprüche wegen sittenwidriger vorsätzlicher Schädigung gem. § 826 BGB begründet sein, wenn der Zahlungspflichtige im Einziehungsermächtigungs-Verfahren

---

414 Van Gelder, WM 2000, S. 101; ders., Bankrechts-Handbuch I, 2. Auflage 2001, § 57 Rn. 37 ff.
415 Van Gelder, Bankrechts-Handbuch I, 2. Auflage 2001, § 57 Rn. 36; ders., WM 2000, S. 101; Hadding/Häuser, WM Sonderbeilage Nr. 1/1983, S. 16 ff.; Nobbe, Neue höchstrichterliche Rechtsprechung, Rn. 401 ff.
416 OLG Düsseldorf, NJW-RR 2001, S. 557.
417 BGHZ 95, S 106 = NJW 1985, S. 2326; BGH, NJW 2000, S. 2068.
418 Vgl. dazu Kümpel, Bank- und Kapitalmarktrecht, 2. Aufl. 2000, Rn. 4.362; van Gelder, Bankrechts-Handbuch I, § 58 Rn. 139 und 143; Gößmann, in: Bankrechts-Handbuch I, 2. Auflage 2001, Rn. 196 und 198; Canaris, Bankvertragsrecht, 3. Aufl. 1988, Rn. 588.
419 Vgl. zu diesen Vereinbarungen BuB – Reiser/Krepold, Rn. 379 ff.

der Belastung seines Kontos widerspricht, obwohl der Zahlungsempfänger einen Anspruch auf den eingezogenen Betrag hat.[420]

Ein einen Schadensersatzanspruch gemäß § 826 BGB auslösender Verstoß gegen die guten Sitten liegt insbesondere vor, wenn der Zahlungspflichtige das von ihm beim Zahlungsempfänger durch die Einziehungsermächtigung hervorgerufene Vertrauen durch den Widerspruch verletzt.[421] Eine sittenwidrige Schädigung wurde auch dann bejaht, wenn der Widerspruch mit einer durch das Zusammenwirken mit einem Dritten geschaffene Aufrechnungslage begründet wurde.[422] Zwar erfolgt in einem solchen Fall der Widerspruch aufgrund der Aufrechnungslage letztlich zu Recht, wenn der Schuldner diese jedoch im Zusammenwirken mit einem Dritten herbeiführt, dessen Forderung gegen den Gläubiger unter dem Nominalbetrag liegt und mit einer Haftungsfreistellung durch den Dritten von sämtlichen Ansprüchen gegen diesen erwirkt wird, um mit der Forderung des Dritten gegen den wirtschaftlich angeschlagenen Gläubiger aufzurechnen und um so einen andernfalls zu erwartenden Forderungsausfall des Dritten zu vermeiden, handelt der Schuldner ebenfalls sittenwidrig.[423]

Soweit die Gutschrift aufgrund einer Einziehungsermächtigungs-Lastschrift unter einer auflösenden Bedingung gem. § 158 Abs. 2 BGB steht, würde der Widerspruch des Zahlungspflichtigen dazu führen, dass diese Bedingung einträte und die Erfüllungswirkung entfiele, so dass der Lastschriftgläubiger einen Anspruch aus dem Valutaverhältnis geltend machen könnte.[424]

Im Übrigen ist ein unberechtigter Widerspruch auch als vertragliche Nebenpflichtverletzung des Valutaverhältnisses zwischen Lastschriftschuldner und Lastschriftgläubiger anzusehen, so dass auch aufgrund dessen ein Ersatzanspruch begründet sein kann.

Nach Ablauf der Sechs-Wochenfrist ist die Inkassostelle nicht mehr verpflichtet, die Lastschrift wieder aufzunehmen. Tritt deshalb die Zahlstelle nach Ablauf dieser Frist an die Inkassostelle heran, ist darin allenfalls ein Auftrag an die Inkassostelle zu sehen, den Lastschriftbetrag beim Lastschriftgläubiger wieder einzuziehen. Sofern mit diesem in der Rahmenvereinbarung über den Einzug von Forderungen mittels Lastschriften eine Re-

---

420 BGHZ 95, S. 103 = NJW 1985, S. 2326; BGHZ 100, S. 153 = NJW 1987, S. 2370; Schwintowski/Schäfer, Bankrecht, Rn. 223 und 232, BuB – Reiser/Krepold, Rn. 6/362.
421 OLG Düsseldorf, WM 1976, S. 935; OLG Hamm, WM 1984, S. 833 = WuB I D 2.–4. 5. 85 Hadding; LG Münster, WM 1985, S. 412 = WuB I D 2.–2.85 Obermüller.
422 OLG Oldenburg, BB 1986, S. 1183.
423 OLG Düsseldorf, WM 1976, S. 937; OLG Hamm, WM 1984, S. 833; OLG Hamm, WM 1985, S. 888 = BuB I D 2.–4.85 Hadding.
424 Vgl. dazu BuB – Reiser/Krepold, Rn. 6/360 f.

IV. Die Kernfragen der Zahlung im Netz

gelung aufgenommen wurde, wonach sich der Zahlungsempfänger verpflichtet, mit einer jederzeitigen Rückbelastung der Lastschriftbeträge einverstanden zu sein und das Konto des Lastschriftgläubigers entweder noch die erforderliche Deckung aufweist oder ein entsprechender, noch nicht ausgeschöpfter Dispositionskredit zur Verfügung steht, kann die Inkassostelle ihren Kunden mit dem Lastschriftbetrag wieder belasten und die Zahlstelle vergüten. Nimmt sie die Lastschrift jedoch nicht wieder auf, was insbesondere dann der Fall sein wird, wenn sie beim Lastschriftgläubiger keinen Rückgriff nehmen kann, muss die Zahlstelle versuchen, den Lastschriftbetrag vom Lastschriftgläubiger außerhalb des Lastschriftverfahrens zurückzuerhalten. Allerdings ist die Inkassostelle nicht berechtigt, willkürlich die Wiederaufnahme der Lastschrift zu verweigern. Nach Ablauf der im Lastschriftabkommen vorgesehenen sechswöchigen Rücknahmefrist muss die Inkassostelle die Lastschrift zwar nicht wieder aufnehmen, aus dem durch das Lastschriftabkommen zwischen den Kreditinstituten begründeten Vertrauensverhältnis ist die Inkassostelle jedoch verpflichtet, sich um die Rückholung des für ihren Kunden eingezogenen Lastschriftbetrags zu bemühen. Dies wird in der Regel auch möglich sein, da Nr. 7 der Mustervereinbarung für Einziehungsermächtigungs-Lastschriften keine zeitliche Begrenzung für eine Rücknahme vorsieht.[425] Für den bezeichneten nebenvertraglichen Anspruch besteht folglich die Sechs-Wochenfrist nicht.[426] Unter Berücksichtigung dieser nebenvertraglichen Pflichten kommt eine Rückerstattung nur dann nicht in Betracht, wenn der Zahlungsempfänger entweder nicht mehr Kunde bei der Inkassobank oder illiquide geworden ist. Wird weiterhin berücksichtigt, dass Nr. 7 der Mustervereinbarung für Einziehungsermächtigungs-Lastschriften ein zeitlich unbegrenztes Rückbelastungsrecht der Inkassostelle vorsieht,[427] könnte es gegebenenfalls sogar als nebenvertragliche Pflichtverletzung einer Inkassostelle gegenüber der in das Lastschriftabkommen einbezogenen Zahlstelle angesehen werden, wenn sie trotz der Empfehlung durch die Mustervereinbarung in Kenntnis der sich daraus ergebenden Konsequenzen im Verhältnis zum Lastschrifteinreicher auf das unbegrenzte Rückbelastungsrecht verzichtet. Darin könnte eine Verletzung des durch das Lastschriftabkommen geschaffenen Vertrauensverhältnisses zwischen den diesem Abkommen angeschlossenen Kreditinstituten gesehen werden.

Die Rechtsgrundlage für den Anspruch der Zahlstelle gegenüber dem Lastschriftgläubiger für den Fall, dass die Inkassostelle nicht zur Zurückholung

---
425 Vgl. BuB – Reiser/Krepold, Rn. 6/478.
426 Vgl. Denck, ZHR 147 (1983), S. 560; a. A. jedoch Canaris, Bankvertragsrecht 3. Auflage 1988, Rn. 578.
427 Vgl. BuB – Reiser/Krepold, Rn. 6/478.

verpflichtet ist, ist umstritten. Zunächst könnte darin ein unmittelbarer Kondiktionsanspruch der Zahlstelle gegen den Zahlungsempfänger gesehen werden.[428] Darüber hinaus könnte die Zahlstelle auch einen Kondiktionsanspruch gegen die Inkassostelle haben, der jedoch allenfalls auf das durch die Inkassostelle Erlangte gehen kann, wobei es sich dabei um den Anspruch der Inkassostelle gegen den Zahlungsempfänger handelt.[429] Beide Überlegungen laufen jedoch darauf hinaus, dass die Zahlstelle im Falle einer Uneinbringlichkeit der Forderung das daraus resultierende Risiko zu tragen hat.[430] Der angesprochene Bereicherungsanspruch begründet sich unter dem Gesichtspunkt der Durchgriffskondiktion aus § 812 Abs. 1 Satz 1 Fall 2 BGB.[431] Die AGB der Banken und Sparkassen sind zur Herbeiführung einer Genehmigung der Belastungsbuchung aufgrund einer Einziehungsermächtigungslastschrift jedoch zum 1. April 2002 überarbeitet worden. Danach soll gem. Nr. 7 Abs. AGB-Banken bzw. Nr. 7 Abs. 4 AGB-Sparkassen das Verstreichenlassen der Einwendungsfrist gegen übersandte Rechnungsabschlüsse als ausdrückliche Genehmigung anzusehen sein. Solle diesem Ansatz die richterliche Anerkennung nicht versagt bleiben, würden dadurch die mit dem Lastschriftverfahren verbundenen Risiken in erheblichem Umfange reduziert.[432]

Neben den mit den Einziehungsermächtigungs-Lastschriftverfahren verbundenen Risiken würde die Möglichkeit, eine Einziehungsermächtigung mittels elektronischer Signatur zu erteilen, noch zu der Frage führen, inwieweit im Streitfall eine derartig erteilte Einziehungsermächtigung überhaupt geeignet ist, den Nachweis dafür zu führen, dass die Erklärung vom Zahlungspflichtigen abgegeben wurde. Zwar ist – wie bereits weiter vorne ausgeführt – die elektronische Form, soweit sie auf qualifizierten elektronischen Signaturen nach dem Signaturgesetz beruht, der Schriftform in weitem Umfang gleichgestellt worden, allerdings lediglich hinsichtlich der Form, nicht jedoch auch beweisrechtlich. Diesbezüglich ergibt sich aus dem in die Zivilprozessordnung neu eingeführten § 292a ZPO, dass der Anschein der Echtheit einer in der elektronischen Form gem. § 126a BGB abgegebenen Willenserklärung nur durch Tatsachen erschüttert werden kann, die es ernsthaft als möglich erscheinen lassen, dass die Erklärung nicht mit dem Willen des Signaturschlüsselinhabers abgegeben worden ist.[433] Eine solche Regelung kommt den Grundsätzen zum Anscheinsbeweis nahe, so dass in § 292a ZPO

---
428 Van Gelder, Bankrechts-Handbuch I, 2. Auflage 2001, § 58 Rn. 193.
429 Zum Bereicherungsausgleich zwischen Zahlstelle und Zahlungsempfänger vgl. BuB – Reiser/Krepold, Rn. 6/371 ff.
430 BuB – Reiser/Krepold, Rn. 6/479.
431 Canaris, WM 1980, S. 360; BuB – Reiser/Krepold, Rn. 6/371.
432 Zur Zulässigkeit einer solchen Lastschrifteinrede vgl. van Gelder, WM-Sonderbeilage 7/2001, S. 8 f.
433 Vgl. dazu Godefroid, DStR 2001, S. 404.

IV. Die Kernfragen der Zahlung im Netz

die gesetzliche Normierung des Anscheinsbeweises für qualifizierte elektronische Signaturen nach dem Signaturgesetz zu sehen ist.[434] Der Inhaber eines entsprechenden qualifizierten Schlüssels kann den Anscheinsbeweis nur dadurch erschüttern, dass er schlüssig Tatsachen vorträgt und beweist, die einen abweichenden Geschehensablauf ernsthaft möglich erscheinen lassen. Durch diese Struktur, die – wie ausgeführt – dem Anscheinsbeweis entspricht, fehlen klare und verbindliche Zurechnungsregeln, auf die der Erklärungsempfänger vertrauen kann.[435] Folglich ist auch zukünftig eine mittels elektronischer Signatur abgegebene schriftliche Einziehungsermächtigung nicht geeignet, den Nachweis dafür zu erbringen, dass der Zahlungspflichtige auch tatsächlich diese Erklärung abgegeben hat.

5. Die GeldKarte im Internet

Auch wenn die GeldKarte, deren Rechtsgrundlage die „Vereinbarung über das institutsübergreifende System „GeldKarte" zwischen den Spitzenverbänden der deutschen Kreditwirtschaft bildet,[436] nicht als spezielles Zahlungsmittel für das Internet konzipiert wurde, denn es beruht auf dem Einsatz einer Chipkarte,[437] ist dieses Verfahren doch ohne großen Aufwand auch für Zahlungen über das Netz einsetzbar. Erforderlich ist dazu nur, dass der Zahlungspflichtige im Besitz eines Chipkartenlesegeräts ist, das den in der Geldkartenvereinbarung definierten technischen Anforderungen genügt und über das die Daten aus dem Chip einer GeldKarte ausgelesen werden können. Da beim Bezahlvorgang die Legitimation weder durch PIN noch durch eine Unterschrift erfolgt und der Händler auch nicht verpflichtet ist, die Legitimation des Karteninhabers zu überprüfen, kann diese Karte auch als Fernzahlungsmittel eingesetzt werden.[438] Kommt es zu einem technisch einwandfreien Bezahlvorgang erhält damit das kartenausgebende Kreditinstitut ein Zahlungsversprechen zugunsten des Zahlungsempfängers in Höhe des Zahlungsbetrages.[439] Ein derartiger Zahlungsablauf erlaubt es, das Kar-

---

434 Zu § 292 a vgl. Oertel, MMR 2001, S. 419 ff.
435 Vgl. dazu Godefroid, DStR 2001, S. 404; Schröder, WM 2000 S. 2134f; Roßnagel, MMR 4/2001, Editorial S. 2.
436 Abgedruckt bei Gößmann, in: Bankrechts-Handbuch II, 2. Aufl. 2001, Anhang 6 zu §§ 67, 68; BuB – Werner, Rn. 6/1694.
437 Zum System GeldKarte vgl. Kümpel, WM 1997, S. 1037 ff.; Pfeiffer, NJW 1997, S. 1036.
438 Zum Bezahlvorgang bei der GeldKarte s. Gößmann, in: Bankrechts-Handbuch I, 2. Aufl. 2001, § 68 Rn. 19; Wand, Zahlung mittels elektronischer Geldbörse („GeldKarte"), in: Hadding (Hrsg.), Kartengesteuerter Zahlungsverkehr, Berlin 1999, S. 102.
439 Vgl. Gößmann, in: Bankrechts-Handbuch I, 2. Aufl. 2001, § 68 Rn. 19.

Die GeldKarte im Internet

tenlesegerät vom Terminal zu trennen und auf diese Weise Zahlungen über das Netz abzuwickeln. Erforderlich ist nur, dass über den Chipkartenleser die Daten an das Terminal des Händlers übertragen werden, über das eine technische Prüfung erfolgt. Wie bereits an einer anderen Stelle ausgeführt, ist in absehbarer Zeit mit dem Einsatz der GeldKarte im Internet zu rechnen, da einige Institute bereits mit derartigen Verfahren experimentieren.

Sollte die GeldKarte als Zahlungsinstrument im Internet einsetzbar sein, führt dies jedoch zur Frage, wer ein eventuell daraus resultierendes Haftungsrisiko zu tragen hat. Allerdings ist bei der GeldKarte hinsichtlich der Haftungsrisiken zwischen verschiedenen Stufen zu unterscheiden. Da die GeldKarte – wie weiter oben ausgeführt – aufgeladen wird, gelten für den Ladevorgang die gleichen rechtlichen Grundsätze wie für Abhebungen an Geldautomaten. Unter Berücksichtigung, dass die GeldKarte zu Lasten des Kontos, auf das sie ausgestellt wurde, nur unter Eingabe einer PIN aufgeladen werden kann, ist dieser Aufladevorgang sowohl hinsichtlich des Ablaufs als auch des Sicherheitsniveaus mit Abhebungen an Geldautomaten mittels einer ec-Karte vergleichbar, so dass die Risikoverteilung hier derjenigen beim Einsatz einer ec-Karte mit PIN entspricht.[440] Folglich finden darauf die zur ec-Karte entwickelten Grundsätze Anwendung, wonach der Einsatz der dem Karteninhaber zugewiesenen Legitimationsmedien den Beweis des ersten Anscheins dafür begründet, dass entweder der Karteninhaber selbst verfügt oder durch einen sorgfaltspflichtwidrigen Umgang mit diesen Medien zu einem Schaden beigetragen hat, so dass er, sofern er nicht Umstände darlegen und gegebenenfalls beweisen kann, aus denen sich ergibt, wie es ohne sein Verschulden zu einem Missbrauch kommen konnte, den daraus entstandenen Schaden zu tragen hat.[441] Sofern die GeldKarte unter Einsatz einer anderen Karte aufgeladen wird,[442] gelten dafür die jeweiligen Missbrauchsregeln, die für den Einsatz solcher Karten entwickelt worden sind.

Hinsichtlich eines Missbrauchs beim Aufladevorgang finden deshalb die Regeln Anwendung, die für den Missbrauch des jeweiligen Einsatzes der zur Aufladung verwendeten Karte entwickelt worden sind. Für die GeldKarte gelten diesbezüglich keine Besonderheiten. Diese können sich aber ergeben, wenn der GeldKarten-Inhaber behauptet, ihm sei die GeldKarte abhanden gekommen, so dass der nachträgliche Einsatz zum Bezahlen nicht auf ihn zurückzuführen sei. Diesbezüglich sieht Abschn. III Ziffer 2.5 der Bedingun-

---

440 Vgl. Blaurock/Münch, KuR 2000, S. 106; Werner, MMR 1998, S. 340.
441 Vgl. Werner, MMR 1998, S. 340.
442 Vgl. zu den Aufladevorgängen bei der GeldKarte Gößmann, in: Bankrechts-Handbuch I, 2. Auflage 2001, Rn. 16.

IV. Die Kernfragen der Zahlung im Netz

gen für Bankkunden-Karten vor, dass der Verbraucher das Verlustrisiko hinsichtlich der zum Zeitpunkt des Abhandenkommens der auf der GeldKarte gespeicherten Werteinheiten zu tragen hat.[443] Da die GeldKarte hinsichtlich der aufgeladenen Werte nicht durch ein Passwort geschützt ist, ist es jedem Finder oder Dieb möglich, mit der Karte in gleicher Weise wie mit Bargeld zu bezahlen. Darüber hinaus hat das die GeldKarte emittierende Kreditinstitut auch keine Möglichkeit, diese für den Bezahlvorgang zu sperren, denn das GeldKarten-Konzept sieht keine Online-Überprüfung vor, sondern lediglich ein über das Händlerterminal durchzuführendes Verifikationsverfahren.[444] Aufgrund der großen Ähnlichkeit mit Bargeld liegt das Verlustrisiko hinsichtlich der auf der Karte gespeicherten Werteinheiten beim Karteninhaber.[445] Allerdings lässt sich eine derartige Risikozuweisung rechtsdogmatisch nicht eindeutig begründen. Vielmehr hängt sie von den verschiedenen Ansätzen ab, nach denen die GeldKarte erklärt werden kann. Sollte in der GeldKarten-Vereinbarung zwischen Bank und dem GeldKarten-Kunden eine Forderungsabtretung mit Garantie oder ein Vertrag zugunsten Dritter gesehen werden, kann der Verlust der Karte bzw. der Kartendaten nicht dazu führen, dass die Ansprüche des Karteninhabers gegen sein Institut ebenfalls verloren gehen. Bei diesen Ansätzen lässt sich die Risikozuweisung an den Karteninhaber nur damit rechtfertigen, dass dem Risiko, auch ohne Verschulden haften zu müssen, entgegen steht, dass durch die Begrenzung des Ladebetrags auch das Risiko eingeschränkt ist. Gleichwohl wäre nach dieser Rechtskonstruktion die Übernahme des auch unverschuldeten Verlustrisikos durch den Karteninhaber im Lichte der Unzulässigkeit der Sphärenhaftung zumindest problematisch.[446] Dagegen könnte über den wertpapierrechtlichen Ansatz und der Behandlung der GeldKarten-Daten als Werteinheiten das vom Karteninhaber zu tragende Verlustrisikos erklärt werden. In beiden Fällen wäre der Verlust der Karte und/oder der auf ihr enthaltenen Daten mit dem Verlust eines Wertpapiers oder mit dem Verlust von Bargeld vergleichbar und würde sich damit im rechtlich zulässigen Rahmen bewegen.[447]

Wird dagegen – was am nahe liegendsten ist – die Zahlung mittels GeldKarte über die Figur der geschäftsbesorgungsrechtlichen Weisung, die mit einer Garantie verbunden ist, erklärt, wird es problematisch, dem Karteninhaber das Verlustrisiko aufzubürden.[448] Nach diesem Ansatz macht das karten-

---

443 Vgl. Blaurock/Münch, KuR 2000, S. 106.
444 Vgl. dazu Blaurock/Münch, KuR 2000, S. 106.
445 Blaurock/Münch, KuR 2000, S. 106; Kümpel, WM 1997, S. 1042.
446 Vgl. dazu BuB – Werner, Rn. 6/1759 und 6/1758.
447 Vgl. BuB – Werner, Rn. 6-1759 und Rn. 6-1760.
448 Zum Ansatz der geschäftsversorgungsrechtlichen Weisung vgl. Kümpel, WM 1997, S. 1037.

Die GeldKarte im Internet

emittierende Institut mit der Kontobelastung zunächst einen Vorschussanspruch aufgrund des mit dem Karteninhaber bestehenden Girovertragsverhältnisses geltend. Mit dem Einsatz der Karte wird dem GeldKarten emittierenden Institut eine Weisung gemäß §§ 675, 666 BGB erteilt, an den Zahlungsempfänger eine Zahlung zu leisten. Das kartenemittierende Institut ist danach aufgrund des zum Karteninhaber bestehenden Girovertrags verpflichtet, dem Kartenakzeptanten den angewiesenen Betrag zugute kommen zu lassen, wobei mit Abschluss der Zahlung der Anspruch auf Vorschuss zum Aufwendungsersatzanspruch gemäß §§ 675, 670 BGB erstarkt mit der Folge, dass dieser Anspruch mit dem Vorschuss verrechnet wird. Gleichzeitig gibt das kartenemittierende Institut gegenüber dem Zahlungsempfänger ein Schuldversprechen gem. § 780 BGB ab, soweit ein technisch einwandfreier Bezahlvorgang erfolgt ist. Das Recht des Kreditinstituts, die geleisteten Beträge dem Poolkonto zu belasten und sie deshalb nicht dem Karteninhaber erstatten zu müssen, mit der Folge, dass dieser das Verlustrisiko tragen muss, wird damit begründet, dass mit dem Einsatz der Karte ein Rechtsschein gesetzt würde oder ausnahmsweise eine verschuldensunabhängige Haftung gerechtfertigt ist, da weder die Bank noch der GeldKarten Akzeptant die Möglichkeit haben zu überprüfen, ob es sich um eine missbräuchliche Verwendung einer GeldKarte beim Bezahlvorgang gehandelt hat.[449]

Dogmatisch zu überzeugen vermögen derartige Überlegungen jedoch nicht. Die Rechtsscheinhaftung ist zwar immer dann begründbar, wenn der Karteninhaber durch sein Verhalten schuldhaft dazu beigetragen hat, dass es zu einem Missbrauch seiner Karten bzw. der darauf enthaltenen Werteinheiten kommen konnte oder wenn er schuldhaft zu einer Duplizierung beigetragen hat. Sollte jedoch keine dieser Fallkonstellationen vorliegen, käme nur eine verschuldensunabhängige Sphärenhaftung in Betracht. Ob sich diese tatsächlich damit begründen lässt, dass die Haftung des Karteninhabers dadurch auf DM 400,– bzw. den jetzigen EURO-Gegenwert beschränkt ist, dass die Karte mit keinem höheren Betrag aufgeladen werden kann, ist zumindest problematisch, denn es handelt sich dabei um keine mit dem Karteninhaber vereinbarte Haftungsbegrenzung, sondern eine solche, die sich aus den tatsächlichen Gegebenheiten ergibt. Momentan mag dadurch, dass der maximale Ladebetrag DM 400,– bzw. den entsprechenden EURO-Gegenwert nicht übersteigt, noch von einem überschaubaren Schadensrisiko auszugehen sein, unter Berücksichtigung jedoch, dass es technisch problemlos möglich sein dürfte, Karten mit höheren Werten zu entwickeln, könnte von der Geringfügigkeit eines drohenden Schadens dann nicht mehr

---

449 Vgl. Kümpel, WM 1997, S. 1042 ff.

ausgegangen werden, wenn der maximale Ladebetrag einer Karte DM 400,– bzw. den entsprechenden EURO-Gegenwert deutlich übersteigt. Wenn jedoch auch in diesen Fällen das Verlustrisiko beim Karteninhaber bleiben soll, wäre der Ansatz einer zulässigen Sphärenhaftung dogmatisch kaum noch haltbar. Es muss deshalb davon ausgegangen werden, dass es sich bei den Werteinheiten auf der GeldKarte um rechtlich nicht eindeutig fassbare Einheiten handelt, die sich einer klaren rechtlichen Einordnung entziehen.[450] Letztlich lässt sich die Zuordnung des Verlustrisikos zum Karteninhaber nur durch die Zweckrichtung der GeldKarte rechtfertigen. Da sie als Bargeldersatz gedacht ist und der Inhaber von Bargeld üblicherweise das Verlustrisiko zu tragen hat, kann beim Verlust der GeldKarte nichts anderes gelten.

Im Übrigen wird zu unterscheiden sein:

Kommt es zu einem Missbrauch der GeldKarte, nachdem sie dem Inhaber abhanden gekommen ist, lässt sich die Übernahme des Verlustrisikos durch ihren Inhaber durch die Gleichstellung mit Bargeld rechtfertigen, zumal das Schadensrisiko der Höhe nach auf den aufgeladenen GeldKartenbetrag begrenzt ist. Allerdings setzen auch diese Ansätze voraus, dass Ausgangspunkt für die rechtlichen Überlegungen die Zweckbestimmung der GeldKarte, die Gleichstellung mit Bargeld, ist.

Gleiches dürfte auch dann gelten, wenn die Geldkarte zwar nicht abhanden gekommen, Zahlungen jedoch mit ihr nachweislich geleistet wurden, indem offensichtlich unberechtigte Dritte die Möglichkeit hatten, Zugriff auf die Karte zu nehmen.

Sollte dagegen nachweislich eine GeldKarte unter Verwendung der Daten eines Karteninhabers gefälscht worden sein, ist dieses Risiko von der Bank zu tragen, es sei denn, der Karteninhaber hat schuldhaft dazu beigetragen, dass es zu einer Duplizierung seiner Daten kommen konnte. Dies wiederum hängt jedoch vom Sicherheitsniveau der Geldkarte ab. Sollte es möglich sein, beim Einsatz im Händlerterminal die Kartendaten so zu kopieren, dass die Herstellung eines Duplikats mit vertretbarem Aufwand möglich ist, wäre eine solche Lücke im Sicherheitssystem nicht dem Karteninhaber zuzurechnen. Nur wenn eine Duplizierung nicht beim normalen Karteneinsatz, sondern allenfalls dann möglich wäre, wenn der Karteninhaber sie zur Verfügung stellt, könnte in einer Duplizierung möglicherweise ein Ansatzpunkt dafür gesehen werden, dass der Karteninhaber durch ein sorgfaltspflichtwidriges Verhalten mit seiner Karte zum Missbrauch beigetragen

---

450 Vgl. dazu Escher, in: Lehmann, Rechtsgeschäfte im Netz – Electronic Commerce, 1999, S. 227 ff.

Die GeldKarte im Internet

hat. Allerdings erscheint dies fern liegend. Deshalb sind auf dieser Grundlage kaum Fallkonstellationen denkbar, in denen der Karteninhaber schuldhaft zu einer Duplizierung beigetragen haben kann.

Die vereinbarte Risikozuweisung lässt sich deshalb – auch beim Einsatz der Karte im Internet – ausschließlich durch die Zweckbindung begründen. Zurückgegriffen werden kann dazu dogmatisch – auch beim Ansatz der geschäftsbesorgungsrechtlichen Weisung – auf den Grundgedanken des § 935 Abs. 2 BGB.[451] Bezüglich der Karte selbst liegt es ausschließlich in der Hand des Karteninhabers, darüber zu entscheiden, wie viele Werteinheiten er in sein Medium einlädt und folglich mit sich führt, so dass er den Umfang seines Verlustrisikos beherrscht. Unter Berücksichtigung, dass der Grundgedanke des § 935 Abs. 2 BGB besagt, dass der Eigentümer von Bargeld das Verlustrisiko auch ohne sein Verschulden zu tragen hat, kann aufgrund der Vergleichbarkeit des GeldKarten-Geldes mit Bargeld auch beim Verlust der Geldkarte das Verschulden des Karteninhabers irrelevant sein, so dass es auf die Zulässigkeit einer verschuldensunabhängigen Sphärenhaftung beim GeldKarten-Geld nicht ankommt.[452] Aufgrunddessen ist es möglich, auf den Angemessenheitsmaßstab des § 935 Abs. 2 BGB zurückzugreifen.[453]

Gleichwohl ändert dies nichts daran, dass die vorliegende dogmatische Begründung eher auf Angemessenheitsüberlegungen beruht, als auf der für die Erklärung des GeldKarten-Verfahrens einschlägigen Rechtsfigur der geschäftsbesorgungsrechtlichen Weisung. Auch setzt die Übertragung derartiger Haftungsgrundsätze auf Zahlungen unter Einsatz einer GeldKarte im Internet voraus, dass die Zahlung mittels einer abhanden gekommenen oder missbräuchlich verwendeten GeldKarte erfolgt ist. Ist dagegen nicht aufklärbar, wie es über das Internet zur Übertragung von GeldKarten-Werteinheiten kommen konnte, insbesondere, wenn es sich um duplizierte Daten handelt, kann dieses Risiko nicht dem Karteninhaber zugeordnet werden, sofern er nicht schuldhaft dazu beigetragen hat. Unter Berücksichtigung jedoch, dass die GeldKarte dem Ansatz nach kein persönlich zugeordnetes Legitimationsmedium ist, ist – wie bereits ausgeführt – der Kartenakzeptant nicht verpflichtet zu überprüfen, ob der Inhaber der Karte auch tatsächlich der Berechtigte ist,[454] zumal Zahlungen mittels GeldKarte ohne Einsatz einer PIN oder eines Codeworts erfolgen, so dass die Verwendung oder

---

451 Vgl. Kümpel, WM 1997, S. 1042; Pfeiffer, NJW 1997, 1039; Wand, in: Hadding a. E. (Hrsg.), Kartengesteuerter Zahlungsverkehr, Berlin 1999, S. 123; Gößmann, in: Bankrechts-Handbuch I, 2. Auflage 2001, Rn. 27.
452 Vgl. dazu Gößmann, in: Bankrechts-Handbuch I, 2. Auflage 2001, § 68 Rn. 29.
453 So Kümpel, WM 1997, S. 1041f; Gößmann, in: Bankrechts-Handbuch I, 2. Auflage 2001, § 68, Rn. 27.
454 Vgl. dazu Wand, a. a. O., S. 102.

IV. Die Kernfragen der Zahlung im Netz

scheinbare Verwendung einer Karte nicht den Beweis des ersten Anscheins dafür begründen kann, dass der Karteninhaber mit ihr nicht sorgfältig umgegangen ist. Ist folglich nicht erklärbar, wie es zur Übermittlung ge- oder verfälschter GeldKartendaten kommen konnte, kann das daraus resultierende Risiko auch unter Anwendung des Grundgedankens des § 935 BGB nicht dem Karteninhaber zugerechnet werden. Dieses Risiko hat – auch bei Zahlungen im Internet – das eine GeldKarte emittierende Kreditinstitut dann zu tragen, wenn die GeldKartendaten technisch vom Händlerterminal akzeptiert werden.

6. eMoney

Beim elektronischen Geld ist – wie bereits weiter oben ausgeführt – zwischen verschiedenen Verfahren, wie z. B. dem eCash- und dem CyberCoin-Verfahren zu unterscheiden. Folglich stellen sich auch die Fragen des Haftungs- und Verlustrisikos unterschiedlich dar und bedürfen einer unterschiedlichen Behandlung.

a) eCash

Wie bereits weiter oben dargestellt, lässt sich eCash am einfachsten unter analoger Anwendung der Regeln zur Anweisung gemäß §§ 783 ff. BGB erklären.[455] Mit Aufladung des eCash-Kontos wird der Buchgeldgegenwert auf das eCash-Sammelkonto der eCash emittierenden Bank eingestellt, das diese Beträge damit gem. § 669 BGB als Vorschuss für später zu leistende Zahlungen geltend macht. Folglich ist das eCash emittierende Kreditinstitut zur Rückbuchung des Betrags verpflichtet, der nicht zur Ausführung eines Auftrags verwendet wurde, da ihr dann kein Aufwendungsersatzanspruch gemäß §§ 675, 670 BGB zusteht und sie den nicht verbrauchten Vorschuss gem. § 667 Alt. 1 BGB zu erstatten hat. Leistet sie folglich, ohne dass es zu einer Weisung des eCash-Teilnehmers gekommen ist, hat sie keinen Aufwendungsersatzanspruch und muss den Vorschuss zurückerstatten, sofern sie nicht aus einem anderen Rechtsgrund – z. B. gem. § 280 BGB wegen Verletzung der Vertragspflichten durch den eCash-Teilnehmer – einen Gegenanspruch hat.[456] Folglich muss das eCash emittierende Institut im Falle eines behaupteten Missbrauchs des Verfahrens gegenüber dem eCash-Teil-

---

455 Dania Neumann, Die Rechtsnatur des Netzgeldes – Internetzahlungsmittel eCash, München 2000, S. 2321 ff.; Pichler, Rechtsnatur, Rechtsbeziehung und zivilrechtliche Haftung beim elektronischen Zahlungsverkehr im Internet, S. 32; dazu kritisch Blaurock/Münch, KuR 2000, S. 105.
456 Vgl. Blaurock/Münch, KuR 200, S. 106.

nehmer nachweisen, dass er selbst die ausgegebenen eCash-Münzen verwendet und dadurch eine Weisung zur Zahlung erteilt hat, da sie ansonsten gegen ihn keinen Aufwendungsersatzanspruch gem. §§ 675, 670 BGB geltend machen kann.[457] Unter Berücksichtigung, dass das eCash-Verfahren anonym ist, hat die eCash emittierende Bank keine Möglichkeit festzustellen, welche eCash-Münzen von welchem Kunden bereits ausgegeben worden sind, so dass sie auch keine Möglichkeit hat zu beweisen, dass der eCash-Teilnehmer selbst die Münzen ausgegeben hat.[458] Allerdings wird jede eCash-Münze mit einer Münzidentifikationsnummer versehen. Sollte folglich ein eCash-Teilnehmer behaupten, eine eCash-Münze sei abhanden gekommen, ist er zumindest gegenüber dem eCash emittierenden Institut verpflichtet, die Nummern der Münzen mitzuteilen, die nach seinen Darstellungen verloren gegangen sind. Das Kreditinstitut hat dann die Möglichkeit zu überprüfen, ob diese Münzen bereits eingelöst wurden. Ist dies nicht der Fall, kann es sie sperren lassen. Sollten sie dagegen eingelöst worden sein, führt dies zu der Frage, wer dieses Risiko zu tragen hat. Unter Berücksichtigung, dass Geld vom eCash-Konto nur unter Einsatz des Kontopassworts abgehoben und das Verfahren nur nach Eingabe eines Börsenpassworts aufgerufen werden kann, begründet der Einsatz der beiden Passwörter den Beweis des ersten Anscheins dafür, dass der eCash-Teilnehmer zumindest schuldhaft zum Missbrauch dieser Medien beigetragen hat. Wird weiterhin bedacht, dass die Identifikationsnummer auf den eCash-Münzen nur unter Zuhilfenahme des persönlichen Schlüssels erstellt werden kann,[459] ist es nicht möglich, eCash-Münzen zu generieren, ohne dass eines dieser Passwörter verwendet wird. Da das eCash-Börsenpasswort vor jedem Aufruf des Programms abgefragt wird und erst danach die eCash-Börse nutzbar ist[460], ist ein Zugriff auf die eCash-Münzen nur möglich, wenn zuvor dieses Passwort eingesetzt wird. Folglich spricht der Verlust von eCash-Münzen dafür, dass der Kontoinhaber mit seinem eCash-Passwort nicht sorgfältig umgegangen ist und folglich das Verlustrisiko zu tragen hat.[461] Voraussetzung dafür ist allerdings, dass der eCash-Teilnehmer auf die besondere Bedeutung der Passwörter hingewiesen wurde.[462]

---

457 Blaurock/Münch, KuR 2000, S. 106.
458 Blaurock/Münch, KuR 2000, S. 106.
459 Zum Ablauf vgl. Dania Neumann, Die Rechtsnatur des Netzgeldes – Internetzahlungsmittel eCash, München 2000, S. 26 ff.
460 Vgl. Dania Neumann, Die Rechtsnatur des Netzgeldes – Internetzahlungsmittel eCash, München 2000, S. 27.
461 Blaurock/Münch, KuR 2000, S. 107 zur entsprechenden Übertragbarkeit der Grundsätze zum Anscheinsbeweis bei der ec-Karte auf das eCash-Verfahren.
462 Vgl. dazu Pichler, Rechtsnatur, Rechtsbeziehungen und zivilrechtliche Haftung beim elektronischen Zahlungsverkehr im Internet, Münster 1998, S. 45; Spallino, WM 2001, S. 238.

IV. Die Kernfragen der Zahlung im Netz

Gleiches gilt hinsichtlich des unberechtigten Zugriffs Dritter auf das eCash-Konto, da dazu ebenfalls der Einsatz des Kontopassworts erforderlich ist. Ist auch dieses Sicherheitsverfahren nicht mit einem vertretbaren Aufwand überwindbar, begründet auch hier die Verwendung des richtigen Passworts den Beweis des ersten Anscheins dafür, dass der eCash-Teilnehmer mit diesen Sicherheitsmedien nicht sorgfältig umgegangen ist und folglich das daraus resultierende Risiko zu tragen hat.[463]

Derartige Ansprüche des Kreditinstituts setzen jedoch voraus, dass nachweislich eCash-Münzen des eCash-Teilnehmers eingelöst wurden. Zu einer Einlösung kann es jedoch nur dann kommen, wenn die entsprechenden Münzen nicht endgültig zerstört worden sind. Wie bereits ausgeführt, ist es aufgrund der Anonymität jedoch nicht möglich, eCash-Münzen dem eCash-Teilnehmer zuzuordnen. Allerdings werden die eCash-Münzen mit einer eCash-Identifikationsnummer versehen, die vom Kreditinstitut bei der Einlösung gespeichert wird, um durch einen Abgleich eine evtl. Duplizierung von Münzen feststellen zu können.[464] Möchte ein eCash-Teilnehmer eine Zahlung stornieren, ist es erforderlich, eine Kopie der entsprechenden Münzen an die Bank zu übermitteln, die dann dafür Sorge tragen muss, dass das Original nicht eingelöst wird.[465] Folglich ist der eCash-Teilnehmer, der behauptet, ihm seien eCash-Münzen abhanden gekommen, verpflichtet, dem eCash emittierenden Kreditinstitut entsprechende Kopien zur Verfügung zu stellen, damit dieses überprüfen kann, ob die Münzen bereits eingelöst wurden und – falls dies noch nicht geschehen ist – sie zu sperren. Sollte es bereits zu einer Einlösung gekommen sein, spricht – wie bereits weiter oben ausgeführt – der auf der Basis der Sicherheit des Verfahrens begründete Beweis des ersten Anscheins dafür, dass es zu einer Herstellung und/oder Übertragung der Münzen nur dadurch hat kommen können, dass der eCash-Teilnehmer mit seinen Passwörtern nicht sorgfältig umgegangen ist. Er hat in diesem Fall das Missbrauchsrisiko zu tragen, es sei denn, er kann nachweisen und gegebenenfalls belegen, wie es zu einer missbräuchlichen Herstellung oder Verfügung mit seinen eCash-Münzen ohne sein pflichtwidriges Zutun hat kommen können.

Sollten die eCash-Münzen jedoch noch nicht eingelöst worden sein, ist das Kreditinstitut nunmehr verpflichtet, diese zu sperren, so dass es nicht zur Einlösung kommen kann. Der eCash-Teilnehmer hat dann seinerseits einen

---
463 Vgl. Spallino, WM 2001, S. 238.
464 Vgl. dazu Dania Neumann, Die Rechtsnatur des Netzgeldes – Internetzahlungsmittel eCash, München 2000, S. 29.
465 Vgl. Dania Neumann, Die Rechtsnatur des Netzgeldes – Internetzahlungsmittel eCash, München 2000, S. 31.

Anspruch auf Rückerstattung der in das eCash-Poolkonto eingebuchten Beträge, bei denen es sich um einen nichtverbrauchten Vorschuss handelt.[466] Voraussetzung dafür ist jedoch, dass der eCash-Teilnehmer in der Lage ist, dem eCash emittierenden Institut Duplikate seiner Münzen, die zum Storno erforderlich sind, zur Verfügung zu stellen.

Ist dies nicht möglich und hat der eCash-Teilnehmer diese Unmöglichkeit schuldhaft herbeigeführt, weil er die Herstellungszeichenfolge nicht gespeichert hat, könnte darin eine nebenvertragliche Pflichtverletzung zu sehen sein, die zu einer Beweisvereitelung führt, da es ohne diese Wiederherstellungszeichenfolge nicht möglich ist, zu überprüfen, ob die abhanden gekommenen Münzen bereits eingelöst wurden und sie sperren zu lassen.[467]

Nach den Grundsätzen zur Beweisvereitelung kann bei einer Beweiswürdigung zu Gunsten der an sich beweisbelasteten Partei berücksichtigt werden, dass die andere Partei die Beweisführung vorwerfbar erschwert oder sogar unmöglich gemacht hat.[468] Voraussetzung dafür ist jedoch, dass die gegnerische Partei die Beweisführung schuldhaft vereitelt hat.[469] Übertragen auf den vorliegenden Fall heißt dies, der eCash-Teilnehmer müsste durch sein Verhalten schuldhaft dazu beigetragen haben, dass es nicht mehr möglich ist, abhanden gekommene Münzen zu duplizieren und zu sperren. Um ein Verschulden des eCash-Teilnehmers begründen zu können, ist es jedoch erforderlich, diesen über die Bedeutung der Wiederherstellungszeichenfolge aufzuklären. Sollte er es dennoch vorsätzlich oder fahrlässig unterlassen haben, die Wiederherstellungszeichenfolge zu speichern, hat er dafür einzustehen, wenn in den eCash-Bedingungen auf die Bedeutung der Wiederherstellungszeichenfolge hingewiesen wird, das eCash emittierende Kreditinstitut dem eCash-Teilnehmer verdeutlicht hat, dass ohne diese eine Wiederherstellung der verloren gegangenen Münzen nicht möglich ist und keine technische Störung vorlag, da dann eine vorwerfbare Beweisvereitelung angenommen werden kann.[470] Liegen diese Voraussetzungen vor, führt dies – sofern nicht das Gegenteil bewiesen wurde – zur Annahme, dass die dupli-

---

466 Vgl. Spallino, WM 2001, S. 237; Blaurock/Münch, KuR 2000, S. 106.
467 Zur Beweisvereitelung vgl. BGH, NJW 1999 S. 715; MK-Peters, ZPO, 2. Aufl. 2000, § 138 Rn. 21; Zöller/Greger, ZPO, 22. Aufl. 2001, § 138 Rn. 8 b und vor § 284 Rn. 34; Spallino, WM 2001, S. 237.
468 BGH, WM 1985, S. 138 f. = NJW 1986, S. 60; BGH, NJW 1987, S. 1483; Hartmann, in: Baumbach/Lauterbach/Albers/Hartmann, ZPO, 59. Auflage 2001, § 286 Rn. 17 ff.
469 BGH, WM 1985. S. 138 f.; MK-Prütting, ZPO, 2. Aufl. 2000, § 286 Rn. 80 f.
470 Vgl. Spallino, WM 2001, S. 237; Pichler, Rechtsnatur, Rechtsbeziehungen und zivilrechtliche Haftung beim elektronischen Zahlungsverkehr im Internet, Münster 1998, S. 40; Blaurock/Münch, KuR 2000, S. 106.

IV. Die Kernfragen der Zahlung im Netz

zierten Münzen von der Bank ordnungsgemäß eingelöst wurden und diese das Missbrauchsrisiko nicht zu tragen hat.[471]

Darüber hinaus kann in einem Verhalten des eCash-Teilnehmers, durch das es aufgrund seines Verschuldens nicht möglich ist, die vermeintlich verloren gegangenen Münzen wieder herzustellen und sperren zu lassen, eine Verletzung seiner vertraglichen Nebenpflichten gesehen werden, die einen Schadensersatzanspruch der Bank begründen können. Allerdings ist es ohne die Wiederherstellungszeichenfolge nicht möglich zu überprüfen, ob tatsächlich ein Schaden eingetreten ist, denn dieser kann nur dann vorliegen, wenn die vermeintlich verloren gegangenen Münzen bereits eingelöst wurden. Ohne Wiederherstellungszeichenfolge hat die Bank jedoch keine Möglichkeit zu kontrollieren, ob die Münzen eingelöst wurden oder nicht. Folglich ist es auch nicht möglich festzustellen, ob es zu einem Schaden gekommen ist. Gleichzeitig jedoch kann auch der eCash-Teilnehmer gegenüber dem Kreditinstitut nicht den Nachweis führen, dass die Einlösung der Münzen nicht mehr möglich ist, so dass er auch keinen Anspruch auf Rückerstattung des geleisteten Vorschusses hat. Die Bank kann deshalb den Vorschuss nur unter dem Gesichtspunkt behalten, dass es aufgrund einer schuldhaften Beweisvereitelung durch den eCash-Teilnehmer nicht möglich ist festzustellen und zu beweisen, ob die abhanden gekommenen eCash-Münzen ordnungsgemäß eingelöst wurden.

Sollte es möglich sein, digitale Münzen während der Übermittlung abzufangen und zu verfälschen, hätte der eCash-Teilnehmer dafür nicht einzustehen, sofern er durch sein Verhalten nicht schuldhaft dazu beigetragen hat. Steht fest, dass es während der Übermittlung zu einem Missbrauch gekommen ist, liegt keine wirksame Weisung des eCash-Teilnehmers an sein Kreditinstitut vor, so dass dieses ihn nicht für die verfälschten eCash-Münzen in Anspruch nehmen kann. Unter Berücksichtigung, dass der eCash-Teilnehmer keine Möglichkeit hat, auf das Übermittlungsverfahren Einfluss zu nehmen, kann ihm die Verfälschung während der Übermittlung – sofern feststeht, dass es währenddessen dazu gekommen ist – nicht zugerechnet werden, denn es ist Aufgabe des Kreditinstituts, dafür Sorge zu tragen, dass kein unberechtigter Dritter während der Übermittlung Zugriff auf die digitalen Münzen nehmen kann. Hier greift auch nicht das Institut des Beweises des ersten Anscheins zu Lasten des eCash-Teilnehmers, sofern tatsächlich feststeht, dass es zu einer Verfälschung während der Übermittlung gekommen ist, denn dieses Institut ist nur in den Fällen anwendbar, in denen unklar ist, ob der eCash-Teilnehmer überhaupt eine Weisung erteilt hat und in denen ein Zugriff nur unter Verwendung eines Passworts möglich ist. Nach

---
471 Vgl. Spallino, WM 2001, S. 237.

der Übermittlung jedoch befinden sich die Münzen nicht mehr im Einflussbereich des Kunden, so dass ihm eine Verfälschung nicht zugerechnet werden kann.[472] Im Übrigen kann das Kreditinstitut die Verfälschung einer Zahlungsdatei dann feststellen, wenn der Kunde mittels der Stornierungsfunktion der Bank die Daten der in Frage stehenden Transaktionen offen legt. Sie ist dann in der Lage, anhand des Kontoprotokolls zu überprüfen, von welchem Empfänger die verfälschten eCash-Münzen eingelöst wurden. Wird eine Diskrepanz zwischen der Empfängerkennung des Kunden und den Angaben im Transaktionsprotokoll festgestellt, steht fest, dass die Daten auf dem Übermittlungswege verfälscht worden sind.[473] Sollte es zu einer Fälschung der digitalen Münzen kommen, handelt es sich dabei ebenfalls um ein Risiko, das nicht vom eCash-Teilnehmer zu tragen ist, sofern er nicht schuldhaft zu einer solchen beigetragen hat.[474] Allerdings hängt dies vom Sicherheitsniveau des eCash-Verfahrens ab. Sofern es ohne Einsatz der dem eCash-Teilnehmer zugeordneten Passwörter nicht möglich ist, eCash-Münzen zu duplizieren, spricht auch hier der Beweis des ersten Anscheins dafür, dass es nicht ohne sein Verschulden zu einer Duplizierung der Münzen gekommen ist. Sollte sie jedoch ohne die dem eCash-Teilnehmer zugeordneten Medien möglich sein, kann das Fälschungsrisiko nicht dem eCash-Teilnehmer zugerechnet werden.

Werden die gefälschten Münzen vom eCash emittierenden Institut im Rahmen einer technischen Prüfung akzeptiert, ist die Bank gegenüber dem Akzeptanten aus einem abstrakten Schuldversprechen gemäß §§ 780, 781 BGB zur Vergütung verpflichtet und hat folglich das Fälschungsrisiko zu tragen.[475]

b) CyberCoin

Das Haftungsrisiko stellt sich bei CyberCoin, da dieses auf einem von eCash abweichenden technischen Konzept basiert, grundsätzlich anders dar. Eine CyberCash-Teilnahmevereinbarung unterliegt – unabhängig davon, ob es sich dabei um eine bloße Nebenabrede zu einem bereits bestehenden Girovertrag oder einem eigenständigen Vertrag handelt – den Regeln des Geschäftsbesorgungsvertrags gemäß § 675 BGB.[476] Folglich ist das Übersenden verschlüsselter Zahlungsdaten als geschäftsbesorgungsrecht-

---

472 Vgl. Spallino, WM 2001, S. 238.
473 Vgl. Spallino, WM 2001, S. 238.
474 Vgl. Spallino, WM 2001, S. 238.
475 Vgl. Spallino, WM 2001, S. 239.
476 Vgl. Spallino, WM 2001 S. 239; Pichler, Rechtsnatur, Rechtsbeziehungen und zivilrechtliche Haftung beim elektronischen Zahlungsverkehr im Internet, Münster 1998, S. 60 ff.

IV. Die Kernfragen der Zahlung im Netz

liche Einzelweisung gemäß §§ 675, 665 BGB des CyberCoin-Teilnehmers an sein Institut anzusehen. Diese besagt, dass mittels des CyberCoin-Verfahrens ein bestimmter Betrag zu Lasten des Girokontos des Teilnehmers dem Konto des Empfängers gutzuschreiben ist.[477] Sollte es auf dieser Grundlage einem unberechtigten Dritten gelingen, auf die CyberCash-Wallet oder den Cash-Container des Kunden Zugriff zu nehmen, erfolgt eine Zahlung ohne geschäftsbesorgungsrechtliche Weisung des CyberCoin-Kunden. Der Bank steht deshalb für die Ausführung des Auftrags kein Aufwendungsersatzanspruch gemäß §§ 675 Abs. 1, 670 BGB zu, so dass sie eventuell vereinnahmte Vorschüsse gemäß §§ 675 Abs. 1, 669 BGB gem. §§ 675 Abs. 1, 667 BGB rückerstatten muss.[478]

Die Bank kann jedoch ausnahmsweise berechtigt sein, eine Rückbuchung zu verweigern, wenn ihr ein Gegenanspruch gegen den Kunden zusteht. Dies kann insbesondere unter Schadensersatzgesichtspunkten dann in Betracht kommen, wenn der CyberCoin-Kunde durch sein Verhalten schuldhaft dazu beigetragen hat, dass es zu einer missbräuchlichen Verfügung hat kommen können. Grund dafür kann insbesondere sein, dass der CyberCoin-Teilnehmer mit den ihm zur Verfügung gestellten Berechtigungsmerkmalen – dem Wallet-Passwort oder der Wallet-ID – unsorgfältig umgegangen ist. Sollten diese Legitimationsmedien nicht oder nur mit einem unangemessen hohen technischen oder wirtschaftlichen Aufwand überwindbar sein, lässt eine missbräuchliche Verwendung die Schlussfolgerung zu, dass der Cyber-Coin-Teilnehmer seine Sorgfaltspflichten verletzt und sich auf Grund dessen für eine missbräuchliche Verfügung gegenüber seinem Kreditinstitut schadensersatzpflichtig gemacht hat.[479] Auch hier begründet unter den vorstehend dargestellten Voraussetzungen die Verwendung der Legitimationsmedien den Beweis des ersten Anscheins dafür, dass der CyberCoin-Teilnehmer mit den ihm persönlich zugewiesenen Berechtigungsmerkmalen nicht sorgfältig umgegangen ist und auf Grund dessen für den Missbrauch einzustehen hat, sofern er nicht Umstände darlegt und gegebenenfalls beweist, aus denen sich ein Missbrauch auch ohne sein Verschulden ergeben kann. Allerdings ist es auch hier zur Begründung einer entsprechenden Sorgfaltspflicht erforderlich, dass der CyberCoin-Teilnehmer zuvor darüber unterrichtet wurde, welche Bedeutung die entsprechenden Passwörter für das Verfahren haben, und dass er mit diesen – um einen Missbrauch des Ver-

---

477 Vgl. Spallino, WM 2001, S. 240.
478 Vgl. BuB – Werner, Rn. 19/268.
479 Pichler, Rechtsnatur, Rechtsbeziehungen und zivilrechtliche Haftung beim elektronischen Zahlungsverkehr im Internet, Münster 1998, S. 66 f.

fahrens zu vermeiden – sorgfältig umgehen muss.[480] Sollte der CyberCoin-Teilnehmer Unregelmäßigkeiten feststellen, ist er auf dieser Grundlage gehalten, sein Kreditinstitut unverzüglich zu unterrichten, damit dieses einen eventuellen unberechtigten Zugriff verhindern kann. Ab dem Zeitpunkt, ab dem der CyberCoin-Teilnehmer seine Bank unterrichtet, liegt es in ihrem Verantwortungsbereich, dafür Sorge zu tragen, dass das CyberCoin-System nicht von einem Unberechtigten in Anspruch genommen werden kann. Sollte es dieser Verpflichtung nicht nachkommen, verletzt es seinerseits seine vertraglichen Pflichten. Die Rechtslage ist insoweit mit der bei Sperrung einer ec-Karte vergleichbar.[481]

7. Zusammenfassung

Aus der Darstellung der Beweislastfragen und der Haftungsrisiken ergibt sich, dass sich bei Zahlungen im Netz jede schematische Betrachtung verbietet. Da es keine rechtlichen Rahmenbestimmungen für Internetzahlungsmittel gibt, hängen sowohl die Haftung als auch die Beweislast von der Ausgestaltung des jeweiligen Verfahrens und des ihm zugrunde liegenden Regelwerkes ab.

Durch den fehlenden Rechtsformenzwang haben die Vertragsparteien ein breites Ermessen, wie sie ein Internetzahlungsmittel ausgestalten, wobei die Grenzen des Gestaltungsspielraums durch die allgemeinen zivilrechtlichen Grundsätze – wie insbesondere das Verschuldensprinzip –, die früheren Regelungen des AGB-Gesetzes, die jetzt durch §§ 307 ff. BGG ersetzt wurden, und eventuelle Rahmenabkommen der deutschen Kreditwirtschaft bestimmt werden.

Eng verknüpft mit der Frage des Haftungsrisikos ist auch die der Beweislast. Diesbezüglich gelten im Internet-Banking die allgemeinen zivilrechtlichen Grundsätze, wonach derjenige, der sich eines Anspruchs berühmt, die tatsächlichen Voraussetzungen dafür darlegen und beweisen muss. Da im Internet-Banking der Einsatz von Identifikations- und/oder Legitimationsmedien zur Einleitung von Transaktionen üblich ist, folgt daraus, dass dann, wenn der Inhaber dieser Medien behauptet, er habe sie nicht eingesetzt, das Kreditinstitut, dass seinen Aufwendungsersatzanspruch gemäß § 670 BGB geltend machen möchte, den Nachweis dafür führen muss, dass sein Kunde entgegen seiner eigenen Darstellungen entweder verfügt oder durch ein

---
[480] Zu entsprechenden Aufklärungspflichten vgl. Spallino, WM 2001, S. 237 f.; BuB – Werner Rn. 19/269.
[481] BuB – Werner, Rn. 6/1504 ff.

IV. Die Kernfragen der Zahlung im Netz

sorgfaltspflichtwidriges Verhalten schuldhaft zum Missbrauch der bezeichneten Medien beigetragen hat.

Unter Berücksichtigung, dass es sich dabei um Tatsachen handelt, die aus der Sphäre des Nutzers resultieren, dürfte es normalerweise für ein Kreditinstitut nahezu unmöglich sein, den entsprechenden Nachweis unmittelbar zu führen. Es wird allenfalls in der Lage sein nachzuweisen, dass das Sicherheitssystem funktioniert hat, nach menschlichem Ermessen nicht überwunden werden kann und dass Identifikations- und Legitimationsmedien eingesetzt wurden, die mit denen ihres Kunden identisch sind. Solche Darlegungen genügen jedoch normalerweise für den Vollbeweis nicht. Das Kreditinstitut kann sich in einem solchen Fall nur auf die Grundsätze zum Anscheinsbeweis stützen, sofern diese anwendbar sind.

Für Zahlungen im Netz ist in der Regel der direkte Nachweis, dass der Berechtigte selbst verfügt oder durch eine Sorgfaltspflichtverletzung zu einem Missbrauch und damit zu einem Schaden beigetragen hat, nur schwer führbar. Deshalb kann dem Institut – wie bereits ausgeführt – nur die Rechtsfigur des Anscheinsbeweises zugute kommen, die jedoch nicht zu einer Beweislastumkehr führt. Die bezeichnete Beweiserleichterung erlaubt bei typischen Geschehensabläufen den Nachweis eines ursächlichen Zusammenhanges oder eines schuldhaften Verhaltens ohne eindeutige Tatsachengrundlage allein aufgrund von Erfahrungssätzen. Es ist dazu jedoch erforderlich, dass ein entsprechender typischer Geschehensablauf vorliegt. Folglich muss ein Sachverhalt feststehen, bei dem nach der Lebenserfahrung aufgrund eines bestimmten Verhaltens auf eine bestimmte Folge oder Verursachung geschlossen werden kann.[482] Dazu ist es erforderlich, dass ein typischer Geschehensablauf vorliegt, der durch seine Regelmäßigkeit, Üblichkeit oder Häufigkeit geprägt ist.[483]

Die Tatsachen, die die Voraussetzungen des Anscheinsbeweises begründen, sind jedoch von demjenigen darzulegen und zu beweisen, der sich auf sie beruft.[484] Folglich muss das Kreditinstitut, das sich zum Nachweis seines Anspruchs auf den Anscheinsbeweis berufen möchte, als wesentliche Voraussetzung für dessen Anwendung den Nachweis führen, dass das Sicherheitssystem, dessen integraler Bestandteil das Legitimationsverfahren ist, nicht oder nur mit einem solchen Aufwand überwunden werden kann, der unter technischen oder wirtschaftlichen Erwägungen unwahrscheinlich erscheint.[485] Sollten diese Voraussetzungen vorliegen, begründet der Einsatz

---
482 BGH, NJW 1982, S. 2448.
483 BGH, NJW 1991, S. 230 f.
484 Zöller/Greger, ZPO, Vor § 248 Rn. 29.
485 Werner, in: Mathias Schwarz, Recht im Internet, Kapital 6-4.3, S. 5.

Zusammenfassung

der dem Teilnehmer am Internet-Banking zugewiesenen Legitimationsmedien den Beweis des ersten Anscheins dafür, dass entweder er selbst verfügt oder durch einen sorgfaltspflichtwidrigen Umgang mit den ihm zur Verfügung gestellten Medien schuldhaft zu deren Missbrauch beigetragen hat, so dass er dem Kreditinstitut entweder gemäß § 670 BGB zur Erstattung der Aufwendungen oder aufgrund einer Verletzung des Girovertrags zum Schadensersatz verpflichtet ist.[486]

Diese Grundsätze zur Beweiserleichterung können jedoch dann keine Anwendung finden, wenn das Sicherheitssystem nicht unüberwindlich ist oder wenn die an den Nutzer gestellten Sorgfaltsanforderungen oder die sonstigen organisatorischen Vorkehrungen zur Sicherung des Verfahrens so niedrig sind, dass dadurch nicht gewährleistet werden kann, dass die Überwindung des Sicherheitssystems (nahezu) ausgeschlossen werden kann. Die Anwendung der Grundsätze zum Anscheinsbeweis könnte insbesondere dann ausgeschlossen sein, wenn die Legitimationsmedien übertragen werden, so dass ein größerer und nicht eingrenzbarer Personenkreis Kenntnis von ihnen oder Verfügungsbefugnis über sie erlangen könnte, oder wenn keinerlei Vorkehrungen dagegen getroffen werden, dass es während oder nach Nutzung des berechtigten Einsatzes der Legitimationsmedien möglich ist, nicht körperliche Legitimationsmedien, wie Codewörter, PINs, TANs etc. abzurufen oder zu erkennen.

Eine tragende Säule für die Anwendung der Grundsätze zum Anscheinsbeweis spielt die höchstpersönliche Zuordnung der Identifikations- und Legitimationsmedien. Wären diese übertragbar oder würde ihre Nutzung durch Dritte wenigstens toleriert, könnte ihr Einsatz kaum als Nachweis dafür angesehen werden, dass der Berechtigte selbst verfügt hat oder mit ihnen sorgfaltspflichtwidrig umgegangen ist. Im Falle der Übertragbarkeit würde das Element der höchstpersönlichen Zuordnung, durch die sie überhaupt erst die Qualität eines persönlichen Legitimationsmediums erhalten, entfallen. An Ausnahmen könnte nur gedacht werden, wenn durch die Übertragung an einen vertrauenswürdigen Dritten die Sicherheit nicht beeinträchtigt werden könnte. Allerdings dürften bereits dann die Grundlagen des Anscheinsbe-

---

486 Vgl. entsprechend die Anwendung der Grundsätze zum Anscheinsbeweis im ec-Verfahren: LG Köln, WM 1995, S. 976 ff. = WuB I D 5 c.–3.96 Ahlers; AG Diepholz, WM 1995, S. 1919 ff. = WuB I D 5 c.–1.96 Hertel; AG Schöneberg, WM 1997, S. 66 f. = WuB I D 5 c.–2.97 Werner; AG Hannover, WM 1997, S. 64 f. = WuB I D 5 c.–2.97 Werner; AG Frankfurt am Main, WM 1995, S. 880 = WuB I D 5 c.–2.96 Salje; AG Wuppertal, WM 1997, S. 1209 ff. = WuB I D 5 c.–3.97 Aepfelbach/Cimiotti; AG Hannover, WM 1997, S. 1207 ff. = WuB I D 5 c. – 3.97 Aepfelbach/Cimiotti; AG Charlottenburg, WM 1997, S. 2280 ff. = WuB I D 5 c. – 1.98 Werner; AG Frankfurt, NJW 1998, S. 687 f.; AG Osnabrück, NJW 1998, S. 688 f.; AG Dinslaken, WM 1998, S. 1126 ff.; LG Frankfurt, WM 1999, S. 1930 ff.; LG Köln WM 2001, S. 852.

IV. Die Kernfragen der Zahlung im Netz

weises berührt werden, wenn das Kreditinstitut eine solche Übertragung an einen vertrauenswürdigen Dritten zulassen würde, da es dann durchaus als weitere Voraussetzung für die Anwendung der Grundsätze zum Anscheinsbeweis betrachtet werden könnte, dass das Kreditinstitut den Nachweis führt, dass es den Dritten überprüft und als vertrauenswürdig eingeschätzt hat. In der Regel jedoch wird das Kreditinstitut in die Übertragung an einen Dritten nicht eingebunden werden, so dass nur eine generelle Erlaubnis möglich wäre. Damit würde jedoch die höchstpersönliche Zuordnung entfallen. Darüber hinaus besteht nicht einmal eine Notwendigkeit für die Übertragbarkeit der Legitimationsmedien, da die Verfahren in der Regel die Möglichkeit vorsehen, Dritten entsprechende Konto- oder Depotvollmachten zu erteilen, damit diese eigene Legitimationsmedien erhalten können. Deshalb ist die Übertragung an einen vertrauenswürdigen Dritten nur auf der Grundlage denkbar, dass der Inhaber der Legitimationsmedien diese – entgegen den sich aus den jeweiligen Geschäftsbedingungen ergebenden Sorgfaltspflichten – überträgt. Sollte es danach zu einem Missbrauch gekommen sein, spricht die Verletzung der Sorgfaltspflichten dafür, dass der Inhaber der Legitimationsmedien schuldhaft zu ihrem Missbrauch beigetragen hat. Es liegt dann gegebenenfalls an ihm, den Nachweis zu führen, dass der von ihm eingeschaltete Dritte nicht nur vertrauenswürdig war, sondern durch die Übertragung an diesen der Missbrauch nicht herbeigeführt oder gefördert wurde.

Im Ergebnis ist deshalb die Übertragung der Legitimationsmedien an einen Dritten immer als bedenklich anzusehen und beeinträchtigt die Position des Inhabers dieser Medien. Soll ein vertrauenswürdiger Dritter Zugang zu Konto und/oder Depot oder einem Zahlungsverfahren des Internet-Teilnehmers erhalten, sollte er – so dies möglich ist – eine entsprechende Konto- oder Depotvollmacht erhalten, damit ihm eigene, ebenfalls nicht übertragbare Legitimationsmedien zur Verfügung gestellt werden können.

Aber selbst wenn als Legitimationsmedien elektronische Signaturen eingesetzt werden sollten, die den Anforderungen an eine qualifizierte elektronische Signatur nach dem novellierten Signaturgesetz genügen, und die folglich die Voraussetzungen für die elektronische Form gem. § 126 a BGB erfüllen, führt dies nicht zum Ausschluss der Anwendung der Grundsätze zum Anscheinsbeweis, da der Einsatz der Legitimationsmedien nicht geeignet ist, einen unmittelbaren Beweis zu begründen.

§ 292 a ZPO sieht vor, dass der Anschein der Echtheit einer in elektronischer Form vorliegenden Willenserklärung, der sich auf der Grundlage der Prüfung nach dem Signaturgesetz ergibt, nur durch Tatsachen erschüttert werden kann, die es ernsthaft als möglich erscheinen lassen, dass die entsprechende Erklärung nicht mit dem Willen des Signaturschlüssel-Inhabers abgegeben wurde. Eine solche Regelung stellt nur eine gesetzliche Normierung der bisherigen Regeln zum Anscheinsbeweis dar, führt jedoch nicht dazu, dass die elektronische Form der Signatur in gleicher Weise geeignet wäre, den Vollbeweis zu erbringen, wie eine handschriftliche Unterzeichnung. Möglicherweise geht die Beweiskraft elektronischer Signaturen sogar weniger weit, als der Einsatz sonstiger Legitimationsmedien entsprechend vertraglich vereinbarter elektronischer Legitimationsverfahren zur Inanspruchnahme elektronischer Dienstleistungen, denn in derartigen Verträgen werden die Nutzer in der Regel ausdrücklich verpflichtet, mit den Medien sorgfältig umzugehen, so dass ein auf eine Sorgfaltspflichtverletzung durch einen missbräuchlichen Einsatz zurückzuführender Schaden vom Inhaber des jeweiligen Mediums zu tragen ist. Sofern bei den bezeichneten Verfahren das Sicherheitsniveau so hoch ist, dass eine Überwindung praktisch ausgeschlossen werden kann, kann es zu einem Einsatz der Legitimationsmedien nur aufgrund einer Verletzung von vertraglichen Sorgfaltspflichten kommen. Folglich kann der Einsatz dieser Medien durch einen Unberechtigten nur darauf zurückzuführen sein, dass ihr Inhaber sie nicht hinreichend vor dem unberechtigten Zugriff Dritter geschützt hat. Wird jedoch ein Vertrag in elektronischer Form gem. § 126 a BGB geschlossen, besteht ein solches Rechtsverhältnis, aufgrund dessen ein Vertragspartner verpflichtet sein kann, seine elektronische Signatur vor dem unberechtigten Zugriff Dritter zu schützen, zum Zeitpunkt des Einsatzes dieses Mediums noch nicht. Es ist deshalb nicht auszuschließen, dass selbst dann, wenn der Inhaber einer elektronischen Signatur mit dieser sorgfaltspflichtwidrig umgegangen ist, der Anschein der Echtheit gem. § 292 a ZPO durch Tatsachen erschüttert werden kann, die gleichzeitig auch begründen, dass er zum Einsatz durch einen unberechtigten Dritten beigetragen hat. Soweit jedoch zum Zeitpunkt der missbräuchlichen Verwendung ein Vertrag noch nicht besteht, kann in einem solchen Fall der Inhaber der elektronischen Signatur auch nicht aufgrund einer Sorgfaltspflichtverletzung in Anspruch genommen werden. Es wäre allenfalls denkbar, den berechtigten Inhaber einer elektronischen Signatur unter Rechtsscheingesichtspunkten als aus dem von einem Unberechtigten in seinem Namen abgeschlossenen Vertrag verpflichtet oder schadensersatzpflichtig anzusehen. Eine Verbesserung stellt dies gegenüber der bisherigen Rechtslage jedoch nicht dar, da die bestehenden Unsicherheiten nicht beseitigt werden.

Ein weiteres Kernproblem von Zahlungen über das Netz – wie bei der Zurverfügungstellung von Dienstleistungen über das Internet überhaupt – stellt die Haftungsfrage für den Fall dar, dass das entsprechende Verfahren nicht zur Verfügung steht.

IV. Die Kernfragen der Zahlung im Netz

Sollte ein Zahlungsverfahren über das Netz als Ergänzung zu konventionellen Zahlungsverfahren angeboten werden, dürfte es dem Nutzer eines solchen im Falle einer Störung zumutbar sein, seine Zahlung auch außerhalb des Internet-Verfahrens vorzunehmen, zumal es zu den Lebenserfahrungen gehört, dass es gerade im Internet immer wieder zu Leistungsstörungen und Kommunikationsproblemen kommen kann, die die Ausführung einer Zahlung nicht zulassen. Sollte der Bereich des Internet-Zahlungsverkehrs jedoch eine solche Ausweitung erfahren, dass der Kunde nur noch die Möglichkeit hat, auf diesem Wege seine Aufträge zu erteilen, kann dies zu der Frage führen, wer für die mangelnde Verfügbarkeit des Zugangs einzustehen hat. Kommt es zu Störungen, die das das Internet-Zahlungsverfahren anbietende Kreditinstitut nicht schuldhaft verursacht hat, dürfte eine Zurechnung mangels Verschulden für etwaige Schäden des Teilnehmers ausscheiden. Allerdings ist der Bereich, in dem ein Kreditinstitut für die Nichtverfügbarkeit einzustehen hat, weit zu fassen. Sollte tatsächlich nur der Internet-Zugang zum Zahlungsverfahren möglich sein, muss das das Verfahren anbietende Kreditinstitut nicht nur den Netzbetreiber sorgfältig auswählen, sondern gegebenenfalls auch dafür Sorge tragen, dass dann, wenn ein Netz ausfallen sollte, die Kommunikation über eine Alternative ermöglicht wird. Schließlich wird bei mangelnder Verfügbarkeit auch zu erwarten sein, dass das Kreditinstitut dafür Sorge trägt, dass der Teilnehmer am Zahlungsverfahren darüber unverzüglich unterrichtet wird, damit er die Möglichkeit erhält, seinen Auftrag gegebenenfalls auf anderem Wege zu erteilen. Sollte ein Kreditinstitut selbst ein entsprechendes Netz betreiben oder sich eines Netzbetreibers als Erfüllungsgehilfen bedienen, hat es für ein schuldhaftes Nicht-Zurverfügungstellen des Netzes entweder unmittelbar oder gemäß § 278 BGB einzustehen.

Außerdem wird ein Kreditinstitut, das bestimmte Dienstleistungen nur noch über das Internet anbietet, als verpflichtet anzusehen sein, so viele Kapazitäten zu schaffen, dass die Aufträge ihrer Kunden – gegebenenfalls auch in Stoßzeiten – ungehindert abgewickelt werden können.

Dennoch wird die mangelnde Verfügbarkeit nicht grundsätzlich dem Kreditinstitut anzurechnen sein. Vielmehr hängt es von den Umständen des Einzelfalls ab, wann eine entsprechende Haftung für die mangelnde Verfügbarkeit des Verfahrens in Betracht kommt.

Zunächst setzt die Haftung voraus, dass bereits ein Vertragsverhältnis zwischen den Beteiligten besteht. Die bloße Anbahnung einer neuen Geschäftsbeziehung dagegen kann – außer unter dem Gesichtspunkt der culpa in contrahendo – keine Pflichten begründen, deren Verletzung Schadensersatzansprüche auslösen kann. Die Erteilung eines Auftrags, zu dessen Ausführung

Zusammenfassung

ein Kreditinstitut nicht verpflichtet ist, kann im Falle der Nichtausführung nicht dazu führen, dass das Kreditinstitut auf Schadensersatz in Anspruch genommen werden kann. Ist ein Kreditinstitut aufgrund der Vertragsfreiheit berechtigt, die Ausführung eines Auftrages abzulehnen, lassen sich keine Pflichten begründen, einen zeitlich und kapazitätsmäßig unbegrenzten Zugang sicherzustellen. Gleichwohl wird jedoch auch hier die Verpflichtung bestehen, zumindest dafür Sorge zu tragen, dass derjenige, der einen Auftrag erteilen möchte, unverzüglich darüber informiert wird, wenn der von ihm gewählte Zugangsweg nicht zur Verfügung steht.

Etwas anderes kann jedoch dann in Betracht kommen, wenn ein Kreditinstitut aufgrund eines bereits bestehenden Vertragsverhältnisses nicht mehr die Freiheit hat, über die Annahme eines Auftrags zu entscheiden, sondern verpflichtet ist, diesen auszuführen. Dies hängt jedoch von den Umständen des Einzelfalles und vom angebotenen Service ab. Bietet ein Kreditinstitut ausschließlich ein Internet-Zahlungsverfahren an, besteht eine Verpflichtung zur Ausführung eines Zahlungsauftrages immer dann, wenn die im Übrigen dafür erforderlichen Voraussetzungen vorliegen, d. h., wenn der Auftrag mit der erforderlichen Klarheit erteilt und die für seine Ausführung erforderliche Deckung vorliegt oder ein eingeräumter Dispositionskredit noch nicht ausgeschöpft wurde. Gleichwohl geht diese Verpflichtung jedoch nicht über die zur Ausführung eines konventionell erteilten Zahlungsauftrags hinaus, es sei denn, das Kreditinstitut bietet den Internet-Service mit weitergehenden Leistungen als die konventionellen Verfahren an.

Ist das Internet-Zahlungsverfahren lediglich als Zugangsweg ausgestaltet, bedeutet dies, dass der Kunde des Kreditinstituts nur von einem erleichterten Zugang, nicht jedoch von einer schnelleren Bearbeitung ausgehen kann. Die bereits weiter oben behandelten Online-Banking-Bedingungen sehen deshalb diesbezüglich vor, dass die Bearbeitung im Rahmen des normalen Arbeitsablaufs erfolgt, so dass derjenige, der über Online-Medien einen Auftrag erteilt, weiß, dass dieser nicht schneller bearbeitet wird, als ein konventionell erteilter. Hat außerdem der Bankkunde noch die Möglichkeit, seinen Auftrag auf anderen Wegen der Bank zu übermitteln, ist kaum die Verpflichtung begründbar, einen unbegrenzten Internet-Zugang sicherzustellen.

Sollte der Bankkunde darüber unterrichtet werden, dass der Internet-Zugang gestört ist, kann sich aus dem Grundgedanken des § 254 BGB zur Schadensminderungspflicht die Verpflichtung ergeben, den Auftrag auf andere Weise zu erteilen, um einen drohenden Schaden entweder abzuwenden oder wenigstens zu minimieren.

IV. Die Kernfragen der Zahlung im Netz

Zumindest führt der Umstand, dass Bankdienstleistungen auch über das Internet angeboten werden, nicht dazu, dass ein Kreditinstitut die diesbezügliche jederzeitige Erreichbarkeit sicherstellen muss, es sei denn, es bietet seinen Service auf entsprechende Weise an. Sollte Letzteres jedoch nicht der Fall sein, bleibt es bei den allgemeinen zivilrechtlichen Grundsätzen, wonach eine Bank keinem Kontrahierungszwang unterliegt und Aufträge nur dann ausführen muss, wenn sie dazu aufgrund bereits bestehender rechtlicher Beziehungen verpflichtet ist. Bei Internet-Zahlungsverfahren bedeutet dies, dass der Zahlungsauftrag jedenfalls dann auszuführen ist, wenn die dafür erforderlichen vertraglichen oder gesetzlichen Voraussetzungen begründet sind. Gleichwohl darf nicht verkannt werden, dass das Anbieten von Zahlungsverfahren über das Netz zu einer Erweiterung des Pflichtenkreises des Kreditinstituts führen kann und wenigstens Maßnahmen getroffen werden müssen, den Bankkunden bei Inanspruchnahme eines solchen Services unverzüglich darüber zu unterrichten, wenn dieser nicht zur Verfügung steht. Darüber hinaus ist der Kunde darüber zu informieren, wie er beim Ausfall des Internet-Services seine Aufträge auf andere Weise erteilen kann.

V. Neuere Entwicklungen in der Gesetzgebung und ihre Bedeutung für Zahlungen im Netz

1. Die 6. Novelle zum Kreditwesengesetz

Die 6. Novelle zum Kreditwesengesetz hat das Geldkartengeschäft und das Netzgeldgeschäft ausdrücklich als erlaubnispflichtige Bankgeschäfte geregelt und in den Katalog des § 1 Abs. 1 KWG unter Nr. 11 und Nr. 12 aufgenommen.[487] Diese Vorschrift enthält jedoch keine Definition des Geldkarten- und Netzgeldgeschäftes. Es wird lediglich bestimmt, dass es sich dabei um erlaubnispflichtige Bankgeschäfte handelt. Wie diese jedoch definiert werden, bleibt offen. Darüber hinaus enthält die 6. KWG-Novelle keine Rahmenbedingungen für die Ausgestaltung dieser beiden neuen innovativen Zahlungsverkehrsverfahren.

2. Fernabsatzrichtlinie und Fernabsatzgesetz

Mit der „Richtlinie über den Verbraucherschutz bei Vertragsabschlüssen im Fernabsatz (Fernabsatzrichtlinie)" vom 20. Mai 1997[488] der Europäischen Kommission wird das Ziel verfolgt, den Verbraucher vor irreführenden und aggressiven Verkaufsmethoden im Fernabsatz zu schützen. Grundlage ist die Überlegung, dass sich bei den Vertriebsformen im Fernabsatz die Vertragspartner nicht mehr unmittelbar begegnen und deshalb keine Möglichkeit besteht, die angebotenen Waren und Dienstleistungen vor ihrer Bestellung bzw. Inanspruchnahme zu prüfen. Vor den sich daraus ergebenden Nachteilen soll der Verbraucher geschützt werden.

Erfasst werden von der Fernabsatzrichtlinie Verträge über Waren- und Dienstleistungen, die über einen für den Fernabsatz geeigneten Vertriebsweg abgeschlossen werden. Der Anwendungsbereich erstreckt sich folglich über den bisherigen Versandhandel hinausgehend auch auf den elektronischen Geschäftsverkehr im Internet, über Videotext oder alle anderen Formen des Teleshoppings. Auch wenn Finanzdienstleistungen vom Anwendungsbereich der Fernabsatzrichtlinie ausgenommen wurden, kann dieser

---

487 Vgl. dazu Kümpel, WM 1998, S. 365; Gramlich DuD 1997, S. 388; Pichler, Rechtsnatur, Rechtsbeziehungen und zivilrechtliche Haftung beim elektronischen Zahlungsverkehr im Internet, Münster 1998, S. 15.
488 ABl.EG L 144 vom 4. Juni 1997, S. 19.

für Bezahlungen über das Netz doch Bedeutung zukommen. Die Kreditwirtschaft ist zwar nicht Adressat der Richtlinie, gleichwohl können sich aus ihr Auswirkungen auf Zahlungsverfahren ergeben. Art. 8 der Fernabsatzrichtlinie sieht für Zahlungskarten vor, dass der Verbraucher das Recht erhält, im Falle eines Missbrauchs seiner Karten die Stornierung der Buchung zu verlangen. Dies geht jedoch über den bisherigen Verbraucherschutz nicht hinaus, da auch nach der bisherigen Rechtslage ein Verbraucher beim Einsatz von Zahlungskarten für deren Missbrauch nicht haftete, sofern er nicht schuldhaft dazu beigetragen hatte.

Die Fernabsatzrichtlinie ist in Deutschland zwischenzeitlich durch das „Gesetz über Fernabsatzverträge und andere Fragen des Verbraucherrechts sowie zur Umstellung von Vorschriften auf den EURO"[489] vom 27. Juni 2000 in innerdeutsches Recht umgesetzt worden. Die Umsetzung erfolgt auf zwei Ebenen. Das Fernabsatzgesetz enthält in erster Linie Regelungen zum Anwendungsbereich, zu den Informationspflichten, zum Widerrufsrecht sowie zur Verknüpfung von Kreditverträgen mit dem Absatzgeschäft zum Zwecke der Finanzierung. Weiterhin wurden die durch die Regelungen in der Fernabsatzrichtlinie betroffenen Einzelgesetze, wie z. B. das Verbraucherkreditgesetz, das Haustürwiderrufsgesetz und das BGB, modifiziert. Insbesondere von Bedeutung ist hierbei die Einführung des § 361 a BGB – der durch § 355 BGB im Zuge des SchuMG ersetzt wurde –, der eine einheitliche Frist von zwei Wochen für alle Rechtsgeschäfte vorsieht, die eine Widerrufsfrist enthalten. Dadurch werden alle bisherigen Widerrufsrechte in Einzelgesetzen durch eine zentrale Regelung ersetzt. Für das Verbraucherkreditgesetz bedeutet dies, dass die bisherige siebentägige Widerrufsfrist verdoppelt wurde.

Dagegen hat die Fernabsatzrichtlinie keinen unmittelbaren Einfluss auf Zahlungen über das Internet, denn Adressat der sich aus dem Fernabsatzgesetz ergebenden Pflichten ist nicht das Kreditinstitut, das entsprechende Zahlungsverfahren zur Verfügung stellt, sondern allein der Dienstleister, der seine Leistungen über das Netz anbietet. Das Zahlungsverfahren bleibt von diesen Pflichten jedoch unberührt.

3. Die Finanzdienstleistungsrichtlinie

Durch eine geplante „Richtlinie des europäischen Parlamentes und des Rates über den Fernabsatz von Finanzdienstleistungen an Verbraucher (Finanzdienstleistungsrichtlinie)" soll das Nicht-Präsenz-Geschäft der Kredit-

---

489 BGBl. I 2000, S. 897.

institute geregelt werden. Der Entwurf vom 23. Juli 1999[490] erfasst gemäß Artikel 2 Verträge, für die der Anbieter bis zum Abschluss des Vertrages ausschließlich Fernkommunikationstechniken – und damit auch das Internet – einsetzt. Der im Richtlinienentwurf verwendete Begriff der „Finanzdienstleistung" ist weit und erfasst jede Bank-, Versicherungs-, Investment- und Zahlungsdienstleistung.

Artikel 4 des Richtlinienentwurfs enthält Unterrichtungspflichten gegenüber dem Verbraucher vor Vertragsabschluss. Er ist deshalb über Identität und Adresse des Anbieters einer Finanzdienstleistung, die Hauptmerkmale der Finanzdienstleistung, deren Gesamtpreis einschließlich etwaiger Steuern, die Einzelheiten der Zahlungsmodalitäten und der Vertragserfüllung, die Dauer und Gültigkeit des Angebots, über das Bestehen eines Widerrufsrechts und die Kündigungsmöglichkeiten, die zuständigen Gerichte für etwaige Streitfälle sowie Aufsichtsbehörden und etwaige außergerichtliche Streitschlichtungsverfahren zu unterrichten. Nachdem es zum Vertragsabschluss gekommen ist, sind die entsprechenden Informationen dem Verbraucher zusammen mit den Vertragsbedingungen papierhaft oder auf einem dauerhaften Datenträger zur Verfügung zu stellen.

Außerdem soll dem Verbraucher gemäß Artikel 4 des Richtlinienentwurfs während eines Zeitraums von mindestens 14 bis zu maximal 30 Tagen ein Widerrufsrecht eingeräumt werden. Von der Widerrufsmöglichkeit ausgenommen werden sollen lediglich Verträge über Wechselgeschäfte, die Annahme, Übermittlung und/oder Ausführung von Aufträgen und Dienstleistungen im Zusammenhang mit der Emission von Wertpapieren und Investmentpapieren, Termin- und Optionsgeschäfte, Wechselkurs- und Zahlungsinstrumente, die Preisschwankungen unterliegen, auf die der Anbieter keinen Einfluss hat, Lebensversicherungsverträge mit einer Laufzeit von weniger als zwei Monaten sowie Verträge, die bereits vollständig erfüllt sind.

Auch wenn die Finanzdienstleistungsrichtlinie Zahlungsdienstleistungen erfasst, bleibt abzuwarten, wie diese umgesetzt werden und welcher Einfluss sich daraus auf Zahlungsverkehrsinstrumente ergeben wird.

4. Die E-commerce-Richtlinie

Die Richtlinie des Europäischen Parlamentes und des Rates über bestimmte rechtliche Aspekte des elektronischen Geschäftsverkehrs im Binnenmarkt (E-commerce-Richtlinie oder Richtlinie über den elektronischen Geschäfts-

---

[490] Noch nicht veröffentlicht, da sich die Richtlinie im Entwurfsstadium befindet.

V. Neuere Entwicklungen in der Gesetzgebung

verkehr) vom 4. Mai 2000[491] trägt den Anforderungen an ein wirksames Zustandekommen von Verträgen über elektronische Medien Rechnung. Mit der Richtlinie wird das Ziel verfolgt, einheitliche Rahmenbedingungen für die Tätigkeit von Diensteanbietern sowie für die Anbahnung und das Zustandekommen von Verträgen auf elektronischem Wege zu schaffen. Der Anwendungsbereich der Richtlinie ist weit, er erfasst sowohl Dienste für Unternehmen als auch für Verbraucher. Im deutschen Recht ist die Richtigkeit in erster Linie durch das am 21. 12. 2001 in Kraft gesetzte EGG – Gesetz über rechtliche Rahmenbedingungen des elektronischen Geschäftsverkehrs[492] – umgesetzt worden.[493]

Der Diensteanbieter hat einen umfangreichen Katalog an Informationen zur Verfügung zu stellen. Aus Artikel V der Richtlinie – umgesetzt durch §§ 6 und 7 EGG – folgt, dass diese Auflistung ständig, unmittelbar und leicht zugänglich sein muss. Der Diensteanbieter muss seinen Namen, seine geographische Anschrift, unter der er niedergelassen ist, die Angaben machen, die es ermöglichen, mit ihm schnell Kontakt aufzunehmen und um mit ihm unmittelbar und effizient zu kommunizieren, seine Handelsregisternummer oder eine gleichwertige, in einem Register verwendete Kennung angeben, sofern er in ein Handelsregister oder ein entsprechendes Register eingetragen ist, etwaige Angaben zu zuständigen Aufsichtsbehörden, sofern es sich um eine zulassungspflichtige Tätigkeit handelt, gegebenenfalls den Berufsverband, die Kammer oder eine ähnliche Einrichtung, der er angehört, seine Berufsbezeichnung und den Mitgliedsstaat, der sie verliehen hat, gegebenenfalls eine Verweisung auf die im Mitgliedsstaat der Niederlassungen anwendbaren berufsrechtlichen Regeln und Angaben dazu, wie diese zugänglich sind, sowie die Identifikationsnummer bei mehrwertsteuerpflichtigen Tätigkeiten in leicht verständlicher, unmittelbarer und ständig verfügbarer Form zur Verfügung stellen. Für Kreditinstitute ergeben sich ähnlich weitgehende Anbieter-Kennzeichnungspflichten derzeit bereits aus § 6 TDG, soweit sie Teledienstleistungen erbringen.[494]

Art. 9 und 10 der Richtlinie sehen vor, dass die Mitgliedsstaaten, die die Richtlinie in innerstaatliches Recht umsetzen müssen, dafür Sorge zu tragen haben, dass Verträge, selbst wenn sie normalerweise der Schriftform bedürfen, vollständig auf elektronischem Wege abgeschlossen werden können. Ausnahmen soll es nur für solche Verträge geben, die der Mitwirkung eines Notars bedürfen, in ein Register eingetragen werden müssen, sowie für Ver-

---

491 ABl.EG L vom 17. Juli 2000; dazu Pick, WM 2000, S. 468.
492 BGBl. 2001 I, S. 3721 ff.
493 Vgl. dazu Bröhl, MMR 2001, S. 67 ff.; Härting, ITRB 2001, S. 3.
494 Vgl. Helle, in: Hoeren/Sieber, Handbuch Multimedia Recht, Stand: Dezember 2000, Kapitel 8.1 Rn. 216.

träge des Familien- und Erbrechts. Die Umsetzung dieser Regelungen ist durch die Einführung der „elektronischen Form" in das BGB und die Novellierung des Signaturgesetzes erfolgt.[495]

Ein Vertrag gilt nach der Richtlinie als geschlossen, wenn der Nutzer von dem Diensteanbieter auf elektronischem Weg eine Bestätigung der Annahme erhält. Das Anklicken eines elektronischen Angebots ist als Abgabe eines Angebots durch den Nutzer an den Dienstleister zu verstehen. Mit der Übermittlung der Annahmebestätigung durch den Dienstleister an den Nutzer ist der Vertrag abgeschlossen („3 Schritte – Modell"). Eine neuerliche Rückbestätigung durch den Verbraucher ist nicht notwendig. Eine Umsetzung dieser Vorschrift ist durch § 312 BGB erfolgt.

Die Richtlinie hat insofern Auswirkungen auf das Anfechtungsrecht, als dem Nutzer in § 312 e Abs. 1 Nr. 1 BGB die Möglichkeit eingeräumt worden ist, Eingabefehler vor Vertragsabschluss zu korrigieren, so dass es in soweit keiner Anfechtung bedarf. Deshalb ist es erforderlich, dass der Dienstleister wirksame und zugängliche Mechanismen zur Verfügung stellt, die dem Nutzer die Feststellung und Korrektur von Eingabefehlern erlaubt.

Grundsätzlich gilt gem. § 4 EGG das Herkunftslandprinzip, d.h., die Vertragsbeziehungen unterliegen dem nationalen Recht, das am Ort der Niederlassung des Diensteanbieters gilt[496]. Das EGG sichert zwar in Übereinstimmung mit der Richtlinie jedem Dienstleister Niederlassungs- und Zulassungsfreiheit innerhalb seines territorialen Anwendungsbereiches zu, um den freien Binnenmarkt nicht zu beeinträchtigen, der Ort der Niederlassung eines Anbieters von Dienstleistungen auf elektronischem Wege wird jedoch gem. § 3 Nr. 6 EGG als der Ort bestimmt, an dem dieser unter Verwendung einer festen Einrichtung seine Wirtschaftstätigkeit tatsächlich ausübt. Durch eine solche Regelung soll verhindert werden, dass durch die Wahl des Server-Standorts und der für diesen geltenden Rechtsordnung Verbraucherschutzvorschriften umgangen werden. Darüber hinaus gilt das reine Herkunftslandprinzip für Verbraucherverträge nicht uneingeschränkt, denn durch den Sitz des Diensteanbieters dürfen die für den Nutzer geltenden Verbrauchervorschriften nicht umgangen werden. Es soll dadurch verhindert werden, dass der Diensteanbieter einen Sitz wählt, nach dessen Rechtsordnung das Verbraucherschutzniveau niedriger ist, als das im Lande des Verbrauchers.

Außerdem sieht Art. 7 der Richtlinie Mechanismen vor, durch die die unerbetene, kommerzielle Kommunikation eingeschränkt werden soll. Mit-

---

495 Vgl. dazu Oertel, MMR 2001, S. 419 ff.
496 Vgl. dazu Bröhl, MMR 2001, S. 69 ff.

V. Neuere Entwicklungen in der Gesetzgebung

gliedsstaaten, die nicht angeforderte kommerzielle Kommunikation mittels elektronischer Medien zulassen wollen, haben die Dienstleister zu verpflichten, derartige Nachrichten so zu kennzeichnen, dass der Adressat sie klar und unmissverständlich als nicht angeforderte Nachrichten identifizieren kann. Darüber hinaus sind „Robinson-Listen" einzuführen, in die sich natürliche Personen eintragen lassen können, die keine unerwünschten „kommerziellen" Mitteilungen erhalten möchten. Wer folglich derartige Nachrichten verschicken möchte, muss deshalb vor Verwendung überprüfen, ob die Adressaten, an die er sich wenden möchte, sich in eine solche „Robinson-Liste" haben eintragen lassen. Wer darin aufgeführt ist, darf nicht durch unerbetene kommerzielle Kommunikation behelligt werden. Diese Anforderungen gelten in Deutschland bereits schon durch die zum „Cold Calling" entwickelten wettbewerbsrechtlichen Grundsätze.

Die Richtlinie ist nur in soweit in innerdeutsches Recht umgesetzt worden, soweit sich zwingender Rechtsetzungsbedarf ergab.[497] Der Schwerpunkt der Umsetzung liegt auf dem EGG – Gesetz über rechtliche Rahmenbedingungen des elektronischen Geschäftsverkehrs, durch das zum einen das Teledienstegesetz (TDG) und zum anderen auch die ZPO Änderungen erfahren haben, um Möglichkeiten der außergerichtlichen Beilegung von Streitigkeiten einzuführen. Darüber hinaus sind Änderungen des Gesetzes über den Datenschutz bei den Telediensten (TDDSG) erfolgt, für die sich der Handlungsbedarf jedoch weniger aus der E-commerce-Richtlinie, als vielmehr aus den Erfahrungen bei der Umsetzung des IuKDG bzgl. des Datenschutz ergab. Schließlich berücksichtigt das EGG auch Regelungen über die Umstellung von Vorschriften auf den EURO.[498]

Außerdem enthält die E-commerce-Richtlinie Vorschriften über Informationspflichten sowie über die Anforderungen an die Abgabe von Bestellungen, die ihre Berücksichtigung im Gesetz zur Modernisierung des Schuldrechts (Schuldrechtsmodernisierungsgesetz) gefunden haben. Die elektronische Form ist zweispurig umgesetzt worden. Zum einen dient die Neufassung des Signaturgesetzes, die aufgrund der EG-Richtlinie über gemeinschaftliche Rahmenbedingungen für elektronische Signaturen erforderlich wurde, der Bestimmung der Anforderungen an eine „qualifizierte elektronische Signatur"[499], zum anderen ist die qualifizierte elektronische Signatur als Substitut für die eigene Unterschrift als „elektronische Form" in das BGB eingeführt worden.[500]

---

497 Bröhl, MMR 2001, S. 67.
498 Vgl. Bröhl, MMR 2001, S. 68.
499 Vgl. Bröhl, MMR 2001, S. 68.
500 Vgl. dazu Bröhl, MMR 2001, S. 68.

Nach derzeitiger Rechtslage werden die „Dienste der Informationsgesellschaft", vom TDG und MDStV erfasst.[501] Daraus folgt, dass die E-commerce-Richtlinie sowohl in Bundesrecht als auch in Landesrecht umzusetzen ist. Aufgrund der Vereinbarungen zwischen Bund und Ländern vom 1. 7. und 18. 12. 1996[502] wird zur Gewährleistung eines einheitlichen Rechtsrahmens für Tele- und Mediendienste die Umsetzung der Richtlinie in den verschiedenen Regelwerken inhalts- und wortgleich erfolgen.

Die E-commerce-Richtlinie unterscheidet jedoch nicht nach der Meinungsrelevanz einzelner Dienste. Sie erfasst deshalb alle elektronischen Informations- und Kommunikationsdienste als „Dienste der Informationsgesellschaft". Bei Umsetzung der Richtlinie in nationales Recht ist es erforderlich, eventuell bestehende Differenzierungen zwischen Tele- und Mediendienste aufzuheben und eine Regulierung nach Sachgebieten entweder durch den Bund oder die Länder vorzusehen.[503]

Zwar sieht Art. 1 Abs. 5 der E-commerce-Richtlinie vor, dass die Besteuerung und das Datenschutzrecht, Vereinbarungen oder Verhaltensweisen, die dem Kartellrecht unterliegen, die Tätigkeiten von Notaren oder Angehörigen anderer Berufe, die entsprechende öffentliche Befugnisse ausüben, die Vertretung von Mandanten und die Verteidigung ihrer Interessen vor Gericht sowie Gewinnspiele mit einem einen Geldwert darstellenden Einsatz bei Glücksspielen (einschließlich Lotterien und Wetten) nicht erfasst werden, nach geltendem deutschen Recht können derartige Tätigkeiten und Rechtsbereiche jedoch dem Anwendungsbereich des TDG und des MDStV unterfallen.[504] Da es jedoch nicht zwingend ist, diese Bereiche aus dem Anwendungsbereich der E-commerce-Richtlinie auszuschließen, ist nicht geplant, TDG und MDStV entsprechend zu ändern. In Art. 1 § 4 Abs. 4 EGG ist lediglich vorgesehen, die oben genannten Gebiete im TDG von der Anwendung des Herkunftslandprinzips auszuschließen. Dadurch soll sichergestellt werden, dass für diese Bereiche nur das nationale Recht Anwendung findet. Es besteht jedoch kein Anlass, die genannten Bereiche und Tätigkeiten in weitem Umfang vom Anwendungsbereich des EGG auszunehmen.[505] Allerdings sind die Begrifflichkeiten „Diensteanbieter" und „Nutzer" in § 3 Nr. 1 u. 2 TDG an den Wortlaut von Art. 2 a und b der E-commerce-Richtlinie angepasst worden. Auch wenn die „Personenvereinigung" weiterhin Bestandteil der Definition des Diensteanbieters und des Nutzers bleiben wird, obwohl die E-commerce-Richtlinie dies nicht vorsieht. Dennoch ist

---

501 Vgl. Bröhl, MMR 2001, S. 68.
502 Vgl. dazu Bröhl, MMR 2001, S. 68, insbesondere Fußnote 18.
503 Vgl. Bröhl, MMR 2001, S. 68 m.w. N.
504 Bröhl, MMR 2001, S. 68.
505 Bröhl, MMR 2001, S. 69.

V. Neuere Entwicklungen in der Gesetzgebung

darin keine Abweichung von der E-commerce-Richtlinie zu sehen, da nach deutschem Recht Personenvereinigungen, die nicht juristische Personen sind, als Diensteanbieter oder Nutzer mit den entsprechenden Rechten und Pflichten am elektronischen Geschäftsverkehr teilnehmen können.

Außerdem sind die Definitionen zum „Verteildienst" in § 3 Nr. 3 TDG, zum „Abrufdienst" in § 3 Nr. 4 TDG, zur kommerziellen Kommunikation in § 3 Nr. 5 TDG, zum niedergelassenen Diensteanbieter in § 3 Nr. 6 und die Anforderungen in § 3 Nr. 7 erweitert wurden. Die Neufassung der Definitionen der Verteilungsdienste und Abrufdienste dienen dabei einer klareren Abgrenzung zwischen diesen beiden Angebotsformen. Dagegen sind in § 3 Nr. 5 und 6 die Definitionen der E-commerce-Richtlinie übernommen worden.[506]

Die Definition des „niedergelassenen Diensteanbieters" orientiert sich am Niederlassungsbegriff in Art. 52 ff. EWG-Vertrag, wonach die tatsächliche Ausübung einer wirtschaftlichen Tätigkeit mittels einer festen Einrichtung in einem anderen Mitgliedsstaat auf unbestimmte Zeit zur Bestimmung der Niederlassung dient. Gleichzeitig wird in der Definition jedoch auch klargestellt, dass die Existenz und Nutzung technischer Einrichtungen, die zum Anbieten eines Dienstes erforderlich sind, alleine noch nicht genügen, um den entsprechenden Ort als Ort der Niederlassung eines Anbieters bestimmen zu können. Dies dient zur Verhinderung der Umgehung der jeweils relevanten rechtlichen Bestimmungen am Sitz des Diensteanbieters.[507]

Außerdem enthält das TDG keine Definition des Verbrauchers entsprechend Artikel 2 e der E-commerce-Richtlinie, da sich dieser Begriff nicht aus dem TDG, sondern letztlich aus dem BGB ergibt.[508]

Eine der Kernvorschriften der E-commerce-Richtlinie ist Artikel 3, die Regelungen zum Herkunftsland- bzw. Ursprungslandprinzip enthält. Daraus folgt, dass Diensteanbieter auch für Dienste der Informationsgesellschaft, die in einem anderen Mitgliedsstaat der EU angeboten werden, die rechtlichen Anforderungen des Mitgliedsstaates zu beachten haben, in dem sie niedergelassen sind. Auch unterfallen sie dessen Aufsicht.[509] Diese Regelung ist in § 4 Abs. 1 TDG umgesetzt worden, wonach ein in Deutschland niedergelassener Diensteanbieter selbst dann, wenn er in einem anderen Mitgliedsstaat der EU seine Dienste anbietet, grundsätzlich den Anforderungen und der Aufsicht nach deutschem Recht unterliegt. Dagegen ergibt sich aus § 4 Abs. 2 TDG, dass für Diensteanbieter, die in einem anderen

---

506 Bröhl, MMR 2001, S. 69.
507 Bröhl, MMR 2001, S. 69.
508 Vgl. Bröhl, MMR 2001, S. 69.
509 Vgl. Bröhl, MMR 2001, S. 69.

Mitgliedsstaat der EU niedergelassen sind, grundsätzlich die Regeln und das Aufsichtsrecht nach der Rechtsordnung des Mitgliedsstaates Anwendung finden, in dem sie ihre Niederlassung haben. Ausnahmen vom Grundsatz der gegenseitigen Anerkennung ergeben sich jedoch aus § 4 Abs. 3 bis Abs. 5 TDG. Diese Regelungsbereiche bleiben vom Herkunftslandprinzip unberührt.[510]

Die aus Art. 5 Abs. 1 der E-commerce-Richtlinie resultierenden Pflichtangaben sind im Wesentlichen in § 6 TDG übernommen worden. Dazu gehört insbesondere die Verpflichtung zu Angaben über die Identität und den Ort der Niederlassung des Diensteanbieters. Allerdings sind die entsprechenden Transparenzverpflichtungen auf Diensteanbieter beschränkt, die Teledienste geschäftsmäßig anbieten.[511]

Die sich aus Art. 6 der E-commerce-Richtlinie ergebenden Informationspflichten sind in § 7 TDG umgesetzt worden. Die Regeln zur Verantwortlichkeit in Art. 12 bis 15 der E-commerce-Richtlinie finden sich in §§ 8–11 TDG wieder.[512]

Auch wenn das EGG – Gesetz über rechtliche Rahmenbedingungen dese elektronischen Geschäftsverkehrs – der Umsetzung der E-commerce-Richtlinie dient und damit den Zweck verfolgt, die Regelungen über die Anbahnung und das Zustandekommen elektronischer Verträge rechtlich zu vereinheitlichen, stellt es auch eine flankierende Maßnahme für Zahlungen über das Netz dar. Die Schaffung von Regelungen über den Abschluss elektronischer Verträge kann dazu dienen, Vertragsabschlüsse über das Netz zu fördern und damit den Bedarf an Internet-Zahlungsverfahren zu erhöhen. Darüber hinaus unterliegen Kreditinstitute, sofern sie Internet-Zahlungsverfahren als Dienstleistungen anbieten, auch den Anforderungen des Gesetzes über die rechtlichen Rahmenbedingungen des elektronischen Geschäftsverkehrs.

5. Die Signaturrichtlinie und ihre Umsetzung in deutsches Recht

Die „Richtlinie des Europäischen Parlaments und des Rates über gemeinschaftliche Rahmenbedingungen für elektronische Signaturen (Signaturrichtlinie)" vom 13. 12. 1999[513] dient der Schaffung eines einheitlichen

---

510 Zu den Einzelheiten vgl. Bröhl, MMR 2001, S. 69 f.
511 Vgl. Bröhl, MMR 2001, S. 70.
512 Zu den Einzelheiten vgl. Bröhl, MMR 2001, S. 71.
513 ABl.EG 2000 L/12.

V. Neuere Entwicklungen in der Gesetzgebung

Rahmens für elektronische Signaturen im gesamten EU-Binnenmarkt.[514] Danach sollen elektronische Signaturen ausschließlich einem individuellen Unterzeichner zugeordnet werden, um dessen Identifizierung zu ermöglichen. Auch sollen sie mit Mitteln zu erstellen sein, die der Inhaber unter seiner allgemeinen Kontrolle halten kann und mit den Daten, auf die sie sich bezieht, so eng verknüpft werden, dass eine nachträgliche Änderung der signierten Daten erkennbar wird. Schließlich sollen sie auf qualifizierten Zertifikaten beruhen.

Mit der Richtlinie wird nicht der Zweck verfolgt, nationales Vertragsrecht zu harmonisieren. Die rechtliche Anerkennung elektronischer Signaturen soll unabhängig von einzelstaatlichen Formvorschriften für den Abschluss von Verträgen erfolgen. Art. 5 Abs. 1 der Richtlinie sieht jedoch vor, dass elektronische Signaturen einer eigenhändigen Unterschrift gleichzustellen und im Gerichtsverfahren als Beweismittel zuzulassen sind.

Die Umsetzung der EU-Richtlinie in innerdeutsches Recht ist zweigleisig erfolgt: zum einen durch die Novellierung des bisherigen Signaturgesetzes, zum anderen durch das „Gesetz zur Anpassung der Formvorschriften des Privatrechts an den modernen Geschäftsverkehr"[515].

Das „Gesetz zur Anpassung der Formvorschriften des Privatrechts an den modernen Geschäftsverkehr" sieht durch Einführung eines § 126a BGB die Anerkennung der elektronischen Form als Äquivalent zur gesetzlichen Schriftform vor. Danach werden qualifizierte digitale Signaturen, die den Anforderungen des Signaturgesetzes genügen, der handschriftlichen Unterschrift materiellrechtlich gleichgestellt. Die elektronische Form ist dabei als Alternative zur gesetzlichen Schriftform gedacht. Bei ihr wird notwendigerweise auf die Verkörperung verzichtet. Erforderlich ist aber eine digitale Signatur, die den rechtlichen Anforderungen an eine qualifizierte Signatur nach dem Signaturgesetz genügt. Die digitale Signatur wird dadurch zum Substitut für die gesetzliche eigenhändige Unterschrift. Darüber hinaus soll durch die zugelassenen Verfahren sichergestellt werden, dass die Einheitlichkeit und Unversehrtheit des signierten Textes gewahrt wird.

Voraussetzung für den Einsatz der elektronischen Form als Substitut zur Schriftform ist allerdings die ausdrückliche oder konkludente Vereinbarung der Beteiligten, die Schriftform durch die elektronische Form zu ersetzen. Darüber hinaus gibt es eine Vielzahl von Ausnahmen, in denen die elektronische Form nicht an die Stelle der gesetzlichen Schriftform treten kann. Dazu gehören z. B. grundbuchliche Erklärungen, notariell zu beurkundende

---

514 Kilian, BB 2000, S. 733 ff.
515 Godefroid, DStR 2001, S. 405; Roßnagel, MMR 2001, S. 201 f.

Verträge sowie die Schriftform der Bürgschaftserklärung gemäß § 766 BGB oder des Schuldversprechens und des Schuldanerkenntnisses gemäß §§ 780 und 781 BGB [516].

Neben der elektronischen Form ist in § 126 b BGB die Textform als Ersatz für die Schriftform vorgesehen. Diese stellt eine gegenüber der Schriftform erleichterte Form dar und erfordert lediglich eine in lesbaren Schriftzeichen fixierte Erklärung unter Verzicht auf eine eigenhändige Unterschrift. Die Textform soll insbesondere in den Bereichen die Schriftform ersetzen, in denen einer Erklärung keine besondere Beweiskraft zukommt, in denen die Rechtsfolgen der Erklärung nicht erheblich sind oder leicht wieder rückgängig gemacht werden können. In diesem Zusammenhang ist insbesondere an Massenvorgänge bei sich wiederholenden, meist gleich lautenden Erklärungen zu denken. Schließlich erlaubt § 127 Abs. BGB bei der vereinbarten Schriftform eine Substitution durch einen telekommunikativen Austausch von Erklärungen.

Aufgrund des durch die Signaturrichtlinie erforderlich gewordenen Handlungsbedarfs wurde das seit 1997 geltende Signaturgesetz novelliert. Das „Gesetz zur digitalen Signatur" vom 22. 7. 1997[517] ist zur Umsetzung der Richtlinie des Europäischen Parlamentes und des Rates über gemeinschaftliche Rahmenbedingungen für elektronische Signaturen durch die am 15. 2. 2001 vom Bundestag verabschiedete Gesetzesnovelle modifiziert worden.

Im Wesentlichen weist die Änderung des Signaturgesetzes folgende Eckdaten auf:

- Die Festlegung einheitlicher rechtlicher Rahmenbedingungen ausschließlich für qualifizierte elektronische Signaturen als Äquivalent zur eigenhändigen Unterschrift, während elektronische Signaturen nicht den gesetzlichen Regelungen unterliegen;
- Die Angleichung der allgemeinen Sicherheitsanforderungen an Zertifizierungsstellen und technische Komponenten entsprechend der EG-Signaturrichtlinie zur Schaffung eines einheitlichen europäischen Standards;
- Den Wegfall der Genehmigungspflicht für Zertifizierungsstellen und damit den Wegfall der vorherigen Prüfung nicht akkreditierter Zertifizierungsstellen, an deren Stelle ein allgemeines Aufsichtssystem entsprechend den Anforderungen der Signaturrichtlinie tritt;
- Die Beibehaltung des Sicherheitsniveaus, das sich aus dem bisherigen Signaturgesetz ergibt, bei der Prüfung von Zertifizierungsstellen und

---

516 Godefroid, DStR 2001, S. 405.
517 BGBl. I 1997, S. 1870, S. 1872.

V. Neuere Entwicklungen in der Gesetzgebung

technischen Komponenten über die freiwillige Akkreditierung für Zertifizierungsstellen mit der Berechtigung, im Geschäftsverkehr mit der umfassend geprüften Sicherheit werben zu dürfen;
- Die Einführung einer Bestandsschutzregelung für Unternehmen, die Leistungen oder Produkte nach dem Standard des bisherigen Signaturgesetzes anbieten;
- Die Aufnahme einer Regelung zur Haftung von Zertifizierungsstellen in Verbindung mit einer Pflicht zur Deckungsvorsorge;
- Die Ausweitung der spezifischen Datenschutzregeln entsprechen der EG-Signaturrichtlinie auf Zertifizierungsstellen, die keine qualifizierten Zertifikate ausstellen;
- Die Einführung verschiedener Bußgeldvorschriften, um der Einhaltung der Anforderungen des Signaturgesetzes Nachhaltigkeit zu verleihen.

Zur Umsetzung dieser Rahmendaten ist das bisherige Signaturgesetz in nicht unerheblichem Umfange geändert worden. Dies betrifft insbesondere:
- Die Anpassung der Begriffsbestimmungen an die Signaturrichtlinie,
- die ausdrückliche Erlaubnis, Aufgaben einer Zertifizierungsstelle an Dritte zu übertragen,
- Die Möglichkeit zur Schaffung berufsspezifischer oder sonstiger Angaben zu einer Person innerhalb eines qualifizierten Zertifikats (Attribut als Bestandteil des qualifizierten Zertifikats) sowie die Darstellung, dass die zuständige Stelle berechtigt ist, beim Vorliegen bestimmter Voraussetzungen eine Sperre des Zertifikats zu verlangen,
- Die Regelung über die Anerkennung von Prüf- und Bestätigungsstellen,
- Die Anpassung der Regelungen über die Anerkennung von ausländischen elektronischen Signaturen und Produkten an die Signaturrichtlinie,
- Die Festlegung technikneutraler Anforderungen an Zeitstempel, so dass auch Verfahren ohne Signaturen möglich sind.

Die elektronische Signatur wird hinsichtlich ihrer Beweiswirkung jedoch nicht der handschriftlichen Unterschrift gleichgestellt. Vielmehr ist die Zivilprozessordnung um § 292a ZPO erweitert worden, der vorsieht, dass der Anschein der Echtheit einer in elektronischer Form vorliegenden Willenserklärung, der sich auf der Grundlage der Prüfung nach dem Signaturgesetz ergibt, nur durch solche Tatsachen erschüttert werden kann, die es ernsthaft als möglich erscheinen lassen, dass die Erklärung nicht mit dem Willen des Signaturschlüsselinhabers abgegeben worden ist.

Diese Regelung stellt allenfalls eine gesetzliche Normierung der bisherigen Regelungen zum Anscheinsbeweis dar, führt jedoch nicht dazu, dass die elektronische Form zukünftig in gleicher Weise geeignet ist, den Vollbeweis wie eine handschriftliche Unterschrift zu erbringen.

Die Signaturrichtlinie und ihre Umsetzung in deutsches Recht

Es sind sogar Fallkonstellationen denkbar, in denen die Beweiskraft elektronischer Signaturen weniger weit als die herkömmlicher Legitimationsverfahren innerhalb von Verträgen über elektronische Dienstleistungen gehen kann, denn innerhalb bestehender Verträge werden die Nutzer verpflichtet, mit den ihnen zugewiesenen Legitimationsmedien sorgfältig umzugehen, so dass ein auf eine schuldhafte Sorgfaltspflichtverletzung durch einen missbräuchlichen Einsatz zurückzuführender Schaden vom Inhaber dieser Medien zu tragen ist. Wird jedoch ein Vertrag mittels elektronischer Form gemäß § 126a BGB abgeschlossen, besteht ein solches Rechtsverhältnis, aufgrund dessen die Vertragspartner untereinander verpflichtet wären, ihre elektronischen Signaturen vor dem unberechtigten Zugriff Dritter zu schützen, zum Zeitpunkt des Einsatzes einer solchen Signatur gerade noch nicht. Es ist deshalb nicht auszuschließen, dass selbst dann, wenn der Inhaber einer elektronischen Signatur mit dieser sorgfaltspflichtwidrig umgeht, durch einen entsprechenden Vortrag und Beleg der Anschein der Echtheit gemäß § 292a ZPO zerstört werden kann, ohne dass er gleichzeitig jedoch auch für einen eventuell verursachten Schaden verantwortlich ist, da er in keinem Vertragsverhältnis zum Geschädigten steht, gegen dessen Nebenpflichten er verstoßen haben könnte. In einem solchen Fall könnten eventuelle Schadenersatzansprüche nur über die Figur des Rechtsscheines, unter engen Voraussetzungen auch über ein vorvertragliches Rechtsverhältnis gem. §§ 311, Abs. 2, 241 Abs. 2 BGB begründet werden. Gleichwohl kann die Haftung aus einem sorgfaltspflichtwidrigen Umgang mit der elektronischen Signatur weniger weit gehen, als eine solche beim sorgfaltspflichtwidrigen Umgang mit Legitimationsmedien innerhalb entsprechender vertraglicher Beziehungen. Bei Vereinbarung der „telekommunikativen Form" gem. § 127 Abs. 2 BGB kommt die Beweiserleichterung des § 292a ZPO überhaupt nicht zur Anwendung.

Die Bedeutung des novellierten Signaturgesetzes sowie der damit im Zusammenhang stehenden Vorschriften über Zahlungen im Netz darf nicht unterschätzt werden. Durch die Einführung der elektronischen Form und der – nicht im Signaturgesetz geregelten – „telekommunikativen Form" gem. § 127 Abs. 2 BGB und ihrer Gleichstellung mit der Schriftform ist es zukünftig möglich, über das Internet Einziehungsermächtigungen zu erteilen und damit Zahlungen unter Einsatz des Einziehungsermächtigungslastschriftverfahrens abzwickeln. Dies vereinfacht die Vornahme von Zahlungen über das Netz ganz erheblich, da ein solches Verfahren – abgesehen von den innovativen Internetzahlungsmitteln wie eCash und CyberCoin, deren Erfolg am Markt jedoch so gering war, dass sie in Deutschland mittlerweile nicht mehr angeboten werden – zu den wenigen gehört, die eine schnelle und reibungslose Zahlung erlauben und dem Händler die Möglichkeit eröff-

V. Neuere Entwicklungen in der Gesetzgebung

nen, den Forderungseinzug vorzunehmen, ohne auf eine Mitwirkung seines Kunden nach Lieferung der Ware oder Erbringung einer Dienstleistung warten zu müssen.

6. Die E-Geld-Richtlinie

Die „Richtlinie über die Aufnahme, Ausübung und Beaufsichtigung von E-Geld-Instituten („E-Geld-Richtlinie")" vom 18. September 2000[518] erlaubt den E-Geld-Instituten, die keine Banken sind, die Ausgabe elektronischen Geldes unter Einhaltung bestimmter Voraussetzungen. Mit der E-Geld-Richtlinie wird der Zweck verfolgt, Mindestregeln für die Aufnahme und Ausübung der Tätigkeit von Unternehmen im Bereich des elektronischen Geldes außerhalb des Kreditwesens zu schaffen. Danach darf elektronisches Geld auch von Nichtbanken ausgegeben werden, sofern diese ähnlichen Aufsichtregeln wie Kreditinstitute unterworfen werden. Dies soll insbesondere hinsichtlich der Mindestreservepflicht gelten.

Bei „E-Geld" handelt es sich nach den Bestimmungen der Richtlinie um elektronisches Geld, das als Geldgegenwert, der elektronisch auf einen Datenträger gespeichert ist und als Zahlungsmittel auch von anderen Unternehmen als der ausgebenden Stelle akzeptiert werden kann, den Verwendern als Ersatz für Münzen und Banknoten zur Verfügung gestellt und zur Durchführung elektronischer Transaktionen generiert wird. Der zu schaffende rechtliche Rahmen sieht als Mindeststandard ein Anfangskapital von 1 Mio. EURO für jedes E-Geld-Institut, eine Tätigkeitsbeschränkung auf solche Dienstleistungen, die mit der Ausgabe elektronischen Geldes eng verknüpft sind, die Verpflichtung der E-Geld-Institute, elektronisches Geld auf Verlangen jederzeit in Bar- oder Buchgeld zurückzutauschen, sowie die Anlage von Geldern in Höhe der Verbindlichkeiten des noch nicht in Anspruch genommenen elektronischen Geldes in sicheren und liquiden Aktiva vor. Außerdem haben sich die E-Geld-Institute einer halbjährlichen Kontrolle über die Einhaltung der Vorschriften über den Eigenkapitalerhalt und der Kapitalanlagebeschränkungen zu unterwerfen. Sofern der Gesamtbetrag der Verbindlichkeiten aufgrund der noch nicht in Anspruch genommenen elektronischen Gelder 5 Mio. EURO üblicherweise nicht und 6 Mio. EURO nie überschreitet oder das E-Geld nur von einem geschlossenen Nutzerkreis verwendet werden kann, können die Mitgliedsstaaten die E-Geld-Institute von den Anforderungen der Richtlinie ganz oder teilweise freistellen.

Eine Umsetzung der Richtlinie in nationales Recht steht jedoch noch aus.

---

518 Abl. L 275/39.

VI. Schlussbetrachtung

Wie sich aus den vorangegangenen Darstellungen ergibt, gibt es höchst unterschiedliche Verfahren für Zahlungen im Netz, so dass es kaum möglich ist, diese auf einen Nenner zu bringen. Neben der Adaption konventioneller Zahlungsverfahren sind insbesondere neue, innovative Verfahren wie eCash oder CyberCoin geeignet, Zahlungen über das Netz zu vereinfachen und damit das Internet als Vertriebskanal zu nutzen. Gleichwohl setzen diese Verfahren besondere Vereinbarungen der Teilnehmer mit den derartige Zahlungsverfahren anbietenden Kreditinstituten voraus. Außerdem entsprechen sie keinem einheitlichen Standard, so dass es sich dabei letztlich um Insellösungen handelt, die eine Zahlung nur dann erlauben, wenn auch der Händler eine Teilnahmevereinbarung mit der entsprechenden Bank abgeschlossen hat. Vielleicht mögen darin die Gründe zu sehen sein, dass diese Zahlungsverfahren bisher keinen durchschlagenden Erfolg hatten und zwischenzeitlich auch nicht mehr angeboten werden.

Größerer Erfolge mag deshalb der Adaption konventioneller Zahlungsverfahren über das Internet beschieden sein, wie insbesondere der Kreditkartenzahlung und der Zahlung mittels Lastschrift, die dem Händler einen Einzug der Forderung im unmittelbaren Zusammenhang mit der Lieferung oder der Zurverfügungstellung einer Dienstleistung erlauben. Durch Einführung des SET-Verfahrens sowie der elektronischen Signatur werden auch die Risiken, die mit beiden Verfahren verbunden sind, für den Händler minimiert.

Zwar kann – wie weiter oben aufgezeigt – mittels Kreditkarte im mail-order-Verfahren auch über das Internet bezahlt werden, da jedoch die Übermittlung der Kartendaten keinen Nachweis dafür begründet, dass der Karteninhaber selbst verfügt hat, trägt letztlich der Händler das Risiko der mangelnden Nachweisbarkeit, dass der Karteninhaber verfügt hat. Dieses Risiko wird durch das SET-Verfahren verringert, da dieses aufgrund seines Sicherheitsniveaus zumindest geeignet ist, den Beweis des ersten Anscheins dafür zu begründen, dass der Karteninhaber entweder verfügt oder mit dem ihm zur Verfügung gestellten digitalen Zertifikat nicht sorgfältig umgegangen ist und damit für einen schuldhaft verursachten Mißbrauch einzustehen hat. Allerdings beseitig dies einen weiteren Nachteil der Kreditkartenzahlung, die relativ hohen Kosten, nicht.

Während bisher im Lastschriftverfahren die Erteilung einer Einziehungsermächtigung in der Regel der Schriftform bedarf, führt die Gleichstellung der elektronischen Form mit der Schriftform dazu, dass es nunmehr möglich

VI. Schlussbetrachtung

ist, Einziehungsermächtigungen auch über das Internet zu erteilen. Die Grauzone, in der sich deshalb bisher das Lastschriftverfahren im Internet bewegt hat, wird dadurch beseitigt. Darüber hinaus hat das Lastschriftverfahren den Vorteil, dass dazu keine besondere Teilnahmevereinbarung des Zahlungspflichtigen mit seinem Kreditinstitut erforderlich ist und es sich um ein flächendeckendes Verfahren handelt. Folglich kann jeder, der über ein Konto und eine qualifizierte elektronische Unterschrift verfügt, mittels Einziehungsermächtigungslastschrift im Internet zahlen.

Nach dem derzeitigen Stand ist deshalb damit zu rechnen, dass der Kreditkartenzahlung und der Zahlung mittels Lastschrift die Zukunft für Zahlungen über das Netz gehören wird.

VII. Literaturverzeichnis

Aepfelbach, Rolf R./ Cimiotti, Gerd	Zur Sicherheit des ec-Kartensystems, WM 1998, S. 1218
Ahlers, Horst	Kartengesteuerter Zahlungsverkehr und außergerichtliche Streitschlichtung, WM 1998, S. 1563
ders.	Die neuen Bedingungen für ec-Karten, WM 1995, S. 601
Baumbach, Adolf/ Hefermehl, Wolfgang	Wechselgesetz und Scheckgesetz mit Nebengesetzen und einer Einführung in das Wertpapierrecht, 22. Aufl., München 2000
Baumbach, Adolf/Lauterbach, Wolfgang/Albers, Jan/ Hartmann, Peter	Zivilprozessordnung mit Gerichtsverfassungsgesetz und anderen Nebengesetzen, 59. Aufl., München 2001
Baumbach, Adolf/ Hopt, Klaus J.	Handelsgesetzbuch mit GmbH & Co., Handelsklauseln, Bank- und Börsenrecht, Transportrecht (ohne Seerecht), 30. Aufl., München 2000
Bertrams, Hanne-Kathrin	Point-of-Sale: das Zahlungssystem der Zukunft?, ZIP 1985, S. 963
Bieber, Klaus-Dieter	Rechtsprobleme des ec-Geldautomatensystems, WM-Sonderbeilage 6/1987
Bieser, Wendelin	Das neue Signaturgesetz – die digitale Signatur im europäischen und internationalen Kontext, DStR 2001, S. 27
Blaurock, Uwe	Haftung der Banken beim Einsatz neuer Techniken im Zahlungsverkehr, CR 1989, S. 561
Blaurock, Uwe/Münch, Fred	Elektronisches Geld und Stored Value Cards – im Blickpunkt: Bankrechtsfragen softwaregestützter Zahlungsvorgänge im Internet, KuR 2000, S. 97
Borsum, Wolfgang/ Hoffmeister, Uwe	Rechtsgeschäftliches Handeln unberechtigter Personen mittels Bildschirmtext, NJW 1985, S. 1205
Bröhl, Georg M.	EGG – Gesetz über rechtliche Rahmenbedingungen des elektronischen Geschäftsverkehrs – Erläuterungen zum Regierungsentwurf, MMR 2001, S. 65
Bülow, Peter	Wechselgesetz, Scheckgesetz, Allgemeine Geschäftsbedingungen, 2. Aufl., Heidelberg 1995
Bundschuh, Karl Dietrich	Die neue Rechtsprechung des Bundesgerichtshofs zum Scheckrecht, WM 1983, S. 1178

VII. Literaturverzeichnis

ders.	Die Widerspruchsfrist im Einzugsermächtigungsverfahren, in: Luther/Mertens/Ulmer, Festschrift für Stimpel, Berlin/New York 1992, S. 1039
Canaris, Klaus-Wilhelm	Bankvertragsrecht, 3. Aufl., Berlin/New York 1988
Denck, Johannes	Der Missbrauch des Widerspruchsrechts im Lastschriftverfahren, ZHR 144 (1980), S. 171
ders.	Zur Verteidigung der Genehmigungstheorie beim Einzugsermächtigungsverfahren, ZHR 147 (1983), S. 544
Deville, Rainer/ Kalthegener, Regina	Wege zum Handelsverkehr mit elektronischer Unterschrift, NJW-CoR 1997, S. 168 ff.
Ebbing, Frank	Schriftform und E-Mail, CR 1996, S. 271
Eckert, Jörn	Zivilrechtliche Haftung des Kreditkartengeschäfts, WM 1987, S. 161
Einsele, Dorothee	Der bargeldlose Zahlungsverkehr – Anwendungsfall des Garantievertrags oder abstraktes Schuldversprechen?, WM 1999, S. 1801
Escher, Markus	Aktuelle Rechtsfragen bei Zahlungen im Internet, in: Lehmann, Rechtsgeschäfte im Netz – electronic commerce, 1999, S. 227
ders.	Bankrechtsfragen des elektronischen Geldes im Internet, WM 1997, S. 1173 ff.
Etzkorn, Jörg	Allgemeine Geschäftsbedingungen für Inhaber von Kreditkarten, WM 1991, S. 1901
Fischer, Reinfried	EG-Empfehlungen zum kartengestützten Zahlungsverkehr, WM 1989, S. 397
Fritzemeyer, Wolfgang/ Heun, Sven-Erik	Rechtsfragen des EDI – Vertragsgestaltung: Rahmenbedingungen im Zivil-, Wirtschafts- und Telekommunikationsrecht, CR 1992, S. 129
Fritzsche, Jörg/ Malzer, Hans M.	Ausgewählte zivilrechtliche Probleme elektronisch signierter Willenserklärungen, DnotZ 1995, S. 3
Geis, Ivo	Die digitale Signatur, NJW 1997, S. 3000
van Gelder, Alfons	Die Rechtsprechung des Bundesgerichtshofs zum Lastschriftverkehr, WM-Sonderbeilage 7/2001
ders.	Fragen des so genannten Widerspruchs und des Rückgabeentgelts im Einzugsermächtigungsverfahren, WM 2000, S. 101
Gelberg, Georg	Verwaltnngspraxis und Rechtsprechung 1992/1993, GewArch 1994, S. 54

VII. Literaturverzeichnis

Godefroid, Christoph	e-commerce aus der Sicht des deutschen Vertragsrechts, DStR 2001, S. 400
Gößmann, Wolfgang	Rechtsfragen neuer Techniken des bargeldlosen Zahlungsverkehrs, in: Horn, Norbert/Schimansky, Herbert, Bankrecht, RWS Forum 12, Köln 1998, S. 67
ders.	Zustandekommen der Zahlungsgarantie im elektronischen Zahlungsverkehr, in: Festschrift für Schimansky, Köln 1999, S. 145
Gößmann, Wolfgang/ van Look, Frank	Die Banküberweisung nach dem Überweisungsgesetz, WM-Sonderbeilage 1/2000
Gramlich, Ludwig	„Elektronisches Geld" im Recht, DuD 1997, S. 383
ders.	Elektronisches Geld – Gefahr für Geldpolitik und Währungshoheit?, CR 1997, S. 11
Groß, Ulrich	Rechtliche Aspekte zum System „Geldkarte", in: Haun/Lwowski/Nobbe, Feschrift für Schimansky, Köln 1999, S. 165
Gruber, Joachim	Vertragsschluß im Internet unter kollisionsrechtlichen Aspekten, DB 1999, S. 1437
Grundmann, Stefan	Grundsatz- und Praxisprobleme des neuen deutschen Überweisungsrechts, WM 2000, S. 2269
Hadding, Walther	Zahlung mittels Universalkreditkarte, in: Hofmann/Meyer-Cording/Wiedemann, Festschrift für Pleyer, Köln/Berlin/Bonn/München 1986, S. 17
Hadding, Walther/ Häuser, Franz	Rechtsfragen des Lastschriftverfahrens, 1981
dies.	Gutschrift und Widerruf des Überweisungsauftrags im Giroverhältnis, WM 1988, S. 1149
dies.	Zur Neufassung des Abkommens über den Lastschriftverkehr, WM-Sonderbeilage 1/1983
Häde, Ulrich	Die Zahlungen mit Kredit- und Scheckkarte, rechtliche Aspekte des „Plastikgelds" und seine Auswirkungen auf die Währung, ZBB 1994, S. 33
Harbeke, Christof	Die POS-Systeme der deutschen Kreditwirtschaft – eine Darstellung unter rechtlichen Aspekten, WM-Sonderbeilage 1/1994
Härting, Niko	Deutschland: Erster Entwurf zur Umsetzung der e-commerce-Richtlinie, ITRW 2001, S. 3

VII. Literaturverzeichnis

Hellner, Thorwald	Rechtsfragen des Zahlungsverkehrs unter besonderer Berücksichtigung des Bildschirmtextverfahrens, in: Hadding/Immenga/Mertens/Pleyer/Schneider, Festschrift für Werner, Berlin/New York 1984, S. 251
Hellner, Thorwald/ Steuer, Stephan	Bankrecht- und Bankpraxis, Loseblatt-Ausgabe, Köln, Stand: 51. Lieferung 2001
Herwig, Volker	Zugang und Zustellung in elektronischen Medien, MMR 2001, S. 145
Heun, Sven-Erik	Die elektronische Willenserklärung, CR 1994, S. 595
Heymann, Ernst/Emmerich, Volker/Horn, Norbert/ Berger, Klaus P.	Handelsgesetzbuch, Berlin/New York 1990
von Heymann, Ekkehardt	Bankenhaftung bei Immobilienanlagen, 15. Aufl., Frankfurt am Main 2001
Hoeren, Thomas	Kreditinstitute im Internet – eine digitale Odysee im juristischen Weltraum, WM 1996, S. 2006
Hoffmann, Helmut	Die Entwicklung des Internet-Rechts, NJW-Beilage 14/2001
Hohenegg, Christoph/ Tauschek, Stefan	BB 1997, S. 1547
Hopt, Klaus J.	Vertrags- und Formularbuch zum Handels-, Gesellschafts-, Bank- und Transportrecht, 2. Aufl., München 2000
Huff, Martin W.	Der gestohlene Euro-Scheck, NJW 1990, S. 1160
Hueck, Alfred/ Canaris, Klaus-Wilhelm	Recht der Wertpapiere, 12. Aufl., München 1986
Jahr, Günther	Romanistische Beiträge zur modernen Zivilrechtswissenschaft, AcP 168 (1968), S. 9
Jäkel	Das beleglose Scheckeinzugsverfahren nach dem BSE-Abkommen vom 8. Juli 1985, 1995
Kienholz, Gerfried	Die Zahlung mit Kreditkarte im Nah- und Fernabsatz, München 2000
Kilian, Wolfgang	BB 2000, S. 734
Kindl, Johann	Elektronischer Rechtsverkehr und digitale Signatur, MittBayNotz 1999, S. 29
Köhler, Helmut	Die Rechte des Verbrauchers beim Teleshopping (TV-Shopping, Internet-Shopping), NJW 1998, S. 185

Köndgen, Johannes	Neue Entwicklungen im Bankhaftungsrecht, Köln 1987
Krüger, Thomas/ Bütter, Michael	Elektronische Willenserklärungen im Bankgeschäftsverkehr: Risiken des Online-Banking – zugleich Besprechung des Urteils des Landgerichts Nürnberg-Fürth vom 19. 5. 1999 = WM 2000, 1005 ff. – WM 2001, S. 221
Kümpel, Siegfried	Bank- und Kapitalmarktrecht, 2. Aufl., Köln 2000
ders.	Rechtliche Aspekte der neuen Geldkarte als elektronische Geldbörse, WM 1997, S. 1037
ders.	Rechtliche Aspekte des elektronischen Netzgeldes (cybergeld), WM 1998, S. 365
Lachmann, Jens-Peter	Ausgewählte Probleme aus dem Recht des Bildschirmtextes, NJW 1984, S. 405
Langenbucher, Katja	Die Risikozuordnung im bargeldlosen Zahlungsverkehr, München 2001
Larenz, Karl	Bemerkung zur Haftung für „culpa in contrahendo" in: Beiträge zum Zivil- und Wirtschaftsrecht, Festschrift für Kurt Ballerstedt, Berlin 1975, S. 397
Liesecke, Rudolf	Das Bankguthaben in Gesetzgebung und Rechtsprechung, WM 1975, S. 214
Löhnig, Martin	Die Einbeziehung von AGB bei Internet-Geschäften, NJW 1997, S. 1688
Lorenz, Egon	Die Rechtswahlfreiheit im internationalen Schuldvertragsrecht, RIW 1987, S. 569
Meder, Stephan	Die Zulässigkeit einer isolierten Bepreisung des Auslandseinsatzes von Kreditkarten, NJW 1996, S. 1849
ders.	Kreditkartenmissbrauch: die Verteilung des Haftungsrisikos im Telefon- Order-, Mail-Order- und Internetverfahren, ZBB 2000, S. 89
ders.	Zur Unwiderruflichkeit der Zahlungsanweisung des Kreditkarteninhabers gem. § 790 BGB, NJW 1993, S. 3245
Mehrings, Josef	Verbraucherschutz im Cyberlaw, BB 1998, S. 2373
ders.	Vertragsabschluss im Internet, MMR 1998, S. 30
Münch, Joachim	Rechtliche Probleme bei Electronic Banking, NJW-CoR 1989, S. 7
Münchner Kommentar	zum Bürgerlichen Gesetzbuch, 3. Aufl., München 1993–1997

VII. Literaturverzeichnis

Münchner Kommentar	zur Zivilprozessordnung mit Gerichtsverfassungsgesetz und Nebengesetzen, herausgegeben von Lüke, Gerhard und Walchshöfer, Alfred, 2. Aufl., München 2000
Neumann, Dania	Die Rechtsnatur des Netzgeldes – Internetzahlungsmittel eCash, München 2000
Nobbe, Gerd	Die Rechtsprechung des Bundesgerichtshofs zum Überweisungsverkehr, WM-Sonderbeilage 4/2001
Oertel, Klaus	Elektronische Form und notarielle Aufgaben im elektronischen Zahlungsverkehr, MMR 2001, S. 419
Palandt	Bürgerliches Gesetzbuch, 61. Aufl., München 2002
Pfeiffer, Thomas	Die Geldkarte – ein Problemaufriss, NJW 1997, S. 1036
Pichler, Rufus	Kreditkartenzahlungen im Internet, die bisherige Verteilung des Missbrauchsrisikos und der Einfluss der Verwendung von SET, NJW 1998, S. 3234
ders.	Rechtsnatur, Rechtsbeziehungen und zivilrechtliche Haftung beim elektronischen Zahlungsverkehr im Internet, Band 3 der Arbeitsberichte zum Informations-, Telekommunikations- und Medienrecht, Münster 1998
Pick, Eckhart	Europäischer Rechtsrahmen für den Electronic-Commerce, WM 2000, S. 468
Pleyer, Klemens	Materiellrechtliche und Beweisfragen bei der Nutzung von ec-Geldausgabeautomaten, in: Festschrift für Baumgärtel, 1990, S. 439
Redeker, Helmut	Geschäftsabwicklung mit externen Rechnern im Bildschirmtextdienst, NJW 1984, S. 2390
Reichsgerichtsrätekommentar	Kommentar zum bürgerlichen Gesetzbuch mit besonderer Berücksichtigung der Rechtsprechung des Reichsgerichts und des Bundesgerichtshofs, herausgegeben von Mitgliedern des Bundesgerichtshofs, 12. Aufl., 1974 ff.
Reifner, Udo	Das Recht auf ein Girokonto, ZBB 1995, S. 243
Reiser, Cristof	Die Rechtsgrundlagen für das POS-System des deutschen Kreditgewerbes („electronic-cash"), WM-Sonderbeilage 3/1989
Rossa, Caroline Beatrix	Missbrauch beim electronic cash – Eine zivilrechtliche Bewertung, CR 1997, S. 138
Roßnagel, Alexander	MMR 2001, S. 201 f.

ders.	Das neue Signaturgesetz – Grundlage des elektronischen Rechtsverkehrs, MMR 4/2001– Editorial
von Rottenburg, Franz	Rechtsprobleme beim Direct Banking, WM 1997, S. 2381
Rüssmann, Helmut	Die Einziehungsermächtigung im bürgerlichen Recht – ein Institut richterlicher Rechtsschöpfung, JuS 1972, S. 169
Schimansky, Herbert/ Bunte, Hermann-Josef/ Lwowski, Hans-Jürgen	Bankrechts-Handbuch I–III, 2. Aufl., München 2001
Schmidt, Karsten	Geldrecht – Geld, Zins und Währung im deutschen Recht, 12. Aufl., Berlin 1983
Schneider	Point of Sale – Zahlungen mit der ec-Karte, 1990
Schroeter, Heike	Die neuen Bedingungen für ec-Karten, ZBB 1995, S. 395
ders.	Rechtssicherheit im elektronischen Geschäftsverkehr, WM 2000, S. 2134
Schurig, Klaus	Zwingendes Recht, „Eingriffnormen" und neues IPR, RabelsZ 1990, S. 217
Schwarz, Mathias	Recht im Internet, der Rechtsberater für Online-Anbieter und Nutzer, Loseblattausgabe, Augsburg, Stand: Dezember 2000
Schwintowski, Hans-Peter/ Schäfer, Frank A.	Bankrecht, Commercial Banking – Investment Banking, Köln/Berlin/Bonn/München 1997
Seidel, Ullrich	Dokumentenschutz im elektronischen Rechtsverkehr (I): Bestandsaufnahme und Regelungsperspektive, CR 1993, S. 409
Spallino, Dennis	Rechtsfragen des Netzgeldes, WM 2001, S. 231
Staudinger, J. von	Kommentar zum Bürgerlichen Gesetzbuch mit Einführungsgesetz und Nebengesetzen, 13. Bearbeitung
Stockhausen, Lothar	Die Einführung des HBCI-Standards aus bankrechtlicher Sicht, WM 2001, S. 605
Taupitz, Jochen	Zivilrechtliche Haftung bei Kreditkartenmissbrauch, Frankfurt a. M. 1995
Taupitz, Jochen/ Kritter, Thomas	Electronic commerce – Probleme bei Rechtsgeschäften im Internet, JuS 1999, S. 839
Tettenborn, Alexander	E-Commerce-Richtlinie: Politische Einigung in Brüssel erzielt, K&R 2000, S. 59

VII. Literaturverzeichnis

Trapp, Andreas	Zivilrechtliche Sicherheitsanforderungen an eCommerce, WM 2001, S. 1192
Ulmer, Peter/Brandner, Hans E./Hensen, Horst-Dieter	Kommentar zum AGBG, 8. Aufl., Köln 1997
Wand, Lothar	Die Zulässigkeit der Erhebung eines isolierten Entgelts für den Auslandseinsatz einer Kreditkarte, WM 1996, S. 289
ders.	Zahlungen mittels elektronischer Geldbörse („GeldKarte") in: Hadding, Walther, Kartengesteuerter Zahlungsverkehr, Schriftenreihe der Bankrechtlichen Vereinigung, Bd. 14, Berlin 1999, S. 97
Werner, Stefan	Anscheinsbeweis und Sicherheit des ec-PIN-Systems im Lichte der neueren Rechtsprechung, WM 1997, S. 1516
ders.	Beweislastverteilung und Haftungsrisiken im elektronischen Zahlungsverkehr, MMR 1998, S. 338
ders.	Das Lastschriftverfahren im Internet, BKR 2002, S. 11
ders.	Rechtsprobleme im elektronischen Zahlungsverkehr – Im Blickpunkt: das Internetzahlungsmittel „eCash", BB-Beilage 12/1999, S. 21
von Westphalen, Friedrich/ Marly, Jochen	Vertragsrecht und AGB-Klauselwerke, München 1995
Wolf, Manfred/Horn, Norbert/ Lindacher, Walter F.	Kommentar zum AGBG, 4. Aufl., München 1999
Zöller	Zivilprozessordnung mit Gerichtsverfassungsgesetz und Nebengesetzen, Kommentar, 21. Aufl., 1999
Zöllner, Wolfgang	Wertpapierrecht – ein Studienbuch, 14. Aufl., München 1987
Zwißler, Sonja	Secure Electronic Transaction – SET, DuD 1998, S. 711

Sachregister

Abtretungskonstruktion 153
Anscheinsbeweis 65, 97, 127, 134
Anweisungsrecht 142
Aufladevorgang 42
Aufwendungsersatzanspruch 50, 74, 88, 109, 121, 174

Bankgeheimnis 104 f.
Bankkundenkarten-Bedingungen 25
Banksonderfunktionsterminal 74, 79
Banküberweisung 43
Bargeld-Surrogat 84, 87, 150
Belegloses Scheckeinzugs-(BSE)Verfahren 47
Benutzer-Identifikation 59
Börsenverrechnungskonto 72 f., 87
Btx-(Bildschirmtext-)Abkommen 95
Btx-Verfahren 45, 95
Btx-Banking 46

CashContainer 163, 165
Cash-Register 162 f.
Chip-Geld 32
Chipkarten-Lesegerät 33, 90 f., 196
CyberCash 160 ff.
CyberCash-Poolkonto 162
CyberCoin 207 ff.
CyberCoin-Abrede 164
CyberCoin-Händler 164
CyberCoin-Teilnehmer 160 ff., 208 ff.
CyberCoin-Verfahren 160 ff.
CyberCoin-Wallet 161

Digest 132

Electronic-cash (e-Cash) 202 ff.
ECash-Geldbörse 139 f.
eCash-Konto 139, 203
eCash-Münzen 139, 149 ff., 203 f.
eCash-Teilnehmer 139, 143 ff., 202 ff.
eCash-Terminal 27
eCash-Verfahren 23 f., 27 f., 91, 138 ff.
ec-Bedingungen 78
ec-Garantie 176 f.
ec-(Bankkunden-)Karte 31
e-Commerce-Richtlinie 219 ff.
E-Geld 170 ff.
E-Geld-Institut 170
EG-Signaturrichtlinie 62
E-Geld-Richtlinie 170 ff., 230 ff.
EG-Überweisungsrichtlinie 44
Einmalpasswort 54, 57, 59
Einziehungsermächtigung 38 f., 189 f.
Einziehungsermächtigungslastschriftverfahren 40 f., 60
Elektronisches Lastschrift-(ELV)Verfahren 21, 26
eMoney 202 ff.
Entgelt-Aufwandskonto 81
Evidenz-Zentrale 32, 72, 75 ff.

Fernabsatz 217
Fernabsatzgesetz 217 ff.
Fernabsatzrichtlinie 217 ff.
Finanzdienstleistungsrichtlinie 218 f.
Forderungsankauf 53
Forderungskauf 79 f., 83

241

Sachregister

Gatway-Betreiber 161 ff.
Geldbörse, elektronische 71
GeldKarte im Internet 196 ff.
Geldkarten-Bedingungen 78, 82
Geldkarten-System 30 ff., 71
Geldkarten-Verfahren 30 ff., 70 ff.
GeldKarten-Verfügungsrahmen 79
Geschäftsbesorgungsvertrag 88, 149
Girokonto 148

Haftungsbegrenzung 52, 181
Haftungsfreizeichnung 144, 187
Haftungsrisiken 166 ff., 173 ff.
Händlerbank 76
Händlerbedingungen – Bedingungen für die Teilnahme am electronic-cash-System der deutschen Kreditwirtschaft 23
Händler-Karte 82
Händlerterminal 32
Hashwert 137
HBCI-Verfahren 45 f.
HBCI-Dialog 45 f.
Herkunftslandprinzip 221
Homebanking 44, 128 ff.
Homebanking-Abkommen 45 f., 129 ff.
Homebanking-Bedingungen 131 ff.
Homebanking-Computer-Interface 45, 128 f.

Identifikationsmedium 117, 126
Inhaberschuldveschreibung 157
Interbanken-Abkommen 28
Interbanken-Verkehr 108

Kontonummer- Namensvergleich 108 f.
Kreditkarte 32

Kreditkartenmissbrauch 50 f.
Kreditkartenverfahren 34 ff., 49 ff.
Kreditwesengesetz 217
Kreditkartenzahlung 173 ff.

Ladeterminal 74
Ladetransaktion 73
Lastschriftabkommen 29, 38, 42, 61, 67, 189
Lastschriftverfahren 30
  elektronisches (ELV) 21, 26
  im Internet 37 ff., 60 ff., 189 ff.
Legitimationsmedium 102 ff., 117, 126

Mail-Order-/Telephone-Order-Verfahren 34, 49, 173 ff.
Missbrauchsrisiko 35, 49, 66, 89, 167, 173, 197, 200

Netzbetreiber 33
Netzgeld 138 ff.

Online-Banking 45, 94 ff., 182 ff.
Online-Banking-Bedingungen 94, 101, 110, 124, 186
Online-Banking-Service 77 f., 111
Online-Überweisungen 107 ff.

Persönliche Identifikationsummer (PIN) 22, 27, 31, 56, 71, 95, 100 ff., 115 ff.
Point of Sale (POS)
POS-Verfahren 21 ff., 27, 91 ff., 188 ff.
Point of Sale ohne Zahlungsgarantie (POZ)
POZ-Verfahren 24 ff., 28 ff.
Public-Key-Verfahren 36, 54
Rechtscheingesichtspunkte 65, 88

Sachregister

Rückbelastungsrecht 53, 178 f.
Scheck, elektronischer 47
Scheckeinzugsverfahren 93
Scheckverkehr im Internet 93
Schriftformerfordernis 39, 61
Secure Electronic Transaktions-
 (SET)-Verfahren 36 f., 54 f.,
 138, 180 ff.
SET-Zertifikat 36 f., 54 f., 180 f.
Sicherungsverfahren 102 ff.
Signaturgesetz 55, 62, 135, 190,
 195
Signaturrichtlinie 226 ff.
Sorgfaltspflichten 58, 115 ff.,
 167 ff., 184 f.
Sorgfaltspflichtverletzung 65,
 112 f., 185
Sperrdatei 25, 92
Sphärenhaftung 51 f., 176, 183

Token 141 f.

Transaktionsnummer (TAN) 45,
 95, 100 ff., 115 ff.
Überweisungen, grenzüberschrei-
 tende 114
Überweisungsverfahren 43 ff.
Überweisungsgesetz 44, 122 ff.

Verbraucherschutz 125 f.
Vereinbarung über das institutsübergreifende System GeldKarte
 23
Vereinbarung über ein institutsübergreifendes System zur bargeldlosen Zahlung an automatisierten Kassen (electronic-cash-
 System) 23
Verschuldensprinzip 121

Wallet 59, 208
Werteinheiten 86 f.
Widerruf von Aufträgen 122 ff.

Schriftenreihe
Kommunikation & Recht

Herausgegeben von Prof. Dr. Bernd Holznagel, LL. M., Prof. Dr. Christian Koenig, LL. M., Prof. Dr. Joachim Scherer, LL. M., Dr. Thomas Tschentscher, LL. M. und Dr. Thomas Wegerich.

Band 1   **Cross-Media-Ownership** (Bender)
Band 2   **Internationale strategische Allianzen in der Telekommunikation** (Schmitz-Morkammer)
Band 3   **Der Telefondienstvertrag** (von Westphalen/Grote/Pohle)
Band 4   **Verträge im Projekt- und Systemgeschäft** (Sick)
Band 5   **Telekommunikations- und Medienrecht in den USA** (Wilmer, Cutler & Pickering)
Band 6   **Ordnungswidrigkeiten in Rundfunk und Mediendiensten** (Bornemann)
Band 7   **Handbuch Urheberrecht und Internet** (Ensthaler/Bosch/Völker)
Band 8   **Deutsches Telekommunikationsrecht** (Wißmann)
Band 9   **Liberalisierung der Telekommunikationsordnungen** (Koenig/Kühling/ifo)
Band 10   **Versteigerungen im Internet** (Leible/Sosnitza)
Band 11   **Öffentlich-rechtlicher Rundfunk und Freizeitparks** (Degenhart)
Band 12   **Internetplattformen in der Unternehmenspraxis** (Koenig/Kulenkampff/Kühling/Loetz/Smit)
Band 13   **Der Funktionsauftrag des öffentlich-rechtlichen Rundfunks in der „Digitalen Welt"** (Degenhart)
Band 14   **Geldverkehr im Internet** (Werner)
Band 15   **Das ICANN-Schiedsverfahren** (Strömer)

Verlag Recht und Wirtschaft